창의성과 발달

Creativity and Development

R. K. Sawyer · V. John-Steiner · S. Moran · R. J. Sternberg
D. H. Feldman · J. Nakamura · M. Csikszentmihalyi 공저
유연옥 역

학지사

Creativity and Development

by R. Keith Sawyer and Vera John-Steiner and Seana Moran and Robert J. Sternberg and David Henry Feldman and Jeanne Nakamura and Mihaly Csikszentmihalyi

The translation of Creativity and Development, originally published in English in 2003, is published by arrangement with Oxford University Press, Inc.

이 책을 Howard E. Gruber에게 바침

아동을 연구한 Piaget는 그들의 사고발달이 시간의 흐름에 따라 펼쳐지는 과정이라는 것을 발견하였다. 우리는 새로운 방식으로 성인의 창의적 작업을 연구하고 있는 중에, 아동의 사고발달과 성인의 창의적 작업 간에는 일부 중요한 공통점이 있으나 철저하게 다른 발달 과정을 비교할 수 있다. 각각의 과정은 서로를 비추어 줄 것이다.

—HEG

역자 서문

이 책은 창의성과 발달 간의 연계성이라는 주제를 대위법이라는 형식에 따라 구성한 것이다. 이러한 주제에 대한 접근과 저술 방식은 이제껏 거의 이루어지지 않았다. 대위법이란 하나의 주제에 대해 여러 저자가 토론을 통해 기술하는 방식이다. 따라서 창의성과 발달 간의 연계성이라는 새로운 주제에 대한 도전과 진정한 집단적 협력을 통해 탄생한 이 책은 저자들의 진정한 집단 창의성의 산출물이다. 특히 저자들과 유사한 발달심리라는 전공 배경을 가지고 있고 창의성에 관심을 가지고 있는 역자의 관심을 끌기에 충분하였으며, 그동안 두 분야의 이론적 연계와 실천적 융합을 갈구하고 있던 역자에게 학문적 영감과 새로움에 도전하는 용기를 주었다.

일곱 명 저자마다의 색다른 글의 뉘앙스를 느끼는 재미, 유명한 이론들이 출현하게 된 배경을 통해 애매모호함을 견디는 과정에서의 저자들의 열정이 고스란히 전해져 오는 느낌, 다른 사람보다 앞선 미래를 만나 이정표도 없이 여행할 수 있도록 격려하는 저자들의 마음을 그대로 많은 독자와 함께 나누고 싶다. 창의적 과정은 실험실에서 재생되기 어렵고 더 오랜 시간을 걸쳐 인간의 삶 속에서 행복이라는 꽃을 피우고자 한다. 주변의 관계 탐색을 시작으로 최초의 영감을 얻고 그들의 일상생활 속에서 실천적 결과인 최종의 창의적 산출물로 이루어진다. 존재함을 넘어서 행복한 생성함으로 나아가는 길에 이 책이 조금이라도 보탬이 되기를 기대한다.

이 책은 창의성과 발달 연구에서 발견된 공통적 주제와 다양성을 이끌어 내고자 한다. Sawyer 교수를 필두로 하여 일곱 명의 저자가 합의한 초점인 과정과 시간에 따른 새로운 발생의 역동성에 관한 것이다. 과정의 변화, 개인과 사회 간의 상호관계, 매개체의 역할 등의 주제를 제기하며, 심도 있는 토론을 통해 정리된 원고다. 그리고 저자들은 이 책을 통해 창의성과 발달 간의 상호 혼합된 연구가 증가하기를 기대하며 차후 많은 관심을 당부한다. 저자들의 이러한 기대와 당부가 창의학, 심리학, 교육학, 유아교육학 등을 공부하는 학부나 대학원 학생, 그리고 이 분야에 관심이 있는 많은 사람에게 전달되기를 바란다.

책을 번역하는 과정에서 저자들이 의도하는 바를 충실히 전달하려고 노력하였으나 부족한 부분이 많으리라 여겨진다. 앞으로 독자 여러분의 교정과 조언을 기대한다. 이 책이 나오기까지 함께 읽고 의미를 나누었던 학형과 학생들에게 고마움을 전한다. 그리고 이 책을 번역할 수 있도록 오랜 시간 기다려 주고 격려해 주고 정성을 다해 책을 만들어 준 학지사 식구들에게도 감사를 드린다.

2012년 6월
미완성의 열정을 갈구하며
유연옥

차 례

Introduction
서 문

–R. Keith Sawyer

이 책에서는 창의성과 발달 간의 연계성을 탐색하고자 한다. 이들 연계성은 그동안 거의 연구되지 않았다. 왜냐하면 창의성 연구 분야와 발달심리학 연구 분야는 독립적으로 다른 학자에 의해 다른 패러다임에서 수행되어 왔기 때문이다. 창의성 연구는 전형적으로 종종 성격 또는 사회심리학자에 의해 성인을 대상으로 수행되었다. 즉, 『창의성 연구 학술지(*Creativity Research Journal*)』에서 살펴보면, 아동과 발달에 관한 연구는 거의 없다. 마찬가지로 발달심리학자는 발달에서 창의성에 관한 연구는 거의 하지 않았다. 실제로, 아동 발달에 관한 최근 가장 큰 규모의 학회인 SRCD(Society for Research in Child Development)가 열린 1999년과 2001년에 발표된 창의성 관련 논문은 고작 몇 편뿐이었다.

창의성 이론과 발달 이론을 함께 고려하는 지속적인 시도는 없었지만, 이들 간에 암묵적이고 숨겨진 연계성은 높다. 이들의 연계성을 규명함으로써 이 책이 창의성 연구자와 발달심리학자 모두에게 흥미롭기를 의도한다. 창의성 연구자들은 창의성 연구에 활용될 수 있는 발달심리학의 넓은 분야의 이론과 방법들을 학습할 것이다. 동시에 발달 연구자들은 창의성의 전통적 연구를 접하고, 발달심리학에서의 일부 해묵은 주제에 대한 새로운 견해를 갖게 될 것이다.

나는 서문에서 창의성과 발달 간의 일부 공통적인 연계성을 검토하는 것으로 시작하고자 한다. 그러고 나서 이 책에서 저자들이 합의한 초점인 과정과 시간에 따른 새로운 발생의 역동성을 연구함으로써 다른 책들과 구분하고자 한다. 이러한 초점을 세 가지 주제로 접근하여 논의한 후, 각 장에서 어떻게 진술하고 있는지 간략히 기술하였다.

역사적 기록을 통해 학자들은 예술적 창의성과 아동의 유사성을 지적했다. 이 유사성들은 많은 학자가 예술활동과 아동의 놀이는 관련되어 있고 아마도 동일한 내적 자원을 활용한다는 제안을 하도록 이끌었다. 현대 이전에는 이러한 내적 자원은 종종 신성한 영감으로 여겼으며, 아동이 신과 가깝다고 생각하였다. 독일의 관념론자인 Schiller(1768/1793~1794)는 창의적 충동과 아동의 놀이를 연합하였으며, 형식적인 수업이 시작된 이래로 관념론자와 낭만주의자는 거의 같은 목소리로 지나치게 구조화된 교실 수업이 아동의 자연적인 창의적 능력을 억압한다고 비판한다. 20세기의 많은 심리학자는 창의성과 아동의 놀이의 유사성을 관찰하였다. 예를 들어, Freud는 다음과 같이 예술가는 놀이를 하는 아이와 같다고 생각하였다. "그는 자신만의 세계를 창조하고, 다소 자신이 즐거워하는 새로운 방식으로 세상의 것들을 재배치한다."(Freud, 1907/1989, p. 437) Freud는 환상의 세계는 동일한 동기화된 충동(채워지지 않는 소망을 이루고자 하는 욕구)으로부터 아이와 예술가 모두에 의해 창조된다(p. 439)고 보았다. 아동이 성인보다 더 창의적이라는 믿음은 증명되지 않은 문화적 신화의 상태에 있다. 아동은 정말로 더 창의적인가? 우리는 제6장에서 이 믿음을 검토하고, 이러한 질문에 제1장에서 제5장까지 창의성에 대한 세심하고 정교화된 입장을 제외하고는 답을 할 수 없다는 결론을 내린다.

발달과 창의성의 연계성을 연구하는 두 번째 방식은 창의성의 발달(Feldman, 1999)을 연구하는 것이다. 예를 들어, 1970년대 일부 연구들에서 가상놀이에 더 몰입하는 아동이 확산적 사고 점수가 높았다고 보고하였다(Dansky, 1908; Hutt & Bharnani, 1976; Johnson, 1976; Li, 1978). 이러한 실험적 증거가 분명하지 않을지라도(Pellegrini, 1992, p. 25), 많은 학자는 초기 아동기의 가상놀이를 창의성의 전조라고 믿었다(Russ, 1966; Sawyer, 1997; Singer & Singer, 1990; Smolucha, 1992). 최근 놀이에 대한 비교문화 연구에서 Haight (1999)는 중국과 미국에서 양육자-아동 가상놀이를 비교하였는데, 양국 간의 가상놀이가 상이하였고 놀이 양식이 각 문화에서 강조하는 창의성 유형과 부합한다고 보고하였다. 중국 문화는 구조와 문화적 틀에 가치를 두지만 미국 문화는 개인의 새로움과 확산적 사고에 가치를 둔다(pp. 143-144). 이러한 대비에 상응하게 중국의 양육자는 올바른 행동을 훈육하는 방식으로, 특히 일상적인 상호작용을 훈육하는 방식으로 가상놀이를 시작한다. 반면에 미국의 양육자는 대인 간의 상호작용에서, 특히 즉흥적인 타협으로 놀이를 시작한다(p. 141). 이러한 결과는 아동은 어린 시기에 문화적으로 가치 있는 창의적 양식으로 사회화될 것이라고 제안한다.

유사하게, 오랫동안 전통적인 연구에서 아동의 예술 능력 발달과 교육에서 예술의 역할을 탐구하였다. 대부분의 이러한 연구들은 교육적 연구자에 의해 수행되었고, 이들은 예술 교육을 교육과정에 통합하는 최선의 방법을 결정하는 데 관심이 있었다. 연구자들은 예술 분야에서 초기 교육은 아동에게 유익한 발달적 이점—상위 수준의 사고, 분석 능력, 문제해결력, 반성적 사고, 자기조절과 같은 창의성과 관련된 일반적 기술—을 갖게 할 수 있다고 주장한다.

과정에 초점

분명히, 우리가 창의성과 발달 간의 연계성에 최초로 주목하지는 않았다. 하지만 표면적으로 비교적 불완전한 수준처럼 보인다. 즉, 발달 이론과 창의성 이론 간의 실제적이고 이론적 연계성은 거의 연구되지 않았다. 이 책에서 유지한 주요 통찰은 발달과 창의성은 둘 다 과정이라는 것이다. 20세기 초반부터 현재까지 창의성과 발달은 복잡한 체계에서 발생의 과정으로 여겼다. 이러한 초점은 Piaget의 발달 이론에서 Csikzentmihalyi의 창의성 체계 모형까지 공유되고 있다.

과정적 접근은 유독 1980년대 창의성 연구에서 나타난 두 번째의 흐름이다. 창의성 연구의 첫 번째 흐름은 1950년대에서 1970년대까지로 주로 성격심리학의 영향을 받았으며, 심리측정 도구의 개발과 상이한 영역에서 창의성의 구성 특질을 확인하는 데 초점을 두었다. 1970년대의 성격 접근은 거의 한계에 이르렀다고 여겨졌다. 이러한 연구를 시도한 동기는 아동기에 독특한 창의적 재능을 확인하는 요인표를 개발하고 창의성을 요구하는 직업에서 성공 가능성이 높은 개인을 선발하기 위해서였다. 하지만 이 연구 프로그램들은 종단적 연구에서 아동기의 측정된 성격 특질과 성인기의 창의적 성공 간의 일관된 관계를 거의 발견하지 못하였으므로 기대에 벗어났다. 1950년대와 1960년대 창의성에 대한 새로운 관심이 제기되기 훨씬 이전에 행해진 Terman의 연구—1920년대 IQ가 높은 아동을 변별하고 성인기까지 발달을 추적한 연구—처럼 실망스러운 결과였다. 왜냐하면 상위 수준의 피험자가 성공한 전문가나 과학자가 될지라도 이들 중 성인기에 독특한 창의적 수행을 보여 준 사람은 거의 없었기 때문이다.

1970년대와 1980년대 창의성의 두 번째 흐름으로 연구자들은 성격에서 과정으로 초점을 이동할 것을 주장함으로써 이러한 실망에 대응하였다. 이러한 이동은 인지심리학에 의해 고무되었다. 인지심리학은 1970년대에 초점을 성격과 개인차에서 예외적인 능력뿐만 아니라 일상의 문제해결과 의사결정 기술을 강조하는 정신 과정으로 옮겨 가고 있었다. 이 책의 공동 저자들은 과정적 접근으로의 이동에 대해 가장 영향력 있는 인물들이다.

Piaget의 이론과 방법은 1960년대와 1970년대 미국 발달심리학에 널리 확산되었다. Piaget의 이론 또한 근본적으로 발달 과정—아동의 인지도식과 환경의 상호작용 방법에 대한 발생 과정 분석은 다음 발달 단계의 특징적 도식의 발생을 유도할 수 있을 것이다—에 관여하고 있다. Piaget의 모형이 1980년대에 많은 비판을 받았지만, 이러한 비판 자체는 발달 과정을 넌지시 나타내는 것이었다. 그리고 Piaget의 유산은 현재의 발달심리학이 과정에 주요하게 관여하게 된 것이다.

그래서 동일한 시기에 창의성 이론과 발달 이론은 근본적으로 과정에 관여하게 되었다. 의심의 여지없이 많은 공통적인 영향과 숨겨진 교류들이 있었다. 하지만 발달 이론가들은 창의성 연구자들이 제안한 창의과정 이론에는 거의 익숙하지 않았으며, 창의성 연구자들은 최근의 발달과정 이론에 거의 익숙하지 않았다. 이러한 상호 무관심은 설명하기가 어렵다. 왜냐하면 창의성과정 이론과 발달과정 이론 간에는 많은 주요한 연계성이 있기 때문이다. 예를 들어, 구성주의의 핵심 통찰—Piaget와 Vygotsky에 의해 오랫동안 형성된 발달 패러다임—은 발달은 아동이 자신의 지식을 창출하는 데 참여하는 과정이라는 것이다. 마찬가지로 대부분의 창의성 이론은 근본적으로 발달적 단계 모형에 기반을 두고 있다. Piaget(1971)는 창의성과 발달 과정 간의 유사성을 다음과 같이 지적했다. "실제적인 문제는 신기성(새로움)을 어떻게 설명하느냐다. 신기성, 즉 창출은 지속적으로 발달과 발달 사이에 일어난다."(p. 192) Piaget는 자신의 발달 이론은 발생론적 인식론이며, 이는 개인의 발달과 과학 분야의 역사적 발달 모두에 응용된다고 주장했다(제1장 참조).

이 책에서는 저명한 학자들이 창의성과 발달 간의 이론적 연계성을 탐구한다. 즉, 발달에서 창의적 과정의 본질과 창의적 과정에서 발달의 본질을 살펴본다. 저자 모두가 발달심리학과 창의성 연구에 기반을 두고 있다. 두 가지 주제를 모두 강조하는 연구가 그동안 거의 없었기 때문에 모든 잠재적인 연계성을 포괄적으로 기술하는 것은 거의 불가능하다. 정확히 말하면, 저자들은 그들의 수십 년 동안 연구를 살펴보고, 이들 주제에 대해 구분되지만 상호 보완적인 접근에 초점을 둔다.

옥스퍼드 대학교 출판부의 대위법을 활용한 발행물로 인하여 저자들은 독특한 협력을 하였다. 이러한 협력을 통해 저자들은 창의성과 발달 간의 연계성을 형성하는 데 핵심 주제와 잠정적인 장점들을 강조하는 대화에 참여하였다. 제1장에서 제5장까지 저자들은 창의성과 발달 간의 연계성을 탐색하기 위하여 자신의 유명한 견해를 적용하였다. 그다음 제6장에서 저자들은 모두 함께 모든 장에서 다루어진 주요 주제를 다루는 대화에 참여하였다.

이 책의 주제

창의성과 발달은 모두 복합체계에서 일어나는 과정이다. 복합체계에서 차후의 단계 또는 변화는 체계의 이전 상태로부터 발생한다. 이러한 과정적 또는 역동적 견해가 각 장의 중심 초점이다. 이 중심 초점은 다음과 같은 세 가지 관련 주제를 제기한다.

첫째, 과정 연구는 과정의 안정적 목표점에 보완적 초점을 둠으로써 항상 균형을 이루어 왔다. 발달에서 발달 과정의 목표점은 발달의 다음 단계이며, 궁극적으로 성인 수준의 능력이다. 창의성에서 과정의 목표점은 창의적 산출물이다. 과정에 초점을 둔 분야로 이동 전에 두 분야는 과정의 목표점에 더 많이 관여하였다. 즉, Piaget 심리학에서는 단계와 단계 전환에서 연령에 초점을 두었고, 창의성 연구에서는 창의적 산출물의 특성에 초점을 두었다. 과정에 초점을 둠에 따라 여전히 과정의 목표점에 대하여 고려하여야 하지만, 지금의 초점은 어떠한 과정을 통해 목표점이 발생하는가다. 이를 위해 전형적으로 매 순간 과정이 어떻게 전개되는지를 살펴보는 섬세한 미시적 발생 분석 연구를 활용한다.

둘째, 창의적 과정과 발달 과정 연구는 개인적 과정과 사회적 과정 간의 상호 관계에 초점을 둔다. 1980년대 초기 이래로 사회문화적 발달심리학과 사회적인 초점을 둔 창의성 이론은 개인과 사회 모두를 고려하는 연구가 증가하였다. 발달과 창의성 두 분야의 학자들은 개인은 복잡한 사회적 체계의 통합적인 부분으로 반드시 고려되야 하며, 개인과 사회적 맥락의 상대적인 공헌은 개인이 상호작용하는 곳의 과정적 역동성을 분석함으로써 유일하게 완전히 이해될 수 있을 것이라고 강조하였다. 이러한 **사회문화적** 접근은 개인과 맥락을 고정 변인으로 특징짓고, 이 관계는 통계적 유의미성을 통해 연구되는 다소 정적인 개념과는 상반된다(Rogoff, 1998).

셋째, 과정적 견해는 과정에서 매개 도구의 역할을 강조한다. 이는 창의성과 발달 모두에서 **영역**과 **영역 특수성**에 관련된다. 왜냐하면 영역은 매개 도구로 구성된 복잡한 상징체계다. Feldman(1974, 1980)과 Gardner(1983)는 발달은 인지 영역 내에서 연구되어야만 한다고 강조하였고, Csikzentmihalyi(1988)는 창의성은 항상 영역 내에서 발생한다고 강조하였다. John-Steiner는 1985년 저서 『마음의 노트북(*Notebooks of the Mind*)』에서 매개 도구는 창의성에서 중요한 역할을 한다고 보고하였다. Piaget와 Vygotsky는 발달에서 중점적 매개인 물질적 도구의 공헌에 관심을 가졌다. 발달과 창의성 과정 연구 모두에서 매개 도구(물체-그림붓, 도화지, 실험실 기구; 상징체계-언어, 시, 음악)의 역할을 고려한다.

각 장의 요약

제1장에서는 이 책의 전반적인 개요를 다루었고, 우리는 인생 초기부터 인생 후기에 이르기까지 다루고 있는 다음 4개 장의 순서를 정하였다. Morgan과 John-Steiner의 창의성의 사회적 역동성에 대한 Vygotsky의 견해(제2장)로 시작하여 Nakamura와 Csikzentmihalyi

의 생의 후기의 창의성(제5장)까지, 그리고 중간에 학령기 아동을 강조하는 Sternberg의 장(제3장), Feldman의 Howard Gardner의 다중지능 이론의 창의적 발달에 초점을 두는 동시에 아동에게 이 이론을 적용한 혼합된 장(제4장)으로 구성된다. 종합하면, 각 장에는 세 가지 주제에 대한 폭넓은 견해가 제시되어 있다. Sawyer의 장은 창의성 연구와 발달심리학의 역사 개관을 시작으로 이 분야들의 공통된 강조점인 과정과 역동성에 초점을 두고 있다. 그는 창의성 이론과 발달 이론 모두에 필수인 과정적 접근에서 공통점을 밝히는 방법으로 발생이라는 개념을 소개하고 있다. 그는 발생론자의 사고는 19세기 후반 발달심리학의 형성 이래로 영향력이 있음을 보여 주고, 창의성 이론과 발달 이론 모두에서 발생론의 영향을 추적하였다. Sawyer는 사회적 장면에서 발생 과정을 설명하기 위하여 자신의 연구(Sawyer, 2003)에서 기술한 즉흥 공연에서 대화 보기를 제시했다. 이 장에서는 이 책의 첫 번째와 두 번째 주제인 과정과 산출, 사회와 개인의 관계에 초점을 둔다.

Sawyer의 장은 Vygotsky의 논고에서 발생론의 요소를 살펴보고, Morgan과 John-Steiner는 Vygotsky의 논고를 창의성 연구에 대한 사람 중심과 사회적 접근으로 대비하여 확장하였다. 이 장들에서는 이 책의 두 번째 주제인 사회와 개인의 관계, 세 번째 주제인 물리적이고 상징적인 도구의 매개에 초점을 둔다. 그들의 Vygotsky 접근은 근본적으로 발달적이며 개인의 창의성과 창의성의 사회적 차원 모두를 고려한다. Piaget처럼 Vygotsky는, 예를 들어 놀이에서 사용된 대상은 상징적 사고의 발달을 이끄는 중심축의 역할을 한다고 주장하면서, 발달에서 물리적 대상을 강조하였다. Vygotsky의 이론은 Piaget의 이론보다 종종 구성주의의 변형으로 더 사회적인 경향이 있다고 여겨진다. 왜냐하면 Vygotsky의 이론에서 아동은 사회적으로 적합한 행위를 통하여 지식을 재구성하기 때문이다.

외현적으로 Sternberg의 공헌은 교육적 맥락에서의 발달로 돌려놓은 것이다. 교육적 이론과 실제에서 창의성과 발달은 중심 관심사이며, 그의 장에서는 첫 번째 주제인 과정과 목표점(결과) 간의 관계에 초점을 둔다. 교육자에게 목적은 결과(의도한 능력이 훈련된 학생)다. 아직까지 현대 교육이론은 아동이 자신의 지식을 스스로 창출한다는 구성주의자의 통찰에 기반을 두고 있다. 이러한 이론적 틀에서 교육자는 중심적으로 창의적 과정에 관여해야만 한다. 왜냐하면 교육자는 단순히 학생들에게 지식만을 가르치지 않고, 아동이 자신의 지식을 구성할 수 있는 환경적인 조건을 반드시 창출하여야만 하기 때문이다. Sternberg는 창의성의 추진과 투자 이론을 통해 교사가 학생의 창의성 발달을 격려하도록 실질적인 제안을 한다.

Feldman의 장은 Gardner의 다중지능 이론의 사례 연구를 활용하여 아동기 발달과 인생 후기의 과정에 초점을 두고 있다. Feldman은 Gardner의 다중지능 이론을 창출하게 된 창의적 과정에 초점을 둔다. 왜냐하면 이는 수많은 활동 그 이상을 나타내는 것이기 때문이며, 이러한 사례 연구는 Feldman에게 창의적 산출물의 발달을 유도한 확장된 과정을 검토하는 기회를 제공한다. Feldman의 논의는 이 책의 처음 두 주제인 '창의적 과정은 창의적 산출물과 사회적 상호작용을 유도한다.'를 강조한다. 이 사례 연구는 "창의성은 발달 과정의 심장이다. 많은 중요한 창의적 혁신은 성인기 동안 일어나며, 종종 창의자의 의미 있는 발달적 변화와 상응한다."라고 아주 훌륭하게 제시한다. 동시에 다중지능 이론 그 자체는 발달심리학과 창의성 관심사 양자를 깊게 통합한다. 즉, 지능은 인지 영역에 상응하고,

(다수의 출판물에서) Gardner는 창의성과 아동발달 모두를 활동 영역의 맥락 내에서 반드시 고려되어야 한다고 강조한다.

Feldman처럼 Nakamura와 Csikzentmihalyi는 성인기 창의성 발달에 초점을 두고 생애 후기의 창의성과 발달을 살펴보았다. 노화는 창의성에 어떻게—부정적으로 또한 긍정적으로—영향을 주는가? 그들이 기술한 것처럼, "창의적인 사람의 모든 전기에서는 다소 암묵적이고 역동적인 생애발달 이론의 측면에서 창의자의 업적을 설명하려고 한다. 예술가 또는 과학자의 관심, 호기심, 지속적인 관여는 아동기부터 노인기까지 펼쳐진 의미롭게 연결된 연속적인 경험들에서 볼 수 있다." 이러한 논의는 Csikzentmihalyi의 체계 관점으로 이끌고 창의적 개인의 심리뿐만 아니라 문화적 **영역**과 사회적 구성체 또는 **분야**의 역할을 고려하게 한다. 따라서 이 장에서는 두 번째 주제인 사회와 개인 간의 상호작용을 강조한다. 특히 저자들은 폭넓은 생애발달적 견해에 관심을 가진다. 즉, 어떤 성격 특성이 일생에 걸쳐 유지되고 지속적인 창의성과 관련되는가? 어떤 사람이 나이가 들어서도 지속적으로 창의적일까?

대위법의 체제를 지닌 모든 책과 마찬가지로, 우리는 창의성과 발달 연구에서 발견된 공통 주제와 다양성을 이끌어 내고자 하는 목적과 더불어 각각의 저자가 다른 저자에게 관여하는 것을 허락하게 하는 논의와 함께 결론지었다. 우리의 논의는 다음의 세 가지 질문에 중심을 둔다.

- 사회는 아동의 자연적인 창의성을 억압하는가?
- 우리는 창의성 연구에서 어떻게 사회적 맥락과 개인의 심리적 과정의 균형을 이룰 수 있는가?

● 발달에서의 영역과 창의성에서의 영역은 서로 다른가?

이러한 질문에 대한 우리의 반응은 세 가지 주제인 과정과 산출, 사회적 맥락, 매개에 대해 더 탐구하는 것이다. 우리 모두는 논의된 이슈의 잠정적인 중요성에 열중하였으며, 이 책이 창의성과 발달 간의 상호 혼합된 연구가 증가하는 데 단지 첫 번째 발걸음이라는 것이 증명되기를 기대한다.

참고문헌

Csikszentmihalyi, M. (1988). Society, culture, and person: A systems view of creativity. In R. J. Sternberg (Ed.), *The nature of creativity* (pp. 325-339). New York: Cambridge University Press.

Dansky, J. L. (1980). Make-believe: A mediator of the relationship between play and associative fluency. *Child Development, 51,* 576-579.

Eisner, E. W. (1998). *The kind of school we need.* Portsmouth, NH: Heinemann.

Feldman, D. H. (1974). Universal to unique. In S. Rosner & L. E. Abt (Eds.), *Essays in creativity* (pp. 45-85). Croton-on-Hudson, NY: North River Press.

Feldman, D. H. (1980) *Beyond universals in cognitive development.* Norwood, NJ: Ablex.

Feldman, D. H. (1999). The development of creativity. In R. J. Sternberg (Ed.), *Handbook of creativity* (pp. 169-186). New York: Cambridge University Press.

Freud, S. (1989). Creative writers and day-dreaming. In P. Gay (Ed.), *The Freud reader* (pp. 436-443). New York: Norton. (Original work published 1907)

Gardner, H. (1983). *Frames of mind: The theory of multiple intelligences*. New York: Basic Books.

Haight, W. L. (1999). The pragmatics of caregiver-child pretending at home: Understanding culturally specific socialization practices. In A. Göncü (Ed.), *Children's engagement in the world: Sociocultural perspectives* (pp. 128-147). New York: Cambridge University Press.

Hutt, C., & Bhavnani, R. (1976). Predictions from play. In J. S. Bruner, A. Jolly, & K. Sylva (Eds.), *Play: Its role in development and evolution* (pp. 216-219). New York: Penguin.

John-Steiner, V. (1985). *Notebooks of the mind: Explorations of thinking*. Albuquerque: University of New Mexico Press.

Johnson, J. E. (1976). Relations of divergent thinking and intelligence test scores with social and nonsocial make-believe play of preschool children. *Child Development, 47,* 1200-1203.

Li, A. K. F. (1978). Effects of play on novel responses in kindergarten children. *Alberta Journal of Educational Research, 24*(1), 31-36.

Pellegrini, A. D. (1992). Rough-and-tumble play and social problem solving flexibility. *Creativity Research Journal, 5,* 13-26.

Piaget, J. (1971). Comment on Beilin's paper. In D. R. Green, M. P. Ford, & G. B. Flamer (Eds.), *Measurement and Piaget* (pp. 192-194). New York: McGraw-Hill.

Rogoff, B. (1998). Cognition as a collaborative process. In D. Kuhn & R. S. Siegler (Eds.), *Handbook of child psychology: Volume 2. Cognition, perception, and language* (5th ed., pp. 679-744). New York: Wiley.

Russ, S. W. (1996). Development of creative processes in children. In M. A. Runco (Ed.), *Creativity from childhood through adulthood: The developmental issues* (pp. 31-42). San Francisco: Jossey-Bass.

Sawyer, R. K. (1997). *Pretend play as improvisation: Conversation in the preschool classroom*. Norwood, NJ: Erlbaum.

Sawyer, R. K. (2003). *Improvised dialogues: Emergence and creativity in conversation.* Westport, CT: Greenwood.

Schiller, F. (1968). *On the aesthetic education of man, in a series of letters* (E. M. Wilkinson & L. A. Willoughby, Eds. and Trans.). Oxford, UK: Clarendon Press. (Original work published as *Über die aesthetische Erziehung des Menschen in einer Reihe von Briefen*, 1793-1794)

Singer, D. G., & Singer, J. L. (1990). *The house of make-believe: Play and the developing imagination.* Cambridge, MA: Harvard University Press.

Smolucha, F. C. (1992). The relevance of Vygotsky's theory of creative imagination for contemporary research on play. *Creativity Research Journal, 5*(1), 69-76.

Chapter 01

창의성의 발생과 발달

Creativity and Development

R. Keith Sawyer

이 장에서는 이 책의 초점인 창의성과 발달에서 과정을 소개하고자 한다. 나는 예술가 또는 과학자의 창의적 과정과 아동이 성장하면서 경험하게 되는 발달 과정 간의 유사성을 탐색하고자 한다. 예를 들어, Piaget와 Vygotsky에 의해 확립된 발달의 패러다임인 구성주의의 핵심은 아동이 자신의 지식을 창출하는 데 참여한다는 것이다. 게다가 대부분의 창의성 이론은 근본적으로 발달 단계 모형에 기초하고 있다. 대개 이러한 유사성은 두 영역에서 강조되고 있는 매우 비슷한 이론적 주제에 접근하지만, 다소 다른 방법으로 연구되어 해결책을 찾고 있다. 이 장에서 창의성 연구와 발달심리학에서의 이론적 변천사를 개관하고, 이 두 분야가 많은 개념과 이론적 틀을 공유하고 있다는 것을 증명하고자 한다. 이 각 분야가 다른 분야의 이론적 틀을 통합함으로써 어떻게 장점이 될 수 있는지를 제시하며, 두 분야에서 현재 연구자들이 직면하고 있는 일부 공통의 주제들에 대해 알아보고자 한다.

나는 세인트루인스에 있는 워싱턴 대학교에서 관련된 세 과목인 교육심리학, 놀이와 발달, 창의성심리학을 가르치기 시작하면서 이들 간의 유사성을 처음으로 주목하였다. 종종 같은 학기에 이 세 과목 중 두 과목을 가르쳤다. 월요일에는 Piaget의 발달단계 이론을 가르치고, 화요일에는 창의적 과정에 대한 단계 이론들을 분석하고 있는 나 자신을 발견하였다. 그러면서 Piaget의 구성주의 발달 이론이 근본적으로 창의성 이론이라는 것이 점점 명확하게 여겨지기 시작했다. 나중에 Piaget의 사상을 좀 더 면밀히 조사해 나가면서 Piaget

(1971a) 자신도 이 두 분야의 유사성을 언급했다는 것을 발견했다. Piaget는 "실제로 문제는 신기성을 어떻게 설명하느냐 하는 것이다. 나는 신기성, 즉 창의성은 지속적으로 발달 간에 나타난다고 생각한다." (p. 192)라고 말하면서 이러한 유사성을 지적했다. 사실, Piaget는 항상 자신의 발달 이론은 '발생론적 인식론'이며 이는 마치 개인적 발달과 과학 분야의 역사적 발달에 모두 적용된다고 주장하였다. 1950년에 출판한 세 권의 『발생론적 인식학 개론(*Introduction á l'épistémologie génétique*)』(영어로 번역되지 않음, Piaget, 1970/1972 참조)에서 Piaget는 수의 발달(1권), 물리의 발달(2권), 생물의 발달(3권)을 평형화, 추상화, 일반화, 조절, 동화라는 발달 개념을 사용하여 분석하였다(Messerly, 1996, 제3장 참조).[1]

이러한 유사성에 대한 탐색은 언어 수행에서의 즉흥적인 창의성에 대한 나의 경험적인 연구에 나타나 있다(Sawyer, 1997, 2003). 1998년 무렵 이러한 연구를 통하여 발생(emergence)이라는 이론적 개념에 대한 오랜 역사를 탐구하게 되었다. 20세기 초반, 철학자들은 발생이란 심지어 어떤 것의 발생 이전에 완벽한 세상지식이 주어지더라도 예측할 수 없는 새로운 창출로 정의했다. 발생이라는 개념은 본래 생물학적 진화론의 문제를 다루기 위해 개발되었다. 이런 철학적인 전통을 연구하는 동시에 발달심리학(Sawyer, 2002a)과 창의성 연구(Sawyer, 1999)에서의 발생론자의 사고양식을 탐구하기 시작했다. 이 장의 주제는 발달과 창의성 양자는 발생적 과정이며, 이 두 분야에서의 주된 이론들은 철학과 생물학에서의 발생론자의 사고양식에 깊은 영향을 받았다는 것이다.

Piaget의 창의적 통찰과 발달적 전환 간의 유사성을 정교화한 최초의 미국 심리학자는 David Henry Feldman(1974)이며, 그는

"Piaget의 단계적 진전과 창의적 성취는 공통적인 특성을 지닌다."(p. 57)라고 지적했다. Piaget의 인지발달 이론의 주요 가정은 새로운 도식은 아동에 의해 구성되며, 이러한 도식들은 새로운 지식의 단순한 지속적인 누적이 아니라 사고의 완전한 재조직화를 표상한다는 것이다. Piaget는 이러한 재조직화가 어떻게 나타나는지에 대해서는 충분히 설명하지 못했다고 인정했다. 단지 "단계에 대한 해결되지 않은 문제"(1971b, p. 9)라고 하면서 "내 문제의 핵심은…… 신기성이 어떻게 가능하고 형성되는가를 설명하고자 하는 것이다."(1971a, p. 194)라고 지적했다. Gruber는 Darwin의 창의적 과정이라는 주제로 1974년 세미나에서 Piaget의 보편적 사고구조와 Darwin의 고등구조 간의 관계를 연구했으며, Darwin의 사고구조는 Piaget의 구성주의 과정을 통해 변형되었다고 주장했다(비교, Feldman, 1980; 이 장의 뒷부분 참조). 이 장에서 나는 이러한 유사성이 단지 가장 최근에 제시된 1세기에 걸친 이론적 유사성이라고 여긴다. 창의성과 발달 이론들은 모두 강력한 발생론에 기반을 두고 있으므로, 19세기 사상에 기원을 두고 있다. 나는 이러한 발생론의 기반을 확인하고, 이것이 창의성과 발달 이론에 어떻게 영향을 주었는지를 제시하고자 한다.

발 생

발생이라는 개념은 창의성 이론과 발달 이론의 주요한 부분을 묶어 준다. 발생론은 19세기 후반 심리학의 태동부터 심리학 이론에 영향을 주었다(Sawyer, 2002a). 심리학에서의 발생론은 19세기의 유기조직론에 뿌리를 두고 있다. 유기조직론이란 유기체는 그 부분들의 총합과는 다르며 부분들의 구조적 배열에 근거한다는 이론이다. 사회적 유기조직론(사회는 살아 있는 유기체와 마찬가지로 통합된 개체를 형성한다는 이론)은 고전 사회철학으로 거슬러 올라갈 수도 있지만, Darwin의 진화론은 사회조직론에 새로운 활력을 주었다(Giddens, 1970, p. 172 참조). 19세기 동안 유기조직론은 독일 사회철학에서 두드러지게 나타났으며, 영향력 있는 옹호론자로는 Schaffle과 Lilienfeld가 포함된다. 이들의 이론들은 Wundt와 초기 형태주의자들을 포함한 독일 심리학자들에게 영향을 미쳤다.

19세기는 진화라는 개념으로 특징지어지며, 유기조직론자는 거의 항상 진화론적 주제들을 다루었다. 진화론적 사고양식과 유기조직론자의 사고양식은 심리학 창시자들에게 강력한 영향을 주었다. 예를 들어, 많은 신경학 이론에서는 신경체계가 진화적 발달 수준이 다른 여러 수준으로 구성되어 있다고 제안한다. Ernst Haeckel의 유명한 생물학적 법칙인 "개체발생은 계통발생을 짧고 빠르게 반복한다."(Sulloway, 1979, p. 199에서 재인용)는 아동의 발달이 종의 역사를 반복한다는 것을 의미한다. 이러한 사상은 나중에 Freud, Piaget, Werner에 의해 명확해진다.

발생과 진화의 이론들은 제1차 세계대전 직후에 '영국발생론'(McLaughlin, 1992)으로 명명되는, 영국 철학자들과 진화생물학자들이 관심을 가진 이론이었다. 이 시기에 영향력 있는 인물에는 Broad(1925), Morgan(1923), Whitehead(1926)가 포함된다. 철학자 Broad는 발생론을 비가역성과 비연역성이라는 용어로 정의하였다. 즉, "심지어 이론 속에서도 전체의 특징적인 행동은(분리하거나 다른 조합으로든) 그 구성 요소들의 행동에 대한 가장 완벽한 지식으로부터 연역해 낼 수 없다."(p. 59)라고 규정했다. 비가역성임에도 불구하고, 발생론자는 유물론자로서 물체만이 존재한다고 주장하고 생명을 부여하는 비물질적인 실재에 대한 생명론자의 신념을 거부했다. 그들은 유물론자였기 때문에 발달적 특성들이 미시적 수준의 특성에 수반해서 나타나야만 한다고 생각했다. 발생론자의 수반성의 설명은 전체 행동은 그 구성 요소들의 본질과 배열에 의해 결정된다는 것을 필요로 한다. 그렇지만 발생론자는 전체 행동은 "적어도 이론적으로는 각 부분들의 독립된 행동을 충분히 알고 있다면 전체 행동을 추론할 수 있다."(Broad, 1925, p. 59)는 기계론자의 이론을 거부했다.

Broad와 Morgan의 발생론은 다음과 같이 주장하고 있다(Kim, 1992; Teller, 1992).

- 기본적이며 비발생적인 실재와 속성이 있으며, 이들은 물질적 실재와 속성이다.
- 발생은 시간의 경과에 따라 일어나는 과정이다.
- 기본적 실재들이 모여 구조적 복잡성 수준에 도달할 때, 그 집합체의 속성들이 나타난다. 새로운 물질이 나타나는 것이 아니라 상위 수준의 실재의 속성들이 나타나는 것이다.
- 발생하는 것은 새로운 수준의 실재로서 진화적 또는 역사적 단계에 상응한다. '발생적 진화'에 대한 Morgan의 설명에 따르면, 단계는 물질, 삶 그리고 마음이다. 다른 발생론자는 좀 더 자세한 구체적 수준의 체계를 제안했다.
- 이러한 속성들은 물질의 복잡한 조직의 속성이므로 적절한 더 낮은 수준의 물질적 조건이 제시된 때에만 나타난다.

- 발생하는 것은 새롭다. 새로움은 발생 과정 이전에는 존재하지 않는다.
- 발생하는 것은 예측할 수 없으며 발생하기 전에는 분석적으로 알 수 없다.
- 발생적인 속성들은 더 낮은 수준의 부분들의 속성들에 의해 결정된다고 할지라도 부분들의 속성들로 환원될 수 없다.

비록 1920년대에 처음으로 명시적으로 표현되었지만, 이러한 사상은 **진화론적 역사론**이라고 명명한 19세기의 사상에서 나온 것이다(Kitcher, 1992, p. 124). 19세기의 사회적 · 생물학적 설명은 주로 역사론적으로 현상은 이전의 조건들에서의 발달로 설명된다(Kitcher, 1992, p. 66). 진화론적 역사론에서는 Hegel의 역사에 대한 변증법 이론, Darwin의 진화 이론, 그 이후의 유기론적 은유들을 결합했다. Hegel의 모형은 Freud, Werner, Piaget의 발달심리학에 영향을 미쳤다. 이들의 발달 이론은 각각의 발달단계에는 다음 단계로의 발달을 촉진하는 긴장과 모순을 내포하고 있다는 Hegel의 사상을 도입했다(Brent, 1978). 진화론적 사고는 Baldwin, Piaget, Werner, Vygotsky를 포함한 발달심리학의 창시자들에게 영향을 미쳤다(Morss, 1990; Siegler, 1996, pp. 22-26). 또한 Darwin의 단계 이론은 업적과는 무관하게 사회학에도 지대한 영향을 주었다. Comte의 역사 발달에서의 연속적 단계 이론은 Darwin보다 앞섰으며(Comte, 1830-1842/1854), Spencer의 사회진화단계론도 Darwin과 동시대에 등장했다.[2]

Morgan의 마지막 저서인 『신기성(새로움)의 발생(*The Emergence of Novelty*)』(1933)은 발생적 진화와 다른 발달 과정에서 신기성의 중요성을 강조했다. Morgan에게 발생적 신기성이란 "관련성의 새로운 형태다. 어떤 면에서 재료의 '항목(item)'은 새로운 것이 아니지만 어떤 면에서는 근본적인 진보 단계마다 재료들의 '단위(unit)'는 새로운 것이다."(p. 33) 사물뿐 아니라 발생 단계에서 적용되는 법칙도 새롭다. "연속적인 발달단계마다 새로운 게임이 시작되고, 게임의 규칙도 새롭다."(p. 39) 즉, 낮은 수준의 법칙을 아는 것만으로는 더 높은 수준의 법칙을 예측하기에 충분하지 않다는 것이다. 발달단계뿐 아니라 예술과 과학에서의 창의적 산출물들도 "발생할 때에는 독창적인 신기성의 예들"(p. 103)이다. Morgan처럼, 1920년대의 사상가들은 개인의 창의적 통찰은 발생적이라고 주장했다. 1929년 McDougall은 마음의 '창의적 조합'만이 진정한 발생이라고 설명했다. 왜냐하면 물리적 발생은 항상 과학의 진보에 따라 환원되어 설명할 수 있기 때문이다(p. 122).

이러한 사상가들은 발달심리학의 창시자와 같이 19세기 사상의 영향을 받았기 때문에 Freud, Piaget와 같은 인물들과 연계하여 오늘날 연구되고 있다. 예를 들어, Morgan(1933)은 독특한 정신구조로 특징지어지는 단계에서는 사고가 진전된다고 주장했다. "나는 각 개인 마음의 순환적 발달은 유기체에서의 신기성을 추구하는 새로운 양식을 통해 진전이 있다고 믿는다."(p. 79) 즉, 정신발달의 각 단계는 이전 단계에서 나타나며, 이러한 발생 과정은 언제나 새로운 것의 재구조화를 포함한다. 따라서 Morgan은 **감각 단계**(출생 이전)에서 **지각 단계**(0~36개월), **반영 단계**(36개월 이후)로 나아가는 발달단계 이론을 제안했다. 그는 인지발달 연구를 '정신의 진화' '발생적 심리학'(p. 157)이라고 언급했다. **발생적**이란 Piaget가 말한 **발생론적 인식론**(genetic epistemology)과 같은 발생론의 개념이다. 두 경우 모두에서 그 용어는 각 발달단계에서의 구조는 이전 단계에서 유기체와 환경 간 상호작용을 통해 나타난다는 것을 의미한다(p. 165).

19세기의 견해는, 발달은 단계로 진행되며 각각의 단계는 이전 단계에서 나타난다는 것이다. 이러한 견해는 Freud와 Piaget에 있어 두 번째 특성이다. 단계적 발달이라는 개념은 Piaget의 인지발달 이론과 Freud의 정서발달 이론의 기둥을 형성했다. 거의 같은 시기에 Poincaré, Wallas, Hadamard와 같은 창의성 연구자들은 창의적 과정의 단계 이론을 주장했다. 발달 이론에서 단계는 아동기 동안 진행되는데, 단계마다 몇 년 동안 지속된다. 창의성 이론에서 단계는 단일의 창의적 작품이나 창의적 사고에 의한 산출물을 최고점에 이르게 한다. 따라서 이후의 단계는 현저히 기간이 짧으며, 몇 달 동안 어떤 경우에는 심지어 며칠간 지속되기도 한다.

1930년대 영국의 발생론 사상은 심리학과 사회과학에 폭넓은 영향을 미쳤으며, Wolfgang Köhler, George Herbert Mead, Talcott Parsons에 이르기까지 다양한 이론가에게 영향을 주었다. Piaget는 결코 이 철학자들을 언급하지 않았다. 나도 Piaget가 Morgan의 책을 읽었다거나 Piaget가 아니라 Morgan이 창의성과 발달의 관계를 처음으로 주목하였다고 주장하지 않는다. 오히려 나는 Morgan과 Piaget가 19세기의 진화론적 역사론의 맥락에서 자연스럽게 제시된 문제들에 대해 연구해 왔고, 이러한 문제들로 인해 발생이라는 주제에 관심을 두었으며, 같은 주제가 초기 창의성 이론가들의 지적 배경의 일부였다고 말한다.

발생론으로서 발달 또는 창의성 이론은 두 가지 잠정적이고 대안적인 설명 간의 중도적 입장이다. 첫째, 체계의 최종 단계는 그 체계의 초기 상태에 의해 이미 결정된다고 함으로써 체계의 최종 상태를 설명할 수 있다. 진화생물학에서 이러한 입장은 **전성설**로 알려져 있으며, 이 용어는 20세기 초 발달심리학에서도 자주 언급된다. Piaget는 오늘날 지나치게 간결한 생득주의의 개념에 대응시키는 견해를 비판하기 위해 이 용어를 자주 사용하였다(Elman, Bates, Johnson, Karmiloff-Smith, & Parisi, 1996의 비판처럼). 대조적으로 발생론에서 각 단계는 이전 단계의 활동과 과정에서 나타나며, 이는 유기체와 환경 간의 상호작용의 산출물이다. 이러한 상호작용이 없다면 발달은 없을 것이다. 따라서 발생론은 성숙한 유기체의 최종 단계는 태어날 때 나타난다고 주장하는 전성설을 거부한다.[3]

발생론에 대한 두 번째 대안은 극단의 경험론으로 나타난다. 이들은 체계의 최종 단계는 유기체의 환경에 의해 결정된다고 주장함으로써 발달을 설명한다. 이러한 입장은 사회학과 행동주의 심리학의 급진적 경험론에서는 공통적이다. 이와 달리 발생론은 체계의 최종 단계에 대한 설명으로 유기체의 상태는 각 단계마다 변화하기 때문에 각 단계마다 유기체와 환경 간의 단계적인 상호작용의 검토가 필요하다고 주장한다. 따라서 환경은 유기체에 의해 직접적으로 드러나거나 내면화되지 않는다. 오히려 발달은 유기체와 환경의 상호작용에 의한 구성주의적 과정의 산출물이다.

협력집단에서의 발생

나는 처음에는 협력적인 집단 과정을 이해하는 방법으로서 발생이론을 연구하기 시작했다. 일련의 연구에서 협력집단이 발생이라는 주요 특성을 가지고 있다는 것을 알았다(Sawyer, 1997, 2001,

2003). 나는 이러한 형태의 사회 집단의 발생을 '협력적 발생'이라 부른다. 협력적 발생에서 신기성은 집단적 과정이다. Off-Off-Campus라는 시카고 극단의 1993년 즉흥 공연의 대본을 통해 이를 증명하고자 한다. 처음 몇 초간의 대화에서 배우들이 전개되는 약 5분 이상의 장면을 반드시 알고 있었다는 것을 추측할 수 있다. 관객에게는 속담을 제안하도록 부탁하고, 그 관객은 '선물 받은 물건을 흠잡지 말라.'라는 속담을 제안했다.

조명이 들어온다. 데이브는 무대의 오른쪽에, 엘런은 왼쪽에 있다. 데이브는 오른쪽으로 몸을 돌리면서 독백한다.

1	데이브:	나의 동물원의 모든 작은 유리 인형들, 내 꿈의 상점. 모든 장소에 이렇게 가득!	 돌아서며 감탄한다.
2	엘 런:		데이브에게로 서서히 걸어간다. 돌아서서 엘런을 발견한다.
3	데이브:	예, 무엇을 도와드릴까요?	
4	엘 런:	음, 저는 음음, 찾고 있는 데…… 선물?	엘런은 입에 손가락을 넣은 채 어린아이처럼 내려다보고 있다.
5	데이브:	선물?	
6	엘 런:	예.	
7	데이브:	작은 당나귀 있나요?	데이브는 선반에서 당나귀를 엘런에게 건네 주는 시늉을 한다.
8	엘 런:	아, 난…… 조금 더 큰 걸 찾고 있었어요.	

9 데이브: 그래요. 당나귀를 선반에 다시 올려놓는다.

10 엘 런: 아버지 선물을 사려고요.

대화 10번에 이르자 연극 형태의 요소들이 보이기 시작한다. 우리는 데이브가 가게 주인이고, 엘런은 어린 소녀라는 것을 알 수 있다. 엘런이 아버지에게 드릴 선물을 사고 있는데, 너무 어리기 때문에 아마 가게 주인의 도움이 필요했을 것이다. 이러한 연극의 요소들은 두 배우의 창의적인 공헌으로부터 나타난다. 이로 인해 각 배우의 연극 형태에 대한 점진적인 공헌을 확인할 수도 있지만, 이것이 이후의 대화를 완전하게 결정하지 않으며, 발생적인 연극의 형태는 어느 배우에 의해서도 선택되거나 의도되거나 또는 떠맡겨질 수 없다.

이렇게 나타나는 과정이 순서에 의해 배우의 의도대로 될 수 없다는 것을 강조하는 것은 중요하다. 왜냐하면 많은 경우에 다른 배우가 대답할 때까지 자신의 순서의 의미를 알 수 없기 때문이다. 대화 2에서 엘런이 데이브에게로 걸어갈 때 그녀의 행동은 많은 의미를 지닌다. 예를 들어, 그녀는 직장에 늦게 출근한 동료일 수도 있다. 대화 3에서 데이브가 질문하기 전에는 그녀의 행동이 고객의 의미를 가지고 있지 않다. 즉흥 대화에서 많은 행위는 그 행위가 일어나기 전까지는 무엇을 의미하는지 완전히 알 수 없다. 장면의 완전한 의미는 이후 대화의 흐름에 의존한다. 이러한 회고적인 해석은 즉흥 대화에서는 아주 일반적이라서 대화 참여자들의 의도 또는 행위를 자신이 원하는 형태로 만들 수 없는 이유다(Sawyer, 2001b, 2003).

자신이 말할 차례가 되었을 때 형태에 새로운 것을 더할 수 있다. 그러나 모든 제안이 수용되는 것은 아니다. 다른 배우들이 제안된 변화를 좋아하지 않을 수도 있고, 거기에 예상치 못했던 의미를 부여할 수도 있고, 수정할 수도 있고, 더 새롭게 할 수도 있다. 상대 배우들이 응답을 한 이후에야 배우의 제안이 그 형태의 일부가 될 수 있는지를 알 수 있다.

일상 대화에서처럼, 즉흥 대화에서 화자들은 모든 대화가 형태에 적합하다고 가정하고 계속 진행한다. 대화 4 이후에 엘런이 어린아이이고 손님이기 때문에 갑자기 동료인 것처럼 행동할 수 없다. 마찬가지로 소녀가 데이브와 예전부터 알고 있었던 것처럼 행동할 수 없다. 왜냐하면 대화 3에서 데이브의 질문으로 이전에 만난 적이 없다는 사실이 명확해졌기 때문이다. 대화가 진행되고 형태가 점진적으로 드러남에 따라 배우들은 형태의 일관성을 유지하려는 제약을 점점 더 갖게 된다.

대화가 10을 넘어 계속 진행되면서 우리는 엘런이 편찮으신 아버지에게 드릴 선물을 사려고 한다는 것을 알게 된다. 사실 아버지는 신경증적 행동을 보이고 있다. 그런 다음에 제3의 배우가 무대에 등장하여 Ellen의 정신병이 있는 아버지 연기를 하고, 현명한 가게 주인은 그의 병을 치료해 준다. 이러한 연극 요소인 성격, 동기, 관계 그리고 구성의 흐름은 배우 세 명의 집단 상호작용과 창의적인 공헌에서 발생한다.

창의성의 사회적 과정은 협력적인 즉흥극과 동일하다. 즉흥 대화와 과학적 원리에서 창의성은 복잡한 상호작용적이고 사회적인 과정에서 나온다(Sawyer, 1995). Csikszentmihalyi(1988b)와 Gardner (1993)가 제시한 **체계 모형**에서 창의적인 사람은 창의적 산출물을 완성하고 이를 더 넓은 공동체 또는 **분야**에 전파하려 한다. 예를 들어, 과학자는 논문을 학술지에 투고할 수 있다. 편집자는 게재를 기각하거나 두세 명의 학자들에게 보내 평가하게 할 수 있다. 평가에 따라

게재가 기각될 수도 있다. 한 개인의 창의물인 논문이 그 집단의 '문지기' 인 집단에 의해 거부된다면 인정받는 과학적 지식의 공유 체제인 영역(domain)에 진입할 수 없게 된다.

따라서 어떤 측면에서 모든 창의성은 복잡하고 예측 불가능한 상호작용에 관여하는 사회 집단이 참여하는 발생적 과정이다(Sawyer, 1999). 체계 모형에서 창의성 분석은 창의적인 개인에 대한 심리적 초점뿐 아니라 사회적 체계도 고려해야 함을 제안한다. 창의하는 것은 개인이 아니라 전체 체계다. 따라서 즉흥적인 수행에 대한 설명은 사회 수준의 분석, 즉 체계 모형 분야에서 발생하는 미세 상호작용이 요구된다.

많은 창의성 연구자는 종종 과학적 통찰은 협력적인 집단에서 자주 일어난다는 것을 관찰했다(Csikszentmihalyi & Sawyer, 1995; John-Steiner, 2000). 초기 과학 역사학자인 Ludwig Fleck(1935/1979)이 아마도 사회적 발생 과정을 처음으로 언급한 것 같다. '두 사람 사이의 자극적인 대화' 는 '두 사람 누구에게도 속하지 않는 사상구조' 의 발생을 초래할 수 있다고 했다(p. 44). 이러한 추론에 근거해서 Fleck은 과학적 작업을 '축구경기, 대화 또는 오케스트라의 연주' 와 비교했다. 왜냐하면 결과는 참여자들의 작업의 총합이 아니라 '특별한 형태로 존재' 하게 되기 때문이다(p. 99). 이러한 협력적 통찰은 발생의 사회적 과정에 기인한다.

Creativity and Development

창의적 과정 이론

나는 발생을 정의했고, 협력적 발생의 예를 제시했으며, 발생이

20세기 창의성과 발달이라는 개념을 연결해 주는 주요한 이론적 특성이라고 주장했다. 나는 이러한 연계성을 소개하고 Morgan과 Piaget가 이러한 연계성에 대해 언급한 것을 간략하게 논의함으로써 그 개연성을 제시했다.

창의성과 발달 간의 연계성을 더 살펴보기 위해 이제부터 창의성과 발달 이론들에 대해 보다 깊게 탐구할 것이다. 여기에서 20세기의 창의성 이론들을 논의하고, 다음에서는 20세기의 발달 이론들을 논의할 것이다.

창의성은 정의하기가 매우 어렵다. 이론가들은 그 용어의 의미가 무엇인가에 대해 논쟁을 하였으며, 경험적 연구자들은 서로 다른 용어의 조작적 정의를 활용했다. 나는 목적을 위해 1970년대 이후로 창의성 연구자들 사이에서 널리 퍼져 있는 넓은 개념의 창의성의 정의를 유지하고자한다. 즉, 창의성은 "사회적으로 인정받는 업적으로 새로운 산출물이다." (Barron & Harrington, 1981, p. 442)라는 정의를 사용하고자 한다. 무엇보다 창의적인 생각이나 작품은 **새로워야** 한다. 그러나 새로움만으로는 충분하지 않다. 왜냐하면 새로운 생각은 우스꽝스럽거나 이치에 맞지 않을 수도 있기 때문이다. 많은 꿈은 새롭지만 아침식사 이후의 세상에 미치는 영향은 거의 없다. 신기성(새로움)에 덧붙여, 어떤 생각이 창의적이기 위해서는 **적절해야** 하며, 공동체에서 어떤 식으로든지 사회적으로 가치가 있는 것으로 인정받아야 한다.

1950년대와 1960년대의 창의자에 대한 심리학 연구들은 그들의 성격에 초점을 두었으며, 대개 성격 또는 특성 심리학의 그늘 아래에 있었다. 예를 들어, 창의적인 사람은 활동적이고 호기심이 강하며 비관습적이라고 규명하였다(Barron & Harrington, 1981). 인지혁명이 창의성 연구에 영향을 주기 시작한 1970년대부터 실험적 방법들을 활용하여 창의성과 창의적 과정을 자극하는 컴퓨터 모형과 관련된 내적 인지 과정을 연구하였다(Sternberg, 1988의 제5장과 제9장 참조). 하지만 창의성에 관한 개인적 특성 개념은 신기성의 생성을 강조하고 적절성의 규준을 무시하는 경향이 있었다. Feldman의 1974년 논문은 특성보다 과정에 초점을 둔 초기 주장으로서 영향력이 있었다. 그는 과정 접근은 특성 접근보다 다소 덜 개인적이라고 지적했다. 왜냐하면 과정 접근은 개인과 상황, 유기체와 환경을 모두 포함하기 때문이다.

발생 이론과 현대 창의성심리학 이론 간에는 두 가지의 우체적인 유사점이 있다(Sawyer, 1999). 첫째, 1920년대의 발생 이론은 주로 진화 이론이었으며 대다수 주요한 현대 창의성 이론들은 진화론적 은유에 토대를 두고 있다. 창의성에 대한 진화론적 접근은 일반적으로 Campbell(1960)로 거슬러 올라간다. 그는 창의성은 진화와 같은 맹목적 변이, 선택적 보류 그리고 보전과 재생산의 세 단계를 거친다고 제안했다. Csikszentmihalyi는 Campbell을 따라 창의성은 개인의 특성이 아니라 개인과 선택적 환경의 기능이라고 주장했다. Csikszentmihalyi의 주요한 체계 이론(1988b) 또한 진화론적 은유에 기반을 두고 있으며, Campbell의 이론과 마찬가지로 세 가지 구성 요소를 포함한다. 즉, 새로운 산출물을 생성하는 창의적인 사람, 학문에서 개별 사람들의 사회적 체계이며 새로운 산출물들을 평가하고 기존의 규준에 따라 선별하는 분야, 그리고 안정적인 물리적 특성을 지닌 외적 실재로서 오랫동안 기능을 보전하게 하는 영역이다.

발생 이론과 현재의 창의성심리학 간의 두 번째의 구체적인 유사점은 창의적 통찰이 창의자의 잠재의식으로부터 나타난다고 하는 가정이다. Morgan(1933)은 발생을 '새로운 형태의 관계'로 보았는데, 이는 더 작고 상호작용하는 실재의 체제가 나타난다는 것이다. 오늘날 새로운 창의적 통찰은 정신적 요소들의 새로운 구성으로 간주하며, 그중 어느 것도 개별적으로 새로운 것이라고는 생각되지 않는다. 수학자인 Henri Poincaré(1913/1982)는 통찰의 발생을 널리 인용되는 문구로 설명했다. "어느 날 저녁 평소와는 달리 나는 블랙커피를 마셨고 잠을 이룰 수 없었다. 여러 아이디어가 떠올랐다. 이런 아이디어들이 서로 연결되어 안정된 조합을 이루기 전까지는 서로 충돌되는 것같이 느꼈다. 다음 날 아침 나는 푸크스 함수가 성립한다는 것을 알아냈다."(p. 387) 이러한 이론의 현대적 사례는 Simonton의 인지 모형(1988)이다. 인지 모형에서 개인은 처음에 **정신적 요소**(창의적 영역에서 나타나는 사실, 이론, 이미지, 정보)를 내면화하여 이것을 두뇌에 저장하고, 잠재의식 상태인 창의적 과정에서 이러한 정신적 요소들은 **우연한 조합**으로 결합된다. 이러한 많은 새로운 구성들이 의식되지 않지만, 그중 일부는 안정적으로 나타나고 통찰을 갖게 하는 주관적인 감각을 야기한다.

요약하면, 현대 창의적 과정의 개념은 발생의 개념과 상당히 유사하다.

- 창의성은 개인이나 어떤 창의적 산출물의 정적인 특성이 아니라 시간에 따라 나타나는 과정으로 이론화되었다.
- 창의적 산출물은 새롭다.
- 창의적 산출물은 더 낮은 수준의 구성 요소들의 결합으로 복합 체계의 결합에서 발생한다. 즉, 새로운 실재는 창출되지 않으며 단지 복합 체계에서의 요소 간의 결합이다.

다음에서는 현대 창의성 이론에서의 일부 구체적인 발생적 측면들을 살펴볼 것이다.

창의적 과정의 단계

그 목적에 가장 알맞은 원리들과 함께 사전에 준비되는 마음은…… 마침내 적절한 요소들이 견해로서 잘 결합되고 적절한 조합으로 그들의 위치를 찾을 때까지 시도하고 기각하면서 그 문제에 대하여 끊임없이 생각을 품는다.

– Alexander Bain, 『감각과 지능(*The Senses and the Intellect*)』

앞서 언급한 오늘날 창의성의 개념과 발생론적 사상은 역사 간의 광범위한 유사점 이외에 구체적인 유사점이 있다. 창의성 이론의 역사를 통해서, 창의성은 단계적 과정이라고 여겨져 왔다. 오늘날 많은 창의성 연구자는 창의성이 단계적으로 진행한다는 통찰은 Henri Poincaré(1913/1982) 또는 Joseph Wallas(1926)에 의해서 비롯되었다고 생각한다. 두 이론가는 단계 이론을 개발하면서, 단계의 원형은 생리학자인 Hermann von Helmholtz에게서 비롯되었다고 생각했다. 하지만 이 책의 앞부분에서 언급한 것처럼, 그러한 생각은 Helmholtz 이전의 19세기에 널리 만연해 있었다.[4] 그의 생애 말기인 1891년 연설에서 Helmholtz가 자신의 창의적인 업적을 되돌아보았고, Bain이 제안했던 것과 동일한 세 단계인 초기 탐색, 휴식기 그리고 갑작스럽고 예상치 못한 해결법의 발생을 확인했다(Helmholtz, 1971, p. 474).

이러한 주요한 생각은 파리의 심리학회 이전에 Poincaré에 의해 나타났다. Poincaré의 제자로 1912년 과학아카데미에 선출된

Hadamard는 Poincaré와 다른 학자들의 연구를 기반으로(그가 미국으로 이민 간 1945년에 영어로 출판된 책에서) 단계와 무의식의 역할에 대해 정교화하였다. Poincaré(1913/1982)는 자신의 수학적 통찰에 대한 주의 깊은 분석을 기반으로 창의적 과정은 '의식적인 작업 기간'으로 시작되어 마음이 다른 작업들에 초점을 맞추고 있는 휴식 기간이 뒤따르는 것이라고 제안했다. 휴식 기간 동안 '갑작스러운 영감이 발생'되고, 이 영감은 '길고 무의식적인 사전 작업'의 산출물이다(p. 389). 영감은 완전한 형태를 갖고 있지 않는다. 그러나 추후 의식적인 작업에 의해 검증되고 만들어진다.

Helmholtz와 Poincare의 영향을 받은 Graham Wallas(1926)는 오늘날 가장 널리 알려진 4단계의 이름—**준비, 부화, 조명, 검증**(p. 80)—을 붙였다. 준비는 예비 작업의 초기 국면으로, 자료와 정보를 모으고 관련된 생각들을 탐색하며 제안을 구하는 단계다. 부화는 준비와 조명의 순간 사이에서 자주 관찰되는 지연 단계다. 이 기간 동안 준비된 재료는 수동적으로 마음에 머물러 있는 것이 아니라 내적인 정교화와 조직화를 경험하게 된다. 조명은 생각을 갖게 되는 주관적 경험이며 통찰의 순간이다. Wallas는 검증에 의해 통찰의 가치 평가와 완성된 형태가 구성된다고 가정했다(p. 81). 통찰은 의식적인 마음에 의해서 평가되고 검증되어야 하며, 모든 통찰이 좋은 생각은 아니며, 그중 일부는 버려진다. Wallas의 책이 출판된 후에 Catherine Patrick(예, 1937)은 창의적인 개인에 대한 연구들을 수행하여 이러한 4단계에 대한 광범위한 증거를 발견했다.

일부 단계 이론들은 이런 전통적인 입장에서 다소 독립적이다. 이들 이론은 실용적인 연구인 경영 창의성과 혁신에서 비롯되는 경향이 있다. 예를 들어, Joseph Roseman(1931/1964, p. 57)은 710명의 발명가들을 대상으로 설문조사를 실시해 다음과 같은 7단계를 확인했다. ① 수요 또는 어려움의 관찰, ② 수요 분석, ③ 모든 가능한 정보 조사, ④ 모든 객관적인 해결 방법의 형성, ⑤ 해결 방법에 대한 비판적 분석 및 장단점 확인, ⑥ 통찰 또는 발명, ⑦ 발명과 최종 산출물의 완벽함을 검증하기 위한 실험 등이다. Rossman은 발명에 대한 통찰의 순간을 "그것에 투입된 부분들의 합보다 크다." (p. 61)라는 발생론적 용어로 언급했다. 그러나 Rossman은 창의적인 작업의 대부분을 의식 단계에 두고 있으며, 특히 단계 ④와 ⑤는 Poincaré의 무의식의 구성과 선택 단계에 해당되는 것 같다. 의식적인 과정을 강조하는 이러한 변화는 아마도 발명이라는 것이 창의적 통찰의 문제발견 유형보다는 문제해결 유형과 유사하기 때문일 것이다. 즉, 문제 발견은 더 긴 부화 기간과 더 중요한 무의식의 역할을 필요로 하는 것 같다(Csikszentmihalyi & Sawyer, 1995).

무의식적 부화 단계

이러한 단계 모형에서 부화 단계는 잘 이해하기 어렵지만 가장 중요한 단계다. 부화 단계는 대개 무의식 또는 때때로 전의식 혹은 주변 의식이라고 불리는 것(인식의 바로 아래에 있다는 사실을 나타내기 위해)과 관련된다.[5] 부화에서는 요소들이 결합되고 어떠한 결합들은 의식으로 나타난다고 가정된다. 그러나 이러한 과정의 정확한 성격은 아직 알려져 있지 않다. 어떻게 요소들이 결합되며, 어떠한 결합이 의식으로 나타나는가?

하나의 일관된 설명은 결합이 무선적이라는 것이다. Wallas (1926)는 연합 과정이 민감성이나 아름다움에 의해 방향지워질 수 있다는 Poincaré의 생각을 비웃었다(pp. 75-78). Campbell(1960)은 그 과정이 맹목적이거나 시행착오적이라고 주장하면서 창의적인 사람은 "우연히 번개가 치는 곳에 서 있었을 뿐"(p. 390)이라고 말한다. Simonton의 우연적 조합 이론은 분명히 Campbell의 모형에 기반을 둔다. 과학적 혁신은 정신적 요소들이 비록 완전히 무선적이지는 않다 하더라도 '우연적 변경'을 통해 결합될 때 일어난다(Simonton, 1988, pp. 6-8; Gruber, 1988 참조).

다른 이론가들은 부화가 어떤 식으로든 방향지워져 있다고 믿는다. Poincaré(1913/1982)는 최초로 무의식에서의 정신이 무선적인 결합을 생성하는 것이 아니라 '어느 정도 유용한 결합의 특성들을 지닌' 결합들만을 생성한다고 주장했다(p. 386; pp. 390-391 참조). Poincaré는 이러한 무의식적 작업은 작업의 영역에 대한 감각으로 방향지워진다고 주장했다(pp. 389-394). 즉, 무의식적 과정은 '심미적인 민감성'(p. 392)을 지닌다. 그는 누구라도 알려진 실재들로부터 새로운 결합을 만들 수 있지만, 산출물로 나타나는 결합들은 "그 수가 무한하고 대부분은 절대적으로 관심 밖이다."(p. 386)라고 지적했다. 발명가의 마음에는 "쓸모없는 결합들은 심지어 나타나지조차 않으며"(p. 386), 오히려 무의식적 기계는 '좋은 조합'을 만들어 낸다. 왜냐하면 준비된 의식 작업은 어떤 요소들을 '동원했기' 때문이다(p. 389). 의식적 결합은 의식적 마음에 '아름답게' 비춰진다(p. 391). 만약 검증 단계에서 통찰이 거짓이라고 판단한다면 "그것이 참이었더라면, 우리의 수학적인 정밀함에 감사할 일이다."(p. 392)

Hadamard(1945)는 Poincaré의 생각에 동의했다. 발생되는 생각들은 아름답고 그 창의자의 '정서적 민감성'에 호소하는 것이다(p. 31). 무의식은 모든 결합을 생성할 뿐 아니라 우리의 미적 감각을 만족시키는 것들을 선택해야 한다. 그럼에도 의식적 마음은 때로는 아름다운 생각들이 틀릴 수도 있기 때문에 검증을 해야 한다(p. 57). Wallas의 용어를 인용하여 Hamadard는 주변 의식은 '완전한 의식에 기여하며'(p. 81) 필요할 때에는 불러낼 수 있다고 제안했다.

일부 심리분석 이론가들은 이와 유사하게 창의적인 무의식은 의식적인 마음에 의해 안내된다고 제안했다. Arieti(1976)는 그가 '삼차 과정'이라고 불렀던 창의성에 일차 과정(무의식)과 이차 과정인 사고의 기여에 대해 연구했다. Rothenberg(1979)는 결합은 "창의자가 의도적이고 분명한 방법으로 요소들의 특정한 유형들을 결합하는 능동적이고 주도적인 인지의 형태"(p. 11)라고 주장했다. 즉, 이 요소들이 '단순히 첨가되거나 결합되는' 것이 아니라 '통합' 된다(p. 12).

또한 인지심리학자들도 관념화 단계에 일부 준거를 적용해야 한다고 주장했다. 예를 들어, Johnson-Laird(1987)는 연산법을 근거로 제약이 관념화 단계에서 적용되어야만 하며, 그렇지 않으면 관념화 단계에서 나타나는 생각들의 탐색 공간은 너무 커진다고 주장했다. Johnson-Laird와 Sawyer(2002b)는 재즈 즉흥 연주를 예로 들었다. 재즈 즉흥 연주는 실시간으로 나타나는 창의적 작업으로 라이브 공연 동안 수정하고 선곡할 기회가 없기 때문에 평가와 관념화가 동시에 진행되어야 한다. Johnson-Laird는 단계 모형은 제약된 변이 단계인 '신라마르크(neo-Lamarckian)'의 모형이라고 설명했는데, 이는 Campbell의 신다윈주의 모형(neo-Darwinian model)의 무선적 변이와 대조를 이룬다.

많은 연구자는 무의식적 과정은 문제에서 한걸음 뒤로 물러날 때 더 잘 촉진될 수 있다고 지적해 왔다. Wallas(1926)는 부화는, 또 다른 문제를 해결하려고 하거나 운동을 하는 것과 같이(p. 86), 창의적인 활동에서 완전히 멀어짐으로써 일어나게 할 수 있다고 지적했다(p. 89). 이로써 마음은 동시다발적 과정의 형태로 진행된다. Hadamard(1945)는 "무의식은 다양한 상태의 중요한 특성을 가지고 있으며, 일부 그리고 아마도 많은 일이 무의식에서 동시에 일어날 수 있다."(p. 23)라고 지적했다. 이러한 유사점은 한 번에 한 가지에만 집중할 수 있는 의식적인 마음과는 대조된다(Csikszentmihalyi & Sawyer, 1995 참조). 이러한 다양성으로 인해 무의식은 동시다발적으로 많은 결합을 만든다.

부화에 대한 지배적인 정신-요소-결합 접근법에 대한 중요한 대안이 있다. 그것은 Wertheimer(1945)의 형태 이론인 '생산적인 사고하기'다. Wertheimer에게 창의적 과정은 하나의 전체적인 상황(그의 용어로는 S1)에서 또 다른 상황(S2)으로의 변형을 포함한다. Wertheimer는 변형의 동기를 S1의 전체적인 체계적 속성이라는 관점에서 설명한다. "S1은 구조적인 제약과 스트레스를 포함하고 S2에서 해결된다."라고 하고, 변형은 이러한 구조적 문제로부터 직접적으로 발생한다고 주장했다(p. 193). 구조적 특징은 개인의 목표가 아니라 변형으로 결정한다(p. 196). 이러한 개념적 구조는 항상 '객관적으로 우수하거나 적절한 구조'(p. 198)로 움직이는 경향이 있다. 통찰은 요소들의 결합으로 분석할 수 없으며, 복잡한 구조 속에서의 변형으로 분석되어야만 한다.

Piaget는 형태론이 지니고 있는 주요 문제를 처음으로 알아낸 사람이다. 형태는 환원될 수 없으므로 언제나 전체로서 마음에 나타난다. 형태는 이를 구성하는 요소들의 경험적 근원의 측면에서는 분석될 수 없다. 형태는 환경과의 과거 상호작용의 결과로 생각되지 않으므로 역사와 무관하다. 반면에 Piaget의 도식은 역동적이며 언제나 발생한 이전의 도식과 연속성을 가지고 있다. "따라서 도식은 역사를 가진 형태다."(Piaget, 1936/1952, p. 384) 도식은 탄력적 구조이며 연속적으로 스스로 수정을 하지만, 전체적인 형태들은 정적이다(비교, Flavell, 1963, pp. 72-75). 형태와는 달리 도식은 "서로를 대체하는 것이 아니라…… 서로 통합한다. 가장 단순한 것이 나중에 보다 복잡한 것들로 통합된다."(Piaget, 1971b, p. 7) 나중에 논의하겠지만, Piaget의 도식발생론은 무의식적 부화의 요소결합 이론과 흥미로운 유사점들이 있다.

창의적 통찰의 본질

단계 이론에서 창의적 통찰은 무의식적 부화기에서 발생하며, 창의자는 '아하' 또는 '유레카'의 순간에 이러한 발생을 경험한다. 앞서 언급했듯이, 대부분의 창의성 이론은 발생론과 유사한 이러한 정신 과정을 기술한다. 통찰은 낮은 수준의 요소, 단위 또는 생각보다 더 높은 수준의 총체적 결합, 구성 또는 체계다.

창의적 통찰이 어떻게 부화 과정에서 나타나는가? 어떻게 모든 것의 결합이 형성되는가? 대부분의 논쟁자들은 Bain이 처음 제안한 것처럼 관념연합론을 다양하게 변형하여 주장한다. Bain(1855/1977)은 창의적 신기성은 '구성적 연합'이고, '새로운 조합은 이미 정신적으로 가지고 있는 요소에서 생겨나기' 때문에 '새로운 조합'(p. 573)의 구성은 '연합시키는 힘'(p. 572)의 형태라고 주장했다. 대부분 창의성 이론에서는 보다 기본적인 요소가 좀 더 복잡한 인지구조의 형태로 결합될 때, 창의적 통찰이 창의자의 마음속에 생겨난다고 제안한다. Morgan의 발생에 대한 설명처럼, 새로운 실재가 창출되는 것이 아니라 오히려 신기성은 새로운 형태의 관계이며 복잡한 체계에서 요소들의 결합이다.

창의적인 사람에 대한 주관적 보고서는 창의성에 대한 이와 같은 이론을 제공한다. 창의성 연구자들은 Poincaré와 Kekulé와 같은 과학자들의 이론에 익숙하다. Einstein은 Hadamard에게 보낸 편지에서 "생각의 구성물인 것처럼 보이는 물리적 실재는 결합될 수 있는 분명한 신호이고 다소 분명한 이미지다. ……이러한 결합은 생산적 사고를 형성하는 핵심적 특징인 것으로 보인다."(Hadamard, 1945, p. 142에서 재인용)라고 썼다. Einstein과 Poincaré는 이러한 과정을 연합적인 것이라고 언급했다. Wallas(1926)의 부화 단계에서 나타나는 연합 이론은 초기 영국의 관념연합론을 그대로 수용한 것이다(Wallace, pp. 61-65 참조). 조명기는 '성공적인 연합 훈련의 정점'이다(p. 94). 이 주장의 부분적 증거로서 Wallas는 일부 창의자는 통찰이 일어날 것이라는 예감을 얻는다고 하며 이것을 '암시(intimation)'(p. 97)라고 부른다.

초기 창의성 이론의 현대적 보고서 중 하나는 심리학자 Sarnoff Mednick(1962)에 의해 작성되었으며, 그는 창의적 사고를 '연합적 요소들의 새로운 결합으로의 형태화'라고 정의했다. 창의성의 연합 이론은 Locke에서 Bain에 이르는 영국 연합론자의 정의를 토대로 한다(Mednick, 1962, p. 221). Mednick은 세 가지 명확한 기제인 우연히 발견하는 능력, 유사성 그리고 매개에 의해 연합론을 정교화했다. 그는 창의성에 기여하는 몇 가지 정신 변인들을 규명했는데, 여기에는 개인의 연합적 위계 또는 1970년 인지 시대에 '의미망(semantic network)'이라 불리던 것으로 주어진 개념에 의해 나타나는 연합의 강도와 구조, 문제의 관련된 요소에 대해 개인이 가지고 있는 연합의 수, 개인의 인지 양식(구체적 대 관념적, 시각적 대 서술적), 그리고 개인이 창의적 조합을 선택하는 방법들이 있다. 예를 들면, Mednick은 문제해결 창의성에서 선택 기준은 연합 요소들과 결합하는 한편, 문제발견 창의성에서도 선택하는 작업은 역시 관련 기준들을 확인하는 작업을 포함한다고 제안했다(p. 225). Mednick은 연합론을 논리, 개념 형성 또는 문제해결의 세련된 규칙에 기반한 연계성을 요구하는 이론들과 함께 그의 연합 이론을 대비시켰다(p. 227). 그는 자신의 이론을 토대로 심리측정검사를 개발했으며, 자신의 이론을 검증하기 위해 그 방법을 사용하였다(Mednick & Mednick, 1965).

Rothenberg와 Simonton의 이론을 포함한 많은 현대 이론은 창의적 통찰이 정신적 요소의 조합에서 나온다고 제안한다. 하지만 여전히 이 모형들이 관념연합론인지는 명확하지 않다. 왜냐하면 결합 기제의 세부사항은 이론화된 것이 별로 없기 때문이다. 예를 들어, Rothenberg(1979)의 '동일 공간 과정(homospatial process)'이라는 개념은 '별개 개체들이 융합되고 첨가된 것으로' 개체들은 상호작용하며 서로 연관되어 있다(p. 365). 그의 이론에서 어떻게 독특한 구성 요소가 상호작용을 하며 이들이 조합되어 새로운 전체가 되는가에 대해서는 명확하지가 않다. 대신에 그는 단지 동일한 공간에 있는 구성 요소들을 관찰했다. 이 이론은 다른 연합론과의 차이에 대해 충분한 설명을 하고 있지 않다. Simonton(1988)의 우연구성 이론도 마찬가지로 설명이 부족하다. 완전한 이론이 되려면 ① 전의식적 인지의 내적 구조 이론, ② 정신적 요소와 결합의 내용과 방법에 관한 구조적 이론, ③ 전의식적 과정을 촉진시키는 요소(원형 결합 요소)와 그 이유를 설명하는 이론을 포함해야 한다.

연합론은 어떻게 부화 단계가 안내되는지에 대해 설명함으로써 Poincaré(1913/1982, p. 393)와 다른 학자들의 관념 단계가 평가와는 무관하지 않다는 주장을 지지한다. Mednick(1962)은 생성된 생각들이 연계성이 없는 것이 아니며 연합적 형태를 반영한다고 주장한다. 만약 부화가 무선적인 것이 아니라면 관념화 단계는 완전히 평가와 무관하지 않다. Runco(1993)와 같은 사람들은 평가 과정은 의식의 범위를 벗어나 확산적 사고 동안에 일어나야만 한다고 주장했다. 비록 심리학적으로 관념화와 평가를 구분하는 것이 유의미하다면 이들이 동시에 일어날 수 없다고 주장할 만한 이유가 없다. 사고에 대한 이러한 두 유형은 창의적인 마음의 구성 요소들이다.

단계 이론에 대한 비판

창의성에 대한 단계 이론이 존재하는 한 이에 대한 비판도 계속되어 왔다. 심지어 단계 개념을 비판한 책(Lowenfeld & Brittan, 1987, p. 76)도 있었다. 이러한 비판은 연구자들이 창의적 사고의 명확한 측면을 확인할 수 있다는 것은 수용하지만, 창의적 사고는 순서적으로 발생하는 것이 아니라 동시에 발생한다고 주장한다. 이것은 정반대의 입장이라기보다는 강조점을 달리 두는 것이다. Wallas(1926)조차도 "일상의 사고의 흐름 속에서 이 네 단계가 지속적으로 서로 겹쳐지며"(p. 81), 문제를 탐구할 때에도 "마음은 의식적으로 다른 측면을 준비하고 검증하는 동안 무의식적으로 문제의 다른 측면을 부화한다."(p. 82)고 지적했다. 하지만 궁극적으로 Wallas는 이 네 가지 단계가 '자연스럽게 서로 구분될 것'(p. 82)이라고 느꼈다.

Patric과 Rossman을 겨냥한 Vinacke(1952)의 단계 이론 비판(pp. 243-251)은 Wertheimer의 전체론적 사고의 영향을 받았다. 그는 명백한 단계를 찾기보다 "초기 자극의 발생과 최종의 산출물이 형성되는 다양한 과정이 겹치고 서로 엮이는 총체적 행동 유형과 같은 좀 더 전체적인 측면에서 창의적 사고를 받아들이는 것이 더 낫다."(p. 248)라고 제안했다. 그는 단계를 '동시다발적 과정'으로 인식하고, "창의적 사고를 다소 분리된 단계로 보기보다는 역동적이며 서로 영향을 주는 활동으로 이해하는 것이 필요하다."(p. 249)라고 주장하였다. 그는 많은 창의성 분야, 특히 회화 분야에서 첫 구상 또는 스케치부터 작품이 완성되기까지 일련의 통찰이 계속된다고 했다. 부화는 특정 단계에서 발생하지 않고 창의성 과제 내내 그 정도가 다양하게 작용한다고 주장하였다. 예를 들어, 시와 연극은 갑자기 완벽하게 나타나는 것이 아니라 많은 부화와 통찰 과정을 통해 점차적으로 발달한다.

Arieti와 Rothenberg의 정신분석학적 이론에서도 Vinacke의 비판에 동참했다. Arieti(1976)는 "부분으로 구분되는 복잡한 작업은 여러 통찰 과정을 포함하여, 부화는 창의적 과정 전체에 걸쳐 나타난다."라고 말했다. 구분되는 국면은 오직 추상적 개념으로만 존재한다고 결론지었다(p. 18). Rothenberg(1979)는 창의는 통찰의 한 순간에만 발견되는 것이 아니라 "긴 일련의 환경을 통해…… 간섭받고 재구성되며 반복된다."(p. 131)라고 주장했다. 그는 "창의적 과정에서의 영감과 정교화 간의 일시적인 구분은 불완전하며 이러한 국면들 또는 기능은 번갈아—때론 매우 빠르게—시작에서 마칠 때까지 일어난다."(p. 346)라고 단계 이론을 비판하였다.

Guilford(1967)는 '지능의 구조' 모형에서 다섯 가지 작용에 기반을 둔 다요인 지능 개발을 제안하였다. 가장 기본적이고 최소의 작용은 인지, 기억, 확산적 산출물, 수렴적 산출물 그리고 평가다. 그는 Rossman처럼 단계 이론을 비판하며, 다섯 가지 작용이 창의적 과정 동안 동시 다발적으로 진행되며, "평가는 계속 동반된다." (p. 329)라고 주장하였다. 그러나 창의적 과정의 마지막을 향해 가는 동안 평가 과정의 더 높은 수준이 있다는 사실도 인정했다.

Howerd Gruber(1988) 역시 창의성 단계 이론을 비판했다(pp. 47-49). 그는 창의적인 사람은 독특하고, 따라서 보편적으로 적용되는 일반적인 단계는 있을 수 없다고 주장했다. 이에 대한 증거로 Gruber(1974)는 Darwin의 창의적 과정 연구에 주목했다. "Darwin의 업적은 통찰의 황금의 순간에 있는 것이 아니라 원래의 견해를 구성하는 더 느린 과정에서 실현되었다." (p. xiv) 그의 비판론은 Arieti와 Rothenberg의 의견에도 반향되었다. Gruber는 Piaget의 도식변형 이론을 2년에 걸쳐 Darwin의 자연선택 이론에 적용하고, Darwin의 이론은 단순히 고립된 갑작스러운 통찰이 아니라는 것을 증명했다. 예를 들어, 자연 선택의 원리는 Darwin 이전에도 잘 알려져 있었다. Darwin의 창의성은 자연 선택이 보전적인 영향에 의한 통찰이 아니라 진화론적 영향으로 여기는 개념적 도식의 발달과정에 있다(Gruber, 1974, p. 7).

Gruber가 Darwin의 창의적 과정이 단계화된 것이 아니라고 주장했지만, Piaget의 개념을 적용할 때는 Darwin의 창의적 과정의 단계론적 개념을 암시하는 느낌이었다. 왜냐하면 Piaget의 이론은 단계 이론이기 때문이다. Gruber는 Piaget의 이론이 단계 이론이 아니라면서 이러한 문제를 다소 일상적이지 않는 입장에서 해결했다(Gruber & Vonèche, 1977). 그렇다면 Gruber에게는 단계 이론은 무엇을 의미하는가 하는 의문이 제기된다. 아마 Gruber는 Piaget의 이론에 대해 그의 단계 이론은 동화와 조절의 기본 과정만큼 중요하지 않다는 것을 말하려는 것 같다(예, Piaget, 1945/1962, p. 291). 그럼에도 불구하고 Piaget는 항상 발달은 단계별로 나타난다고 주장했었다.

창의적 과정에 대한 이러한 모순적인 견해를 더 알아보려면 발달 이론을 살펴보는 것이 도움이 된다. 많은 발달 이론들은 단계 개념을 기반으로 하여 단계의 본질, 단계의 수 그리고 단계 간 전환 등에 관하여 다루고 있다. 발달심리학의 역사를 통해 이러한 이론들은 19세기 발생론과 진화론의 영향을 받았다.

발달과정 이론

발달 이론은 부분적으로 행동주의자들의 학습 개념을 비판하는 과정에서 정의되었다. 발달심리학 분야는 항상 비행동주의자들의 가정에 근거한다. 행동주의자들이 비슷한 현상을 연구할 때 이를 학습심리학 또는 학습 이론이라 명명한다. 행동주의자들의 개념으로 학습은 연합주의 기제를 따라 진행된다. 개인은 동시에 또는 연속적으로 두 자극을 지각하고, 이런 관계에서 두 자극을 충분히 지각한 후에 마음이 이들을 연합하기 시작한다. 학습 형태는 습관화, 고전적 조건 형성 그리고 조작적 조건 형성을 포함한다.

행동주의자들의 이론적 틀에서 학습은 선형적이고 단순한 과정이다. 기술과 지식은 세상 경험에 따라 선형적으로 증가한다. 학습은 개인의 내적인 정신모형 이론의 통합 없이 경험이라는 측면에서 설명할 수 있을 것이다. 반대로 발달 이론은 성숙론이나 인지론의 요소를 포함한다. 성숙론은, 유기체는 생물학적으로 특정 속도로 발달하도록 결정되어 있다는 입장이다. 한편 인지론은, 발달은 성장하는 유기체의 내적 정신구조 개념을 포함하지 않고서는 설명할 수 없다는 입장이다.

창의적 과정의 이론들이 연합주의 사고 과정의 요소를 유지한다 할지라도, 이 이론들은 전형적인 단계 모형에 기반을 두고 있으며, 복잡한 인지구조들이 창의적 통찰 과정에 필수적인 역할을 한다고 가정한다. 학습 이론에는 단계나 인지구조가 없으며, 단지 발달 이론에서만 있다. 왜냐하면 단계는 내적 정신구조의 질적 변형에 의한 결과이기 때문일 것이다. 사실, Piaget(1971a)는 새로움을 단계와 동일시했는데, "만약 새로움이 있다면, 당연히 단계가 있다. 만약 새로움이 없다면 단계 개념은 인위적이다." (p. 194)라고 하였다.

다음에서는 Freud, Piaget 그리고 Vygotsky가 제안한 발달과정 이론을 살펴보고자 한다. 이들은 19세기의 진화론적 역사주의라는 지적 환경에 순응하였고, 진화와 발달의 생물학적 개념에 영향을 받았으며, 잘 알려진 그들의 발달과정 이론 이외에도 분명히 예술적이거나 과학적인 창의성에 대해 논의하였다.

Freud

두 가지 이유로 Freud에 대해 먼저 설명하고자 한다. 첫째, Freud의 사상은 20세기 창의성에 중요한 영향을 주었으며, 둘째, Piaget의 발달 이론에도 중요한 영향을 주었으므로 Freud로부터 시작하는 것이 19세기 Piaget 사고의 기원을 강조하는 데 도움이 될 것이다.

최근 많은 학자는 Freud가 필연적으로 19세기 사상가라고 관찰하였다. 그의 발달 이론은 단계적이며, 각 단계에서 연속적 긴장의 변증법적 과정을 거쳐 발생하는 생물학적이고 진화론적인 발달 개념에 기반을 두고 있다(Kitcher, 1992; Sulloway, 1979). 이러한 19세기 견해에 일반적인 영향과 더불어 보다 넓은 직접적인 영향들이 기술되어 왔다.

19세기 생물학적 발달에 의한 진화론적 개념에서 신경체계는 서로 다른 진화 발달단계를 나타내는 서로 다른 수준으로 구성되어 있는 것으로 생각되었다. 오늘날 이와 관련해 가장 널리 알려져 있는 견해는 Haeckel의 생물발생적 법칙인 "개체 발생은 계통 발생을 반복한다." 이다. Sulloway(1979)는 Haeckel의 발생반복설이 Freud에게 주요한 영향력을 주었다고 주장한다(pp. 258-264). Freud는 영국의 신경학자인 John Hughlings Jackson의 저서를 읽었는데, Jackson은 낮은 단계일수록 더 원시적인 사고 과정을 표상한다는 이론을 정교화하였다(Kitcher, 1992, p. 24). 이는 Freud의 유명한 일차적 사고 과정과 이차적 사고 과정 간에 유명한 구분의 기초를 형성하게 하였고, 이전 발달단계로의 퇴행을 설명해 줄 수 있는 심리학적 틀의 기초가 되었다. 퇴행이 발생하는 것은 원시적 구조가 더 정교화된 다음에 발달기제와 함께 남아 있기 때문이다(Kitcher, 1992, p. 72). 따라서 Freud의 유명한 성적 발생단계 이론은 19세기의 근간이 되는 발생론이다. 각 단계—구강기, 항문기, 남근기, 생식기—는 다음 단계가 발생하도록 환경을 제공한다(Freud, 1917/1966, pp. 397-444 각주 참조).

이러한 생물학적 영향 외에 Freud는 Comte의 사회 역사의 단계 이론에도 정통했다. 또한 Comte의 추종자인 영국의 Mill에 대해서도 잘 알고 있었다. 예를 들어, Freud는 Mill의 에세이 네 편을 독일어로 번역하였다(Kitcher, 1992, pp. 12-13). 또한 그는 인류학자인 Edward B. Tylor(1832-1917)의 저서도 읽었다. Tylor는 Comte와 같이 사회진화적 모형을 제안하였으며, 이 모형에서 문화는 상이한 수준의 문명을 진화하게 한다고 한다. Wundt와 마찬가지로, Freud는 문명의 발생과 발달에 관해 아는 것이 인간 지능의 발달을 이해하는 데 중요한 단서를 제공해 줄 것이라 믿었다(Kitcher, 1992, p. 21).

그래서 Freud의 발달 이론은 근본적으로 발생론이고, Freud는 창의성을 설명하기 위해 동일한 이론을 적용하였다. Freud는 억압된 소망 속에 창의적 욕구를 두었으며, 여기에는 일차 사고 과정과 무의식적 사고가 연합된다. 그의 창의성 이론은 20세기 후반까지 영향을 주었다(예, Arieti, 1976; Martindale, 1990; Rothenberg, 1979). 이에 대한 그의 생각은 에세이 『창의적인 작가와 공상(*Creative Writers and Day-Dreaming*)』에 가장 잘 나타나 있다. Freud는 아동의 놀이가 점차적으로 어른의 환상이나 공상으로 변형된다고 제안했다(Freud, 1907/1989, p. 438). 공상은 항상 소망이 충족되지 못했을 때 유발된다(p. 439). 신경증은 단순히 '지나친' 환상이고, 환상은 신경증의 '즉각적인 정신적 전조'다(p. 440). 이런 방법으로 Freud는 창의적 욕구를 그의 일반적인 신경증 이론과 연결시켰다. 예를 들어, Freud는 "모든 아동은 놀이를 할 때 창의적 작가처럼 행동한다. 이렇게 함으로써 자신만의 세계를 창출해 간다."(p. 437)라고 썼다. 아동기는 환상과 상상의 원천이다. 이는 아동기가 대부분의 신경증의 원천인 것과 같다. 창의적 작가에게 현재의 강한 경험은 초기 경험(대부분 아동기에 속하는)에 대한 기억을 일깨운다. 이러한 아동기의 기억은 현재 창의적인 작업에서 자신을 만족하게 할 소망으로 진행시킨다(p. 442).

Piaget

발달 이론에서 가장 오래된 상반된 입장 중의 하나는, 발달은 환경 또는 성인의 지도로부터 아동에게 전달되는 수동적 과정이라고 주장하는 이론가, 그리고 발달은 아동이 외부 세상으로부터의 느낌과 정보를 자신이 변형시켜 가는 능동적 과정이라 주장하는 이론가 간의 차이다. 변형론에서는 발달을 창의적 과정으로 본다. 20세기 거의 대부분의 발달 이론은 행동주의, 정신분석, 사회문화주의를 포함하여 변형론의 관점 일부를 수용하지만(Lawrence & Valsiner, 1993), 이러한 관점은 Jean Piaget의 구성주의에서 가장 정교한 표현으로 나타났다.

Piaget의 발생론적 인식론은 앞서 언급한 것처럼 19세기 사조로부터 태동한 것이다. Piaget는 자신의 이론을 '구성주의'라 명명하고, 아동은 새로운 아이디어를 발견하기보다는 창안한다는 것을 더 강조했다. Piaget에게 있어 아이디어는 발견되기를 기다리면서 세상에 존재하지 않는다. 그보다 아동 개인 스스로가 창안하는 것이다. 그러나 여전히 아동의 구성은 자유롭지 못하고 비방향적이며, 다소 각 단계별 논리의 기능이 뒤따르는 단계의 구조를 결정한다(Gruber & Vonèche, 1977, p. xxxvii).

Piaget의 발생론적 심리학은 행동주의자의 연합론인 환원주의자의 원자론을 반대하였다(Tayler, 1985, p. 140 참조). 연합론과 상반되는 것은 아동이 기본 도식—수, 평형, 보존 등—을 성공적으로 구성하게 되면, 아동의 사고는 근본적으로 변형된다. 그다음 새로운 도식의 발생은 아동에게 펼쳐지는 세상을 이해하는 방식에 영향을 준다. 따라서 발달은 선형적인 것이 아니라 단계화된 방식으로 점진적이다.

Piaget의 실험에서는 지각이 아동의 인지적 도식에 의해 영향을 받는다는 것을 보여 주었다. 그래서 지각은 경험주의적 연합론에서 주장한 사고에 의해 매개되지 않는 것이 아니라, 기본적으로 사고의 범주에 의해 안내되는 것이다. 이 제한적 의미에서 Piaget는 Durkheim과도 유사했지만(1912/1915), 신칸트주의자로서 Kant의 이상론을 거부하고 사고의 범주가 선험적인 것이 아니라고 주장했다. Durkheim은 범주는 사회적으로 구성되는 것이라고 주장한 반면, Piaget는 발달 과정에서 아동에 의해 구성된다고 주장하였다.[6]

Piaget의 구성주의는 발생론이다. 특정 단계에서 도식은 이전 단계에서 활동과 도식 간의 상호작용으로부터 발생한다. 그의 경험적 연구는 이러한 발생을 정교화되고 전진적인 기제라는 것에 초점을 두었다. 시간의 경과에 따라 정신적 도식의 발생을 상향식으로 설명함으로써, Piaget는 형태주의 심리학자들의 주장인 상위 수준 현상은 구성 요소의 참조나 그것의 발생에 대한 과정 설명이 가능하다는 것을 반박하였다.

단계적 발달의 개념은 19세기 생물학 사상으로부터 유래한 것이며, Piaget는 자신의 이론에는 항상 생물학적 동기가 있음을 명백히 하였다(Messerly, 1996). 그의 박사학위는 연체동물에 대한 생물학에 대한 것이며, 심지어 연구 후반기에 이르러서도 그는 도식은 "본질적으로 생물학적 의미를 가진다. 이는 단계의 순서는 일정하고 순차적이라는 의미다. 각 단계는 다음 단계를 위해 필수적이다."(1971b, p. 7)라고 했다. 이러한 19세기 개념은 Freud를 통해 Piaget에게도 영향을 미쳤다. Piaget는 생물학 박사학위를 취득한 후, 파리로 가기 전 8개월 동안 제네바에서 정신병 환자들에 관한 병리심리학 연구를 하기 위해 정신분석을 하였다. Piaget(1945/1962)는 Freud의 정서적 발달 이론과 자신의 지적 발달 이론 간의 일련의 유사성이 있음을 인정하였다. "Freud와 그의 학파에 의해 발견된 두 가지 기본적인 사실은 우선 아동기 정서는 잘 정의된 단계를 통해 전달된다는 것이고, 두 번째는 여기에는 중요한 연속성이 있다는 것이다. 즉, 각 단계에서 아동은 무의식적으로 현재 정서적 상황을 이전 단계, 심지어 가장 먼 단계와 동화시킨다는 것이다. 이러한 사실들은 지적 발달에서 완벽히 일치한다는 점에서 매우 흥미롭다." (p. 185)

Piaget와 Freud는 19세기의 초점인 생물학적 발생론에 대한 관심을 공유하였다. 이러한 관심은 정신적 현상에 대한 생물학적 설명에 대한 믿음인 유기체의 환경 적응의 결과로서 구조의 초점, 이런 구조의 단계들 간의 전환 형태 탐색, 그리고 유기체의 동질정체에 대한 일관된 관심이다. 이들의 공통적인 발생론이 Piaget와 Freud 이론 간의 다음과 같은 유사성의 많은 부분을 설명해 준다.[7] ① 각 단계는 대상 고착화로부터 일반적이고 상징적인 고착화로의 전환을 포함한다. ② 각 단계는 발달의 다음 단계로 촉진하는 내재된 욕구를 지닌다. ③ 다음 단계로의 전환 후, 이전 단계는 무의식 속에 잠재적으로 남아 있고 전 단계로의 간헐적 퇴행이 일어난다. ④ 평형 상태는 동화와 조절 간의 긴장의 산출물이며, 이는 Piaget가 Freud의 현실 원리와 쾌락 원리 간의 대조를 직접적으로 모형화하였다고 인정하였다. ⑤ 이러한 긴장은 대상물과 분리된 상징을 초래한다(Freud에게 이 과정은 꿈, 실언과 신경증을 초래하고, Piaget에게는 상징적 사고를 초래한다.). 이러한 특징을 지닌 Piaget의 발달단계 이론에 관한 두 권의 책으로는 특히 1923/1955와 1945/1962를 참조하고, Freud와 정신분석학에 대한 그의 논평은 특히 1945/1962(pp. 182-212)와 1936/1952b(pp. 383-384)를 참조하라.[8]

Piaget는 항상 발생의 역동적 과정을 강조하지만 특정 단계의 구체적인 사실을 강조하는 것이 아니라고 하였으며, 이것이 그의 이론에서 가장 핵심적인 부분이다(1945/1962, p. 291; Gruber & Vonèche, 1977, p. 26 참조). 예를 들어, (Piaget의 1945/1962 저서를 자세히 살펴보면) 놀이 동안의 상징적 사고 발달은 각 단계에서 동화와 조절 간의 긴장이 그다음 단계로 전환하도록 촉진하는 방식이라고 설명한다(pp. 182-212). 이처럼 Piaget에게 있어 다음 단계로의 전환은 항상 발생의 순간을 포함한다. Piaget(1971a)는 이런 단계들과 단계 순서는 내재된 것이거나 형성된 것이라고는 여기지 않았다. 즉, 단계의 순서가 모든 개인에게 동일하지만 이는 오직 시간의 흐름에 따라 발생의 과정을 기록함으로써 결정될 수 있고, 개개인의 유전적 부호에서는 발견될 수 없다. 전체 발달 과정을 촉발시키는 데 필요한 행동들을 조합하는 매우 일반적인 능력은 본래 타고난 것임에 틀림없다(Piaget, 1968/1970, pp. 61-68; Gruber & Voneche, 1977, p. xxxv 참조).

Piaget가 요소론자인지 전체론자인지에 대해서는 논쟁의 여지가 있고, 이는 직접적으로 그의 발생론자로서의 지위와도 관련이 있다. Van Veer(1996)와 Kitchener(1985)는 Piaget의 구조는 비가법적인 형태론자의 구조와는 반대로 가법적이므로 발생적이지 않다고 주장했다. 도식은 과거 상호작용의 산출물이므로 '역사를 지닌 전체'다(Piaget 1936/1952b, p. 384). 따라서 그의 도식은 비가법적일지라도 항상 진화적 구조로 나타나고, 하위 수준의 구조는 상위 수준 발생 구조에 의해 제약된다(Gruber & Voneche, 1977, p. 32 참조). Kitchener(1985)는 Piaget가 발생을 수용하지 않았다고 결론지었는데, 왜냐하면 전체는 부분들 간의 관계로 환원될 수 있고 역전적인 구성도 가능하기 때문이라고 하였다(p. 291).

그러나 1920년대의 발생론은 반환원론이라 할지라도, 19세기 생물발생론은 보편적으로 환원론과 양립될 수 없는 것은 아니었다. 왜냐하면 후기 발생 형태는 초기 형태의 역동적인 관계와 과정의 측면에서 설명될 수 있기 때문이었다(Wimsatt, 1997 참조). Piaget는 자신을 '관계론자'라고 명명했으며, 그의 논의는 발생론자의 한 형태임을 분명히 하였다. Piaget는 발생론자다. 왜냐하면 자신의 위치를 환원론적 원자론과 전체론의 사이에 두기 때문이다(예, Piaget, 1967, p. 1228). Piaget(1968/1970)는 형태론처럼 전체에 대한 반환원론을 수용하지 않았고(pp. 8-9), 전체 또는 인지도식은 가법적으로 요소와 요소의 관계로 구성된다는 것을 수용하였다. 즉, 그의 관점에서 이 과정은 연속적인 역동성이고 시간의 흐름에 따라 발생한다. 마치 도식은 어떤 주어진 시간에 도식의 요소로 환원될 수 없고, 과거의 요소에서 도식의 기원이 설명되어야 한다. 이러한 이유로 전체로서의 도식은 분석적으로 요소에 선행함으로써 인과적이고 하향적인 영향을 준다(p. 7).

Vygotsky

Vygotsky는 Piaget와 같이 학습의 행동주의 개념과 발달의 성숙주의 개념을 수용하지 않았다(1978, 제6장). 그는 학습과 (성숙주의) 발달 간에 세 가지 가능한 관련성을 밝혔다. 첫째, 학습은 발달에 영향을 주지 않는다. 학습 능력은 다소 아동의 발달 수준에 의해 결정되고, 이 발달 수준은 내재적인 생물학적 요소에 의해 결정된다. Vygotsky는 Piaget의 이론을 이 범주에 분류하였는데(p. 80), 이는 Piaget 이론의 발생론의 본질을 잘못 해석한 것이었다(Beilin[1971]의 유사한 비판과 Piaget의 반응[1971a] 참조). 둘째, 학습과 발달을 동일한 과정으로 볼 수 있다. Vygotsky는 행동주의를 이 범주에 두었다. 셋째, 학습과 발달은 상호 영향을 미칠 수 있다. Vygotsky는 Koffka의 형태주의를 이 범주에 두었다. Koffka는 발달은 신경계의 성숙과 외부 환경의 경험 모두에 기반을 두고 있다고 제안했다.

Vygotsky는 이러한 세 가지 입장을 모두 거부하고 그의 이론인 '**근접발달영역**(zone of proximal development)'을 제안하였다. Koffka와 같이, 학습과 발달은 서로 관련되어 있다는 것에 동의했다. 학습은 반드시 아동들의 발달 수준에 적합해야만 한다(Vygotsky, 1978, p. 85). Vygotsky 이론의 혁신적인 측면은 발달 수준을 '영역'으로 정의함으로써 정교화하였다는 것이다. 여기서 영역이란 아동이 독립적 문제해결에 의해 결정되는 '실재적 발달 수준'과 더 유능한 사람의 안내로 인한 문제해결에 의해 결정되는 '잠재적 발달 수준'의 차이다. 후자는 "아직은 성숙되지 않았지만 성숙 과정에 있는 기능"(p. 86)을 나타낸다. 이처럼 아동은 자신의 발달 수준에 적합한 것만을 학습할 수 있다.

따라서 학습과 발달의 관계는 "학습은 다양한 내적 발달 과정을 일깨우고, 발달 과정은 학습 과정을 뒤따른다."(Vygotsky, 1978, p. 90)는 것이었다. 이러한 견해는 근본적으로 Piaget의 견해와 다르지 않다. 왜냐하면 Vygotsky의 Piaget에 대한 해석과는 달리 외부 세계와의 상호작용은 발달을 촉진하기 때문이다.[9]

Vygotsky의 연구는 주로 1924년부터 1934년 사이에 이루어진 것으로, 그가 Piaget와 같은 발생론의 영향을 받은 것은 놀라운 일은 아니다. Vygotsky도 형태주의자처럼 행동주의와 회고주의의 환원론적 원자론을 거부하였다(Vygotsky, 1965/1971, p. 18; Cole & Scribner, 1978, p. 5; Wertsch, 1985, p. 4 참조). Vygotsky는 형태주의의 많은 영향에도 불구하고, 형태주의가 복잡한 정신세계의 기원을 설명하지 않았다는 Piaget의 견해에 동의하였다. Piaget가 개인과 환경의 상호작용으로 발생을 기록함으로써 정신도식을 설명한 반면, Vygotsky는 19세기 사회학 이론의 몇 가지 흐름에 기초하여 환원될 수 없는 심리적 전체는 집단적인 삶에 기원하고 있다고 제안하였다. 고등 정신 과정의 사회적 기원에 대한 그의 믿음은 Marx와 프랑스 사회학의 Durkheim 학파의 영향을 받았다(Cole & Scribner, 1978, p. 6 참조).

Creativity and Development

발생론 및 창의성과 발달의 연계

나는 앞서 창의성과 발달의 이론을 살펴보았다. 그리고 20세기 발생론의 요소에 초점을 둔 이들 이론은 창의성과 발달 양자에 지배적인 이론이라고 주장하였다.

이러한 간단한 논의를 기초로 발생론적 관점에서 나타난 창의성과 발달 간의 일부 부가적인 연계에 대해 생각해 보고자 한다. 이 논의의 목적은 두 영역에서 이론의 비교가 연구자들에게 통찰과 새로운 관점을 제공할 가능성을 지니고 있음을 보여 주는 것이다. 경우에 따라 발달학자나 창의성 연구자들은 비슷한 주제를 다루고 유사한 가설을 고려하고 있음을 보여 준다. 그들은 이러한 문제를 해결하기 위해 때로는 같은 길을 걷고 때로는 다른 길을 선택한다. 나는 이 이론들 모두가 발생 이론이기 때문에 이 분야의 이론들이 공통의 문제에 직면한다고 주장한다.

과정 대 산출물

발생은 최종 산출물보다는 과정에 초점을 두는 것을 요구한다. 과정으로의 이동은 창의성과 발달에 관한 최근 연구의 특성이다. Rogoff(1990)와 Cole(1996)과 같은 사회문화론자들은 발달의 최종점에 초점을 두었던 종전의 발달 연구와는 달리 발달 과정과 미시발생적 연구에 대한 초점을 강조하였다. Feldman, Getzels, Csikszentmihalyi와 같은 창의성 연구자들이 창의적 산출물에 대한 강조에서 창의적 과정에 대한 강조로 이동하는 데 영향력을 발휘하였다. 결과적으로 두 분야는 일련의 비슷한 문제들에 직면해 왔다. 과정과 산출물의 관계는 무엇인가? 산출물은 과정 동안 어떻게 발달하고 변화하는가? 예를 들어, 조금씩 원고를 수정하고 편집하는 것이 천천히 누적되어 완성된 책이 되는가?

예를 들어, 나는 즉흥적인 집단에 대한 연구(Sawyer, 2003)를 통해 이론에서조차 창의적 산출물로 분석될 수 없었던 집단적인 창의적 과정을 규명하였다. 그 이유를 이해하기 위해 즉흥극과 대본에 의한 극장극을 비교해 보라(비교, Sawyer, 2001a). 전통적인 대본 연극은 한 사람의 창의적인 사람, 즉 극작가에 의해 구성되고 준비된다. 주어진 공연의 무대 및 극본 준비는 전형적으로 감독에 의해 통제된다. 따라서 배우들은 두 사람의 다른 창의적인 사람에 의해 통제된다. 즉, 극작가에 의한 대사, 무대 등장, 정서적 표현과 감독에 의한 자세, 물리적 위치 및 해석이 통제된다. 문학적 전통의 결과로 많은 사람은 연극을 극작가의 창의적인 과정이 낳은 창의적인 산출물인 대본에 의해 표현되는 것으로 여긴다. 많은 연극은 시나 소설과 같은 텍스트에 사용되는 것과 유사한 기법을 사용하여 영문학과에서 연구되고 있다. 따라서 연극의 공연적이며 과정적인 측면들은 간과되고 있다.

즉흥극은 배우들이 대본을 가지고 시작하지 않기 때문에 전혀 다르다. 여기에는 수행되거나 집행되고 있는 창의적 산출물이 없다. 대신 무대에서 배우들 간의 창의적인 과정이 청중 앞에서 일어난다. 이러한 집단적 창의적 과정의 목적은 창의적 산출물을 생성하는 것이 아니다. 여기에는 분장사, 작곡가, 극작가와 같은 개인들의 창의적 과정이 함께하는 것으로 산출물을 생성하지 않는다. 대신에 공연의 목적은 과정 그 자체다. 과정이 곧 산출물이다. 따라서 즉흥극에 대한 연구는 근본적으로 과정적이고 발생적인 특성에 초점을 맞추어야 한다.

발달에 대한 발생론적 접근법 또한 과정에 초점을 두고 있다. 다른 일부 현대 발달론자들보다 아마도 사회문화론자들이 정적인 발달 상태를 나타내는 개별적 발달단계에 대한 구체적인 구조적 기술에 초점을 두기보다는 발달의 과정에 대한 Piaget의 강조를 가장 잘 계승하고 있다. Piaget에 대한 많은 기본서에서 그의 발달단계와 특성을 강조하고 있지만, 그 자신의 저술은 새로운 도식의 발생을 가져오는 동화와 조절의 역동적 과정을 강조하였다. 이런 강조 때문에 일부 피아제학파에서는 Piaget가 근본적으로 단계 이론가가 아니라고 주장하였던 것이다(예, Gruber & Vonèche, 1977).

발달 과정에 초점을 두는 이들에게 아주 유망한 연구 방법은 **미시 발생적 방법**(microgenetic method)이다. 이 방법에서는 아동의 심리적 구조가 변화하고 있을 때 그 아동을 세밀히 관찰하고 그들의 정신 상태에 대한 빈도 표본이 과정을 통해 수집된다. 19세기 진화론적 자연주의에 영향을 받은 대부분의 초기 발달심리학자들은 미시발생적 방법의 일부 형태를 사용하였는데, Werner, Piaget 그리고 Vygotsky 등이 포함된다. Werner는 단일 과업의 수행 시 일어나는 발달의 매우 짧은 과정을 설명하기 위해 '미시발생'이라는 용어를 처음 사용하였다(Werner, 1940, p. 37; Flavell & Draguns, 1957 참조). 미시발생적 초점은 시간을 통한 과정에 대한 초점이다. 이러한 초점은 발생을 야기하는 유기체와 환경 간의 변증법을 이해하기 위해 필요하다. Piaget는 미시발생적 연구를 수행하면서 자신의 아이들이 특정 과제에 몰입하고 있을 때 매일매일 세심하게 관찰하였다. Vygotsky 이후 옛 소련의 발달심리학은 미시발생적 내지 '미시구조적' 방법을 강조하였다(Zinchenko & Gordon, 1979; Wertsch & Stone, 1978 참조). 부모-자녀 간의 대화에 대한 미시발생적 연구들은 Vygotsky의 근접발달영역 내지 Bruner(1983)의 소위 '비계설정'을 입증하였다. 즉, 과제의 초기 상황에서는 부모와 자녀가 과제를 해결하기 위해 함께 상호작용하며, 후기로 갈수록 자녀가 그 과제에 대한 책임을 점차적으로 더 많이 가지게 된다.

인지발달의 미시발생적 연구의 한 가지 일관된 결과는 아동은 대개 단순한 책략 대신에 보다 진보된 책략을 사용하지 않는다는 것이다(Kuhn, 1995). 이들은 오래된 책략이 훨씬 비효과적이라고 판명된 이후에도 이를 계속 사용한다. 두 번째 일관된 결과는 아동은 일반적으로 한 가지 문제에 대해 여러 가지 방법으로 동시에 생각한다는 것이다. 이런 인지적 가변성은 빠른 변화 시기 동안 가장 두드러졌다(Alibali & Goldin-Meadow, 1993). 창의성 이론에 대한 이러한 결과는 창의적 과정의 상이한 단계들이 아마도 완전히 구분되지 않는다는 것을 의미한다. 대부분의 단계 이론가들도 인정하는 것처럼, 단계는 다소 인위적인 구성체이고 단계 간에 중첩될 수 있다. 하지만 창의성 이론가들은 인지 변화의 발달 연구에서처럼 세세하게 이런 중첩의 정확한 성격이나 특정 단계에서 다른 단계로 이끄는 과정에 관한 정확한 미시발생적 연구에 대하여 자세한 경험적 작업들을 그다지 많이 하지 않았다. 이런 문제가 발생한 부분적 이유는 창의적인 과정은 실험실에서 재생되기 어렵고 발달론자들에 의해 연구된 인지 전환보다 더 오랜 시간에 걸쳐 일어나기 때문이다.

시간길이

발달은 다양한 시간길이(timescales)에 걸쳐 일어나는 것으로 인식된다. 가장 짧은 시간길이는 단일 과제 중의 변화다. Werner와 그의 동료 연구자들은 1초도 걸리지 않는 전환을 연구하였다(예, Werner, 1940). 가장 긴 시간길이는 문화-역사적인 것으로, 이 접근법은 Comte, Spencer 및 Tylor의 이론인 19세기 사회발달 이론뿐 아니라 Vygotsky와 옛 소련 심리학의 보다 실재적인 이론들도 포함한다(Wertsch & Stone, 1978 참조). 물론 아마도 가장 긴 시간길이는 최초로 발생론을 태동시킨 19세기 발달 이론인 생물학적 진화론일 것이다. 대부분의 발달 연구는 그 중간 영역에서 이루어지는데, 개체 발생에 대한 연구, 또는 연속적인 과제와 다양한 심리적 사건에서의 단일 유기체의 발달 영역 간에서 그리고 영역 내에서 이루어진다(비교, Rogoff, 1998).

창의성 연구도 다양한 시간길이로 특징지어진다. Csikszentmihalyi와 Sawyer(1995)는 큰 창의성(big C)은 긴 시간이 요구되고, 작은 창의성(little c)은 짧은 시간 안에 일어난다고 제안하였다. 그들의 설명에 따르면, 더 혁신적인 통찰은 장기간의 준비와 부화가 필요한데, 그것은 준비 기간 동안 더 많은 정보 요소가 수집되어 통찰이 나타나기 전에 전의식에서 더 많은 조합이 시도되어야 하기 때문이다. 대조적으로 일상적 창의성의 작은 통찰은 적절한 조합이 나타나는데, 더 적은 내면화된 요소와 짧은 기간의 시행착오를 요구한다.

일부 심리학자들은 명시적으로 미시발생적 연구의 형태로 창의성 단계를 문제해결 단계와 비교하였다(Flavell & Draguns, 1957, p. 201; Guilford, 1967). 창의성에 대한 인공지능 모형들은 대체로 창의성은 문제해결의 한 형태라고 가정한다(예, Boden, 1991). 따라서 이 모형들은 미시발생적 문제해결에 관한 일반 이론을 도출하였다. Klahr(2000)는 과학적 발견은 일상적 문제해결의 특수한 경우라고 간주하는 오랜 인공지능 전통의 마지막 학자였다. 그는 최초의 인공지능(AI) 체제의 하나인 General Problem Solver를 개발한 Herbert Simon과 Allen Newell에게 영향을 주었다(Newell & Simon, 1972; Klahr & Simon, 1999 참조). Klahr(2000)의 견해에 따르면, 과학적 발견과 일반적 문제해결은 모두 '문제 공간에서의 제약된 탐색'(p. 201)의 한 형태다. 이에 많은 창의성 연구자들은 창의성은 문제해결 및 문제발견 둘 다를 포함하는 것이고, 인공지능 모형은 문제발견을 모델링하기에 적합하지 않다고 주장하였다(Csikszentmihalyi, 1988a). 불행하게도, 창의성 이론가들은 아직 전산화된 모델링에 적합한 문제발견 이론을 개발하지 못하고 있다.

장기적인 문화-역사적 변화는 예술 및 과학사 학자들에 의해 오랜 기간 연구되었다. 일부 창의성 연구자들은 역사측정학의 계량적 방법을 적용하기 시작했다(예, Martindale, 1990; Simonton, 1988). 진화 모형은 창의성 모형으로 변화-선택-재생산을 제안한 Donald Campbell의 1960년 세미나 이래로 창의성 연구에 큰 영향을 끼쳤다. 또한 Campbell은 동등한 3단계 모형이 학습을 설명하는 데도 사용될 수 있다고 주장하였다. 즉, 그는 시행착오 학습 이론을 지지하였다(p. 382). Siegler(1996)의 최근 발달 이론은, 비록 변화는 맹목적이라는 Campbell의 가설을 거부하고 대신에 변화는 다양한 기제를 통해 방향성이 있다고 주장하긴 했어도, 3단계 진화론의 은유에 기초하고 있다(pp. 24-25). 그리고 물론 Campbell은 진화 모형을 사용하여 문화적 변화와 보존을 탐구한 비정형의 문화구성 요소학 분야의 선구자였다(예, Csikszentmihalyi, 1993; Dennett, 1995).

이처럼 창의성과 발달은 모두 다양한 시간길이로 연구될 수 있다. 한 가지 또는 다른 시간길이가 연구에 더 적합한 것이라 주장하기보다는 두 분야를 조합한 프로젝트 연구를 하는 것이 필요하다. 발달론자들은 발달의 완전한 모습을 파악하기 위해서 미시발생의 순간적 변화와 개체 발생의 일생에 걸친 변화, 그리고 발달의 다른 맥락과 최종점에 도달하게 문화-역사적 변화를 이해할 필요가 있다는 것을 알고 있다. 각각의 연구를 위해서는 다른 방법론이 요구되는데, 미시발생은 실험적으로 연구될 수 있고, 개체 발생은 횡단 내지 종단 연구가 요구되며, 문화-역사적 연구는 역사적 연구 및 비교민족지학적 연구가 요구된다.

마찬가지로 창의성의 완전한 모습도 다양한 시간길이에 의한 분석을 필요로 할 것이다. 많은 창의성 연구자는 생애주기 발달 접근법을 시도하였다(예, Simonton, 1988; Gardner, 1993). 다른 연구자들(예, Csikszentmihalyi, 1996)은 중간 범위 접근법으로 창의적 사람들의 일상 작업 과정에 초점을 두었다. 하지만 그동안 창의적 과정의 미시발생적 접근은 간과되어 왔다(Getzels & Csikszentmihalyi, 1976 참조). 또한 확산적 사고 능력을 측정하기 위한 실험 과제를 개발한 연구자들은 짧은 시간길이의 분석에 초점을 맞추었다. 하지만 그것은 단지 과제의 마지막까지 축적된 아이디어의 수만을 측정하였고 창의적 과정의 한 단계만을 분석하였기 때문에 미시발생적 분석은 아니었다. 따라서 유망한 연구 분야는 창의적 과정의 미시발생적 분석이 될 것이다.

창의성과 생애

대부분의 창의적 과정 이론들은 한 가지 창의적 산출물이 나타나는 과정을 검토하며, 대부분의 이론에서 이 과정은 두 개의 광범위한 단계를 거친다고 가정된다. 첫째, 새로운 생각을 생성한다. 둘째, 첫 단계에서 생성된 생각들에서 좋은 생각들이 선택된다. 이런 두 단계는 Campbell(1960)의 맹목적 변이와 선택적 보존, Guilford의 확산적 사고와 수렴적 사고(Guilford, 1967), Freud의 일차적 과정 사고와 이차적 과정 사고(Kris, 1952)에 상응하는 것이다.

발달의 단계 모형들은 일반적으로 더 복잡하다. 보다 많은 단계가 있고, 각 단계는 하위 단계를 가지기도 한다(Piaget의 이론에서처럼). 예를 들어, Klahr의 모형(2000)은 정교한 위계 모형인데, 세 가지의 주 단계(가설 탐색, 가설 검증, 증거 평가)가 있고 각 단계는 하위 단계들로 나누어지며, 그 하위 단계들은 더 세분화된 하위 단계로 분리된다(p. 37). 창의성 이론은 발달론자의 생애론과 단계 이론을 자세히 참고하면 많은 도움을 받을 수 있다. 예를 들어, Gruber(1988)가 그의 '기업 네트워크' 모형에서 주장하였듯이, 그들은 창의성을 보다 장기적인 과정으로, 즉 개인의 창의적 산출물이 이야기의 한 순간이 아니라 전체 이야기의 작은 조각들이라고 생각하는 것을 배울 수 있었다. 예를 들어, Piaget가 자신의 아이들의 경우를 자세히 연구한 보기에서처럼, 발달론자는 작은 전진적 변화가 어떻게 점차로 누적되어 다음 발달단계로 전환되는지에 초점을 맞추었다.

창의적 산출물의 생성은 수렴적 사고에 선행하는 관념화와 더불어 두 단계를 거친다는 생각은 대부분의 창의성이 지닌 복잡성과 고된 작업을 과도하게 단순화하고 있다. 대부분의 경우에 창의자는 일상을 통해 작은 통찰을 경험하고, 각각의 작은 통찰은 의식적인 정교화의 기간을 거치게 된다. 이러한 것들이 단지 전진적으로 누적되어 창의자의 고된 작업과 지적 노동 과정의 결과로 최종 작품으로 나타나게 되는 것이다. 많은 주요한 연구는 소위 창의적 산출물의 개체 발생론—창의적 산출물의 매일매일 발달에 의한 몇 달, 몇 년에 걸친 자서전적 연구—에 초점을 둠으로써 창의성의 복잡성을 보여 주었다. 이런 유형의 효시가 되는 연구가 바로 Gruber(1974)의 Darwin의 학술 논문에 대한 정독이다. 창의성 연구자들은 "창의적 기간은 얼마나 오래 지속되는가?" "다년간 다른 연구 문제나 다른 유형의 시각적 표상으로의 전환에 의해 어떻게 계승되어지는가?" 등 이런 장기적 과정에 대한 이론들을 지금까지 더욱 충실하게 만들어 가고 있다(비교, 이 책의 Csikszentmihalyi & Nakamura; Gruber, 1988).

예를 들어, Howard Gardner를 비롯한 연구자들은 주요한 업적들 간에는 10년의 격차가 있는 듯하다는 '10년 규칙'을 관찰하였다. 이를 Gardner(1993)는 영역을 내재화하는 데 10년이 소요되는 증거로 해석하였다. Elliott Jacques(1965)는 '중년의 위기'라는 신조어를 사용한 그의 유명한 논문에서 성인 초기 및 후기에 연관된 (그리고 약 35세 무렵 중년의 위기에 의해 분리되는) 두 가지 유형의 뚜렷한 창의성 유형을 규명하였다. 성인 초기의 창의성은 '난로처럼 뜨겁고' '강렬하고 자발적'이며, 진부한 것이다(p. 503). 반면에 성인 후기의 창의성은 '조각된 창의성'이다. 최초의 영감과 최종 창의적 산출물 간에는 보다 오랜 기간이 걸린다. 즉, 영감이 갑자기 나타나는 것이 아니라 천천히 나타나고, 창의자는 '외현적인 창의성'을 생성하는 조각의 과정을 통해 산출물을 형성하고 다듬는 데 보다 많은 시간을 보낸다(p. 503).

생애 창의성에 대한 연구는 발생론적 연구의 한 유형이지만 한 가지 창의적 과제나 산출물에 소요한 시간이 아니라 전 생애에 걸친 보다 오랜 시간 동안의 발생 과정을 연구하는 것이다.

발달과 창의성에서의 무의식

20세기 많은 학파는 예술은 무의식적 재료의 발현이라는 사상에 바탕을 두고 있는데, 표현주의, 다다이즘 그리고 초현실주의 등이 바로 그것이다. Freud와 Piaget는 창의성과 발달 두 가지 모두에서 무의식의 역할을 고려하였다. 일차 과정 및 이차 과정 사고에 대한 Freud의 정의는 발달 과정을 기술하기 위해 개발된 것이지만, 이 개념은 종종 창의성에도 적용되었다. Freud에 따르면 창의적 통찰은 일차 과정 또는 하위 의식 과정으로부터 의식으로 나타난다. Freud

는 창의성과 백일몽, 환상, 극심한 노이로제 간의 연속성을 이끌어 내었다(1907/1989). 이것은 이후의 많은 이론가로 하여금 창의성을 꿈이나 아동의 놀이와 같은 일차 과정 사고의 구현과 연계시키도록 이끌었다.

이런 연계성에 관한 Piaget(1945/1962)의 저서는 가장 야심적인 작업 중의 하나다. 그는 아동의 놀이에 나타나는 상징적 사고는 Freud에 의해 논의된 무의식적인 상징적 사고와 질적으로 다르지 않으며, "아동의 꿈은 상징놀이와 밀접하게 관련되어 있고"(p. 182), 성인의 꿈도 마찬가지(p. 209)라고 주장하였다. 따라서 Piaget는 아동의 상징놀이는 무의식적 사고와 비연속적이라는 Freud의 주장에 동의하지 않았고, Freud의 무의식과 연합된 상징주의는 상징놀이에서 외부로 다소 표출되며, 그리고 아동은 종종 자신이 하고 있는 것을 의식적으로 알고 있음을 보여 줄 수도 있다고 주장하였다. 또한 Piaget는 상징주의에 관한 Freud의 이론은 고전적 연합론에 의존하고 있으므로 Freud는 상징적 사고가 구성적 활동임을 부인했다고 언급하였다(p. 189).[10]

Freud에 영향을 받은 정신분석학자들은 이러한 Freud의 발달 개념을 창의적 과정에 지속적으로 적용하였다. 많은 영향력 있는 학자들은 창의성은 일차 과정과 이차 과정을 포함한다고 주장한다. 이런 방향으로 나아간 최초의 이론가는 Ernst Kris(1952)인데, 그는 창의자는 의식적 자아 일부로 자신의 일차 과정 사고를 통제할 수 있는 사람이라고 주장하였다. 이런 의미에서 창의성은 무의식이라기보다 전의식의 산출물이다. 그는 "과업의 일부는 갑자기 의식 세계로 나온 결과인 전의식에서의 정교화 과정에서 이루어진다." 그리고 통찰은 "이전의 전의식에서의 경험이 스며든 관찰이다."(p. 296)라고 하였다.

창의성과 일차 과정의 관계에 대한 Freud의 강조가 창의성과 정신이상과 연결된다는 가설을 낳았지만, Kris의 생각은 창의적인 사람에게는 정신병이 있을 경우에는 유지되기 어려운 일차 및 이차 과정 사고 간에 정교한 균형이 요구된다는 것을 의미한다. Rothenberg (1979)는 창의적인 사람이 다른 사람보다 정신적으로 더 환자일 가능성이 있다는 것을 부인하였다. 그는 창의적 과정은 일차 과정이 아니라 '이차 과정의 진보된 유형'이며(p. 42), 일차적이지 않을 뿐 아니라 보통의 깨어 있는 사고보다 더 발달되고 적응적인 것이라고 주장하였다(p. 43). 그는 갑작스러운 통찰을 가져오는 무의식적인 부화가 있다는 생각을 거부하였다(p. 130).

1980년 후반기에 창의성 연구의 재기에 정신분석학이 중요한 역할을 하지는 않았지만, 설명되어야 할 현상, 즉 전의식과 의식의 관계는 Freud가 규명한 것과 마찬가지로 남아 있다. 전의식은 적절한 조건이 주어지면 쉽게 의식이 될 수 있다는 점에서 무의식과 다르다. 반면에 무의식은 상당한 노력이 없으면 의식이 될 수 없다. 이러한 관계는 비록 명시적으로 정신분석학적이지 아닐지라도 여러 영향력 있는 현대 이론의 중심이다(예, Martindale, 1990; Simonton, 1988).

단계 전환과 신기성

다음 단계의 발생을 가져오는 과정들은 창의성 연구와 발달심리학에서 해결되지 않은 주된 문제다. Freud와 Piaget의 발달단계 이론에서 아동은 전 단계의 평형 상태 혼란에 의해 다음 단계로 나아가게 된다. Piaget의 경우 불평형 상태는 어떤 단계의 주된 도식이 더 이상 외부 경험들을 성공적으로 동화할 수 없을 때 야기되었다. Piaget의 경험 연구는 현재의 도식과 환경적 상호작용 간의 충돌의 논리적 필요조건으로부터 다음 단계의 발생이 이루어지는 미시발생 과정을 기록하였다. Piaget는 또한 단계 내의 발달 과정을 전형적으로 보다 구체적인 도식 집합으로부터 보다 추상적인 도식 집합으로의 전환으로 기록하였다.

일부 발달론자들은 개인이 "복잡한 지식을 적절하게 수용하기 위해 사회적인 상호작용 동안 협력하고 구성하는 데 시간이 소요되기 때문에 발달단계 간에는 부화기와 같은 무언가가 있다."(Azmitia, 1998, p. 240)라고 주장하였다. 복잡한 생각들은 그것이 충분히 발달하여 인지 수행에 영향을 주기 시작할 때까지 우리의 무의식에서 발효되거나 여과되어야만 한다. 이러한 사상은 다중의 도식과 책략이 활성화되는 연장된 단계 전환을 기록한 경험적 연구들에 의해 강화되고 있다(Siegler, 1996). Siegler의 진화 모형에서 발달은 인지 책략 목록과 다른 책략에 대한 선호 및 이를 사용할 능력에 있어서의 연령과 관련된 변화 과정이다. Siegler의 **중첩된 물결 접근**(overlapping wave approach)은 아동이 어느 한 기간에 유용한 다중 책략을 가지고 있으며, Siegler(1988)가 생물학적 진화와 명시적으로 비교한 선택의 과정(p. 92)에서 이 책략들은 서로 경쟁한다. 그는 시간의 경과에 따라 가장 효과적인 책략의 사용이 증가된다고 주장하였다. 시간이 흐르면 더 성공적인 책략은 남아 자주 사용되지만 덜 성공적인 책략은 사라지게 된다. 또한 Sigler는 아동은 새로운 책략을 창출하거나 발견할 수 있다고 가정하였으나, 그의 이론은 여기에서 우리의 관심사인 신기성의 발생을 설명하는 데 매우 취약하다고 인정하였다(p. 96).

Sigler(1998)의 발달의 비단계 견해와 창의성의 단계 이론의 비판점 간의 유사성에 주목해야 한다(pp. 28-29). 예를 들어, Guilford (1967, p. 329)는 Sigler와 유사한 지적을 하였다. 그는 창의성 과정—4단계 모형에 근접 대응하는 다섯 가지 조작에 다른 측면이 있음을 수용하지만—의 모든 조작은 동시에 나타나고 창의성 과정이 진행됨에 따라 다양한 조작이 지배적이 된다고 주장하였다.

Piaget는 생애 후기에 가장 심각한 해결되지 않는 문제는 아동이 어떻게 다음 단계로 전환하는가라는 신기성의 문제라고 언급했다. Piaget처럼 많은 다른 발달론자도 단계 전환 과정에서 발생하는 것과 관련된 지식이 거의 없다고 주장하였다. 1970년대 초부터 인지심리학의 성장에 고무되어 발달의 인지 모형 주창자들은 발달의 전환 기제를 이해하는 데 새로운 개념 도구를 제공할 수 있다고 주장하였다(예, Case, 1985; Simon & Halford, 1995). 이 대부분 학자들은 Piaget 이론은 대개 구조에 초점을 두고 있어서 발달 과정을 간과했다고 주장했다. 이런 해석에 대해 보다 최근의 피아제학파들은 그것은 Piaget의 특성에 대한 오해라고 주장하고 있다(예, Case, 1985, p. 410; Klahr, 1982, p. 80). 앞서 언급하였듯이, Piaget는 근본적으로 발달과정 이론가다. Case(1985)의 정보처리 모형은 Piaget의 이론을 발생 이론에서 성숙 이론으로 옮겨 가는 경향이 있지만 네 가지 보편적인 단계를 포함하고 있다는 점에서 신피아제학파 이론이라 할 수 있다. 즉, Case는 단계 전환은 생물학적으로 결정된 작업 기억 용량의 증가에 의존한다고 주장하였다.

창의성 연구자들은 단계가 이전의 발달단계로부터 어떻게 발생하는가에 대한 발달 연구로부터 도움을 얻을 수 있을지 모른다. Piaget

의 정교한 경험 연구는 인지도식이 이전 인지도식과 물리적 대상 간의 상호작용으로부터 어떻게 발생하는지를 매우 점증적으로 자세히 기록하였다. 창의성 연구자들은 특정 단계에서 다음 단계로의 변형이 어떻게 일어나는지에 대한 발달론자의 복잡하고 다양한 이론들로부터 배울 수 있다. 대부분의 경우 창의성 이론가들은 이런 단계 전환에 관한 매우 정교한 이론을 가지고 있지 않다. 예를 들면, 그들은 확산적 사고에서 수렴적 사고로의 전환이 왜, 언제 일어나는지에 대한 좋은 이론을 가지고 있지 않다.

인지론자는 아동이 점점 더 많이 환경의 특성을 부호화한다고 가정하는데, 부호화는 아동이 상황의 중요한 특성을 보다 빨리 지각하고 무엇이 문제나 과제에 관련되어 있는지를 결정하는 것을 도와준다. 부호화는 창의성 과정과 확실히 유사한데, 왜냐하면 부호화가 중요한 특성의 변별, 구분 및 확인 정신 모형의 형성에 관한 것이기 때문이다(Siegler, 1998, p. 323). 창의성 용어로 부호화는 정신적 요소들이 형성되는 과정이다. 새로운 부호화의 발생은 창의적인 과정이기 때문에 부호화 과정에 대한 적절한 발달 이론은 필연적으로 창의성 이론이 될 것이다.

창의성 이론은 정신적 요소 및 이들의 고차원적인 배열의 조합에 관한 명시적 이론화에 취약하다. 연구자들은 인지구조, 의미망, 정신적 연합 등 인지발달론자의 이론에서 많은 것을 도출해 낼 수 있다.

영역 특수성

1970년대, 1980년대 및 1990년대에 발달 이론가들은 아동은 Piaget의 발달단계를 거치면서 상이한 인지 능력의 영역별로 다른 속도로 과정이 진행되는 것 같다는 증거를 점점 더 많이 발견하였다(Callanan, 1999, p. 150). Piaget의 이론은 근본적으로 발달단계는 아동 인지의 일반적 속성이며, 아동이 다음 단계로 전환할 때 그 단계의 정신적 도식은 주제, 감각 양식 또는 사회적 맥락에 관계없이 그들의 모든 활동에서 나타난다는 주장에 기초하고 있었다. Feldman(1974, 1980)은 주어진 창의성 활동의 영역과 연합된 문화적으로 도출된 상징체계를 기술하기 위해 '영역'이라는 말을 고안하였다.

Piaget에 대한 이러한 비판은 인지발달의 **영역 특수성**에 대한 주장이었다. 이 주장은 1960년대 창의적 성격에 대한 특성심리학과 요인분석 연구의 실패로 창의성 연구자들에 의해 쉽게 수용되었다. 1960년대의 창의적 성격 연구로 인해 '창의성 지수' 또는 창의성에 기여하는 것으로 가정된 여러 가지 요인을 측정하기 위한 몇 가지 검사 개발이 이루어졌다. 그러나 이런 연구는 대체로 특정 창의성 영역에서 실제 창의적인 수행을 예측할 수 없었기 때문에 실패한 것으로 여겨졌다.

1970년대 초반 많은 연구자가 창의성은 영역 특수적인 것이라고 주장하기 시작했다(Feldman, 1974, 1980; John-Steiner, 1985; Csikszentmihalyi, 1988b). 이런 입장에 대한 최초의 논의로, Feldman(1974)은 창의성의 특성 개념을 분명히 반대하였다. Feldman의 천재에 관한 연구(1986)는 천재적인 능력은 영역 특수적이라는 것을 보여 주었다. John-Steiner의 창의성 연구(1985)에서는 창의성은 어떤 영역의 언어 특성, 상징 및 도구에서 유창성을 필요로 한다는 것을 보여 주었다. 창의성이 영역 특수적이라는 개념은 Gardner(1983)의 강력한 **다중지능** 이론에 의해 더욱 널리 알려졌다. 그는 이 이론을 일반 발달이론서뿐만 아니라 창의적인 사람에게도 적용하였다(이 책의 Feldman 참조).

왜 사람들은 오직 한 영역에서만 창의적일까? 대부분의 이론가들은 이는 새로운 창의적 조합을 생성할 수 있게 되기까지는 수많은 정신적 요소가 내면화되어야 하기 때문이라고 믿는다. 창의적인 활동의 대부분의 영역들은 오랜 선행 활동의 역사, 예를 들어 20세기 회화의 기간이나 분자물리학의 경험적 연구의 역사다. 이런 영역을 먼저 내면화하지 않고는 새로운 조합을 창출할 원재료를 갖지 못한다. 유사한 아이디어들이 과학의 역사와 철학에 오랫동안 영향력을 행사해 왔다. Fleck(1935/1979)은 과학 학문의 '사고양식'이 "결코 다르게 생각되어서는 안 될 것을 결정함으로써 개인을 제약하는지" (p. 99)를 기술하였다. 그는 또한 두 사람이 서로 다른 '사고 집단'에 속한다면 그들은 정확하게 똑같은 생각을 가질 수 없다(p. 100)고 지적하였다. Fleck 사상의 변용으로서 Kuhn의 패러다임(1960)은 1960년대와 1970년대에 큰 영향을 미쳤고, 의심할 여지없이 창의성 영역의 이론에도 간접적인 공헌을 하였다.

사람이 사용하는 물리적 · 상징적 도구에 대한 관심도 양쪽 분야에서 발견된다. Wertsch(1998)는 발달의 '매개된 행위'를 분석하는 데 Vygotsky의 이론을 빌렸고, John-Steiner(1985) 또한 Vygotsky로부터 영감을 얻어 '언어'가 창의성 과정에 어떻게 영향을 미치는지를 연구하였다. 영역 특수성에 관해 창의성 이론은 발달 이론에 여러 가지 정보를 줄 수도 있는데, 이는 창의성 이론가들이 창의적 활동 영역의 언어와 그 언어가 창의적인 사람들에 의해 어떻게 내면화되며, 그들이 그 언어에서 새로운 조합을 어떻게 생성할 수 있는지를 밝히는 데 많은 노력을 기울여 왔기 때문이다. 정확하게 아동에게 어떤 영역이 존재하고, 이 특정 영역에서 발달이 어떻게 진행되는지에 대한 문제는 발달심리학에서 여전히 미해결 과제로 남아 있다.

영역의 내면화

창의성 영역—과거 창의적인 사람들의 재능을 나타내는 복잡한 상징체계—의 존재는 우리로 하여금 내면화, 적정화 그리고 숙달의 문제에 직면하게 한다. Vygotsky는 발달은 내면화 과정을 포함한다고 주장하였다(Lawrence & Valsiner, 1993). 일부 사회문화심리학자들은 내면화라는 용어가 변형이나 창의적 구성 없이 환경으로부터 정보를 흡수하는 수동적인 아동의 의미를 가진다고 주장하면서 이 용어의 사용을 거부하였다. 구성주의자와 같은 사회문화주의자들은 전달이 아니라 발달의 변형을 주장한다. 구성주의 관점에서 아동은 정보를 수동적으로 내면화하지 않고 환경과의 상호작용의 부산물로서 정보를 내생적으로 구성한다.

예를 들어, Wertsch(1993)는 내면화보다 좋은 용어는 적정화 또는 숙달이라고 주장하였다. Rogoff(1998)는 아동이 무언가를 내면화하고 적정화하고 또는 숙달할 수 있다고 말하는 것은 아동과 사회적 환경 간의 경계를 내포하는 개념이기 때문에 전혀 의미가 없다고 주장하였다. 반면에 Rogoff는 아동과 세상은 불가피하게 연결되어 있기 때문에 내면화라는 용어가 의미하는 것처럼 아동에게 경계선을 넘는 환경으로부터의 정보나 지식은 의미가 없다고 주장하였다(Sawyer, 2002c).

모든 창의성 이론가는 창의적 과정의 중요한 일부는 준비 단계에 일어나는 언어와 상징의 내면화라는 데 동의하지만, 그들은 이것이 창의성의 충분조건이 아니라 필요조건일 뿐이라고 주장한다. 창의성은 이런 내면화된 요소들을 조합해서 어떤 새로운 배열을 만들 때 나타난다. 따라서 창의성 이론은 내면화에 관한 다소 다른 관점을 제공한다. 창의성 연구자들은 다소 수동적이고 직접적인 방식으로 많은 지식이 내면화됨을 인정한다. 예를 들어, 물리학도들은 이미 존재하는 맥스웰 방정식과 아인슈타인 이론을 학습하여야만 하는데, 이런 과정은 창의적이어야 할 필요가 없다. 그럼에도 불구하고, 일단 영역의 기존 요소들이 내면화되면 새로운 조합이 형성될 수 있는 것이다. 따라서 창의성 이론은 창의적 구성이나 신기성과 상호보완될 수 있는 내면화의 개념을 보유한다.

유사하게 아동은 어떤 영역에 많은 지식과 요소를 내면화한다고 할 수 있고, 이런 내면화는 발달의 변형적 · 구성주의적 견해와 상호보완될 수 있다. 내면화 이후에 아동은 그러한 요소들이 지식의 구조나 틀에 배치되는 어떤 통합적이고 변형적인 과정을 거쳐야 한다. 이는 아동이 지식을 점점 복잡한 조합으로 부호화하고 '자동화하는' 정보처리 이론과 유사하다.

일부 사회문화론자들은 발달에서 내면화의 역할이 없고, 구성적 적정화가 항상 일어난다고 주장한다. 이런 관찰은 창의적 과정에도 적용될 수 있다. 창의적인 사람은 새로운 지식을 수집할 때조차 단순하게 내면화하지 않고 변형하거나 적정화한다. 전시 작품을 보면서 예술가는 자신의 현재 작업에서의 창의적 문제를 해결해 줄 수 있는 생각이나 영감을 찾으면서 매우 선택적으로 그림들을 본다. 이는 화가가 원래 의도하거나 인식하지 못했던 그림의 무언가를 보도록 이끌어 줄 수 있다. 오래전에 고인이 된 이론가의 역사적 작품을 읽는 과학자의 경우에도 독자가 현재 작업하고 있는 관점이나 문제를 가지고 작품을 읽는 것은 흔한 일이다. 어떤 경우에도 창의적인 사람들이 먼저 작품을 단순히 내면화한 다음에 그것을 변형하는 것이 아니라 변형은 원래 인지 과정의 일부인 것이다.

Piaget의 도식 개념은 아동이 과학자의 과정과 유사한 과정을 수행한다는 주장이다. 유명한 액체 보존 실험에서 보듯이, 도식은 아동이 옳건 그르건 간에 어떤 방식으로 세상을 지각하도록 해 준다. 창의성 이론에 대해서는 내면화된 영역이나 패러다임으로 비유할 수 있는데, 영역은 창의자가 다른 예술가나 과학자들이 만든 새로운 작품들을 어떻게 인식할 것인지 안내해 주는 작업 도식처럼 기능한다(비교, Carey, 1986). Piaget는 아동을 '작은 과학자'(Kuhn, 1989)로 생각하는 것에 대해 비판을 받아 왔다. Piaget에 대한 비판적인 인지과학자 David Klahr조차도 발달 과정과 과학적 발견 두 가지 모두를 적용한 컴퓨터 모형을 개발했다(Klahr, 2000).

요약하면, 창의성과 발달의 공통된 문제는 세상으로부터 획득되는 새로운 지식과 인지도식 간의 관계다. 새로운 지식의 지각은 현재 도식에 의해 어떻게 영향을 받는가? 도식은 새로운 지식에 의해 어떻게 변화할 수 있는가? 새로운 도식의 구성은 오래된 패러다임이 새로운 영역, 새로운 언어 그리고 새로운 사고방식에 의해 완전히 대체되는 Kuhn의 과학혁명과 비교적 상응하는 것이다. 변형적인 창의적 통찰을 가지는 것은 새로운 발달단계로 나아가는 것과 같다. 반대로, 일반 과학은 특정 단계 내에서의 발달에 상응하는 것이다. 통찰을 얻은 후에 창의적인 사람이 그 통찰을 집행하거나 수행하는 데 수년이 걸릴 수도 있다. 이는 특정 발달단계 내의 기간 중에 일어나는 아동의 인지 처리 과정과 상응하는 것이다.

사회와 개인

사회적 상호작용의 역할이 1960년대 초반 창의성 연구에 처음 등장한 것은 Osborn과 Gordon의 영향력 있는 출판물에서였다. Osborn(1953)은 '브레인스토밍'이라는 용어를 고안하고 아이디어 개발에 있어서 집단 상호작용의 중요성을 강조하였다. Gordon(1961)의 시네틱스는 모든 사람의 자유 토론에 의한 문제해결은 집단적 사고가 개인적 사고보다 항상 더 낫다는 주장에 바탕을 두고 있다. 영향력이 있긴 해도 이런 주장들은 경험적 증거에 기초한 것은 아니었다. 개인적 수행과 집단적 수행을 비교한 많은 시도에서 개인이 집단보다 더 많은 아이디어, 더 독창적인 아이디어, 더 좋은 아이디어를 생성한다는 것을 발견했다(예, Larey & Paulus, 1999; Taylor, Berry, & Block, 1958).

과학적 발견에 대한 사회학적 연구는, 예를 들어 다중 창안과 새로운 아이디어나 이론이 학문에 의해 수용되거나 기각되는 사회학적 과정 연구를 통해 창의성과 연합된 사회적 속성을 규명하는 것을 선호함으로써 심리학적 요인은 오랫동안 평가절하되었다. 이러한 접근은 Kuhn이 1960년에 출간한 저서가 아이디어의 역사에 관한 폭발적인 활동을 가져왔을 때인 1960년대에 널리 알려지게 되었다. 사회학자들은 발견은 사회적-역사적 과정으로 분석할 수 있다고 주장한다. 이를 증명하기 위한 하나의 경험적 경로는 다중 발견의 연구인데, 사회학자들은 이 연구에서 통찰이 어떤 과학자 개인의 심리적 과정보다는 과학적 학문의 집단적 자산에 기인한다고 주장한다(Simonton, 1988 참조).

이러한 사회학 이론들은 종종 과학은 단계에 따라 발달한다고 제안한다. 예를 들어, Nicholas Mullins(1983)는 과학적 전문화 성장의 4단계 모형을 제안하였다. 첫 번째 단계에서 창시자는 혁신적인 제안을 하지만 지배적인 패러다임의 주변에 남아 있다. 리더 주변에는 오직 비공식적인 집단만 있다. 두 번째 단계에서 다양한 관계망으로 많은 사람을 연결시키기 시작한다. 세 번째 단계에서 다른 중심들은 종속되고 뚜렷한 집단이 형성되기 시작한다. 직업, 출판, 모임에 대한 초점이 중요해지고, 패러다임을 설명하는 이차적인 작업들이 나타나기 시작한다. 구조적으로 집단은 25인 이하의 핵심과 주변으로 나누어진다. 마지막 단계인 네 번째 단계에는 특별한 패러다임이 성숙하게 된다. 창시자가 떠날지라도 조직적 구조는 정착되고 아이디어를 활용하는 새로운 연구가 우선 집단 밖에서 개발되며 교과서가 등장한다. Mullins에 따르면, 이런 과정은 8~25년에 걸쳐 이루어진다(pp. 320-321).

1980년대에 사회문화주의자들로 알려진 발달 연구가들은 집단이 시간의 흐름에 따라 어떻게 발달했는지를 검토하기 시작했다. 어떤 민족서지학자들(예, Kevin Dumber와 Ed Hutchins)은 작업 집단을 연구함으로써 집단이 어떻게 새로움을 창출하는지를 조사하기 시작했다. 집단 내의 특정 개인에 초점을 두기보다는 환경과의 상호작용의 결과로서의 연속적인 단계로 시간에 따라 발달하는 존재로서 집단 그 자체를 다루었다. Piaget의 이론보다 Vygotsky의 이론을 더 추종하는 Rogoff와 같은 사회문화주의자들은 지식은 사회적 과정으로부터 발생된다고 주장하면서 구성주의에 대한 사회적 견해를 제안하였다. 이는 '아동들과 그들의 사회적 동반자들의 적극적 역할'을 강조하였기 때문에 구성주의적 Piaget 방식 전통의 연속선상에 있었다." (Rogoff, 1990, p. 197) 그러나 Rogoff는 아동은 자신의 지식을 창출할 뿐 아니라 "문화를 창출하는 데에서도 적극적이다." (p. 198)라는 강력한 사회학적 주장을 하였다.

Rogoff(1990)는 사회문화적 틀에서 성인의 창의성을 간략히 논의하였다. 첫째, 창의적 과정은 "기존 제도에서 이미 가용한 기술을 바탕으로 구축된다. 어떤 의미에서 창의적인 생각은 기존의 생각을 재형성하는 것이다."(p. 198) 이는 물론 현대 창의성 이론에서 친숙한 **영역**이다. 창의적 과정의 원재료로 내면화되어야 할 상징, 상징체계 및 인공물의 수집이다. 둘째, Rogoff는 창의성은 항상 도제, 동료, 동업자, 평가자의 사회적 맥락에서 발생한다고 지적하였다.

1980년대 후반 창의성 연구자들은 발달심리학의 사회문화적 운동과 유사하게 창의자에 대한 심리학적 연구를 뛰어넘을 필요성을 강조하기 시작했다. 창의성 연구자들 가운데 이런 최근의 발달은 1998년 출간된 Mike Csikszentmihalyi의 논문에 기인한 바가 크다. 이 논문에서 그는 창의성의 '체계적 견해'를 제안하였다. 창의적 체계는 개인, 사회제도 또는 **분야**, 문화적 상징체계 또는 **영역**의 세 가지 요소를 포함하는 사회적 체계다(p, 325). 이 삼원 모형은 1988년 Howard Gardner에 의해서도 사용되었는데, 그의 창의성에 관한 여러 권의 저서에 인용되었다(예, Gardner, 1993). Rogoff의 첫 번째 저서는 Csikszentmihalyi와 Gardner의 체계 모형이 발표된 1988년 직후인 1990년에 출간되었다.

사회문화주의와 현대 창의성 이론 간에는 밀접한 관계가 있다. 개인적 관점에서 사회적 관점으로의 이동이 발달심리학과 창의성 이론 양자에서 거의 동시에 발생한다는 사실은 흥미롭다. 이러한 이동에 대한 상세한 설명은 사상사의 과업으로, 이 책의 범위를 벗어난다. 하지만 Csikszentmihalyi와 Gardner는 문화인류학자들과 발달심리학자들과 가까이 접촉을 할 수 있었던 다학문적 제도 환경 장면에서 그들의 사회지향적 창의성 이론을 개발하였던 것이다. Csikszentmihalyi는 문화심리학자인 Richard Shweder가 근무했던 시카고 대학교의 인간발달위원회에 있었고, Gardner는 문화인류학자 Robert Levine과 함께 하버드 교육대학원의 인간발달학과에 근무했다. Shweder와 Levine은 이 기간 동안 사회문화학자들과 긴밀히 연계되어 있었다.

따라서 거의 같은 시기에 발달심리학과 창의성 연구는 순수하게 개인적 차원의 분석에서 점점 사회적 차원의 분석을 통합하는 방향으로 이동하였던 것이다. 많은 창의성 연구가는 오늘날 어떻게 개인적 요인과 사회적 요인이 창의적 과정에서 결합하는지에 초점을 두고 있다(비교, John-Steiner, 1993, p. 103). 이것은 연구자들로 하여금 현상에 대한 적절한 분석 수준을 결정하도록 요구한다. 개인적 및 사회적 수준이 모두 포함된다면 이러한 수준들 간에 관계의 본질과 인과관계는 무엇인가? 두 분석 수준에서 유사한 발달 과정이 있는가? 사실 이러한 것은 사회학 이론의 해묵은 문제다. 특히 지난 20년간 미시-거시 연계 이론가들은 개인주의자의 방법론적 환원론과 반환원론자의 사회학적 현실론 및 전체론 간의 화해를 시도해 왔다(Sawyer, 2001b).[11]

이런 사회학적 고려를 명시적으로 언급하는 것을 실패함으로써 사회지향적인 창의성 이론에 빈틈이 생겼다. 즉 개인적-사회적 관계의 정확한 본질이 충분히 정교화되지 않았으며 사회의 존재론적 지위도 직접 언급하지 않았다(Sawyer, 2001b, 2002a). 이러한 문제들이 사회문화주의자들 사이에 광범위하게 논의되었지만 여전히 해결되지 않고 있다. Fleck(1935/1979)은 사회적 사실에 관한 Durkheim

의 언어를 사용하여 "사고양식은 결코 다른 방식으로는 생각될 수 없는 것을 결정함으로써 개인을 제약한다."(p. 99)라고 말했다. 그러나 창의성을 연구하는 심리학자들은 아마도 양식이나 본질 때문에 개인은 사회적 요인에 의해 제약된다고 분명히 진술하는 것을 싫어할 것이다.

사회학사를 통해, 그리고 영향력 있는 현대의 많은 이론에서 미시-거시 연계는 발생의 관계로 인식되었다. 사회적 특성들은 체계를 구성하는 개인들의 집단적 행위와 상호작용으로부터 발생된다고 생각되었다(Sawyer, 2001b). 이런 많은 발생 이론에 따르면 사회적 특성들은 어떤 인과적 힘을 갖는 것으로 여겨졌는데, 개인들은 그런 사회적 특성들이 동일한 개인들의 행위에서 발생되었음에도 불구하고 사회적 속성에 의해 인과적으로 영향을 받을 수 있다. 이러한 이론들은 사회적으로 지향된 창의성 이론을 개념화하는 데 유용한 이론적 틀을 제공할 수 있다.

Creativity and Development

결 론

창의성 및 발달 이론에서의 발생론적 요소들에 대한 검토는 창의성 연구가 발달 과정에 통찰을 제공해 줄 수 있었음을 보여 준다. 마찬가지로 발달심리학도 창의성 연구자들에게 많은 가치 있는 자료와 기법을 제공해 줄 수 있었다.

현대 창의성 연구는 1950년 미국심리학회 회장인 Guilford의 연설과 함께 성격심리학의 한 분야로 시작되었다. 그의 연설은 성격특성의 요인 모형을 강조하였고 과학적 · 기술적 창의성에 초점을 두었다. Guilford의 언급은 1957년 10월 옛 소련이 미국에 앞서 우주선 스푸트니크호를 발사했을 때 확실히 선견지명이 있는 것처럼 보였다. 이에 대응하여 미국은 학교에서 과학적 재능과 창의성을 규명하고 육성하려고 노력하였다. 1960년대 창의성 심리학자들에 의해 다양한 측정도구와 검사가 개발되었다. 이런 검사들은 특히 과학과 수학 분야에서 창의적 잠재력을 가진 학생을 판별하기 위해 학교 장면에서 학생들에게 적용하려고 만든 것이었다. 1970년대에는 성격 접근법의 취약성이 인식되면서 이에 대처하기 위해 심리학자들은 점점 더 창의성 과정을 조사하기 시작했다.

발달 과정에 대한 연구는 19세기 G. Stanley와 James Mark Baldwin의 심리학에 뿌리를 둔 매우 오랜 역사를 지니고 있다. 발달심리학은 스위스의 Piaget, 옛 소련의 Vygotsky, 미국의 Dewey에 의해 지속되었다. 발달심리학은 제2차 세계대전 이후 급속히 성장하여 이제는 가장 큰 비의학 연구 과학의 하나다. 예를 들어, 발달심리학자들의 주요한 학회인 격년제로 열리는 SRCD(Society for Research in Child Development)에는 통상 5,000명 이상의 학자가 참가하는 반면, 창의성 연구자들이 참여하는 연례 회의는 없다.

이처럼 두 분야 간에는 분명한 비대칭성이 있다. 발달심리학은 풍부한 자원, 보조금, 제도적인 지원구조를 지닌 큰 분야인 반면, 창의성 연구는 한 번도 독자적인 연구 분야로 스스로 설립된 적이 없다. 창의성 연구는 아직 교과서도 없는데, 이는 이 분야가 아직 성숙한 전문 패러다임이 되지 못했다는 것을 시사한다(Mullins, 1983). 발달심리학자를 모집하는 구체적인 구인 광고는 자주 보지만, 창의성 연구자를 모집하는 광고는 본 적이 없다. 심리학에서 창의성을 연구하는 사람들은 다른 주제를 연구하여 생계를 유지하고, 창의성은 부수적인 일로 연구하는 경향이 있다.

이런 비대칭성의 결과로 창의성 연구자들과 발달심리학자들이 자기 직업에 대해 이야기하면 발달심리학자들이 더 많은 이야기를 할 것이다. 그만큼 보고한 실험도 많고 토론할 이론도 많으며 명확하게 규명한 이론도 많은 것이다. 그러나 발달심리학자들도 창의성 연구자들의 독특한 관점으로부터 얻을 수 있는 것이 많다. 가장 가능성 있는 큰 혜택은 신기성이 발달에서 어떻게 발생하는지, 아동은 다음 개념 단계로 어떻게 구성적이고 창의적인 전환을 하는지 등 아직 풀리지 않은 문제, 즉 발달 과정의 개념들에 있다.

Piaget는 자신의 발생론적 인식론을 개체론적 발달과 과학적 발달 모두에 적용하려고 의도했고, 나는 창의성 과정과 발달 과정 간의 몇 가지 유사성을 도출하였다. 이런 유사성에 대해서는 앞서 논의하였다. Feldman의 1980년 저서 후기에서, Feldman(1974, 1980)이 부분적으로 Gruber의 '1974년 Darwin에 대한 연구' 덕분이라고 하며 도출한 비슷한 유사점을 Gruber는 문제로 삼았다. 창의성과 발달은 유사한 과정이라는 생각을 지지하는 대신, Gruber는 창의적 통찰과 발달단계의 전환 간에는 많은 차이가 있다고 주장하였다(Gruber, 1980). Piaget의 불평형 모형은 통상적인 발달과 창의성에도 적용된다는 Feldman의 주장에 대하여 Gruber는 창의성은 '목적적인 작업'인 데 비해 통상적인 발달은 그렇지 않다(p. 177)고 주장함으로써 반대하였다. 창의적인 작업은 "한 걸음에 나오는 것이 아니라 복잡한 관련된 움직임들의 연속과 표출"(p. 178)의 결과다. 이러한 맥락에서, Gruber는 통찰의 중요한 한 순간에 초점을 맞추는 창의성에 일반적으로 반대한다는 언급과 관련된다(Gruber, 1981).

Gruber(1980)는 창의적 과정은 창의적인 개인의 목적 의식에 의해 안내된다고 주장하였다. Piaget의 불평형 모형은 이런 종류의 방향성을 설명해 줄 수 없다. 왜냐하면 Piaget에게 발달은 멀리 어떤 목표를 향한 의도의 영향 없이 진행하는 것이기 때문이다(p. 178). 따라서 다음 단계로의 전환은 전적으로 다른 이유로 어떤 일을 하는 의도되지 않은 결과다(p. 179).

이에 대해 Feldman(1980)은 창의성과 발달이 동일하지 않다는 데 동의하였다. 사실 그는 이런 차이를 설명하기 위해 '보편성에서 독특성'이라는 연속선을 제안하였다. 창의성 과정은 방향성이 있다는 Gruber의 주장에 대해, Feldman은 창의적인 사람들이 언제나 자신의 목적을 알고 있는 게 아니며 많은 창의적인 작업이 눈에 보이는 어떤 최종 산출물을 염두에 두지 않고 진행된다고 지적하였다.

이러한 논쟁은 우리에게 창의성과 발달 과정의 유사성은 단순하고 직접적이지 않다는 교훈을 준다. 양자 간에는 많은 유사성이 있지만 그것이 표면적인 유사성인지, 유사성이 있다면 그것이 두 분야의 연구에 어떤 실질적 함의가 있는지 면밀한 검토가 요구된다. 이 책은 중요한 이 두 학자의 논쟁의 연속이다. 그리고 이 논쟁처럼 그것은 19세기에 처음 다루어졌던 주제와 문제들의 연속이기도 하다.

후 주

나는 이 장을 준비하면서 일부 미국 국립교육재단의 Spencer 박사후과정 지원을 받았다.

1. 창의성은 Piaget 시대 제노바 학파에서 친숙한 주제였다. 제노바에서 Piaget의 선임자인 Claparede와 Flournoy는 협력하여 창의성 연구를 처음 시도하였으며, 1902년과 1904년에 연구물을 출판하였다(Hadamard, 1945, pp. 8, 137 참조). De Saussure 또한 창의성 주제에 관여하였다(Hadamard, 1945, pp. 128, 131 참조).
2. Morss(1990)는 이 이론들과 기타 Darwin을 반대하는 학파의 진화 개념이 발달 심리학의 주요 창시자인 Hall, Baldwin, Freud, Piaget, Werner 등에게 준 영향력을 기술하였다.
3. Beilin(1971)은 Piaget의 발생론은 본질적으로 성숙론자와 전생론자의 입장이라고 주장했는데, 왜냐하면 유기체는 외적 환경과 관계없이 동일한 단계를 거치기 때문이다. 그는 순수하게 환경론자의 입장은 환경과 더불어 다양한 넓은 범위의 발달 통로를 허용하며, 만약 환경이 어떤 방식으로 변화하였다면 또한 가역성을 허용한다(Piaget에 의해 거부됨)고 지적했다. 이에 Piaget는 성숙론의 요소를 수용하였으나, 단계는 발달 동안에 발생하고 유기체의 출생 시에도 존재하지 않기 때문에 전생론은 아니다라고 주장하였다.
4. 19세기 선례에 대해서는 Campbell, 1960, pp. 385-387 참조.
5. Wallas가 창의성에 **주변 의식**이라는 용어를 처음으로 적용하였다(1926, pp. 95-96). **주변**이라는 용어는 William James로부터 유래한 것이다(1890, Vol. 1, pp. 258-264; Hadamard, 1945, p. 25 참조).
6. 모든 Piaget 학자가 Kant와의 관련성을 언급하였지만, 그들 중 누구도 Durkheim의 인식론과의 관련성을 언급하지 않았다. 왜냐하면 이는 Piaget 자신이 때때로 Durkheim의 영향을 언급하였기 때문일 수도 있다(Piaget, 1952a, pp. 240-242; 1995, pp. 39-40 참조하더라도). Durkheim(1912/1915)은 Kant 방식의 이전 범주는 개인에게 수반적으로 구성되어진다고 주장하였다(Rawl, 1996 참

조). 이 경우에 범주는 발생된 사회적 형태로부터, Piaget 경우에는 범주는 유기체와 환경의 상호작용으로 인해 발생된다.

7. Morss(1990)와 Litowitz(1999) 참조. 나의 주장의 목적은 영향력의 정확한 계보를 결정하는 것은 필수적이지 않는 것이다. 왜냐하면 이러한 사상은 19세기 사조에 만연해 있었고 깊숙이 뿌리내리고 있다. 여기에 경쟁적인 가설이 있는데, 이러한 공유된 영향력은 Darwin 또는 Spencer(또는 경우에 따라 Spencer에 의해 영향을 받은 Piaget와 Baldwin)로부터 이끌어 낼 수 있었다. Darwin에게 영향을 받은 Freud는 Kitcher(1992)와 Ritvo(1990)에 의해 기록되었다.
8. Piaget는 단계를 전반적인 구조 측면에서 기술한 반면에, Freud는 우세한 특성의 측면에서 기술하고 이러한 특성은 모든 단계에 존재한다고 한다(Piaget, 1971b, p. 2).
9. 창의성에 대한 Vygotsky의 저술을 살펴보기 위해 이 책의 Moran과 John-Steiner가 기술한 장 참고.
10. '동일 공간 사고'에 대한 Rothenberg(1979)의 정신분석학 이론 또한 연합론의 영향을 받은 것 같다. p. 27 참조
11. 사회문화주의자들은 종종 미시-거시 사고를 옛 소련 마르크스주의 심리학자인 Lev Vygotsky에 기인한다고 생각한다. 하지만 Vygotsky는 단지 미시-거시 관계에 대한 생각을 오랜 사회학적 전통에서 하나의 도식으로 나타냈다. 넓은 의미에서 그의 이론은 Marx의 이론과 질적으로 다르지 않았다. Marx는 Giddens와 Bourdieu의 실행 이론을 통해 간접적으로 관련되어 있지만, Vygotsky는 현대 사회학 이론에 어떠한 역할도 하지 않았다.

참고문헌

Alibali, M. W., & Goldin-Meadow, S. (1993). Gesture-speech mismatch and mechanisms of learning: What the hands reveal about a child's state of mind. *Cognitive Psychology, 25*, 468-523.

Arieti, S. (1976). *Creativity: The magic synthesis.* New York: Basic Books.

Azmitia, M. (1998). Dissolving boundaries between collective and individual representations: A welcome contribution to developmental psychology. *Human Development, 41,* 239-244.

Bain, A. (1977). *The senses and the intellect.* Washington, DC: University Publications of America. (Reprint of 1855 edition published by John W. Parker and Son, London)

Barron, F., & Harrington, D. M. (1981). Creativity, intelligence, and personality. *Annual Review of Psychology, 32,* 439-476.

Beilin, H. (1971). Developmental stages and developmental processes. In D. R. Green, M. P. Ford, & G. B. Flamer (Eds.), *Measurement and Piaget* (pp. 172-189). New York: McGraw-Hill.

Boden, M. (1991). *The creative mind: Myths and mechanisms.* New York: Basic Books.

Brent, S. B. (1978). Individual specialization, collective adaptation and rate of environmental change. *Human Development, 21,* 21-33.

Broad, C. D. (1925). *The mind and its place in nature.* New York: Harcourt, Brace.

Bruner, J. (1983). *Child's talk: Learning to use language.* New York: Norton.

Callanan, M. A. (1999). Culture, cognition, and biology: Contexts for the developing mind. *Human Development, 42,* 149-158.

Campbell, D. T. (1960). Blind variation and selective retention in scientific discovery. *Psychological Review, 67,* 380-400.

Carey, S. (1986). Cognitive science and science education. *American Psychologist, 41*(10), 1123-1130.

Case, R. (1985). *Intellectual development: Birth to adulthood.* Orlando, FL: Academic Press.

Cole, M. (1996). *Cultural psychology: A once and future discipline.* Cambridge, MA: Harvard University Press.

Cole, M., & Scribner, S. (1978). Introduction. In M. Cole, V. John-Steiner, S.

Scribner, & E. Souberman (Eds.), *Mind in society: The development of higher psychological processes* (pp. 1-14). Cambridge, MA: Harvard University Press.

Comte, A. (1854). *The positive philosophy of Auguste Comte* (Harriet Martineau, Trans.). New York: D. Appleton. (Original work published in six volumes, in French, from 1830 to 1842.)

Csikszentmihalyi, M. (1988a). Motivation and creativity: Toward a synthesis of structural and energistic approaches to cognition. *New Ideas in Psychology, 6*(2), 159-176.

Csikszentmihalyi, M. (1988b). Society, culture, and person: A systems view of creativity. In R. J. Sternberg (Ed.), *The nature of creativity* (pp. 325-339). New York: Cambridge University Press.

Csikszentmihalyi, M. (1993). *The evolving self: A psychology for the third millennium.* New York: HarperCollins.

Csikszentmihalyi, M., & Sawyer, R. K. (1995). Creative insight: The social dimension of a solitary moment. In R. J. Sternberg & J. E. Davidson (Eds.), *The nature of insight* (pp. 329-363). Cambridge: MIT Press.

Csikszentmihalyi, M. (1996). *Creativity: Flow and the psychology of discovery and invention.* New York: HarperCollins.

Dennett, D. (1995). *Darwin's dangerous idea: Evolution and the meanings of life.* New York: Simon & Schuster.

Dunbar, K. (1995). How scientists really reason: Scientific reasoning in real-world laboratories. In R. J. Sternberg & J. E. Davidson (Eds.), *The nature of insight* (pp. 365-395). Cambridge: MIT Press.

Durkheim, E. (1915). *The elementary forms of the religious life.* New York: Free Press. (Original work published as *Les Formes élémentaires de la vie religieuse: le système totémique en Australie*, Paris: Alcan, 1912)

Elman, J. L., Bates, E. A., Johnson, M. H., Karmiloff-Smith, A., Parisi, D., & Plunkett, K. (1996). *Rethinking innateness: A connectionist perspective on development.* Cambridge: MIT Press.

Feldman, D. H. (1974). Universal to unique. In S. Rosner & L. E. Abt (Eds.), *Essays in creativity* (pp. 45-85). Croton-on-Hudson, NT: North River Press.

Feldman, D. H. (1980). *Beyond universals in cognitive development.* Norwood, NJ: Ablex.

Feldman, D. H. (1986). *Nature's gambit: Child prodigies and the development of human potential.* New York: Basic Books.

Flavell, J. H. (1963). *The developmental psychology of Jean Piaget.* Princeton, NJ: D. Van Nostrand.

Flavell, J. H., & Draguns, J. (1975). A microgenetic approach to perception and thought. *Psychological Bulletin, 54* (3), 197-217.

Fleck, L. (1979). *Genesis and development of a scientific fact.* Chicago: University of Chicago. (Original work published as *Entstehung und Entwicklung einer wissenschaftlichen Tatsache: Einfürung in die Lehre vom Denkstil und Denkkollektiv*, Basel: Benno Schwabe, 1935)

Freud, S. (1989). Creative writers and day-dreaming. In P. Gay (Ed.), *The Freud reader* (pp. 436-443). New York: Norton. (Original work published 1907)

Freud, S. (1966). *Introductory lectures on psycho-analysis.* New York: Norton. (Paper originally presented December 6, 1907; original work published 1917)

Gardner, H. (1983). *Frames of mind: The theory of multiple intelligences.* New York: Basic Books.

Gardner, H. (1993). *Creating minds.* New York: Basic Books.

Getzels, J. W., & Csikszentmihalyi, M. (1976). *The creative vision.* New York: Wiley.

Ghiselin, M. T. (1986). The assimilation of Darwinism in developmental psychology. *Human Development, 29,* 12-21.

Giddens, A. (1970). Durkheim as a review critic. *Sociological Review, 18,* 171-196.

Gordon, W. J. J. (1961). *Synectics: The development of creative capacity.* New

York: Harper.

Gruber, H. E. (1974). *Darwin on man: A psychological study of scientific creativity.* Chicago: University of Chicago.

Gruber, H. E. (1980). Afterword. In D. H. Feldman, *Beyond universals in cognitive development* (pp. 175-180). Norwood, NJ: Ablex.

Gruber, H. E. (1988). The evolving systems approach to creative work. *Creativity Research Journal, 1,* 27-51.

Gruber, H. E., & Vonèche, J. J. (1977). Introduction. In H. E. Gruber & J. J. Vonèche (Eds.), *The essential Piaget* (pp. xvii-xl). New York: Basic Books.

Guilford, J. P. (1950). Creativity. *The American Psychologist, 5*(9), 444-454.

Guilford, J. P. (1967). *The nature of human intelligence.* New York: McGraw-Hill.

Hadamard, J. (1945). *The psychology of invention in the mathematical field.* Princeton, NJ: Princeton University Press.

Helmholtz, H. von. (1971). An autobiographical sketch: An address delivered on the occasion of his Jubilee in Berlin, 1891. In R. Kahl (Ed.), *Selected writings of Hermannvon Helmholtz.* (pp. 466-478). Middletown, CT: Wesleyan University Press.

Hutchins, E. (1995). *Cognition in the wild.* Cambridge: MIT Press.

Jacques, E. (1965). Death and the mid-life crisis. *International Journal of Psychoanalysis, 46,* 502-515.

James, W. (1890). *The principles of psychology.* New York: H. Holt.

John-Steiner, V. (1985). *Notebooks of the mind: Explorations of thinking.* Albuquerque: University of New Mexico Press.

John-Steiner, V. (1993). Creative lives, creative tensions. *Creativity Research Journal, 5*(1), 99-108.

John-Steiner, V. (2000). *Creative collaboration.* New York: Oxford University Press.

Johnson-Laird, P. N. (1987). Reasoning, imagining, and creating. *Bulletin of the*

British Psychological society, 40, 121-129.

Kim, J. (1992). "Downward causation" in emergentism and nonreductive physicalism. In A. Beckermann, H. Flohr, & J. Kim (Eds.), *Emergence or reduction? Essays on the prospects of nonreductive physicalism* (pp. 119-138). New York: Walter de Gruyter.

Kitchener, R. F. (1985). Holistic structuralism, elementarism and Piaget's theory of "relationism." *Human Development, 28,* 281-294.

Kitcher, P. (1992). *Freud's dream: A complete interdisciplinary science of mind.* Cambridge: MIT Press.

Klahr, D. (1982). Nonmonotone assessment of monotone development: An information processing analysis. In S. Strauss (Ed.), *U-shaped behavioral growth* (pp. 63-86). New York: Academic Press.

Klahr, D. (2000). *Exploring science: The cognition and development of discovery processes.* Cambridge: MIT Press.

Klahr, D., & Simon, H. A. (1999). Studies of scientific discovery: Complementary approaches and convergent findings. *Psychological Bulletin, 125*(5), 524-543.

Kris, E. (1952). *Psychoanalytic explorations in art.* New York: International Universities Press.

Kuhn, D. (1989). Children and adults as intuitive scientists. *Psychological Review, 96,* 674-689.

Kuhn, D. (1995). Microgenetic study of change: What has it told us? *Psychological Science, 6,* 133-139.

Kuhn, T. S. (1960). *The structure of scientific revolutions.* Cambridge: MIT Press.

Larey, T. S., & Paulus, P. B. (1999). Group preference and convergent tendencies in small groups: A content analysis of group brainstorming performance. *Creativity Research Journal, 12*(3), 175-184.

Lawrence, J. A., & Valsiner, J. (1993). Conceptual roots of internalization: From transmission to transformation. *Human Development, 36,* 150-167.

Litowitz, B. E. (1999). Freud and Piaget: *Une fois de plus. Genetic Epistemologist, 27*(4). Retrieved January 18, 2003, from http://www.piaget.org/GE/1999/GE-27-4.html

Lowenfeld, V., & Brittain, W. L. (1987). *Creative and mental growth* (8th ed.). Upper Saddle River, NJ: Prentice Hall.

Martindale, C. (1990). *The clockwork muse: the predictability of artistic change.* New York: Basic Books.

McDougall, W. (1929). *Modern materialism and emergent evolution.* London: Methuen.

McLaughlin, B. P. (1992). The rise and fall of British emergentism. In A. Beckermann, H. Flohr, & J. Kim (Eds.), *Emergence or reduction? Essays on the prospects of nonreductive physicalism* (pp. 49-93). Berlin: Walter de Gruyter.

Mednick, S. A. (1962). The associative basis of the creative process. *Psychological Review, 69*(3), 220-232.

Mednick, S. A., & Mednick, M. T. (1965). *The associative basis of the creative process* (Cooperative Research Project No. 1073). Ann Arbor: University of Michigan.

Messerly, J. G. (1996). *Piaget's conception of evolution: Beyond Darwin and Lamarck.* Lanham, MD: Rowman & Littlefield.

Morgan, C. L. (1923). *Emergent evolution.* London: Williams and Norgate. (Originally presented as the 1922 Gifford Lectures at the University of St. Andrews, Scotland)

Morgan, C. L. (1933). *The emergence of novelty.* London: Williams & Norgate.

Morss, J. R. (1990). *The biologising of childhood: Developmental psychology and the Darwinian myth.* Hillsdale, NJ: Erlbaum.

Mullins, N. C. (1983). Theories and theory groups revisited. In R. Collins (Ed.), *Sociololgical theory 1983* (pp. 319-337). San Francisco: Jossey-Bass

Newell, A., & Simon, H. A. (1972). *Human problem solving.* Englewood Cliffs,

NJ: Prentice Hall.

Osborn, A. F. (1953). *Applied imagination.* Buffalo, NY: Creative Education Foundation Press.

Patrick, C. (1937). Creative thought in artists. *Journal of Psychology, 4,* 35-73.

Piaget, J. (1950). *Introduction a'l'épistémologie génétipue.* Paris: Presses Universitaires de France.

Piaget, J. (1952a). Jean Piaget. In E. G. Boring, H. S. Langfeld, H. Werner, & R. M. Yerkes (Eds.), *A history of psychology in autobiography* (pp. 237-256). Worcester, MA: Clark University Press.

Piaget, J. (1952b). *The origins of intelligence in children.* New York: International Universities Press. (Original work published as *La naissance d'intelligence chez l'enfant,* Neuchâtel, France: Delachaux & Niestlé, 1936)

Piaget, J. (1955). *The language and thought of the child* (M. Gabain, Trans.). Cleveland: World Publishing Company. (Original work published as *Le langage et la pensée chez l'enfant,* Neuchâtel, France: Delachaux & Niestlé, 1923)

Piaget, J. (1962). *Play, dreams, and imitation in childhood* (C. Gattegno & F. M. Hodgson, Trans.). New York: Norton and Company. (Original work published as *La formation du symbole chez l'enfant: Imitation, jeu et rêve, image et représentation,* Neuchâtel: Delachaux & Niestlé, 1945)

Piaget, J. (1967). Les tendances communes aux "Épistémologies internes" eds diverses sciences. In J. Piaget (Ed.), *Logique et connaissance scientifique* (pp. 1226-1271). Paris: Éditions Gallimard.

Piaget, J. (1970). *Structuralism.* New York: Basic Books. (Original work published 1968)

Piaget, J. (1971a). Comment on Beilin's paper. In D. R. Green, M. P. Ford, & G. B. Flamer. (Eds.), *Measurement and Piaget* (pp. 192-194). New York: McGraw-Hill.

Piaget, J. (1971b). The theory of stages in cognitive development. In D. R. Green,

M. P. Ford, & G. B. Flamer (Eds.), *Measurement and Piaget* (pp. 1–11). New York: McGraw-Hill.

Piaget, J. (1972). *The principles of genetic epistemology.* New York: Basic Books. (Original work published as *L'Épistémologie génétique,* Paris: Presses Universitaires de France, 1970)

Piaget, J. (1995). *Sociological studies.* New York: Routledge.

Poincaré, H. (1982). *The foundations of science.* Washington, DC: University Press of America. (Original work published 1913)

Rawls, A. W. (1996). Durkheim's epistemology: The neglected argument. *American Journal of Sociology, 102*(2), 430–482.

Ritvo, L. B. (1990). *Darwin's influence on Freud: A tale of two sciences.* New Haven, CT: Yale University Press.

Rogoff, B. (1990). *Apprenticeship in thinking: Cognitive development in social context.* New York: Oxford University Press.

Rogoff, B. (1998). Cognition as a collaborative process. In D. Kuhn & R. S. Siegler (Eds.), *Handbook of child psychology, 5th edition, Volume 2: Cognition, perception, and language* (pp. 679–744). New York: Wiley.

Rossman, J. (1964). *Industrial creativity: The psychology of the inventor.* New Hyde Park, NY: University Books. (Original work published 1931)

Rothenberg, A. (1979). *The emerging goddess: The creative process in art, science, and other fields.* Chicago: University of Chicago Press.

Runco, M. A. (1993). *Critical creative thought.* Paper presented at the Wallace Symposium, University of Kansas, Lawrence, May 1993.

Sawyer, R. K. (1995). Creativity as mediated action: A comparison of improvisational performance and product creativity. *Mind, Culture, and Activity, 2,* 172–191.

Sawyer, R. K. (1997). *Pretend play as improvisation: Conversation in the preschool classroom.* Mahwah, NJ: Erlbaum.

Sawyer, R. K. (1999). The emergence of creativity. *Philosophical Psychology,*

12(4), 447-469.

Sawyer, R. K. (2001a). *Creating conversations: Improvisation in everyday discourse.* Cresskill, NJ: Hampton Press.

Sawyer, R. K. (2001b). Emergence in sociology: Contemporary philosophy of mind and some implications for sociological theory. *American Journal of Sociology, 107,* 551-585.

Sawyer, R. K. (2002a). Emergence in psychology: Lessons from the history of nonreductionist science. *Human Development, 45,* 2-28.

Sawyer, R. K. (2002b). Evaluative processes during group improvisational performance. In M. A. Runco (Ed.), *Critical creative processes* (pp. 303-327). Cresskill, NJ: Hampton Press.

Sawyer, R. K. (2002c). Unresolved tensions in sociocultural theory: Analogies with contemporary sociological debates. *Culture & Psychology, 8*(3), 208-305.

Sawyer, R. K. (2003). *Improvised dialogues: Emergence and creativity in conversation.* Westport, CT: Greenwood.

Siegler, R. S. (1996). *Emerging minds: The process of change in children's thinking.* New York: Oxford University Press.

Siegler, R. S. (1998). *Children's thinking* (3rd ed.). Upper Saddle River, NJ: Prentice Hall.

Simon, T. J., & Halford, G. S. (Eds.). (1995). *Developing cognitive competence: New approaches to process modeling.* Hillsdale, NJ: Erlbaum.

Simonton, D. K. (1988). Scientific genius: *A psychology of science.* New York: Cambridge University Press.

Sternberg, R. J. (Ed.). (1988). *The nature of creativity.* New York: Cambridge University Press.

Sulloway, F. J. (1979). *Freud, biologist of the mind: Beyond the psychoanalytic legacy.* New York: Basic Books.

Taylor, C. (1985). What is involved in a genetic psychology? In C. Taylor (Ed.),

Human agency and language (pp. 139-163). New York: Cambridge University Press.

Taylor, D. W., Berry, P. C., & Block, C. H. (1958). Does group participation when using brainstorming facilitate or inhibit creative thinking? *Administrative Science Quarterly, 3*(1), 23-47.

Teller, P. (1992). A contemporary look at emergence. In A. Beckermann, H. Flohr, & J. Kim (Eds.), *Emergence or reduction? Essays on the prospects of nonreductive physicalism* (pp. 139-153). Berlin: Walter de Gruyter.

van der Veer, R. (1996). Structure and development: Reflections by Vygotsky. In A. Tryphon & J. Vonèche (Eds.), *Piaget-Vygotsky: The social genesis of thought* (pp. 45-56). Hove, UK: Psychology Press.

Vinacke, W. E. (1952). *The psychology of thinking.* New York: McGraw-Hill.

Vygotsky, L. S. (1971). *The psychology of art* (Scripta Technica, Inc., Trans.). Cambridge: MIT Press. (Original work published as *Psikhologiia iskusstva*, 1965)

Vygotsky, L. S. (1978). *Mind in society: The development of higher psychological processes* (M. Cole, V. John-Steiner, S. Scribner, & E. Souberman, Eds.). Cambridge, MA: Harvard University Press.

Wallas, G. (1926). *The art of thought.* New York: Harcourt, Brace, & World.

Werner, H. (1940). *Comparative psychology of mental development.* New York: Harper & Brothers.

Wertheimer, M. (1945). *Productive thinking.* New York: Harper & Brothers.

Wertsch, J. V. (1985). Introduction. In J. V. Wertsch (Ed.), *Culture, communication, and cognition: Vygotskian perspectives* (pp. 1-18). New York: Cambridge University Press.

Wertsch, J. V. (1993). Commentary. *Human Development, 36,* 168-171.

Wertsch, J. V. (1998). *Mind as action.* New York: Oxford University Press.

Wertsch, J. V., & Stone, C. A. (1978). Microgenesis as a tool for developmental analysis. *Quarterly Newsletter of the Laboratory for Comparative Human*

Cognition, 1(1), 8-10.

Whitehead, A. N. (1926). *Science and the modern world.* New York: Macmillan.

Wimsatt, W. C. (1997). Aggregativity: Reductive heuristics for finding emergence. *Philosophy of Science, 64*(Proceedings), S372-S384.

Zinchenko, V. P., & Gordon, V. M. (1979). Methodological problems in the psychological analysis of activity. In J. V. Wertsch (Ed.), *The concept of activity in Soviet psychology* (pp. 72-133). Armonk, NY: M. E. Sharpe.

Creativity and Development

Chapter 02

의미 구성에서의 창의성

-발달과 창의성의 변증법에 대한 Vygotsky의 현대적 공헌-

Seana Moran & Vera John-Steiner

창의성을 개인적 과정과 사회적 과정으로 표현하는 데에서 L. S. Vygotsky는 현재의 체계 접근법을 특징짓는 가장 중요한 새로운 개념들을 소개하였다. 그의 공헌이 발달심리학과 교육학에서 가장 잘 알려져 있기는 하지만, 창의적 상상력의 성장, 창의적 활동이 일생에 걸쳐 개인에게 미치는 다양한 영향, 개인적 · 문화적 의미 확장에서 창의성의 역할에 관한 그의 견해들은 창의성 연구에서도 시기적절한 것이다.

아직도 Vygotsky의 원고 중 출판되지 않은 것이 많이 남아 있다. 그는 38세에 결핵으로 세상을 떠났으며, 그의 많은 원고는 미처 출판되지 못했다. 게다가 그의 저술은 스탈린 통치하의 옛 소련에서 20년 이상 출판이 금지되었고 냉전의 영향으로 서구사회에는 더욱더 알려지지 않았다. 그러나 『사고와 언어(*Thought and Language*)』(1934/1962)의 출판으로 그의 연구가 널리 알려지고 활용되면서 인지적 혁명에 중요한 기여를 한 것으로 인정받게 되었다.

Vygotsky의 창의성에 대한 연구 경력은 심미적인 반응에 대한 연구인 『예술심리학(*The Psychology of Act*)』(1965/1971)에서 시작되었다. 이 연구는 1925년에 그의 박사학위 논문으로 인정되었으나, 그의 생애 동안에는 출판되지 않았다. 초기 연구에서 그는 창의적인 작업은 매우 사회적이라는 자신의 중요한 원리를 처음으로 체계화하였다. "예술은 우리 내부에서의 사회적 교류다. 예술 행위가 한 개인에 의해 수행될지라도 그 본질은 개인적인 것만을 의미하지 않으며…… 예술은 정서의 사회적 기법이며, 우리의 가장 친밀하고 개인적인 측면을 사회생활 영역 안으로 가져오는 사회적 도구다. ……우리 중 누구든 예술 작품을 경험할 때 정서는 개인적인 것이 된다고 말하는 것이 더 정확할 것이다. 즉, 정서는 사회적인 것이 계속될 때 개인적인 것이 된다." (p. 249)

여기서 Vygotsky는 일반적으로 분리된 경험 간의 강력한 통합을 포착하였으며, 이러한 쟁점들은 나중에 다시 연구하였다. 예를 들어, 그가 사망하기 2년 전에 쓴 짧은 논문인 「배우의 창의적 작업에 대한 심리적 문제(On the problem of the psychology of the actor's creative work)」(1936/1999a)에서 그는 미학, 경험 그리고 정서의 주제를 사회적 현상으로서 재조명하였다. 창의성에 대한 그의 연구는 단편적이지만, 그의 폭넓은 이론적 틀 안에서 창의성 이론가와 문화-역사 이론가에 의해 간과되어 온 관점에 도전적인 견해를 제공한다.

이 장에서는 Vygotsky의 연구가 창의성 연구 범위에 초점을 두고 확장할 수 있는 기회를 제공하고자 한다. 그는 이 영역에 변증법적 접근법을 적용하면서 창의적 과정을 창의적 행위, 창의적 삶, 역사적 · 문화적 발달과 유사한 시간의 흐름에서 상호작용, 긴장, 변형 그리고 통합으로 보았다. 그리고 이미 완성된 안정된 구조를 연구하기보다 기능의 본질과 상호관계에 관심을 가졌다. 새로운 것의 변형적 구성에 대한 강조에서 Vygotsky의 이론적 관점과 컴퓨터 모델링 분야에 새롭게 등장한 복잡한 체계 접근의 강력한 공통점을 발견한다(Van Geert, 1994). 또한 Vygotsky의 접근법은 Csikszentmihalyi (1988)의 체계 모형과 중요한 몇 가지 특징을 공유한다. 이 두 가지는 창의성에서 사회적 과정이 중요한 역할을 수행함을 인식하고 있다. 개인 간 활동이 개인 내 활동으로 변형되는 것을 강조하면서,

Vygotsky는 Csikszentmihalyi의 모형의 세 가지 구성 요소인 개인, 영역, 분야가 서로 영향을 주는 방법에 관한 역동적 기제를 제공하였다. 게다가 창의성에 대한 이론을 확장한 Vygotsky 이론의 가치는 개인의 마음, 영역의 상징적 지식 기반 및 분야의 사회적 · 문화적 과정 간의 다방향적으로 연결하려는 시도가 반영되어 있다.

따라서 70년이 지났음에도 Vygotsky의 연구는 현대적이다. 그의 아이디어는 창의적인 시도에서 이루어지는 개인적 과정과 사회적 과정의 관계에 관해 정교하고도 역동적인 이해를 제공하며, 이러한 대위법 양식을 바탕으로 한 출판물로는 더욱 적절하다. 왜냐하면 그는 이 책에서 제시하는 다른 접근들을 보완하고 지원하며, 특히 새로운 아이디어의 개발, 예술 작업, 과학적 업적을 발생적 · 사회적 · 심리적 기능 체계로 강조하였다. 이러한 입장을 좀 더 체계적으로 논하기 위해서, 우리는 미래 연구로의 도약을 위해 유용한 통합을 축적함으로써 Vygotsky와 현대 서양 이론들을 변증법적으로 접근하고자 한다. 우리는 창의성이 모든 개인 발달의 기초가 되며, 창의성과 발달의 상호 연계 연구를 통해 인간의 진정한 본성이 나타난다는 Vygotsky의 견해를 공유하고자 한다.

Creativity and Development

발달과 창의성의 변증법

> 발달은 창의적인 작업을 결코 끝내지 않는다.
>
> —Lev Vygotsky, 「연령의 문제(The problem of age)」

우리는 발달과 창의성이 변증법적으로 상호 관련된 과정이라고 주장한다. Vygotsky는 발달과 창의적 과정을 내면화 또는 문화적 도구와 사회적 상호작용의 적정화라고 생각했다. 내면화란 단지 모방이 아니라 들어오는 정보와 기존의 지식과 개인의 특성에 기초한 정신적 구조를 다소 변형하거나 재조직하는 것이다. 내면화가 평생 학습과 발달의 중요한 측면이지만, 그는 주로 내면화가 가장 잘 나타나는 아동기의 내면화를 연구했다. 이 과정의 결과인 역동적 형태는 상호 기능적 심리체계로 구성되는 개인의 성격인 구현화된 사회적 마음이다. 성격은 미래의 활동을 제한하는 특유의 행동방식이다.

서양 심리학에서 일반적으로 창의성은 Vygotsky와 그를 추종하는 연구자들의 사고에서 외현화와 관련이 있다. 외현화란 정서 기반의 의미 및 인지적 상징의 구성과 통합이다. 이러한 의미와 상징들은 일단 표현되면 오랜 시간에 걸쳐 미래의 세대들이 사용하게 되는 문화적 인공물인 창의적 산출물로 나타난다. 외현화의 결과로서 역동적인 구성은 구체화된 의미, 공유된 개념의 구성, 신념, 지식, 정서 및 문화다.

따라서 두 가지 사회적 과정인 내면화와 외현화는 두 개의 상징 기반의 형태인 성격과 문화 간의 서로 변증법적인 긴장 관계에 있다. 이러한 긴장은 새로운 생각과 창의적 산출물의 성장을 위한 기름진 땅을 제공한다. 내면화는 성격에 문화를 접목시키는 것이 아니라 기존의 문화적 자원들과의 연대이며, 새로운 실현화된 자아를 이끈다. 외현화는 문화를 확장하는 창의적 변형을 위한 영역을 변화시키는 데 토대가 된다. 이러한 내부적/외부적 운동은 순환적이고 과거와 미래를 연결하며, 이 과정의 결과는 시간이 흐르면서 공동체의 역사와 문화에 기여한다. 그다음 창의성은 발달에 의존하며, 발달은 창의성에 의존한다. 이 둘은 상호 의존적이다. [그림 2-1]은 이러한 관계를 그림으로 나타낸 것이다. 이 그림은 복잡하고 순환적인 관계를 도식으로 표현한 것으로 우리의 견해에 단서를 제공한다.

이 장에서 우리는 Vygotsky의 문화적-역사적 이론과 방법론을 간단히 소개하고, Vygotsky가 그의 일반적 발달론적 틀을 창의적 상상력의 형성에 어떻게 적용했는지를 보여 준다. 우리는 Vygotsky가 정서의 공유와 의미의 발달에서 창의적 과정을 어떻게 개념화하였으며, 이러한 창의적 발달 주기의 경험이 몰입과 창의적 성격을 어떻게 이끌었는지를 논의한다. 그러고 나서 우리는 Vygotsky의 창의성 개념에서 역사적 시간의 중요한 역할을 설명하고자 한다. 우리는 Vygotsky의 접근을 협력으로 확대하고 합의의 일부를 창의성 연구에서 가능한 미래 방향과 연결하고 마무리하였다.

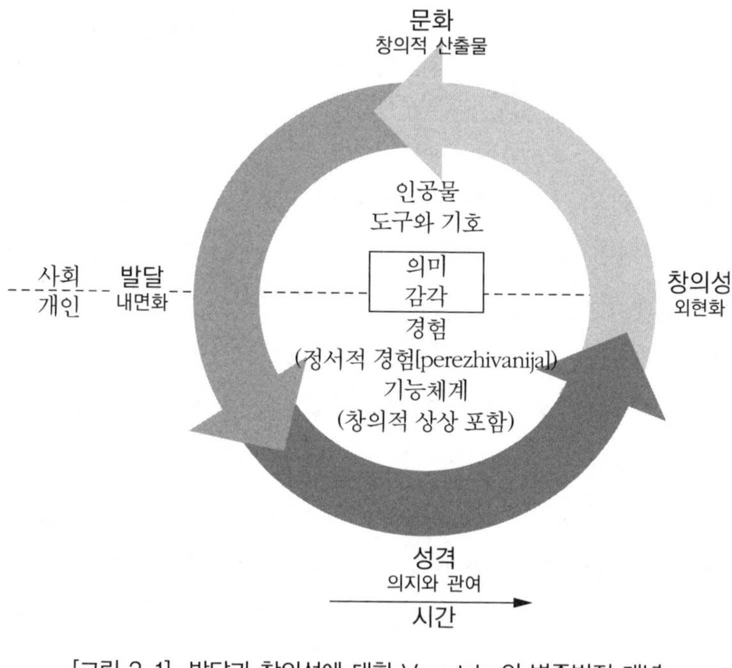

[그림 2-1] 발달과 창의성에 대한 Vygotsky의 변증법적 개념

Vygotsky의 발달적 틀

어떤 것을 역사적으로 연구한다는 것은 변화의 과정에서 연구한다는 것을 의미한다. ……주어진 어떤 것의 모든 단계에서의 발달 과정 및 변화—출생에서 죽음에 이르기까지—를 연구에 포함시킨다는 것은 근본적으로 그것의 본질을 발견한다는 의미다.

–Lev Vygotsky, 『사회 속의 정신(*Mind in Society*)』

Vygotsky 이론의 틀은 문화적-역사적 이론으로 지칭된다. 이 이론에서 그는 발달이란 기호와 도구를 매개로 하며, 시간이 흐르면서 변화하는 심리적 기능체계를 형성하고 통합하는 사회적 과정이라고 강조했다. 이러한 통로는 반드시 선형적이거나 매끄럽지는 않다. 즉, "발달에 대한 우리의 개념은 인지적 발달이 개별적 변화들의 점진적 발달이라고 빈번히 거론되는 견해를 거부하는 것을 의미한다. 우리는 아동발달이 주기성, 상이한 기능의 발달에서의 비균등성, 한 형태에서 다른 형태로의 변질 또는 질적 변형, 외부적 · 내부적 요인의 통합, 아동이 직면하는 장애를 극복하게 하는 적응적 과정 등을 특징짓는 복잡한 변증법적 과정이라고 생각한다." (Vygotsky, 1978, p. 73)

학습과 발달은 개별적으로 이루어지는 과정이 아니다. 개인은 "내면화되고 개인 기능과 구조화된 사회적 관계의 전체를 표상한다." (Vygotsky, 1960/1997b, p. 106) 학습과 발달은 사회적 과정의 계속적인 변증법적 긴장과 변형을 통해서 진행된다. 아동의 과거 성취와 문화적인 상징적 능력은 앞으로의 성장을 위한 도약판이 된다. Vygotsky는 대부분의 서양 심리학 연구의 근간이 되는 데카르트식

이분법에 동의하지 않았다. 대신에 Vygotsky는 시간의 흐름에 따라 변화하는 관계에 의한 과정과 현상 간의 관계에 초점을 맞추었다. 그의 주된 관심사는 사회적 · 심리적 · 문화적 현상의 기원, 전환점, 통합, 변형 및 상호작용이다.

Vygotsky 이론의 중요한 주장은 모든 정신적 기능이 먼저 사회적으로 경험된다는 것이다. 사람들은 다른 사람의 말과 행위로부터 얻는 정보를 변형함으로써 세상에 대해 알게 되며, 이런 경험에 기초해서 지식을 구성한다. Vygotsky의 가장 잘 알려진 개념 중의 하나는 근접발달영역인데, 이를 통해 기술이 부족한 사람은 기술이 더 뛰어난 사람들과 협력하면서 학습하게 된다. 실제로 Vygotsky (1931/1998b)에 따르면, 우리는 오직 다른 사람을 알게 됨으로써 자기 자신에 대해 알게 된다. 즉, "만약 아동의 생각이 다른 사람들의 생각과 만나지 않았다면 그 아동은 결코 그 자신에 대해 자각하지 못했을 것이다." (p. 72) Vygotsky의 발달에 대한 발생론적 법칙은 내면화된 공유 활동이 심리체계 발달의 기초를 이룬다는 주장이다. 사람은 새로운 개념 및 인지 책략들에 기초가 되는 다양한 영향을 통합한다.

이러한 내면화는 문화적으로 매개화된다. 즉, "심리학의 중심적 사실은 매개에 대한 사실이다." (Vygotsky, 1968/1997f, p. 138) Vygotsky는 매개의 두 가지 주요 형태인 도구와 기호에 대해 논의하였는데, 도구는 외적 대상에서 변화를 만드는 반면, 기호는 정신적 과정에서 변화를 만든다. 또한 그는 과거의 지식과 경험을 담고 있는 대상인 인공물에 대해 언급했다. 즉, 아동일수록 상이한 기호체계, 특히 언어를 통해 간접적으로 세상과 상호작용하는 것을 빨리 학습한다. Vygotsky에 따르면, 이런 능력은 고등 정신 기능의 발달에 토대를 형성한다. 고등 정신 기능은 문화에 기반을 둔다. 정신적 기능은 좀 더 기본적이고, 생물학적 기능의 집합체가 아니라 자체적인 분석 수준에서 연구되어야만 하는 완전한 복합체다. "문화는 특별한 형태의 행동을 창출하고 정신적 기능의 활동을 수정하며, 진화하는 인간행동 체계에서 새로운 상부구조를 구성한다." (Vygotsky, 1960/1997b, p. 18) 따라서 Vygotsky 연구의 초점은 수단, 기능 및 사회적 · 문화적 환경에서 이루어지는 과정이다(Vygotsky, 1960/1997b).

이런 고등 정신 기능은 결코 완성되지 않지만, 아동이 청년에서 성인으로 성장하듯이 꾸준히 발달하고 다른 고등 정신 기능과 상호작용한다. 이런 상호작용을 통해서 사람은 심리적 기능체계 또는 상이한 기능들 간에 발달하는 복합체 관계를 형성한다(Vygotsky, 1982/ 1997e, p. 92). 게다가 기능 그 자체만이 발달하는 것이 아니라 그들 간의 관계도 발달한다. 이런 발달은 사고의 유연성과 복잡성의 증대로 이어진다. "아동의 실재에 대한 더 깊이 있는 통찰의 성취에서의 각 단계는 종전의 좀 더 원시적인 인지 형태로부터의 연속적인 탈피와 연결된다." (Vygotsky, 1960/1987, p. 349) 아동은 처음에는 자신의 행동 조절에 도움을 주는 외적 대상과 다른 사람들이 필요하지만 나중에는 오직 내적 · 상징적 · 심리적 기능들만을 사용해서 조절할 수 있다(Vygotsky, 1978, p. 73).

시간에 따른 변화는 Vygotsky 틀의 핵심이다. 그는 한 사람의 일생 전체에 걸쳐서 일어나는 특별한 활동들에서 또는 사회적 · 문화적 환경의 변화에서의 인간의 정신을 역동적으로 바라보았다. 세 가지 시간길이인 사회적 활동, 개인의 삶 그리고 역사는 발달과 창의성이 모두 작용하는 유사한 상호작용 수준을 나타낸다. 더 나아가 발달과 창의성은 미래 지향적이다. 사회적 상호작용의 변형, 문화적 도구와 기호의 사용을 통해 사람은 현재의 환경적 제약으로부터 자유롭고, 자신의 미래를 통제한다. 따라서 과거 경험은 사람의 행동에 영향을 주지만 결정하지는 않는다. 즉, 사람은 이미 알려진 것들을 인식하면서 미래의 요구와 목표를 예측한다. 이렇게 사람은 미래를 계획하는 데에서 과거 경험에 기초한 전문가인 동시에 초보자가 될 수 있다. 발달에는 끝이 없다. 발달은 열린 체계다. 따라서 발달은 성숙 과정이 전개되는 것이 아니라 시간의 흐름에 따라 개인과 사회 간의 상호 의존의 결과로서 발생하는 복잡한 관계의 지속적인 재형성이다.

Creativity and Development

Vygotsky의 방법론

> 방법 찾기는 심리적 활동이라는 독특한 인간 형태를 이해하는 데 있어 가장 중요한 문제 중의 하나다. 이 경우에 방법은 동시에 선행 조건이자 산출물이며, 연구의 도구이자 결과다.
>
> –Lev Vygotsky, 『사회 속의 정신』

변화에 대한 연구는 Vygotsky 학파의 방법론의 본질적 목표였다. 이 목표를 성취하기 위하여 Vygotsky(1978)는 "심리적 분석의 목표는…… ① 대상 분석이 아닌 과정 분석이고, ② 어떤 특정한 과정의 외적 특징의 열거가 아닌 실제적이고 인과적이거나 역동적 관계를 밝히는 분석, 즉 기술적 분석이 아닌 설명적 분석이며, 그리고 ③ 근원으로 되돌아가서 주어진 구조의 발달에서 모든 요점을 재구성하는 발달적 분석"(p. 65)이라고 제안하였다. Vygotsky가 고안한 실험적 접근 중의 하나는 이중자극법이었다. 이것의 목적은 발달 과정을 분해하는 것, 즉 "좀 더 상위 유형 행동의 자동적이고 기계화되며 화석화된 특징을 바꾸어 그것의 근원으로 되돌아가는 것"(Vygotsky, 1978, p. 61)이었다. 그는 먼저 간단한 자극을 제시하고 나서 두 번째 (매개하는) 자극을 제시함으로써 이 목표를 성취했다. 이때 두 번째 자극의 역할은 참가자들이 자신의 반응을 조직화할 수 있도록 돕는 것이었다. 이 방법을 사용하여 Vygotsky는 아동이 어떤 특정한 조작을 성공적으로 익히기 위해 자기만의 매개적 기호 창출 방법을 사용한다는 사실을 발견하였다. 그는 또한 아동의 단어 의미 획득 방법을 확인하였다. 이 방법은 간단했지만, '바로 눈앞에서' 일어나는 변화를 유발하는 방법이다(Vygotsky, 1978, p. 61). Vygotsky는 전통적인 실험 방법을 사용하면서도 아동이 자기만의 매개적 방법을 창안하는지를 발견했다. 그의 이러한 생각은 Vygotsky 학파의 혁신적 · 창의적 행동에 대한 연구를 준비하게 하였다(Smolucah, 1992).

사고와 추론에 영향을 주는 문화-비교 다양성에 대한 연구에서 Vygotsky와 그의 동료 Alexander Luria는 중앙 아시아에서 야심찬 연구를 실시하기로 계획하였다. 이런 연구를 하게 된 동기는 실제 삶으로부터 분리된 실험실에서의 연구보다 변화하는 사회문화적 장면에서 일어나는 인지를 연구하려는 욕구가 있었기 때문이다. Vygotsky는 건강이 좋지 않아 이 탐험에 참가할 수 없었기 때문에 Luria가 문제해결, 자아 인식 및 추론에 관한 연구를 수행하였다. 상상력 연구에서 Luria는 고립된 곳에 살고 있는 농부들의 사고가 자신의 실제적 경험에 뿌리를 두고 있는 반면, 일부 교육을 받은 사람들은 상상적 상황을 여전히 제한적으로 의존하면서도 지식의 새로운 표현을 위한 준비가 되어 있다는 것을 발견했다(Luria, 1976, pp. 134-143). 비공업화된 지역에 사는 사람들의 창의성에 대한 최근 연구들은 지속적인 혁신과 새로움의 구성에 대한 좀 더 많은 사례들을 보여 준다(Cole, 1996; Greenfield, 2004; Scribner, 1977).

Vygotsky(1960/1997b)는 분리와 단순화보다는 연계성을 강조했다. 따라서 그의 방법은 "대상을 움직임으로, 틀에 박힌 것을 과정으로"(p. 71) 변화시킴으로써 과정에서 창의성과 발달을 연구하는 것이 목적이었다. 이러한 방법으로 그는 사회적 환경, 인공물 그리고 개인의 인지적 · 정서적 과정의 발달적 상호 관련성을 탐색할 수 있었다.

Creativity and Development

창의적 상상력의 발달

> 상상력이란…… 추상화의 도움을 받아 구체적인 것에서 새로운 구체적인 것으로 향해 가는 변형적이고 창의적인 활동이다.
>
> – Lev Vygotsky, 「청년기의 상상력과 창의성」

Vygotsky는 이런 발달론적 틀과 방법론에 기초하여 창의적 상상력이 고등 정신 기능으로서 어떻게 발달하는가에 대한 이론을 두 개의 논문과 강연에서 제시했다. 1930년에 「아동기의 상상력과 창의성(Imagination and Creativity in childhood)」(1930/1998c), 1931년에 「청년기의 상상력과 창의성(Imagination and creativity in adolescent)」(1931/1998d) 그리고 1932년에 「아동기의 상상력과 발달(Imagination and its development in childhood)」(1960/1987)이다. 창의적 상상력은 "어떤 새로운 것이 우리의 생각의 흐름 속으로 들어오고, 이렇게 해서 생각의 변형이 이루어지며, 이전에는 존재하지 않고 나타나지 않았던 이미지가 나타나는 것"(Vygotsky, 1960/1987, p. 339)을 말한다. Vygotsky는 창의적 상상력은 사회에서 효과적으로 기능하기 위해 필요하다고 주장하였다. 즉, 창의적 상상력이 덜 발달된 사람은 환경의 직접적인 자극으로부터 자신을 자유롭게 할 수 없다.

> 우리는 상상력의 부재는…… 다음과 같은 방식으로 나타난다. 사람은 구체적인 상황으로부터 자기 자신을 추상화할 수 없고, 창의적으로 바꿀 수 없으며, 그 영향으로부터 자아를 자유롭게 하기 위한 기호를 재편성할 수 없는 상태에 있다(Vygotsky, 1931/1998d, p. 152).

창의적 상상력은 사람들이 기호와 심리적 도구의 조작에 보다 능숙하게 해 주어 사회적 환경에 잘 적응하게 한다(Vygotsky, 1960/1997b).

Vygotsky는 아동이 놀이 동안에 상징과 기호를 만들고 조작하는 방법을 가장 먼저 학습한다는 것을 이론화하였다. 그다음에 아동의 가장놀이와 대상 대체가 내적 언어로 발달하는 것처럼 환상과 상상으로 내면화된다. 청년기에는 상상력과 개념이 사고와 결합될 때 창의적 상상력이 생기며, 성인이 되면 창의적 상상력은 예술적 · 과학적 창의성으로 성숙할 수 있다.

아동기 놀이

아동을 뒤죽박죽인 세상으로 끌어들임으로써 우리는 아동의 지적 활동을 돕는다. 왜냐하면 아동은 현실 세상을 지배하는 법칙을 좀 더 효과적으로 습득하기 위하여 스스로 이런 뒤죽박죽의 세상을 창출하는 데 흥미를 가지기 때문이다.

–Lev Vygotsky, 『예술심리학』

Vygotsky는 아동이 놀이를 통해 기호와 상징을 창출하고 조작하며 의미를 부여하는 것을 가장 먼저 학습한다고 생각하였다. 또한 놀이는 아동에게 기존 관계를 벗어나 다양한 역할을 시도하게 하고 연습하게 하며 점점 그들의 향상되는 가능성을 연습시킨다(Vygotsky, 1984/1999b). 다른 문화적 행동과 마찬가지로, 가장놀이는 성인과의 사회적 상호작용으로 시작된다. 누군가가 먼저 아동에게 바나나가 전화가 될 수 있다거나 빗자루가 춤 상대가 될 수 있음을 보여 준다(Smolucha & Smoulucha, 1986). 처음에 아동은 전에 보거나 들었거나 해 본 것을 모방한다. 시간이 흐르고 경험이 쌓이면서 아동은 좀 더 대담해져서 가장 대상은 현실 세상에서의 속성과 더 멀어진다. 학령기가 되면 목적과 규칙이 놀이의 초점이 되며, 놀이는 자기통제의 초기 기제가 된다. "아동의 최대의 자기통제는 놀이 중에 일어난다."(Vygotsky, 1978, p. 99) 실제로 아동은 놀이를 학습의 발판으로 삼아 자신의 현재 성취 수준과 좀 더 유능한 미래의 자신 간에 근접발달영역을 만든다. 아동은 놀이 상황에서 기술을 연습하거나 아이디어를 시험해 봄으로써 실제 상황에 좀 더 잘 대처할 수 있게 된다(Sawyer, 1997).

놀이에 대한 Vygotsky의 개념은 Piaget와 유사하다. Piaget는 놀이를 상징적 역량 구축 과정으로 보았으며, 이 과정이 창의적 상상력을 이끈다고 생각하였다(Aynannolley, 1999). 하지만 Vygotsky는 상상력이 다른 사람과의 관계 중에 발달한 내면화된 놀이라고 주장한 반면, Piaget(1962)는 놀이는 혼자 노는 중에 자발적으로 외현화된 상상력이라고 주장하였다. Smolucha는 Vygotsky와 Piaget의 이론 모두를 지지하는 증거를 찾아냈다. 그에 따르면, 영아는 12개월경에 이미 자발적인 대상 대체를 수행한다. 그러나 대부분 대체는 2세경 영아들이 주도하는 가장놀이를 통해 나타난다(Smolucha & Smolucha, 1986). 다른 연구자들도 놀이가 후기 창의성, 특히 확산적 사고와 관련이 있다는 Vygotsky의 생각을 지지하였다(Russ, Rovins, & Christiano, 1999; Singer & Singer, 1990). 하지만 이런 연구들의 대부분은 상관 관계적이고 인지적이며, 보통 Vygotsky의 발달론적 관점을 공유하지 않는다. 오히려 이 연구들은 오직 단일 연령 집단에서 놀이와 창의성의 동시적 발생에 주목하는 경향이 있다.

청년기의 환상

> 의식적인 기본적 행위에서 나타나는 실재는 즉각적 · 구체적 · 개별적 인상으로부터의 탈출이며, 상상력의 특정한 요소가 없다면 실재에 대한 정확한 인지는 가능하지 않다.
>
> −Lev Vygotsky, 「아동기의 상상력과 발달」

놀이는 환상으로서 내면화된다. 환상은 시각적 현상과 언어적 현상 간의 그리고 구체적 사고와 추상적 사고 간의 새로운 관계를 수반한다. 아동이 자신의 활동의 일부분으로 하나의 대상을 고려하는 데 더 이상 그 대상이 제시될 필요는 없다. 감정이 주입된 정신적 이미지와 내적 언어가 아동의 주의 초점으로 물리적 대상과 행위로 대체한다(Smolucha & Smolucha, 1986; Vygotsky, 1930/1998c). 하지만 환상은 전적으로 시각적인 것은 아니며 모든 감각을 통합할 수 있다(Vygotsky, 1930/1998c).

청년기 동안에는 주관적 환상과 객관적 환상이 발달한다. 이 환상들은 좀 더 발달하면서 성인의 창의성 속에서 서로 얽히게 된다. 주관적 환상은 욕구 충족과 개인 내적 삶을 지향한다. "청년은 환상의 도움으로 자기 자신을 밝히고 명확히 하며, 자신의 감정과 성향을 창의적인 이미지로 변화시킨다."(Vygotsky, 1931/1998d, p. 165) 실제로, Vygotsky는 주관적 환상을 개인적 변형의 핵심적인 역량으로 보았다. 청년은 자신만의 감정을 형성하고 다스리기 위해 주관적 환상에 의존한다. Vygotsky는 욕구 충족과 창의성 간의 관계에 관한 Freud의 생각을 비판했지만, Vygotsky에게 Freud의 영향은 주관적 환상에 대한 그의 개념에 분명히 나타난다. 한편 객관적 환상은 외부 현실을 이해하고 구성하는 데 사용되므로 객관적 환상의 활용은 문화적 변형에 기여한다. 청년과 성인은 객관적 환상을 통해서 자신의 미래 행동을 예측하고 계획하며 자신이 소속해 있는 문화를 해석하는 데 도움을 얻는다(Vygotsky, 1930/ 1998c).

이런 두 가지 형태의 환상은 서로 결합되어 있다. "객관적 표현은 밝은 정서 색조로 채색되지만, 주관적 환상은 객관적 창의성의 영역에서 빈번하게 관찰된다."(Vygotsky, 1931/1998d, p. 165) 청년은 이 두 종류의 환상 간의 균형을 유지하는 법을 배운다. 즉, 이들은 점차 자신의 상상적 산출물에 대해 반성적이고 비판적이게 된다. 이런 산출물의 형태 또한 바뀐다. 아동기와 청년 초기에 산출된 예술 작품은 종종 혼합적이며, 단일 작품에서는 다양한 양식과 기법이 융합되어 있다. 좀 더 발달하면 창의적 노력이 관습적 형태와 의도적인 양식의 요소를 반영하게 된다(Smolucha, 1992; Vygotsky, 1960/1987).

Vygotsky(1932/1998a)의 이론은 추후의 연구자들이 사춘기를 전후로 사회적 영향으로 인해 창의적 생산성이 감소한다는 사실을 발견할 것을 예측했다. "청년의 발달 과정 중 가장 중요한 단계에서, 특히 창의적 본질의 생산적 작업이 그의 앞에서 펼쳐질 때 보통 학업 성적의 하락, 이전에 확립되었던 습관의 약화가 일어난다."(p. 13) 예를 들어, Gardner(1994)와 Winner(1982)는 청년들이 객관적인 문화적 표준을 좀 더 인식하므로 자신의 작품에 더 비판적이게 되고, 이 때문에 그림을 덜 그리게 된다는 사실을 발견했다. 주관적 · 객관적 환상이 좀 더 정교한 방법으로 서로 섞임으로써 과거의 사고방식은 새로운 방식에 압도당하고, 젊은 창의자는 사회적 압력에 반한 자신의 관심 영역을 좁히게 된다(Vygotsky, 1931/1998a). 따라서 청년기는 자신의 내적 세계를 정복하는 연령이고 '문화 속으로 성장해 들어가는 연령'이다(Vygotsky, 1983/1997a, p. 251).

상상과 개념에서의 사고

> 창의적 상상력에 있어서 청년의 행동에서 정서적 · 지적 측면들은 복잡한 통합을 이룬다.
>
> –Lev Vygotsky, 「청년기의 상상력과 창의성」

창의적 상상력은 개념 형성에서 사고에 환상이 주입될 때 나타난다. 그러면 상상력과 추상화 및 조직화 능력은 기능체계로 통합된다(Vygotsky, 1931/1998d). Piaget(Piaget & Inhelder, 1969)는 개념 형성이 대상들과의 직접적인 감각운동적 상호작용에 기초한다고 생각한 반면, Vygotsky에게 개념 형성의 핵심은 의미론적 매개다(Vygotsky, 1934/1962). 개념에서 사고는 완전히 형성되어 나타나는 것이 아니라 시행착오, 주관적 기준의 사용, 감각적 연결, 마지막으로 논리적 연결을 거치며 발달한다. 이 능력은 개인의 전 생애에 걸쳐 향상된다. 하지만 Vygotsky는 이 능력이 처음으로 그 복잡한 모습으로 발달하기 시작하는 청년기에 초점을 두었다.

개념은 청년이나 성인이 의사소통 장면에서 자신의 단어로 성공적으로 사용할 수 있을 때 완전하게 형성된다. 즉, 그들이 다른 개념들에 대한 많은 연관성을 이해할 수 있을 때다. 하지만 청년 후기나 성인 초기가 되어야 개념을 객관화하고 반영할 수 있다(Vygotsky, 1934/1962). 이런 반영적 기능은 상상력의 도움을 받는다. 사람이 개념의 의미를 완전히 내면화하려면 반드시 현실과의 대립적 · 비판적 · 반영적 관계를 형성할 수 있어야 한다. 상상력은 이런 유형의 비판적 관계를 위한 역량이다.

따라서 Vygotsky는 아동의 상징놀이에서 창의적 상상력의 기원을 추적했다. 일단 놀이가 내면화되어 환상의 기초를 형성하며, 환상은 내적 언어와 연결될 때 더욱 발달한다. 청년기에는 상상력이 청년의 강한 욕구와 정서에 의해 더욱 왕성해지지만 또한 개념에 대한 사고와 밀접하게 연결되는데, Vygotsky는 이를 '지적화' 된다고 하였다.

창의적 산출물의 발달

창의성은 위대한 역사적 업적을 창출하는 곳뿐만 아니라 인간의 상상력이 새로운 어떤 것을 결합하고 창출하며 변화시키는 모든 곳에 존재한다.

－Lev Vygotsky, 「아동기의 상상력과 창의성」

창의적 상상력의 발달은 보통 창의적 활동이라고 간주되는 가장 놀이, 환상 그리고 창의적 산출물의 생산에 기반을 둔다. Vygotsky는 자신의 발달론 및 변증법적 관점에 따라 창의성을 특별한 사람에게 국한되는 하나의 특성이지만 유전적으로 결정되는 안정적인 특성으로 보지 않았다. 사실 그는 '창의적인 사람'을 예술, 과학, 발명 등의 분야에 변형적 공헌을 행한 사람들의 측면에서는 연구하지 않았다. 다소 창의성을 발달하는 것으로 보았고, 건강하게 기능하는 모든 사람의 긍정적인 역량으로 보았다. Vygotsky는 창의성이 모든 사람에게 있는 '변형의 필수 요소'라고 한 Feldman(1994)의 주장에 아마 동의했을 것이다. 창의성은 과정에 대한 개인적 경험을 통해 창의자를 변형시키고, 문화를 경유하여 확산되는 새로운 지식과 혁신적인 인공물의 영향을 통해 다른 사람을 변형시킨다. 창의적 활동에 관여함으로써 사람은 새로운 형태로 변형하기 위해 기존 지식과 새로운 지식을 함께 결합한다. 이 활동에서 특히 주목할 것은 정서의 공유와 공동 협상에 의한 의미 구성의 변형적 힘이다.

정 서

> 예술은 사회적 인간의 정신에서 매우 특별한 부분, 즉 정서를 체계화한다.
>
> —Lev Vygotsky, 『예술심리학』

Vygotsky(1965/1971)는 정서가 상상력, 사고, 의미 구성, 기호의 이해와 사용을 자극한다고 생각했다. 그는 "예술을 설명하려고 시도하는 모든 심리적 체계는 상상력과 정서에 대한 이론들의 다양한 조합에 불과할 뿐이다."(p. 200)라고 하였다. 창의적 과정과 주관적 경험을 객관적인 형태 및 의미로 구체화함으로써 창의성은 예술가와 관객의 정서를 체계적인 방식으로 만들고, 형태와 의미 간의 긴장으로부터 심미적 효과를 성취한다. 그래서 친밀성을 사회적 영역으로 옮기는 수단으로 예술을 사용한다. 『예술심리학』에서 Vygotsky (1965/1971)는 다음과 같이 기술하였다. 예술은 "열정의 효과를 소개하고, 내적 평형 상태를 방해하며, 의지를 새로운 의미로 변화시키고, 느낌, 정서, 열정, 결함을 휘젓는다. 예술이 없다면 사회는 무기력하고 움직이지 않는 상태로 남을 것이다."(p. 249) 이런 방식으로 예술의 역할을 본 그는 창의성의 활동 유발과 정화 효과, 사회적 영역에 이러한 감정의 배치에 대해 조사했다. 더 나아가 그는 다음과 같이 기술하였다. "예술은 우리의 미래 행동을 조직화한다. 예술은 결코 충족될 수 없지만 우리로 하여금 자신의 삶을 뛰어넘어 그 너머에 있는 모든 것을 향해 노력하도록 강요하는 필수 사항이다." (p. 253) 창의성의 정서적 에너지는 미래의 가능성들을 향해 나아가도록 우리를 이끈다.

따라서 창의성의 토대가 되는 것은 자신 및 다른 사람의 주관적 ·

정서적 경험들 간의 상호작용에 대한 의식적 인식이다. 예술을 통한 감정 공유란 모든 사람이 동일한 방법으로 정서를 경험한다는 의미는 아니다. 즉, 사람은 각각 자신의 렌즈와 배경을 통해 그 경험을 내면화한다. 정서는 하나의 신체적 반응으로 단순히 시작될 수도 있지만, 문화적 매개의 맥락에서 새롭고 생산적인 기능을 수행한다(Vygotsky, 1959/1987). 실제로 정서는 그 시대의 사회적·문화적 규범 아래에서 작용한다. 즉, "복잡한 정서는 오직 역사적으로 나타난다. 이는 역사적 삶의 조건에서 발달하는 관계의 조합들이다." (Vygotsky, 1982/1997e, p. 103)

Vygotsky(1936/1999a)는 Diderot(1773/1936)에 의해 처음 언급된 심리적인 '배우의 모순'에 관한 짧은 논문에서도 이런 주장을 계속했다. 배우들은 모두 관객이 느끼게 되는 감정을 구체화한다. 그러나 이런 구체화된 감정이 반드시 그 배우의 실제 느낌인 것은 아니다. 즉, 배우가 전달하는 정서들은 그들의 실제 생활이 그러하거나 주관적으로 경험하는 것이 아니다. 하지만 이러한 정서들은 관객에 의해 실제적인 것으로 해석된다(Sawyer, 2004 참조). Vygotsky는 이런 현상이 배우의 자질과 어떤 특정한 역사적 기간에 특정한 문화에서 널리 퍼져 있는 심리적·사상적 유형과의 교차점에 있다고 추측했다. 즉, 개인과 사회의 상호작용에서 배우는 소설가나 조각가가 그려 낸 관습적 문학이나 예술 형태와 유사한 자신의 문화에 대한 '이상적인 열정'을 그려 낸다. 배우의 예술은 관객과의 교감에서 이루어지는 사회적 열정의 결정체다.

Vygotsky의 생각은 Gardner(1994)의 초기 연구와 유사하며, 여기서는 창작자, 공연자, 관객 그리고 비평가 간의 교환으로서 예술을 강조하였다. Vygotsky 학파의 시각을 통해서 보면, 이 장의 후반부에 기술하듯이, 이러한 교환은 예술 작업으로부터 의미를 창출하는 서로 다른 역할 간의 공명이라 할 수 있다. 상상력을 통해서 정서는 심미적 만남에서 각 참여자에 의한 예술 작품과 수행에 투자되고 분리된다. Leontiev(1990)는 대상이 개인적 의미로 '채색'되며, 예술은 이런 주관적 변형을 반영한다고 주장함으로써 이 개념을 추종하였다.

의미와 감각

새로운 체계는 사회적 기호들과 연결될 뿐만 아니라 사람의 의식 속에서 기능하는 생각과 의미와도 연결된다.

–Lev Vygotsky, 「심리적 체계에 관하여(On psychological systems)」

기호를 통해 사람들은 자신과 다른 사람 및 대상과 상호작용을 매개하는 이차적인 정신적 자극을 창출할 수 있다. 사람들은 사물에 의미를 부여할 수 있다. Vygotsky(1930/1997d, p. 111; 1968/1997f)에 따르면, 의미는 공유된 이해의 복잡한 과정을 통해 정서에 활동을 서로 연관시킨다. 예를 들어, 의미는 어떤 것에 대한 사회적으로 합의된 정의다. 특정 단어에 대한 사전적 정의와 같은 것이다. 창의성은 새로운 것을 사회적 의미의 영역으로 가져온다. Vygotsky는 이러한 새로운 것의 출현 방법을 설명하기 위해 감각이라는 단어를 사용하였다. 감각은 "단어에 의해 우리의 의식 속에서 일어나는 모든 심리적 사건의 총합이다."(Vygotsky, 1934/1962, p. 149) 감각은 시간의 흐름에 따라, 사람에 따라 그리고 상황에 따라 바뀔 수 있다. 또한 감각은 더 이상 사용되지 않는 의미와 앞으로 가능한 미래의 의미, 함의와 은유적 연관 관계, 기호나 대상에 내재되어 있는 특성을 포함한다. 예를 들어, 어떤 문학 작품의 제목에 대한 감각은 그 본문에 의해 깊어지며, 이는 본문을 풍부하게 하는 맥락이다. 제목과 본문에 있는 다른 단어들과의 상호작용을 통해 새로운 의의, 좀 더 넓은 감각을 획득한다.

그다음 창의적 사고는 사물이 어떻게 존재할 수 있는가에 대한 상상적 감각으로 시작되며, 이것은 문화의 일반적 범주와 개인의 특별한 자료 및 정서적 경험 간에 변증법으로 표현된다(Prawat, 1999; Vygotsky, 1936/1999a). 창의적 작품은 유동성과 감각에 대한 개인적 영향 위에 구축된다. 예를 들어, 어떤 예술가의 주관적 경험은 자신의 매개와 상징체계에 대한 다양한 감각과 결합될 수 있고, 상호주관적으로 협상된 사회적 의미의 인공물로 외현화될 수 있다(John-Steiner, 2000). 감각으로의 의미 확장은 Guilford(1970)의 확산적 사고와 부합할 수 있으며, 상호 주관적인 합의로 새로운 의미의 수용은 Wallas(1926)의 검증에 대한 개념과 Csikszentmihalyi(1988)의 '문지기' 분야의 기능과 유사하다. 예술을 통해 사회적 영역으로 옮겨질 때 감각의 미묘한 사용은 창의적인 사람들이 새로운 관계를 구축하고 자기만의 이해를 외현화하면서 직면하는 도전의 일부분이다.

의미에 관한 Vygotsky의 저술은 언어에 초점을 두었다. 예술심리학에 대한 그의 연구는 『햄릿(*Hamlet*)』 및 그 외의 많은 문학적 사례의 분석에 주로 의존했다(Vygotsky, 1965/1971). 창의성 연구자들은(시간과 공간, 개인적 경험과 사회적 경험, 과거와 현재를 서로 연결하는) 단어의 힘을 잘 이해하고 있다. Csikszentmihalyi(1996)는 이렇게 말했다. "실재 또는 상상적 사건을 보고하는 첫 내러티브, 우리

선조들의 신화나 캠프파이어 이야기는 상상력을 통한 경험의 범위를 극적으로 확대하였다."(p. 238) 앞서 언급했듯이, 내적 언어는 청년기 발달과 환상의 사용에 있어서 중요한 구성 요소다. Vygotsky는 외적인 의사소통의 표현부터 가장 함축된 내적 표상에 이르기까지 언어를 추적하였을 때, 내적 언어는 "크게 보면 순수한 의미에서 아주 큰 범위의 사고다. 이는 역동적이고 변화하며 불안정한 것이다."(Vygotsky, 1934/1962, p. 249)라고 결론지었다. 즉, 내적 언어는 사회적 상호작용으로부터 도출된 의미의 함축이다. 이는 자신의 경험과 자신 및 자신의 세계에 대한 좀 더 복잡한 이해체계를 형성하는 것과 관련된다.

『사고와 언어』에서 Vygotsky(1934/1962)는 내적 언어의 함축된 특성과 다른 사람(저자)의 사고 흐름에 따라 요구되는 이해의 깊이를 포착하기 위해 Tolstoy의 『안나 카레니나(*Anna Karenina*)』를 사용했다. 창의적 활동에서 내적 언어의 역할을 정교화하는 데 John-Steiner(1997)는 Virginia Woolf의 일기에서 발견된 것과 같은 '내적 언어 쓰기'가 자신들의 아이디어를 계획, 조직 및 변형하도록 돕는 창의적 사고의 간결한 형태라고 다음과 같이 제안했다. "창의적 사고는 사고자의 지속적인 사고 활동에 내재된 빠르게 떠오르는 생각들의 폭발을 이끌게 하는 의미를 찾는 것이다. 종종 함축되고 변동되며 불안정한 생산적 사고와 최대 효과를 위해 조직되고 확장된 의사소통의 사고는 지속적으로 상호작용한다."(p. 218) 내적 언어는 사람들이 새로운 의미들을 창출하도록 돕는다.

Vygotsky는 언어에 초점을 두었지만 언어가 의미 형성 과정에 적용되는 유일한 상징체계가 아니라는 것을 알고 있었다. 「심리학에서의 도구적 방법(The instrumental method in psychology)」(1997c)에서 그는 가용한 많은 영역을 다음과 같이 정교화하였다. "다음의 것, 즉 언어, 수와 수 세기의 다른 형태, 기억기술, 대수학 기호체계, 예술 활동, 글쓰기, 도식, 도안, 지도, 설계도, 모든 종류의 관습적인 기호 등은 심리적 도구들과 그것의 복잡한 체계의 보기로 제공될 수 있을 것이다."(p. 85) John-Steiner(1995)는 심리적 도구들과 인공물들의 배열을 '인지적 다원론'이라고 불렀다. 사고의 특별한 유형은 사람이 어떤 활동들에 참여하고, 그들이 경험을 어떻게 표상하며, 어떤 상황을 더 선호하는지에 따라 발달한다(John-Steiner, 1997). 따라서 사고는 문화가 그들의 재능과 목표에 부합하기 위해 가능한가에 따라 다양한 방법으로 발달하고 창출될 수 있다. 일반적으로 많은 사고양식이 주어진 문화 안에서 제시된다(Wertsch, 1991). 하지만 영역과 사고 과정이 동의어가 아니라는 것에 주목해야만 한다. 즉, 심리적 체계의 다른 종류들은 다양한 영역에서 사용될 수 있다. John-Steiner(1997)와 Gardner(1983, 1993)가 지적한 것처럼, 무용수는 주로 음악적 또는 기하학적 사고자가 될 수 있다. 과학자는 알고리즘이나 공간적 사고 또는 둘 다에 강할 것이다.

창의적 과정은 정서, 상상, 개념 및 단어들의 다양한 의미와 감각의 외현화를 형성함에 따라 그것들은 통합되고 창의적 산출물로 변형된다. 문화적 발달의 체계적 과정은 시간에 따라 사회적 · 심리적 체계의 내적 기능 관계를 변화시킨다.

창의적 성격의 발달

성격의 역동성은 드라마다.

—Lev Vygotsky,

「아동의 문화적 발달의 문제(The problem of the cultural development of the child)」

성격은 창의적 상상력의 사용, 발달적 내면화 및 창의적 외현화의 개인적 경험을 통해 형성되고 변형된다. 성격은 이러한 과정의 의식적인 숙달이 증가함에 따라 발생되는 행동의 특유한 방식이다. 결국 이러한 숙달은 더 많은 행동을 조절한다. 그래서 Vygotsky(1960/1997b)는 안정적인 특성들의 구성으로서의 성격보다는 성격 형성의 변화 과정을 다음과 같이 강조했다. "외부에서 내부로의 변형은 과정 그 자체를 변형시키고, 구조와 기능을 변화시킨다."(p. 106) 성격은 투쟁과 지속적인 변화를 통해 전 생애에 걸쳐 내적으로 그리고 환경과 연계하여 발달한다. 즉, 이 드라마가 펼쳐지는 무대는 문화적-역사적 맥락에서의 개인적 정신이다(Vygotsky, 1929/1994a). 그들의 경험에 따라 일부 사람들은 창의적 특성이 나타나도록 성격을 발달시킬 수 있다.

경험

아동의 심리적 발달과 이들의 의식적인 성격의 발달에 환경의 영향을 설명하는 주요한 요소들은 그들의 정서적 경험(perezhivanija)으로 만들어진다.

－Lev Vygotsky, 「환경의 문제(The problem of the environment)」

성격발달의 기반은 사람의 경험에서 비롯된다. 비록 인지발달에서 경험의 역할이 Vygotsky의 제자들 간에 널리 논의되었지만, 정서와 성격에서 경험 연구는 잘 알려져 있지 않다. 「환경의 문제」에서 Vygotsky(1935/1994b)는 perezhivanija('정서적 경험'을 뜻하는 러시아어－역자 주)(p. 339)의 개념을 기술하였다. 이 단어는 사건을 통한 주관적인 경험이나 삶을 가리킨다. Vygotsky(1935/1994b)는 심리학자들이 환경의 역할과 영향을 결정하는 특별한 '프리즘'이나 '아동이 특정 사건에 정서적으로 관계짓는 방법'을 발견하기를 요구한다고 생각했다(p. 341). 성장하는 개인은 사건에 대한 경험의 영향과 의미를 내면화한다.

Perezhivanija는 내면화와 외현화의 변형 기제의 중요한 부분이다. 이는 사회문화와 개인 성격이 서로를 정확히 복제하지 않는 이유다. 사람은 사건, 예술 작품, 대상 또는 기호 등을 다른 사람과 다르게 정서적으로 경험하기 때문에 이러한 것은 개인에게 각각 다르게 영향을 줄 것이다. 결과적으로 사람은 자신의 생애에서 서로 다른 발달적 궤도를 따를 것이다. 어떤 사건의 객관적 의미는 거의 관련성이 없다. 발달적으로 그리고 창의적으로 중요한 것은 사회적 맥락에 영향을 받는 그 사람의 시각으로부터 의미다. Perezhivanija는 사람과 그의 환경 간의 관계다. 이 프리즘은 여러 사람의 삶을 서로 다르게 채색함으로써 궁극적으로 서로 다른 성격을 이끈다.

성격발달

> 한 사람의 일생을 보여 주는 일대기의 계획 없이, 인간의 삶의 역사를 서로 연결되지 않은 개별적인 에피소드들에서 서로 연결하고 통합한 전 생애 과정으로 변형하는 발달의 주된 노선 없이, 인간의 성격을 현상, 행위 등의 총합으로서 정적인 것으로 간주한다면 우리는 그것을 결코 충분히 이해하지 못할 것이다.
>
> – Lev Vygotsky, 「아동 특성의 역동성(The dynamics of child character)」

성격에 대한 Vygotsky(1983/1997a)의 개념은 일부 현대 이론가들의 개념만큼이나 포괄적이지 않다. "우리는 특정 개인을 수많은 다른 사람과 구분하고, 그의 독특성을 구성하거나 특수한 유형으로 연계 짓는 특정 개인의 모든 특성을 여기에 포함시키지 않을 것이다. ……성격은 하나의 사회적 개념이다. ……이것은 타고난 것이 아니다. '성격'은 역사적 개념이기 때문에 문화적 발달의 결과로서 생겨나는 것이다. 성격은 숙달의 특성에 의해 나타나는 행동의 일관성을 포함한다."(p. 242) 성격은 과정으로서 개인이 세상의 경험들을 숙달하고, 이런 경험들을 미래의 발전을 위해 활용하는 고등 정신 기능의 독특한 상호작용 유형에 기초한다.

숙달이 될수록 심리적 · 사회적 자원을 목표, 의사결정, 자기반성에 좀 더 잘 할당할 수 있게 된다. "의도란 적절한 상황과 연계성을 창출함으로써 자신의 행동을 통제하는 과정이다."(Vygotsky, 1983/1997g, p. 211) 서로 모순적인 것처럼 보이지만, 성격 형성에서 두 개의 관련된 발달을 관찰할 수 있다. 사람은 더 사교적이고, 사회에서 더 영향력이 있을수록 철저하게 개별화되어 간다. 우리 각자는 인간적 가능성의 부분집합이다. 왜냐하면 사람은 문화적으로 제공된 가능성의 일부만을 사용할 수 있기 때문이다. 사람은 이런 가능성들을 발달적으로 통합하고 숙달하면서 자신의 성격을 구축한다.

또한 숙달은 좀 더 주관적 구성 요소인 개인적 변형도 가진다. 예를 들어, 긍정적으로 창의적 활동을 경험할수록 창의성은 더욱더 그의 성격의 일부가 된다. 시간이 흐르면 그들은 선택한 영역에서 창의적이고 문화적인 산출물로 변형시킬 수 있는 더 나은 인지 유형 및 형식 개념 체계를 획득한다. 그러고 나서 창의성은 객관적 재료를 창의적 산출물로 변형할 뿐 아니라 창의자도 변형시킨다. 즉, "활동을 실행하면서 활동의 주체는 자신을 변화시키고 발달시킨다. 변형적이고 목적 지향적인 활동의 특징은 활동의 주체가 주어진 상황의 틀을 넘어서서 보다 넓은 역사적이고 사회적 맥락에서 볼 수 있게 한다. 따라서 활동의 주체가 주어진 가능성을 능가하여 방법을 찾는 것이 가능하게 된다." (Engestrom, Miettinen, & Punamaki, 1999, p. 39) 실제로 Vygotsky(1931/1998d)는 개인적 변형이 아마도 창의성의 하나의 목표일 것이라고 하면서 다음과 같이 제안했다. "마음에서 시와 소설이 생성되고, 드라마와 비극이 연출되며, 슬픈 노래와 소네트 시가 만들어지는 것은 자기 자신을 위한 것이다." (p. 165) 창의성은 외적 인공물과 자신을 창출한다.

급변하는 역사적 · 문화적 변화 가운데 창의적인 사람은 자신의 성실함과 결단력을 유지해야 할 필요가 있다. Vygotsky가 이 과정에서 이해했듯이, 존재의 단편들이 삶의 이야기 속으로 통합될 때 연속성은 유지된다. 성격발달에 관한 Vygotsky의 생각은 Howard Gurber(1989)의 창의성 진화체계 이론과 유사하다. 이 이론에서는 사람이 자신의 창의적 과업에 지속적으로 관여하는 방식을 토대로 창의적 삶의 구축을 강조한다. Gurber는 작업과 개인적 성실성 간의 상호작용은 '활동 조직망'으로 안내된다고 주장하였다. Vygotsky의 이론적 틀에서 보면, 일생 동안의 '근접발달영역'에 대해 말하고 있는 것이다. 과거의 행위, 현재의 경험 그리고 미래의 계획은 창의적인 사람의 자원을 확장하고 동원한다. 재료 및 생각을 갖고 놀이하고, 창의적 상상력을 사용하며, 문화적 인공물에서 먼 곳에 있는 스승을 찾는 경험을 통해 창의자는 스스로 미래의 가능성을 위한 발판을 제공한다. 창의성은 창의적 성격의 지속적 발달에 기여하는 일생에 걸친 근접발달영역을 형성한다.

Creativity and Development

문화의 발달

> 모든 발명가, 심지어 천재조차도 항상 그가 살고 있는 시대와 환경의 파생물이다. 그의 창의성은 그보다 앞서 살았던 사람들에 의해 창출되었던 요구로부터 유래된 것이며, 다시 그의 외부에 존재하는 가능성들에 의존한다.
>
> −Lev Vygotsky, 「아동기의 상상력과 창의성」

창의성은 문화의 확산을 초래한다. "역사적 발달 과정에서 사회적인 사람은 자신의 행동 방법과 도구를 변화시킨다. ……그리고 새로운 행동 유형, 구체적으로 문화적인 행동을 발달시키고 창출한다."(Vygotsky, 1960/1997b, p. 18) 문화가 역사적으로 제도, 기술, 기호, 가치관, 신념 및 관습의 다양성을 통해서 변화하는 방식은 사람의 사고 능력, 문해 능력, 수 사용 능력, 예술 및 그 밖의 능력 등에 영향을 준다. 창의성은 다른 사람과 상호작용할 수 있는 인공물을 산출하기 때문에 다른 사람에게 주관적 경험을 구체화한다. 현존하는 도구와 상징들은 역사상 이전에 살았던 사람들의 화석화된 사상과 생각이다. 이런 도구와 상징들이 현재의 요구를 충족시키지 못하면 새로운 것들이 창출될 수 있다(Vygotsky, 1960/1997b). 따라서 문화적 발달이 진행되고, 이는 특정한 역사적 시대의 가능성에 의해 지원되기도 하고 제약을 받기도 한다.

지원으로서의 역사적 시간

> 심리적 도구 사용은 천재들의 성과물을 모든 사람이 이용할 수 있게 함으로써 행동의 가능성을 향상시키고 크게 확장하게 한다.
>
> —Lev Vygotsky, 「심리학에서의 도구적 방법」

자신의 문화와 사회에서 이미 활용 가능한 것의 내면화는 그 사람이 후에 무엇인가를 공헌할 수 있는 토대가 된다(Scribner, 1985). 실제로 Vygotsky(1935/1994b)는 이렇게 주장했다. 환경은 배경이 아니라 이런 "구체적인 인간의 특성과 속성의 발달을 위한 원천이다. 왜냐하면 역사적으로 진화한 인간 성격의 특성들은 환경 속에 존재하기 때문이다. 그러나 어떤 한 사람이 특정한 사회적 집단의 구성원이라는 점, 그리고 어떤 특정한 역사적 기간 및 역사적 상황에서 살아가는 하나의 역사적 단위를 대표한다는 점 때문에 이런 특성들은 각각의 개인에게서 나타나게 된다." (p. 352)

기호, 도구 및 인공물은 시간이 흐르면서 발전하며, 역사의 어떤 특정한 시점에서는 불완전하게 결정된다(John-Steiner, 1995). 역사적 조건은 발달과 창의성을 위한 새로운 맥락과 기회를 역동적으로 만들어 낸다. John-Steiner(2000)는 음악처럼 어떤 한 영역에서의 혁신은 그것을 가능하게 하는 지원 도구(예, 악기)를 사용할 수 있게 되기 전까지는 일어날 수 없으며, 도구의 변화는 어떤 영역이 발전하는 방식을 극적으로 변경할 수 있다고 지적하였다. 예를 들면, Vygotsky(1965/1971)는 셰익스피어와 그 외의 작가들의 창의성이 어떻게 그 시대의 사회적으로 수용된 표준과 심미적 취향에서 어떤 일정한 요소들을 선별하여 조합하고 있는지 보여 주었다. 새로운 도구, 기호 및 인공물은 더 많은 도구, 기호 및 인공물이 미래에 만들어질 수 있는 토대를 제공한다. 역사적 맥락은 항상 변화하기 때문에 이러한 발달적 역동성을 보편적으로 나타낼 수가 없다(John-Steiner & Mahn, 1996).

이런 사고방식은 어떤 역사적 기간, 지리적 위치 그리고 사회문화적 환경이 서양 문명에서 창의성을 육성하는 데 가장 크게 기여했는가를 알아보기 위해 종합적 자료를 사용하는 역사측정학적 연구와 유사하다. Simonton(1997)은 "위대한 창의적 천재들이 다양한 시대와 장소에 등장했다가 사라진 것은 문화적 · 사회적 · 정치적 · 경제적 상황에서 일어난 변화가 그 원인일 수 있으며, 이런 변화의 결과로 만들어진 환경은 창의적 잠재력의 발달과 발달된 잠재력의 표현을 육성하는 정도를 결정한다."(p. 3)라고 주장하였다. 그의 가장 흥미로운 주장은 시대정신이 창의성에 영향을 주고 심지어 창의성을 결정한다는 것이다. Simonton은 시대가 기대하는 것을 가장 잘 충족시킨 사람에게 위대하다는 찬사가 제공된다고 주장하였다. Getzel과 Csikszentmihalyi(1976)의 연구도 유사한 결론에 도달하였다. 미술학교를 졸업한 10년 후에 가장 성공한 화가는 그 역사적 기간에 제도적으로 가치를 인정받은 양식과 일치하는 기법을 사용하는 사람들이었다. Vygotsky의 시각에서 보면 다음과 같이 설명할 수 있다. 가장 뛰어난 창작자는 사회적 · 문화적 도구를 가장 잘 활용하고 그 시대의 사회적 · 문화적 기대와 가장 잘 부합하는 사람이다.

제약으로서의 역사적 시간

> 창의성은 역사적으로 연속적인 과정이며, 그 과정에서 이후의 모든 형태는 그 이전의 것에 의해 결정된다.
>
> –Lev Vygotsky, 「아동기의 상상력과 창의성」

창의자는 시대의 산물이며, 그들의 창의성은 과거 및 현재의 창의자가 만든 다른 것을 '참조'한 산출물과 그들의 산출물을 병렬시킴으로써 분명해진다. Engestrom(1987, 1996)은 포괄적 학습 이론에서 활동이 점차적으로 세분화되는 것과 관련하여 Vygotsky의 발달적 창의성 과정을 설명한다. 일단 내적 모순이 더 이상 간과될 수 없으며, 내면화는 비판적 자기반성으로 바뀐다. 이것은 처음에는 문화적 규범의 위반인 외현화로 이어진다. 활동이 정점에 도달하면 새로운 해결책이 산출된다. 그러면 참가자들은 자신의 지속적인 학습 과정에서 내면화로 되돌아간다(Cole & Engestrom, 1993).

하지만 시간이 지나면 한때 새로웠던 것도 전통적인 것이 된다. Csikszentmihalyi(1988)는 이러한 점을 보강하였다. 업적(작품)은 어떤 특정한 역사적 시기에 의미 있고 영역을 바꿀 만한 공헌인 것으로 처음 인식될 때 창의적인 것으로 간주된다. 그러나 빈번히 그 업적은 그 영역에 포함되면서 새로움을 잃고 전통적인 것이 된다. 그리고 다른 연구자들도 유사하게 결론짓는다. Csikszentmihalyi의 체계 모형에 적용된 Gardner(1993)의 생산적 비동시성 개념은 Engestrom의 위반 개념과 비슷하다. Feldman(1994)의 영역 발달의 연속체는 하나의 새로운 생각이나 변화가 처음에는 독특한 것으로 시작해서 점차 유용하고 의미로운 것으로 인식됨으로써 여러 가지로 재조직화하는 과정을 보여 준다. 이 과정의 끝부분에서 다음 세대의 구성원은 동화된 생각을 학습하고 내면화한다. 시의 창의적 영역에서 Martindale(1975)은 작가들이 문화적으로 정의된 심미적 전통 내에서 어떻게 작품을 쓰는지 보여 주었다. 하지만 동시에 그들은 오직 그 전통을 깨뜨림으로써 명성을 얻을 수 있다. 좀 더 훌륭한 독창성을 향한 이러한 끊임없는 압력은 마침내 기존의 양식을 파괴하고 새로운 관례의 구축을 요구한다. 요약하면, 사람들과 인공물들은 사회적으로 창의적인 지위를 부여받는다. 그들은 어떤 특정한 시기에 다른 사람들이 그들을 창의적이라고 생각하기 때문에 창의적이다. 이 창의적 지위는 역사적 시간이 흐르면서 변한다.

개인적 창의성과 역사적 창의성의 관계

> 그리 중요하지 않은 조각들을 모두 통합하는 집단 창의성으로 관심을 돌려보면 집단의 창작 활동이나 알려지지 않은 발명가들이 얼마나 큰 일을 해냈는가를 알 수 있게 된다.
>
> – Lev Vygotsky, 「아동기의 상상력과 창의성」

현대의 연구자들은 창의성을 분리하였는데, 그 하나는 개인이 사회적으로 표준화된 실행이나 절차에 추가하는 변화이며(작은 창의성

[little C]), 다른 하나는 해당 분야에 의해 받아들여져서 그 영역을 변형시키는 큰 발견이다(큰 창의성[big C])(Csikszentmihalyi, 1988; Gardner, 1993). 대부분의 창의성 연구자들은 Einstein, Picasso를 비롯한 뛰어난 공헌자와 같은 큰 창의성 유형의 창의자에게 초점을 두어, 이들이 영역을 변형시키는 공헌을 하지 못한 다른 사람들과 어떻게 다른지를 조사했다(Gardner, 1993; Gruber, 1989). 다른 연구자들, 특히 문화적-역사적 전통을 따르는 사람들은 변화를 유발하는 작은 창의성에 초점을 두었다(Engestrom, 1987; Rogoff, 1990). Vygotsky의 개념은 그가 작은 창의성, 즉 개인적 발명과 큰 창의성, 즉 역사적 창의성이 변증법적으로 연결되어 있는 것으로 생각했음을 보여 준다.

창의적 활동에 관여하는 대부분의 사람들은 문화적 영역에 주요한 영향을 주지 않으며 인정받지 못한다. Vygotsky(1965/1971)도 소설가와 유명한 창작자 간의 창의적 과정에 기본적 차이가 없다고 보았다. 그의 이론에 따르면, 이들 모두 역사적 과거에서 얻어진 큰 창의성의 결과를 사회적 상호작용과 문화적 인공물을 통해 자기 것으로 수용한 후 자신의 경험을 토대로 그 정보를 개작하고 확장한다. 이런 변화는 다른 사람들과 공유되고, 이어서 이 변화는 그 영역에 의해 관습화되어 다음 세대로 전승된다.

예술가, 과학자 그리고 발명가들은 마음대로 쓸 수 있는 도구나 상징을 많이 가지고 있지만, 잠재적으로 큰 창의성 유형으로 창의적일 때 그들은 자신들의 영역의 가장자리, 즉 그 분야의 의미와 개인의 감각 사이의 불명확한 경계에서 활동하게 된다(John-Steiner, 1995). 그들이 작업하고 있는 것을 지칭할 사회적으로 합의된 용어나 정의는 없다. 그들은 자신을 지원할 수 있는 문화적 의미체계 없이 개념화의 줄타기를 하고 있는 셈이다. 창의자가 어떤 특정한 새로운 과정에 몰입하고 있는 시기에는 그 작업이 창의적이라는 것을 다른 사람이 알 수 있게 하는 어떤 신뢰할 수 있는 참조점은 없다. Gardner(1993)는 이런 경험을 다음과 같이 설명했다. "이때가 창의자의 용기가 시험되는 순간이다. 관습적인 상징체계는 더 이상 충분하지 않다. 즉, 창의자는 새로운, 좀 더 적합한 형태의 상징적 표현을 만들어 내기 위해 기꺼이 주로 혼자서 새로 시작해야 한다."(p. 34) Vygotsky의 표현을 빌면, 잠재적인 큰 창의성 유형의 창의자는 해당 영역이 특정한 역사적 순간에 제공해야 하는 것을 내면화하여, 사회적으로 수용될 수 있는 새로운 의미를 구성하려고 지금 시도해야 한다. 그들은 그 분야에서 활동하는 다른 사람들보다 앞서 미래를 만났으며, 이정표도 없이 여행을 하고 있는 것이다.

Creativity and Development

창의성과 협력

모든 상징적 활동은…… 한때 협력의 사회적 형태였다.

–Lev Vygotsky,

「아동발달에서 도구와 기호(Tool and sign in the development of the child)」

협력은 자신의 영역을 변형시키려는 순간에 있는 사람에게는 매우 유용한 사회적 현장이다. 왜냐하면 그것은 사회적 의미를 확장하는 데 발판을 제공하기 때문이다. Vygotsky는 집단을 연구하지는 않았지만, 그의 근접발달영역 개념은 협력을 탐구하는 데 중요한 토대를 제공한다. 협력은 "공유된 창안이며, 이전에는 아무도 소유하지 못했거나 알 수 없었던 것에 대한 공유된 이해를 만들어 내기 위해 보완적 기술을 갖고 있는 두 명 이상의 협력에 의한 발견이다." (Schrage, 1990, p. 40) 이것은 단순한 지적 노력이 아니라 정신 활동이며, 이때 정서가 참여자를 변형시킬 수 있고 활동 자체는 흥미로우면서 지지적이다. 협력의 정서적 강도는 매우 높기 때문에 이 과정은 때로는 고통스러울 수도 있다. Vygotsky의 표현을 빌리면, 협력자들은 새로운 기능적 관계를 형성함으로써 그들의 공동 참여를 다양한 사회적 표현으로 만들어 낸다. 근접발달영역은 전적으로 양자 간에만 적용되는 것이 아니라 사고의 공동체와 실행의 공동체에도 적용될 수 있다.

창의성은 종종 협력적 환경에서 번성한다. 조직 이론가(Abra & Abra, 1999; Paulus, Brown, & Ortega, 1999)의 일부 연구에서 협력을 연구했다고 주장하고 있지만, 그들은 여기서 우리가 다루고 있는 것과 동일한 현상을 연구한 것이 아니다. 그들의 일부 연구에서는 협력이 창의성을 자극하는 데 유용하지만, 다른 연구에서는 창의성에 방해가 되기도 한다. 이런 모순적 연구 결과는 이방인들을 함께 모아 놓고 이들에게 신뢰하고 상호 보완할 수 있는 시간이 허락되지 않은 실험 설계를 반영하는 것이다. 이 연구자들은 창의적 발달과 산출물에 중요한 Vygotsky의 발달적 견해를 수용하지 않는다. 브레인스토밍이나 다른 유사한 집단 과정은 장기적인 참여, 자발적 연결, 신뢰, 협상, 공동으로 선택한 프로젝트 등 협력이 가지는 특징을 제시하지 못한다. 이는 성공적인 협력에 필수적인 것으로 우리가 발견한 특징들이다(John-Steiner, 2000).

창의적 협력에 관해 특별히 잘 기록된 사례는 20세기 초에 나타난 입체파 회화의 창안이다(John-Steiner, 2000). 때때로 이러한 창의적이고 비약적인 전진은 전적으로 Poblo Picasso의 업적이다. 하지만 이러한 영역 변형적 과정은 Picasso와 Georges Braque의 긴밀한 협력의 결과였다. 이 두 화가는 항구 풍경과 같은 동일한 피사체를 그리면서 상대방의 기법과 관점을 시험했다. 이들의 상호작용은 자신들의 공유 의미가 협의되는 상호 근접발달영역을 형성했다. 밀접하게 함께 일하면서 이들은 자신들의 재능의 가능성을 확장했다. 이들은 서로 상대방에 의해 제공된 관점에 노출되고 적정화함으로써 예술가로 성장했다. 또한 이들은 창의적 노력에서 야기되는 거부와 자기의심의 위험을 공유함으로써 서로에게 전문적이고 정서적인 발판을 제공하였다. 이들의 기법과 피사체는 서로 연관되었기 때문에 이들의 성격도 그러하였다. Picasso는 다음과 같이 기억했다. "당시 우리의 작업은 일종의 실험적 연구였으며, 모든 개인적 허영은 배제되었다."(Richardson, 1991, pp. 245-246에서 재인용) 이 두 화가의 기질, 기법, 관심, 과정의 동시적 유사성과 혼합은 미술가들이 미술을 바라보는 방식을 변화시켰을 뿐만 아니라 일반 대중이 이 세계를 바라보는 방식을 변화시킨 회화 기법을 이끌어 냈다.

방법론적으로 창의적 협력에 대한 연구는 창의적 과정을 연구하는 것이라는 Vygotsky의 주장을 따르고 있다. 즉, 협력적 활동에 대한 연구는 숨겨진 과정들을 발견하는 데 도움이 된다. 왜냐하면 이 과정들이 표현되고 언어화되기 때문이다. Engestrom(1987)은 다음과 같이 말했다. "사고를 연구하는 데 가장 지속적인 방법의 어려움은 사고 과정에서 나타나는 온라인 자료에 대한 접근성과 관련이 있다. 사고하기를 사적이고 개인적인 현상으로 정의하면 오직 간접적인 자료만 접근이 가능하다. 협력적이고 실제적인 활동에 내포된 사고하기는 주로 대화, 몸짓, 인공물이나 공적으로 접근 가능한 다른 매개적 도구 등의 사용 형태를 따른다. 그렇지 않다면 공유하는 사고의 형성은 불가능해질 것이다. 협력적 사고는 사고 과정에 관한 직접적 자료를 얻을 수 있는 접근 가능성을 제공한다." (p. 45)

Vygotsky 이론과 협력의 또 다른 흥미로운 연결은 창의성과 발달에서 볼 수 있는 많은 긴장이 이런 장기적 협력자의 관계에서도 나타난다는 것이다. 이러한 긴장이란 성격과 문화, 의미와 감각, 정서와 인지 간의 변증법이다. 협력은 창의성과 발달의 연구를 위하여 작은 세상을 제공한다. 어떤 특정한 학습적 상호 관계에서 초보자의 문제나 해결책은 사회적 의미의 경계선상의 실수라고 명명될 수 있으며 교정될 수 있다. 그러나 서로 위험을 감수하도록 격려하는 동등한 협력자 간에는 새로운 해결책이 사회적으로 제시되고, 좀 더 큰 사회에서 유용성을 발견하게 된다. 협력을 통해 개인은 자기 자신과 상대방의 창의적 발달을 지속하게 하는 사고 공동체 및 상호근접발달영역을 형성할 수 있다. 이런 협력의 대부분은 영역 특수적이며 Vygotsky의 인지다원론적 견해를 추종한다.

Creativity and Development

Vygotsky의 아이디어를 현대에 접목하기

심리학은 오랫동안 이런 정형화된 발달 형태 확립에 너무 큰 의미를 부여해 왔다. 이런 정형화된 발달은 그 자체가 이미 발달하여 고착된 발달 과정, 즉 결론이 지어지고, 오직 반복될 뿐이며, 재생산되는 과정의 결과일 뿐이다.

－Lev Vygotsky,

「고등 정신 기능 발달의 역사(The history of the development of higher mental functions)」

Vygotsky는 많은 연구 과제를 남겨 놓았다. 그는 주로 지형도를 그렸으며, 실증적 탐색의 과제는 다른 사람들에게 남겨 놓았다. 앞서 언급하였듯이, 그의 연구는 분리된 형태가 아니라 그의 사후 이루어진 많은 창의성 연구들을 지지하고 지지받는다. 현대 창의성 연구자들은 창의성과 연관된 인지적 · 성격적 특성을 이해하는 데 커다란 성과를 거두었다. 이제는 이런 특성들이 어떻게 나타나며, 구체적인 맥락에서 어떻게 발달하는가를 연구할 때다. 주요 도전은 의미 구성에서 창의성을 포착하고, 전환점이 발생할 가능성이 있는 곳에 초점을 맞추며, 정서적 경험과 인지적 경험의 사회적 변형에 초점을 두는 것이다.

Vygotsky의 접근법의 전제는 사람, 산출물, 단기적 사건에 초점을 두는 창의성 연구들과 대조된다. 정신역동적 또는 인지적 접근법을 사용하는 연구자들은 더 많이 발달론적이고 전 생애적 관점을 취하기 시작했다. 실제로 창의성 연구가 발달론 문헌에 가장 크게 기여한 부분은 발달이 신체적 성숙을 능가하여 계속된다는 것을 보여준 것이다. 또한 체계와 역동은 창의적인 사람 및 과정에 대한 연구에서 중심 용어가 되었다(Csikszentmihalyi, 1988; Gruber, 1989; 이 책의 Sawyer). 하지만 이런 방법들은 여전히 Vygotsky의 포괄적인 발달적 관점에서는 부족하다. 왜냐하면 이들은 세 가지 시간인 창의성 활동, 개인의 생애 그리고 역사적 시간 모두를 설명하지 않기 때문이다. 역사는 일상적으로 무시되는 시간이다.

창의성 연구를 조망하는 또 다른 방법은 시간적-방법적 연속체를 기초로 한다. 한쪽 끝에는 특정 시각에 고립된 개인에게 초점을 맞추는 심리측정 검사와 실험실 실험이 있고, 다른 한쪽 끝에는 개인 창의자, 다른 사람, 도구, 인공물, 사회경제적 영향, 역사적 시간

등의 상호작용을 묘사하는 복잡한 그림을 제시하는 문화적-역사적 이론가와 최근에는 체계와 역동 이론가들이 있다. Vygotsky의 접근법은 후자를 지지한다. 하지만 동시적으로 작동하는 이런 수많은 변수들은 오직 질적으로 또는 서술적으로 연구될 수 있으며, 그 결과로 사례 연구가 종종 사용되었다.

사례 연구 접근은 매우 창의적인 사람들의 삶, 업적, 진행 중인 작업, 학술지 등을 조사함으로써 시간의 흐름에 따라 창의적 과정을 재창출하려고 한다(Gardner, 1993; Gruber, 1989; John-Steiner, 1997). 예를 들면, John Steinbeck이 편집자에게 보낸 서신은 그의 소설의 발단에 관한 상세한 자료를 제공한다(John-Steiner, 1997, p. 130). 이런 사례 연구에서는 개인의 특수한 문화-역사적 배경에 개인의 동기, 사고 및 행위를 두고, 종종 다른 사람, 인공물, 상징 및 도구가 창의적인 사람의 아이디어 개발에 미친 영향을 조사한다. Vygotsky가 지적했듯이, 이런 접근법은 창의성이 개인적 현상이 아니라 사회적 · 역사적으로 사람들의 상호작용 및 판단에 의존한다는 것을 인식하게 한다.

좀 더 새로운 복합체계 방법은 복잡성을 양적으로 포착하고 설명할 수 있는 길을 제공한다. 복합체계 이론에서는 창의성을 연구 주제로 거의 인식하지 않았다. 변형, 상호작용 체계, 다중 시간길이 등 Vygotsky의 많은 아이디어에 부합하는 이 이론에서는 전체란 부분들의 총합 이상이며, 환원될 수 없는 것이라고 주장한다. 이것은 존재함을 넘어서 생성됨, 환경과의 상호작용, 출현 또는 자기조직화를 강조하는 수학적 접근법이다(이 책의 Sawyer). 결과적으로, 복합체계는 Vygotsky가 발달과 창의성에 대해 제안했던 것처럼 회고적으로 연구하기는 어렵다. 연구자들은 컴퓨터 능력의 발달에 따라 접근이 가능해진 새로운 수학적 방법을 이제 막 사용하기 시작했다. 예를 들어, Van Geert(1994)는 상이한 실제적 · 잠재적 성장률, 평형 수준, 목표 등의 상호작용을 기초로 Vygotsky의 근접발달영역이 어떻게 상이한 발달적 궤도를 형성하는 데 작용하는지에 대한 수학적 모형을 제시했다. 하지만 이 방법론은 발달 연구와 창의성 연구에서 비교적으로 이용되지 않는다.

이 새로운 복합체계 개념 및 도구와의 관계에 덧붙여 Vygotsky의 개념은 종합-구축 접근법을 위한 토대를 제공하였으며, 이는 데카르트에서 영감을 받은 실증주의 과학 접근법과 상반된다. 모순을 해명하려고 하기보다는 창의성의 특징으로 수용되고 활용된다. 실제로 Vygotsky의 연구는 모순으로 가득하다. 자신의 창의적 연구 과정에서 그는 여러 가지 아이디어를 선택했다가 종종 버리기도 하였다(예, 그는 기호 연구에서 의미 연구로 전환하였다.). 또한 그의 이론은 사회적 상호작용의 중요성에 초점을 두고 있지만 종종 상호작용 그 자체가 아니라 상호작용이 개인 경험에 미치는 영향을 설명하는 방향으로 후퇴하곤 했다. 그는 창의성 연구의 방법적 · 개념적 어려움을 구조적으로 이해했으며, 많은 현대 문화-역사적 연구자들이 창의성 연구에서 그의 발자국을 따라가지 않는 것도 이러한 도전 때문일 것이다.

역동적인 관계보다는 안정적인 요소에 좀 더 초점을 두기 때문에 서양의 주류적 연구에서는 개념적이고 방법론적인 진전이 느렸다. 많은 현대 이론가는 어떤 하나의 요소만으로 창의성을 충분히 설명할 수 없다고 주장한다. Vygotsky의 접근법은 이러한 신념과 일치한다. 이론적 체계의 틀(Vygotsky의 이론을 포함해서) 및 가용한 새로운 역동적 도구와 더불어 지금은 창의성을 독립적으로 연구할 것이 아니라 관계에서 연구할 때다. 이러한 접근법은 요구되며 복합적이다. 그리고 학자들은 새로운 방식으로 협력해야 할 것이다. 그러나 Csikszentmihalyi(1993)가 관찰한 것처럼, "독립된 개인이 복합성을 성취하려는 욕구를 자신의 사적인 의식 속에만 두려고 한다면 그 가치는 제한될 것이다. 효과적이기 위해 반드시 공유되어야만 한다."(p. 281) 종합적 영역으로서의 발달 및 창의성 연구에서 제기되는 새로운 가능성에서 우리는 모순을 줄이는 것이 아니라 장려해야 한다. Vygotsky의 업적은 긴장에 주목하고 이를 종합하며, 상이한 시각들을 유지하거나 바꾸고, 새로움을 구성하는 데에 개인과 사회의 역동성을 구축하라고 우리에게 영감을 준다.

참고문헌

Abra, J., & Abra, G. (1999). Collaboration and competition. In M. A. Runco & S. R. Pritker (Eds.), *Encyclopedia of creativity* (pp. 283-293). San Diego: Academic Press.

Ayman-Nolley, S. (1999). A Piagetian perspective on the dialectic process of creativity. *Creativity Research Journal, 12*(4), 267-275.

Cole, M. (1996). *Cultural psychology: A once and future discipline.* Cambridge, MA: Harvard University Press.

Cole, M., & Engestrom, Y. (1993). A cultural-historical approach to distributed cognition. In G. Salomon (Ed.), *Distributed cognitions: Psychological and educational considerations* (pp. 1-46). New York: Cambridge University Press.

Csikszentmihalyi, M. (1988). Society, culture, and person: A systems view of creativity. In R. J. Sternberg (Ed.), *The nature of creativity* (pp. 325-339). Cambridge, UK: Cambridge University Press.

Csikszentmihalyi, M. (1993). *The evolving self.* New York: Harper Collins.

Csikszentmihalyi, M. (1996). *Creativity: Flow and the psychology of discovery and invention.* New York: HarperCollins.

Diderot, D. (1936). Paradoxe sur le comédien. In F. C. Green (Ed.), *Diderot's writings on the theatre* (pp. 249-317). New York: Cambridge University Press. (Original work published in 1773)

Engestrom, Y. (1987). *Learning by expanding. An activity-theoretical approach to developmental research.* Helsinki, Finland: Orienta-Konsultit Oy.

Engestrom, Y. (1996). Development as breaking away and opening up: A challenge to Vygotsky and Piaget. *Swiss Journal of Psychology 55,* 126-132.

Engestrom, Y., Miettinen, R., & Punamaki, R.-L. (1999). *Perspectives on activity theory.* Cambridge, UK: Cambridge University Press.

Feldman, D. (1994). *Beyond the universals of cognitive development* (2nd ed.). Norwood, NJ: Ablex.

Gardner, H. (1983). *Frames of mind.* New York: Basic Books.

Gardner, H. (1993). *Creating minds.* New York: Basic Books.

Gardner, H. (1994). *The arts and human development.* New York: Basic Books.

Getzels, J. W., & Csikszentmihalyi, M. (1976). *The creative vision.* New York: Wiley.

Greenfield, P. (2004). *Weaving generations together: Evolving creativity in the Maya of Chiapas.* Santa Fe, NM: School of Americas Research Press.

Gruber, H. (1989). The evolving systems approach to creative work. In D. B. Wallace & H. E. Gruber (Eds.), *Creative people at work* (pp. 3-24). New York: Oxford University Press.

Guilford, J. P. (1970). Traits of creativity. In P. E. Vernon (Ed.), *Creativity: Selected readings* (pp. 126-136). Baltimore: Penguin Books.

John-Steiner, V. (1995). Cognitive pluralism: A sociocultural approach. *Mind, Culture, & Activity, 2*(1), 2-11.

John-Steiner, V. (1997). *Notebooks of the mind: Explorations in thinking* (Rev. ed.). New York: Oxford University Press.

John-Steiner, V. (2000). *Creative collaboration.* New York: Oxford University Press.

John-Steiner, V., & Mahn, H. (1996). Sociocultural approaches to learning and development: A Vygotskian framework. *Educational Psychologist, 31*(4), 191-206.

Leontiev, D. A. (1990). Personal meaning and the transformation of a mental image. *Soviet Psychology, 28*(2), 5-24.

Luria, A. R. (1976). *Cognitive development: Its cultural and social foundations.* Cambridge, MA: Harvard University Press.

Martindale, C. (1975). *Romantic progression: The psychology of literary history.* Washington: Hemisphere.

Paulus, P. B., Brown, V., & Ortega, A. H. (1999). Group creativity. In R. E. Purser & A. Montuori (Eds.), *Social creativity* (Vol. 2, pp. 151-176). Cresskill, NJ: Hampton Press.

Piaget, J. (1962). *Play, dreams and imitation in childhood.* New York: W. W. Norton.

Piaget, J., & Inhelder, B. (1969). *The psychology of the child.* New York: Basic Books.

Prawat, R. S. (1999). Social constructivism and the process-content distinction as viewed by Vygotsky and the pragmatists. *Mind, Culture, and Activity, 6*(4), 255-273.

Richardson, J. (1991). *The life of Picasso.* New York: Random House.

Rogoff, B. (1990). *Apprenticeship in thinking.* New York: Oxford University Press.

Russ, S. W., Robins, D., & Christiano, B. (1999). Pretend play: Longitudinal prediction of creativity and affect and fantasy in children. *Creativity Research Journal, 12,* 129-139.

Sawyer, R. K. (1997). *Pretend play as improvisation: Conversation in the preschool classroom*. Mahwah, NJ: Erlbaum.

Sawyer, R. K. (2004). Acting. To appear in J. C. Kaufman and J. Bear (Eds.), *Creativity across domains: Faces of the muse*. Mahwah NJ: Erlbaum.

Schrage, M. (1990). *Shared minds: The new technologies of collaboration*. New York: Random House.

Scribner, S. (1977). Modes of thinking and ways of speaking: Culture and logic reconsidered. In P. N. Johnson-Laird & P. C. Wason (Eds.), *Thinking: Readings in cognitive science*. Cambridge, UK: Cambridge University Press.

Scribner, S. (1985). Vygotsky's uses of history. In J. M. Wertsch (Ed.), *Culture, communication and cognition: Vygotskian perspectives* (pp. 119-145). Cambridge, UK: Cambridge University Press.

Simonton, D. K. (1997). Historiometric studies of creative genius. In M. A. Runco (Ed.), *The creativity research handbook* (Vol. 1, pp. 3-28). Cresskill, NJ: Hampton Press.

Singer, D., & Singer, J. L. (1990). *The house of make-believe*. Cambridge, MA: Harvard University Press.

Smolucha, F. (1992). A reconstruction of Vygotsky's theory of creativity. *Creativity Research Journal, 5*(1), 49-67.

Smolucha, L. W., & Smolucha, F. C. (1986). L. S. Vygotsky's theory of creative imagination. *SPIEL, 5*(2), 299-308. Frankfurt, Germany: Verlag Peter Lang.

Van Geert, P. (1994). Vygotskian dynamics of development. *Human Development, 37*, 346-365.

Vygotsky, L. S. (1962). *Thought and language* (E. Hanfmann & G. Vakar, Trans.). Cambridge: MIT Press. (Original work published as *Myshlenie I Rech*, Moscow-Leningrad: Sotsekgiz, 1934)

Vygotsky, L. S. (1971). *The psychology of art* (Scripta Technica, Inc., Trans.). Cambridge: MIT Press. (Original work published as *Psikhologiia iskusstva*,

1965)

Vygotsky, L. S. (1978). *Mind in society: The development of higher psychological processes* (M. Cole, V. John-Steiner, S. Scribner, & E. Souberman, Eds.). Cambridge, MA: Harvard University Press.

Vygotsky, L. S. (1987). Emotions and their development in childhood. In R. W. Rieber & A. S. Carton (Eds.), *The collected works of L. S. Vygotsky* (Vol. 1, N. Minick, Trans., pp. 325-338). New York: Plenum Press. (Original work published in *Voprosy Psikhologii, 3,* 1959)

Vygotsky, L. S. (1987). Imagination and its development in childhood. In R. W. Rieber & A. S. Carton (Eds.), *The collected works of L. S. Vygotsky* (Vol. 1, N. Minick, Trans., pp. 339-350). New York: Plenum Press. (Original work published in *Razvitie vysshikh psikhicheskikh funktsii,* Moscow: Izd-vo APN RSFSR, 1960)

Vygotsky, L. S. (1993). The dynamics of child character. In R. W. Riever & A. S. Carton (Eds.), *The collected works of L. S. Vygotsky* (Vol. 2, J. Knox & C. B. Stevens, Trans., pp. 153-163). New York: Plenum press. (Original work published in *Pedologija I Vospitanie [Pedology and Education],* pp. 99-119, Moscow: Rabotnik Prosvesh-chenija, 1928)

Vygotsky, L. S. (1994a). The problem of the cultural development of the child. In R. Vander Veer & J. Valsiner (Eds.), *The Vygotsky reader* (pp. 57-72). Malden, MA: Blackwell publishers. (Original work published in *Journal of Genetic Psychology, 36,* 415-432, 1929)

Vygotsky, L. S. (1994b). The problem of the environment. In R. Van der Veer & J. Valsiner (Eds.), *The Vygotsky reader* (T. Prout, Trans., pp. 338-354). Malden, MA: Blackwell. (Original work published in *Osnovy Pedologii,* pp. 58-78, Leningrad: Izdanie Instituta, 1935)

Vygotsky, L. S. (1997a). Conclusion; further research; development of personality and world view in the child. In R. W. Rieber (Ed.), *The collected works of L. S. Vygotsky* (Vol. 4, M. J. Hall, Trans., pp. 241-251).

New York: Plenum Press. (Original work published in *Sobr. Soch. V 6-ti t, Vol. 3,* pp. 5-228, Moscow: Pedagogika, 1983)

Vygotsky, L. S. (1997b). The history of the development of higher mental functions. In R. W. Rieber (Ed.), *The collected works of L. S. Vygotsky* (Vol. 4, M. J. Hall, Trans., pp. 1-251). New York: Plenum Press. (Original work published as *Razvitie vysshikh psikhicheskikh funktsii,* Moscow, 1960)

Vygotsky, L. S. (1997c). The instrumental method in psychology. In R. W. Rieber & J. Wollock (Eds.), *The collected works of L. S. Vygotsky* (Vol. 3, R. Van der Veer, Trans., pp. 85-89). New York: Plenum Press. (From Vygotsky's private archives)

Vygotsky, L. S. (1997d). Mind, consciousness, the unconscious. In R. W. Rieber & J. Wollock (Eds.), *The collected works of L. S. Vygotsky* (Vol. 3, R. Van der Veer, Trans., pp. 109-122). New York: Plenum Press. (Original work published in *Elementy obshchej psikhologii,* pp. 48-61, Moscow: Isdatelstvo BZO pri Pedfake 2-go MGU, 1930)

Vygotsky, L. S. (1997e). On psychological systems. In R. W. Rieber & J. Wollock (Eds.), *The collected works of L. S. Vygotsky* (Vol. 3, R. Van der Veer, Trans., pp. 91-108). New York: Plenum Press. (Original work published in *Sobr. Soch. V 6-ti t,* pp. 109-131, Moscow: Pedagogika, 1982)

Vygotsky, L. S. (1997f). The problem of consciousness. In R. W. Rieber & J. Wollock (Eds.), *The collected works of L. S. Vygotsky* (Vol. 3, R. Van der Veer, Trans., pp. 129-138). New York: Plenum Press. (Original work published in *Psikhologija Grammatiki,* pp. 178-196, Moscow: Izd-vo Moscow University, 1968)

Vygotsky, L. S. (1997g). Self control. In R. W. Rieber (Ed.), *The collected works of L. S. Vygotsky* (Vol. 4, M. J. Hall, Trans., pp. 207-219). New York: Plenum Press. (Original work published in *sobr. soch. v 6-ti t, Vol. 3,* pp. 5-228, Moscow: Pedagogika, 1983)

Vygotsky, L. S. (1998a). Development of interests at the transitional age. In R. W. Rieber (Ed.), *The collected works of L. S. Vygotsky* (Vol. 5, M. J. Hall, Trans., pp. 3-28). New York: Plenum Press. (*Original work publishd in Pedologija podrostka,* Moscow: Izd-vo BZO pri Pedfake 2-go MGU, 1931)

Vygotsky, L. S. (1998b). Development of thinking and formation of concepts in adolescence. In R. W. Rieber (Ed.), *The collected works of L. S. Vygotsky* (Vol. 5, M. J. Hall, Trans., pp. 29-82). New York: Plenum Press. (Original work published in *Pedologija podrostka*, Moscow: Izd-vo BZO pri Pedfack 2-go MGU, 1931)

Vygotsky, L. S. (1998c). Imagination and creativity in childhood. *Soviet psychology, 28*(10), 84-96. (Original work published as *Voobrazhenie i tvorchestvo v shkol' nom voraste,* Moscow-Leningrade: GIZ, 1930)

Vygotsky, L. S. (1998d). Imagination and creativity in the adolescent. In R. W. Rieber (Ed.), *The collected works of L. S. Vygotsky* (Vol. 5, M. J. Hall, Trans., pp. 151-166). New York: Plenum Press. (Original work published in *Pedologija podrostka*, Moscow: Izd-vo BZO pri Pedfake 2-go MGU, 1931)

Vygotsky, L. S. (1998e). The problem of age. In R. W. Rieber (Ed.), *The collected works of L. S. Vygotsky* (Vol. 5, M. J. Hall, Trans., pp. 187-205). New York: Plenum Press. (From Vygotsky' s private archives)

Vygotsky, L. S. (1999a). On the problem of the psychology of the actor' s creative work. In R. W. Rieber (Ed.), *The collected works of L. S. Vygotsky* (Vol. 6, M. J. Hall, Trans., pp. 237-244). New York: Kluwer Academic/Plenum Publishers. (Original work published in P. M. Yakobson, *Psikhologiya stsenicheskikh chuvstv aktera,* pp. 197-211, Moscow, 1936)

Vygotsky, L. S. (1999b). Tool and sign in the development of the child. In R. W. Rieber (Ed.), *The collected works of L. S. Vygotsky* (Vol. 6, M. J. Hall, Trans., pp. 1-68). New York: Kluwer Academic/ Plenum Press. (Original work published in *Sobr. Soch. V 6-ti-t, Vol. 6,* pp. 5-90, Moscow: Pedagogika, 1984)

Wallas, G. (1926). *The art of thought.* New York: Harcourt, Brace, & World.

Wertsch, J. V. (1991). *Voices of the mind: A sociocultural approach to mediated action.* Cambridge, MA: Harvard University Press.

Winner, E. (1982). *Invented worlds.* Cambridge, MA: Harvard University Press.

Chapter

03

Creativity and Development

결정 과정으로서의 창의성 개발

Robert J. Sternberg

창의성이란 무엇이며 어떻게 개발할 것인가? 이 장의 기초가 되는 중심 내용은 창의성은 결정이라는 것이다. 이 장은 세 부분, 즉 창의적이기 위한 결정, 창의적으로 되는 방법에 대한 결정, 이러한 결정의 실행으로 구성된다.

이 장의 첫 번째 부분에서 이러한 질문을 강조하는 접근법인 융합적 접근을 간략히 살펴보고자 한다. 몇 가지 대안적 견해를 살펴본 후, 나의 특별한 견해를 설명하고자 한다. 투자 이론이라고 명명한 나의 이론은 **창의적이기 위한 결정**에 관한 것이다. 이 이론은 창의적인 사람은 세상에서 아이디어를 싸게 사서 비싸게 파는 **결정을 한다**는 점에 기초하고 있다. 즉, 대중에게 거부되는 경향이 있는 아이디어를 만들어(싸게 사서), 아이디어의 가치로 많은 사람을 설득하고(비싸게 팔고), 다음 아이디어로 이동한다. 우선 내가 제안한 이론을 살펴본 후에 이 이론을 지지하는 경험적 연구를 제시할 것이다.

이 장의 두 번째 부분에서는 **창의적으로 되는 방법에 대한 결정**에 대해 논의할 것이다. 제안된 **추진** 이론에 따르면, 창의적인 사람은 여덟 가지 다른 다양한 방법으로 창의적인 결정을 한다.

이 장의 세 번째 부분에서는 자신과 다른 사람의 창의성을 향상시키는 투자 이론의 함의를 논의하고자 한다. 이러한 논의는 **창의적이기 위한 결정을 어떻게 이행할 것인가**와 **창의적으로 되는 방법에 대한 결정**에 초점을 두고 있다.

창의성을 논의하면서 '작은 창의성(little c)'과 '큰 창의성(big C)' 모두를 고려한다. 두 창의성의 차이는 그 공헌이 자신에게만 관련이 있느냐 또는 자신 이외의 다른 분야에도 관련이 있느냐다. 심리학적으로 이 과정들은 아주 유사하지만, 분야의 관점에서 보면 그 공헌은 아주 다르다.

창의성 연구에 대한 총체적 접근

융합적 접근의 개요

최근 많은 연구는 창의성이 실현되기 위해서는 다양한 구성 요소가 반드시 수렴되어야 한다고 가정한다(Amabile, 1983, 1996; Csikszentmihalyi, 1988, 1999; Gardner, 1993; Gruber, 1989; Gruber & Wallace, 1999; John-Steiner, 1997; Lubart, 1994; Mumford, Gustafson, 1988; Nakamura & Csikszentmihalyi, 2002; Perkins, 1981; Simonton, 1988, 1999; Sternberg, 1985a; Sternberg & Lubart, 1991, 1995, 1996; Weisberg, 1993; Woodman & Schoenfeldt, 1989). 예를 들어, 한 연구(Sternberg, 1985b)에서 창의적인 사람에 대한 일반인과 전문가가 가지고 있는 개념을 조사하였다. 이 개념들에는 '아이디어 연결하기' '유사점과 차이점 찾기' '융통성을 지닌' '심미적 취향을 지닌' '비관습적인' '동기화되어 있는' '호기심이 강한' '사회적 규범에 문제를 제기하는' 등과 같은 인지적 요소와 성격적 요소가 혼합되어 있다.

명시적 이론들의 수준에서 Amabile(1983, 1996, 2001; Collins & Amabile, 1999)은 창의성을 내재적 동기, 영역-관련 지식과 능력, 창의성-관련 기술의 융합으로 설명하였다. 창의성 관련 기술로는

① 문제를 해결할 때 복잡한 것을 극복하고 자신의 고정된 사고의 틀을 깨는 인지 양식, ② 반직관적인 접근을 시도하는 등의 새로운 아이디어를 생성하기 위한 발견법적인 지식, 그리고 ③ 집중된 노력, 문제를 잠시 보류하는 능력, 높은 에너지로 특징짓는 작업 양식 등이 있다.

Gruber(1981, 1989)와 그의 동료 연구자들(Gruber & Davis, 1988; Gruber & Wallace, 2001)은 창의성을 이해하기 위해 발달적 진화체계 모형을 제안했다. 시간이 지날수록 개인의 지식, 목적 및 정서가 발달함으로써 개인이 직면하는 것의 편차를 증폭시켜 창의적 산출물을 이끌어 낸다. 지식에 있어서의 발달적 변화는 Charles Darwin의 진화 연구와 같은 사례에 기록되어 있다. 서로 연관이 있는 여러 목표가 목적이 되고, 이 목적이 개인의 행동을 발달시키고 안내한다. 마지막으로 정서 또는 기분 체계는 과제를 수행하면서 느끼는 기쁨 혹은 좌절의 영향력을 포함한다.

Csikszentmihalyi(1988, 1996, 1999; Nakamura & Csikszentmihalyi, 2001)는 다른 체계 접근을 시도하였으며, 개인, 영역, 분야 간의 상호작용을 강조하였다. 개인은 한 영역에서 정보를 가져오고, 그것을 인지 과정, 성격 특성 및 동기에 의해 변형시키거나 확장시킨다. 어떤 영역을 조절하거나 영향을 미치는 사람들(예, 미술 비평가와 화랑 소유자)로 구성되는 분야는 새로운 아이디어들을 평가하고 선택한다. 문화적으로 정의된 상징적 체계인 영역은 창의적 산출물들을 보존하거나 다른 사람들과 다음 세대에 전달한다. Gardner(1993; Policastro & Gardner, 1999 참조)는 창의적 프로젝트의 개발은 어떠한 체계 내에서의 변이(예, 한 분야에서 경쟁적인 비평가 간의 긴장)나 개인, 영역 그리고 분야 간의 적당한 비동시성(예, 한 영역에서의 특별한 개인의 재능)에서 출현한다는 사례 연구를 발표했다. Gardner(1993)는 다중지능(Gardner, 1983, 1999) 중 한 분야에서 특히 뛰어난 20세기 인물 가운데 창의적 공헌을 한 일곱 명, 즉 Sigmund Freud(개인 내 지능), Albert Einstein(논리-수학 지능), Pablo Picasso(공간 지능), Igor Stravinsky(음악 지능), T. S. Eliot(언어 지능), Martha Graham(신체-운동 지능), Mohandas Gandhi(대인 간 지능), Charles Darwin(자연탐구 지능)의 생애를 분석했다. 하지만 Gardner는 이들의 대부분은 실제로 한 가지 이상의 지능에서 강점을 가지고 있었으며, 다른 지능에서는 약점도 가지고 있다고 하였다(예, Freud의 약점은 공간 지능과 음악 지능이었을 것이다.). 더욱 최근 연구에서 Gardner와 그의 동료 연구자들은 창의성이 사회적 이익에 공헌하는 방식에 초점을 두고 있다(Gardner, Csikszentmihalyi, & Damon, 2002).

비록 창의성이 다중지능을 사용하여 새롭고 혁신적인 아이디어를 생성하는 데 사용되는 것으로 이해될 수 있지만, Gardner(1993)의 분석은 지능 이상으로 설명한다. 예를 들어, Gardner는 이러한 창의적인 인물들의 행동에 대한 두 가지 중요한 주제를 지적했다. 첫째, 그들은 창의적이고 획기적인 발견을 할 때 많은 지지를 받는 경향이 있었다. 둘째, 그들은 탁월한 성공을 얻기 위해 보통 사람들이 살면서 즐기는 많은 쾌락을 포기하는 파우스트적인 거래를 기꺼이 하는 경향이 있었다. 하지만 이러한 것이 그 자체가 창의성의 내재적 특성인지는 분명하지 않다. 오히려 이러한 특성은 자신의 창의적 재능을 개발하여 명성을 얻도록 하는 방법으로 자신을 주도하는 사람들과 연관이 있을 것 같다.

Gardner는 Csikszentmihalyi(1988, 1996)를 따라 영역(특정 주제

에 대한 지식체계)과 분야(비평가, 출판인, 다른 문지기들과 같은 그 영역에 종사하는 사람들을 포함해서 이런 지식체계가 연구되고 정교화되는 맥락)를 구분하였다. 양자 모두 궁극적으로 창의성 개발과 인식에 있어 중요하다.

Csikszentmihalyi는 세 가지 수준인 사람, 영역 및 분야로 구분하였지만, John-Steiner(2000)는 많은 창의적 작업이 협력 속에서 이루어지고 있다는 점을 중요하게 지적하였다. 종종 두 사람이나 더 많은 사람으로 구성된 팀의 결과는 각자 구성원들의 합보다 더 우수하다. 이러한 측면에서 네 번째 수준, 즉 협력자들의 팀을 구분하고자 한다.

다음 부분에서 설명하는 투자 이론은 이전 이론들과 같이 주요 요인들의 융합을 강조하고 있다. 이러한 측면에서 투자 이론은 이전의 융합 이론에 기반을 두고 있다. 아마도 다른 이론들보다 창의적이기 위한 결정에 더 많은 강조를 하는 것이 다른 점일 것이다.

창의성 투자 이론

여기서 언급하는 마지막 융합 이론은 Sternberg와 Lubart(1991, 1995a)의 **창의성 투자 이론**이다. 이 이론에 따르면, 창의적인 사람은 아이디어의 영역에서 싸게 사서 비싸게 팔려고 하고, 또 그럴 수 있는 능력이 있는 사람을 지칭한다(Rubenson & Runco, 1992 참조; 경제 이론에서 사용되는 개념). 싸게 산다는 것은 아이디어가 알려지지 않았거나 호감을 받지는 못하지만 성장 가능성이 있으므로 이를 계속 실행하는 것을 의미한다. 종종 이러한 아이디어들이 처음 제시되었을 때는 저항에 부딪힌다. 창의적인 사람은 이러한 저항에 직면하며 마침내 비싸게 팔고 다시 새롭거나 인기가 없는 아이디어로 옮겨간다.

투자 관점을 가진 연구에서 이 모형을 지지하는 결과가 제시되었다(Lubart & Sternberg, 1995). 이 연구에서 ① 비일상적인 제목들을 사용하여 짧은 글짓기(예, 문어의 운동화), ② 비일상적인 주제로 그림 그리기(예, 곤충의 관점에서 본 지구), ③ 재미없는 물건에 대한 창의적 광고 만들기(예, 커프스 단추), 그리고 ④ 비일상적인 과학적 문제 풀기(예, 지난 달에 누군가가 달에 있었다는 것을 어떻게 알 수 있는가?)와 같은 과제가 사용되었다. 이 연구에서 창의적 수행은 보통 수준의 영역 특수적이었고, 다음에 설명할 여러 가지 자원의 혼합에 의해 예상할 수 있다는 것을 보여 주었다.

투자 이론에 따르면, 창의성은 개별적인 여섯 가지의 서로 연계되는 융합을 필요로 한다. 즉, 지적 능력, 지식, 사고양식, 성격, 동기 및 환경이다. 이 자원들의 수준에 따라 개인차가 나타나지만, 자원을 사용하는 결정에 따라 개인차가 더 크게 나타난다. 다음에서 이 자원들과 이들을 형성하기 위한 결정의 역할을 논의하고자 한다.

지적 기술 세 가지 지적 기술이 특히 중요하다. ① 문제를 새로운 방식으로 보고 관습적인 사고의 틀에서 벗어나는 종합적인 기술, ② 자신의 아이디어 중 추구할 가치가 있는 것과 그렇지 않는 것을 인식하는 분석적 기술, 그리고 ③ 자신의 아이디어의 가치를 타인에게 설득하는 방법을 활용하는 실용적-상황적 기술이다(Sternberg, 1985a). 또한 이런 세 가지 기술의 융합도 중요하다. 다른 두 가지 기술 없이 분석적 기술만 사용하면 강력한 비판적 사고(하지만 창의적이지 않은)가 된다. 그리고 다른 두 가지 없이 종합적 기술만 사용하면 새로운 아이디어이지만 개선하고 실행하는 데 요구되는 세밀한 분석에 실패할 수 있다. 그리고 실용적-상황적 기술만 사용하면 아이디어에 대한 사회적 인정은 받겠지만 그 아이디어가 훌륭하기보다는 아이디어가 잘 전달되었기 때문이다.

창의적이기 위해서는 먼저 새로운 아이디어를 생성하고 분석하며 다른 사람에게 팔기 위해 결정을 해야만 한다. 즉, 사람은 종합적이고 분석적이며 실용적인 기술을 가졌다 하더라도 창의성과 잠정적으로 관련이 있는 문제에 그 기술을 적용하지 못할 수도 있다. 예를 들어, 자신의 아이디어를 종합하기보다는 다른 사람의 아이디어를 따르기로 결정하거나, 자신의 아이디어를 신중하게 평가하지 않거나, 다른 사람이 자신의 아이디어를 수용하기를 기대하기로 결정할 것이다(그래서 다른 사람들에게 자신의 아이디어의 가치를 설득할 필요가 없다고 결정한다.). 기술만으로는 충분하지 않으며, 우선 그 기술을 사용하겠다고 결정하는 것이 필요하다.

우리는 많은 연구에서 창의성에서 지능의 역할을 검증하였다. 나와 동료 연구자들은 80명에게 하나의 가장 적합한 답이 있는 새로운 추리 문제를 제시했다. 예를 들어, 그들에게 녹색(green) 물체와 푸른색(blue) 물체가 있고, 2000년까지는 녹색이고 이후에는 푸른색인 grue색 물체가 있으며, 2000년까지는 푸른색이고 그 후에는 녹색이 되는 bleen색 물체가 있다고 말해 준다(Goodman[1955]의 새로운 귀납적 수수께끼에 기초해서). 또는 Kyron 행성에 살고 있는 네 종류의 사람에 대한 이야기를 들려 준다. blens는 젊은이로 태어나서 젊은이로 죽고, kwefs는 늙은이로 태어나서 늙은이로 죽고, balts는 젊은이로 태어나서 늙은이로 죽고, prosses는 늙은이로 태어나서 젊은이로 죽는다(Sternberg, 1982; Tetewsky & Sternberg, 1986). 그들의 불충분한 정보를 가지고 과거로부터 미래를 예측하는 것이었다. 다른 연구에서는 60명에게 유추, 시리즈 완성, 분류 등과 같은 보다 관습적인 유형의 귀납 추리 문제를 해결하도록 했다. 하지만 그 문제들은 관습적이거나(무용수가 신발을 신는) 새로운(무용수가 신발을 먹는다) 전제를 가지고 있었다. 참여자들은 반대 사실적인 것이 참인 것처럼 문제들을 풀어야 했다(Sternberg & Gastel, 1989a, 1989b).

이런 연구(Sternberg, 1982; Sternberg & Gastel, 1989a, 1989b; Tetewsky & Sternberg, 1986)에서 전통적인 검사와의 상관은 그 전통적인 검사가 얼마나 새롭거나 관습에서 탈피했는가에 의존한다는 것을 발견했다. 검사 문항이 새로우면 새로울수록, 그 검사와 더 새로운 전통적인 검사에서 얻은 점수와의 상관이 높았다. 따라서 비교적 새로운 문항으로 분리시킨 성분은 단어와 일반지식에 접근하는 데 누적된 지식 기반을 형성하는 결정적 능력 검사보다는 유연하고 효과적인 방법으로 새로운 문제에 대처하는 기술인 덜 일반적인 유동적 능력 검사(예, Cattell & Cattell, 1973의 검사)와 더 높은 상관을 보이는 경향이 있었다. 동료들과 나는 또한 비교적 새로운 문제들에 대한 반응 시간을 성분으로 분석했을 때, 일부 구성 성분이 지능의 창의적 측면을 다른 구성 성분들보다 더 잘 측정한다는 것을 발견했다. 예를 들어, 앞서 언급한 grue-bleen 과제에서 관습적인 green-blue 사고에서 grue-bleen 사고방식으로, 그리고 다시 green-blue 사고로 옮겨 갈 수 있는 정보처리 성분이 특히 신기함에 대처하는 능력을 잘 측정하는 것으로 나타났다.

관습적 사고와 비관습적 사고로의 전환은 자신이 익숙하지 않거나 편안하게 느끼지 않는 비관습적 방식으로 기꺼이 생각할 수 있다고 결정하는 것이다. 사람들이 기꺼이 그렇게 하겠다는 것에 있어서 신뢰할 수 있는 개인차를 보여 준다(Dweck, 1999). 일부(Dweck이 '실재적 이론가'로 지칭하는)는 자신에게 상대적으로 익숙한 영역에서만 우선적으로, 심지어 독점적으로 일하기를 선호한다. 다른 일부(Dweck이 '증가적 이론가'로 지칭하는)는 일하는 데 있어 새로운 도전과 새로운 개념적 영역을 찾는다.

지 식 한편 지식과 관련하여 어떤 분야에서 발전하기 위해서는 그 분야에 대해 충분히 알 필요가 있다. 그 분야에 대해 모르면 더 이상 나아갈 수가 없다. 또한 특정한 분야에 국한된 지식은 과거에 경험했던 방식을 뛰어넘지 못하는 닫힌 사고를 하게 할 수 있다(Frensch & Sternberg, 1989). 따라서 과거 지식을 사용하는 결정을 할 필요도 있지만, 또한 그 지식이 도움이 되기보다 방해가 되지 않도록 결정해야 한다. 모든 사람은 지식 기반을 가지고 있다. 그것을 어떻게 사용할 것인가는 각 개인이 결정해야 할 사항이다.

사고양식 사고양식은 자신의 기술을 사용하는 데 선호하는 방식이다. 본질적으로 자신의 기술을 어떻게 배치할 것인가에 대한 결정이다. 사고양식에서 '입법적' 사고양식이 창의성에 있어 중요한데(Sternberg, 1988, 1997a), 이는 새로운 방법으로 생각하고 결정하는 것을 좋아하는 것을 말한다. 새롭게 생각하는 것을 좋아한다는 것은 창의적으로 생각하는 것과 구분할 필요가 있다. 새로운 방법으로 생각하지만 좋은 생각을 하지 않을 수도 있고, 반대의 경우도 있다. 또한 나무와 숲을 구분할 수 있고 따라서 어떤 질문이 중요하고 어떤 질문이 중요하지 않은지 인식할 수 있는, 즉 세부적으로뿐만 아니라 전체적으로 생각할 수 있다면 창의적 사고를 하는 데 도움이 될 것이다.

성 격 많은 연구 결과(Lubart, 1994; Sternberg & Lubart, 1991, 1995에서 요약)에서 창의적 기능에 영향을 주는 성격 특성의 중요성을 지지했다. 이런 특성에는 방해를 극복하려는 의지, 위험을 감수하려는 의지, 애매함을 견디려는 의지 그리고 자기효능감 등이 있다. 특히 싸게 사서 비싸게 팔기는 전형적으로 대중에 대한 도전을 의미하므로 만약 창의적 방법으로 생각하고 행동하기를 원한다면 관습에 기꺼이 맞서야만 한다. 종종 창의적인 사람은 의도적으로 다른 사람이 생각하는 것과 반대로 생각하기로 결정하기도 한다. 창의적인 사고의 어떤 속성도 고정된 것이 아니라는 것을 유념하라. 장애를 극복하거나 위험을 감수하는 등을 결정할 수 있다.

동 기 내재적 동기와 과제-집중 동기 또한 창의성에 필수적이다. Amabile(1983)을 비롯한 많은 사람의 연구에서는 창의적 작업에서 이러한 동기의 중요성을 제시하였고, 사람들이 보상을 바라고 일을 하거나 하기 싫은 일을 억지로 하면서 진실로 창의적 산출물을 내는 경우는 거의 없다고 제안하였다. 동기는 사람에게 본래부터 내재되어 있는 것이 아니다. 사람은 어떤 것에 의해서든 동기화되도록 결정한다. 종종 자신에게 특별히 흥미가 없는 일을 할 필요가 있다. 그 주어진 일을 해야만 하는 상황에서 그 일을 재미있게 하는 방법을 찾는 것이 더 좋다. 그러고 나서 그 일이 지겨운 것이 아니라 매력적으로 보이게끔 다른 각도에서 그 일을 보려고 노력한다.

환 경 마지막으로 사람은 창의적인 아이디어를 지지하고 보상하는 환경을 필요로 한다. 창의적으로 생각하기 위해 필요한 내부적 자원을 다 가지고 있을지라도, 그런 환경적 지지(그런 아이디어들을 제안할 포럼) 없이는 한 사람이 개인적으로 가지고 있는 창의성을 나타낼 수 없는 것이다.

환경은 일반적으로 개인이 창의성을 활용하는 것을 전적으로 지지하지는 않는다. 어떤 주어진 환경에서의 장애물이 작은 것(자신의 창의적인 생각에 대한 부정적 피드백을 받는 것)일 수도 있고 큰 것(관습에 도전적 방법으로 생각할 경우에 개인의 안녕이나 생명까지도 위협을 받는 것)일 수도 있다. 따라서 개인은 널리 산재한 환경적 도전에 직면해서 어떻게 반응할지를 결정해야만 한다. 어떤 사람은 환경 속에 있는 불운한 힘이 자신의 창의적 활동을 가로막도록 내버려 두고, 또 어떤 사람은 그렇지 않다.

융 합 이런 여섯 가지 성분의 융합과 관련하여, 창의성은 개인이 가지고 있는 각 성분 수준의 단순한 합 이상이라고 가정된다. 첫째, 어떤 성분(예, 지식)이 일정한 수준에서 미달이면 다른 성분의 수준이 아무리 높아도 창의성이 불가능한 범위에 처한다. 둘째, 한 성분(예, 동기)의 강점이 다른 성분(예, 환경)의 약점을 부분적으로 보완할 수 있다. 셋째, 예를 들어 지능과 동기 수준이 모두 높으면 창의성을 배로 높일 수 있듯이, 성분 간에는 상호작용이 일어날 수 있다.

창의적인 아이디어는 새롭고 가치 있다. 하지만 창의적인 혁신자가 기존의 이익에 맞서고 대중에 도전하면 종종 거부당한다(비교, Csikszentmihalyi, 1988). 대중은 악의적이고 고의적으로 아이디어를 거부하지는 않는다. 오히려 제안된 아이디어의 타당성이나 진보적인 사고양식을 이해하지 못하거나 종종 인정하고 싶어 하지 않는다. 사회는 종종 현실에 대항하는 것을 성가시고 무례하다고 여기며, 혁신적인 아이디어들을 무시할 충분한 이유가 있다고 생각한다.

창의적인 아이디어가 자주 거부된다는 증거는 많다(Sternberg & Lubart, 1995). 문학이나 예술 작품에 대한 초기 비평은 종종 부정적이다. Tony Morrison의 『*Tar Baby*』가 처음 출판되었을 때, Sylvia Plath의 『*The Bell Jar*』가 그랬듯이, 부정적인 비평을 받았다. 뮌헨에서 처음 열렸던 노르웨이 출신 화가 Edvard Munch의 작품 전시회는 비평가들의 부정적 반응이 너무 강하여 하루만에 문을 닫았다. 저명한 과학 논문도 한 곳이 아닌 여러 학회로부터 거부당해 출판되지 못했다. 예를 들어, 저명한 생물심리학자인 John Garcia도 고전적 조건화라고 명명되는 학습 형태가 한 번의 학습 시도로도 일어날 수 있다고 제안했을 때 바로 비난을 받은 적이 있다(Garcia & Koelling, 1966).

투자의 측면에서 창의적인 사람은 처음에는 가치를 인정받지 못하는 아이디어를 싸게 사서 나중에 다른 사람들에게 그것의 가치를 설득하려고 애쓴다. 다른 사람들에게 그 아이디어가 가치가 있다고 설득한 후에 투자 가치를 올리고 나서, 그 아이디어를 다른 사람에게 비싸게 팔고, 또 다른 가치가 알려지지 않은 아이디어를 찾아 옮겨 간다. 사람은 일반적으로 다른 사람이 자신의 아이디어를 좋아해 주기를 원하지만, 아이디어에 대해 즉각적인 만인의 찬사를 받는다는 것은 이미 그 아이디어가 시장에 의해 가치 있게 평가되었으므로 특별히 창의적이지 않다는 것을 나타낸다.

창의성은 능력의 문제이기도 하지만 삶에 대한 결정이고 태도다. 창의성은 종종 어린 아동에게서는 분명히 나타나지만 연령이 높은 아동과 성인에게서는 찾기가 더 힘들 수 있다. 왜냐하면 창의적 잠재력이 지적 동조를 요구하는 사회의 압력을 받기 때문이다(이 책의 제6장 참조).

지금까지 나는 창의성의 투자 이론 접근을 싸게 사서 비싸게 팔기 위한 결정이라는 측면에서 논의하였다. 하지만 사실상 창의적이기 위해서는 다양한 종류의 결정이 있다. 이러한 종류의 결정들은 다음에서 살펴보고자 한다.

창의적 공헌의 유형에 대한 추진력 이론

오늘날 수많은 화가, 음악가, 작가, 과학자 및 발명가가 있다.[1] 이들 중에서 특출한 사람들은 어떻게 해서 그렇게 될까? 왜 그들 중 어떤 사람은 그 분야의 역사에 길이 남는 인물이 되고 또 어떤 사람은 잊혀지는 것일까? 대중으로부터 구별되는 뛰어난 사람을 만드는 데 많은 요소가 있겠지만 그중 하나가 창의성임에는 틀림이 없다. 뛰어난 사람은 종종 그의 전문 분야에서 특히 창의적인 일을 하는 사람이다. 이런 창의성이 높은 사람은 단지 눈에 덜 띄는 사람들보다 더 많은 양의 창의적 작업을 하는가? 아니면 그들 작품의 창의성이 질적 측면에서도 또한 차이가 있는 것인가? 한 가지 가능성은 창의적인 공헌가들은 창의성을 표현하는 방법에 있어서 다른 결정을 한다는 것이다. 여기서는 사람들이 '창의적 자원을 투자하기 위해 어떻게 결정하는가'라는 문제를 설명하는 창의적 공헌의 추진력 이론을 설명하고자 한다(Sternberg, 1999b; Sternberg, Kaufman, & Pretz, 2002). 이 이론의 기본적인 아이디어는 현존하는 아이디어를 전진적으로 추진시키는 방법에 따라 여러 유형의 창의성으로 구분할 수 있다는 것이다. 아동의 창의성을 개발시킬 때는 작은 반복적인 사고부터 커다란 방향 전환을 하는 사고까지 다양한 유형의 창의성을 개발시킬 수 있다.

창의적 공헌은 양에서뿐만 아니라 표현된 창의성 유형에서도 다르다. 예를 들어, Sigmund Freud와 Anna Freud는 모두 창의성이 매우 높은 심리학자였지만 그들의 공헌의 본질은 다르다. Sigmund Freud는 인간의 사고와 동기에 대한 급진적으로 새로운 이론을 제안하였고, Anna Freud는 주로 Sigmund Freud의 이론을 정교화하고 수정하였다. 창의적인 공헌이 창의성의 양적에서뿐만 아니라 질적으로 어떻게 다른가?

창의자의 작품에 나타난 창의성의 유형은 얼마만큼의 창의성이 표현되었는가와 마찬가지로 그 사람과 작품의 판단에 영향을 미칠 수 있다. 많은 경우에 표현된 창의성 유형이 판단에 더 큰 영향을 준다. 예를 들어, 현재 어떤 화가가 Monet의 작품과 동일한 과정, 성격, 동기, 심지어 배경 요인을 가지고 그림을 그릴 수 있겠지만, 그 화가가 Monet 기법으로 오늘날 그린 그림은 아마도 Monet가 그 시대에 받은 만큼의 평가를 받을 수는 없을 것이다. 그가 너무 늦게 태어난 것이다. Monet를 포함한 화가들은 이미 인상주의를 실험하였다. 현대의 화가는 어떤 새로운 변화를 도입하지 않는 한 창의적이라기보다는 모방적이라고 평가받을 것이다.

일반적으로 맥락의 중요성은 창의적 발견과 재발견 간의 차이점에서 설명할 수 있다. 예를 들어, BACON과 관련된 Langley, Simon, Bradshaw와 Zytkow(1987)의 프로그램들은 그 당시에 창의적 발견이라고 판단된 중요한 과학적 원리를 재발견한 것이다. 이런 발견이 컴퓨터 시뮬레이션의 제작 과정과 그 원래의 발견 과정과는 아마도 다를 것이다. 한 가지 차이점은 당대의 프로그래머들은 컴퓨터 시뮬레이션에 정보를 입력함으로써 원래 그 원리를 발견한 사람들이 할 수 없었던 자료의 표현이나 특정한 조직화를 제공할 수 있다는 사실에서 추론할 수 있다. 게다가 그 프로그램들은 문제를 해결하지만 문제를 정의하지는 않는다. 하지만 그 과정이 동일한지의 여부는 제쳐 두고, 재발견자의 입장에서는 재발견이 창의적이라고 판단할 수도 있을 것이다. 하지만 그 재발견이 있었던 시대에 그 분야의 관점에서 보면 창의적이라고 판단할 수는 없을 것이다.

목적의 중요성을 고려한다면 창의적 공헌은 항상 어떤 맥락 내에서 정의되어야만 한다. 만약 개인의 창의성이 항상 맥락 내에서 판단된다면 그 맥락과 사람을 판단하는 방법이 상호작용 이해 방법에 도움이 될 것이다. 특히, 주어진 맥락 내에서 한 개인이 할 수 있는 창의적 공헌의 유형은 어떤 것이 있는가? 대부분의 창의성 이론들은 개인의 특성에 집중한다(Sternberg, 1988, 1999a 참고). 하지만 창의성을 개인과 맥락의 상호작용 관점에서 보면, 개인의 특성과 환경적 맥락과 관련하여 개인의 창의성에 대하여 관심을 가질 필요가 있다.

창의적 공헌의 분류는 어떤 영역에서 창의적인가에 대한 문제뿐만 아니라 창의적 공헌의 유형이 무엇인가도 살펴보게 한다. 무엇이 생물학에서 업적을 더욱 창의적이게 하는가, 또는 무엇이 생물학에서 다른 업적과 방법에서 더 창의적이게 하는가? 또는 생물학에서의 창의적 공헌과 예술에서의 창의적 공헌은 어떻게 다른가? 따라서 업적의 영역 분류는 창의적 공헌의 본질을 규명하기에는 불충분하다. 창의적 공헌이 양적으로 그리고 가능하면 질적으로 어떻게 다른지를 측정하기 위한 기초가 필요하다.

창의적 공헌의 여덟 가지 유형

창의적 공헌은 창의자가 한 분야의 현재 위치에서 그 분야가 가야 한다고 믿는 곳으로 추진하도록 시도하는 것을 의미한다. 따라서 창의성은 그 자체가 추진력이다. 그것은 한 분야를 한 지점에서 다른 지점으로 이동시킨다. 그것은 또한 항상 리더십을 발휘하게 하는 결정으로 나타난다. 창의자는 다른 사람을 다차원의 창의적 공간의 특정한 지점으로 데리고 가려고 시도한다. 이러한 시도는 성공할 수도 성공하지 못할 수도 있다. 창의자가 창의적이라고 결정하는 방식에 따라 창의자가 발휘할 수 있는 창의적 리더십에는 여러 유형이 있다.

추진력 모형은 어떤 주어진 시간에 발휘할 수 있는 여덟 가지 유형의 공헌을 제안한다. 비록 여덟 가지 창의적 공헌의 유형은 그 공헌의 정도가 다르더라도, 여기에서 제시한 여덟 가지 유형의 척도는 순서를 나타내는 것이 아니라 명명하는 것에 목적을 둘 수 있다. 창의성의 유형을 기준으로 해서 창의성의 양을 평가하는 확정된 우선순위의 방법은 없다. 어떤 창의적 공헌의 유형은 평균적으로 다른 유형보다 신기함의 양이 많을 수도 있다. 하지만 창의성은 작업의 질도 중요한데, 창의성의 유형은 작업의 질에 대해 어떠한 예측도 할 수 없다.

[그림 3-1]은 여덟 가지 공헌의 유형을 요약한 것이며, 다음과 같이 설명된다. 창의적 공헌의 여덟 가지 유형은 크게 세 가지 범주, 즉 현재의 패러다임을 수용하는 것, 현재의 패러다임을 거부하는 것, 그리고 다양한 현재의 패러다임을 통합하고자 하는 것으로 나눌 수 있다. 또한 세 가지 범주 내에 하위 범주가 있다. 그 분야의 현재

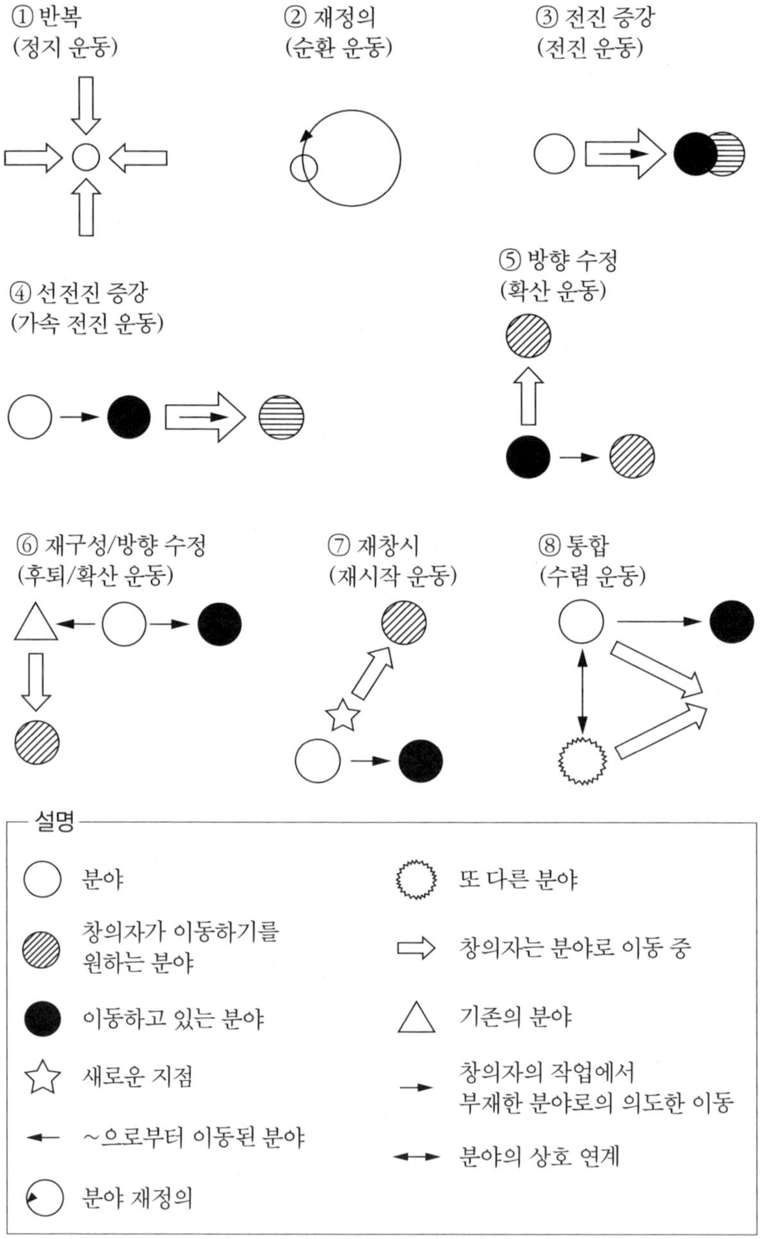
①반복
(정지 운동)
② 재정의
(순환 운동)
③ 전진 증강
(전진 운동)
④ 선전진 증강
(가속 전진 운동)
⑤ 방향 수정
(확산 운동)
⑥ 재구성/방향 수정
(후퇴/확산 운동)
⑦ 재창시
(재시작 운동)
⑧ 통합
(수렴 운동)
설명
분야
또 다른 분야
창의자가 이동하기를
원하는 분야
창의자는 분야로 이동 중
이동하고 있는 분야
기존의 분야
새로운 지점
창의자의 작업에서
부재한 분야로의 의도한 이동
~으로부터 이동된 분야
분야의 상호 연계
분야 재정의

[그림 3-1] 창의성의 유형

위치를 그대로 두는 패러다임-보존 공헌(유형 1과 2), 이미 진행 중인 방향으로 그 분야를 이동시키는 패러다임-보존 공헌(유형 3과 4), 현재의 혹은 이전의 출발점에서 그 분야를 새로운 방향으로 이동시키는 패러다임-거부 공헌(유형 5와 6), 그 분야를 새로운 지점에서 새로운 방향으로 이동시키는 패러다임-거부 공헌(유형 7), 그리고 여러 접근을 통합하는 패러다임인 통합 공헌(유형 8)이 있다.

따라서 제한적인 사례인 유형 1은 전혀 대중-도전적이지 않다(결과가 틀린 방향으로 나오지 않는 이상). 유형 2는 만일 재정의가 그 분야와 반대로 나간다면 대중-도전적일 수도 있고 아닐 수도 있다. 유형 3은 전형적으로 대중을 이끈다. 유형 4는 대중이 기꺼이 가려고 하는 그 이상이므로 대중-도전적일 수 있다. 유형 5~8은 전형적으로 적어도 어느 정도는 대중-도전적이다. 분명히, 공격하기 위해 기다리고만 있는 대중은 없다. 오히려 무엇을 수용하고 수용하지 않을지에 대한 관점을 공유하는 사람들을 대표하는 분야가 있고, 만일 그들의 관점이 흔들리면 그들은 제대로 대응하지 못할 것이다.

① 반복: 이 공헌은 그 분야의 현 위치가 적절하다는 것을 보여 주기 위한 시도다. 추진력은 분야를 이동시키기보다 현 위치를 유지한다. 이런 창의성 유형은 중심을 고정시킨 채 돌아가는 바퀴처럼 제자리 이동에 의해 표현된다.

② 재정의: 이 공헌은 현 위치를 재정의하려는 시도다. 그 분야의 현 상태를 다른 관점에서 본다. 추진력은 순환 이동을 하게 해서 창의적 작업은 그 분야가 원래 있었던 위치로 되돌아가지만 다른 방법으로 조망된다.

③ 전진 증강: 이 공헌은 그 분야를 이미 나아가고 있는 방향으로

이끌어 가려는 시도다. 추진력은 앞으로 이동시킨다.

④ **선전진 증강**: 이 공헌은 그 분야가 이미 나아가고 있는 방향으로 움직이려는 시도이지만, 다른 사람들이 가려고 하는 이상으로 가려는 것이다. 추진력은 전방으로 이동시켜서 기대되는 전진 속도보다 가속화된다.

⑤ **방향 수정**: 이 공헌은 그 분야의 방향을 현 위치에서 다른 방향으로 재조정하려는 시도다. 따라서 추진력은 그 분야가 현재 움직이는 방향에서 벗어나는 방향으로 이동시킨다.

⑥ **재구성/방향 수정**: 이 공헌은 그 분야를 과거의 위치로 되돌려서(과거의 재구성) 그 지점에서 이동시키지만 한번 선택한 방향이 아닌 다른 방향으로 나아가게 한다. 따라서 추진력은 후진해서 다시 방향을 수정하게 한다.

⑦ **재창시**: 이 공헌은 그 분야를 시도해 보지 않은 지점으로 이동시켜 새로운 출발 지점에서 이동하려는 시도다. 따라서 추진력은 그 분야가 과거에 추진했던 방향과는 다른 방향으로 나아가게 한다.

⑧ **통합**: 이 공헌은 현상에 대한 두 가지 다른 사고방식을 하나의 사고방식으로 통합하려는 시도다. 추진력은 함께 연결된 두 가지 다른 접근의 통합이다.

이 여덟 가지 창의적 공헌의 유형은 질적으로 크게 다르다. 하지만 각 유형 내에서는 양적인 차이가 있을 수도 있다. 예를 들어, 전진 증강은 작은 발걸음일 수도 있고 대단한 도약이 될 수도 있다. 재창시는 하위 분야(예, 인지부조화 이론에 관한 Leon Festinger의 업적)를 다시 시작할 수도 있고, 전체 분야(예, 상대성 이론에 대한 Einstein

의 업적)를 다시 시작할 수 있다. 따라서 이론을 질적인 그리고 양적인 공헌으로 구분할 수 있다.

다음에서는 창의적 공헌의 각 유형을 나의 연구 분야 중의 지능 분야를 포함한 다양한 분야의 예를 들어 설명하고자 한다. 소개되는 예들은 Sternberg(1999b), Sternberg, Kaufman과 Pretz(2002)에서 인용하였다.

현재의 분야를 유지하는 패러다임-보존 공헌

처음 두 가지 유형, 즉 반복과 재정의의 공헌은 패러다임 보존이다.

유형 1: 반복 반복은 [그림 3-1]의 ①에 나타나 있다. 반복은 한 분야에서 현재 상태를 공고히 하는 데 도움이 된다. 그 목표는 한 분야를 진전시키기보다 위치해야 할 자리를 확실히 하는 것이다. 따라서 과학에서 만약 발견이 놀라운 것이라면, 반복은 그 발견이 중대한 것이라는 것을 확인하는 데 도움을 줄 수 있다. 만약 반복이 실패하면, 그 분야의 공헌가는 그것이 가정된 것인지 원했던 결과인지에 대해 다시 생각해 볼 필요가 있다. 미술과 문학에서 반복은 본질적으로 작품의 어떤 양식이 특정 미술 작품이나 문학 작품에만 적용되는 것이 아니라 다른 작품들에도 적용될 수 있다는 것을 보여 준다.

창의적 공헌의 유형에서 반복은 그 공헌의 새로움이 가장 덜한 것으로 보이기 때문에 반복으로서의 창의성의 사례는 적다. 하지만 그러한 창의성의 타당성(혹은 비타당성)과 접근의 유용성(또는 비유용성)을 확립하는 데 도움이 되기 때문에 중요하다.

예를 들어, 선택반응 시간 패러다임과 그 함의를 고려해 보자. 배경으로 Jensen(1982)과 다른 연구자들은 선택반응 시간 검사에서의 점수와 지능검사에서의 점수 간의 상관이 지능의 개인차를 신경전도 속도의 개인차로 추정할 수 있다고 제안했다. 선택반응 시간의 검사가가 신경전도 속도를 측정하는 것이 아니기 때문에 결과에 대한 이러한 해석은 매우 의문스럽다.

Vernon과 Mori(1992)는 Jensen의 가설을 검증하고 확인하는 것 같았다. 그들은 팔의 신경전도 속도를 측정하는 패러다임을 개발했으며, 신경전도 속도가 실제로 전통적인 지능검사의 점수를 예측한다는 것을 발견했다. 이것은 놀라운 발견이었다. 왜냐하면 관련 자료가 매우 미약하여 불확실했던 주장이 경험적으로 지지를 받게 되었기 때문이다. 하지만 Wickett과 Vernon(1994)은 이후에 이러한 결과를 반복하는 데 실패했으며, 그 실험 결과는 의심을 받게 되었다. Wickett과 Vernon의 연구는 반복 연구였으며, 반복에 실패한 것은 성공한 것만큼 그 분야에서 중요했다. 반복에 실패한 것은 한 분야가 잘못된 방향으로 나아가는 것을 막을 수 있다.

비록 정확하게 그대로 반복하도록 설계된 작업이나 개념적인 반복(결과의 일반화나 비슷한 작업을 원래의 환경과 조금 다른 환경에서 반복하는)을 하는 작업은 다른 작업보다 매력이 없을 수 있지만, 한 분야의 발전을 위해서는 필요하다. 반복이 없다면 그 분야는 (아마도 자주) 1종 오류(잘못된 경보)를 범하기 쉽다. 과학에서 반복은 경험적 발견의 기초를 공고히 하는 데 도움이 되고, 그것을 바탕으로 미래 연구가 발전된다.

미술과 문학에서 반복은 접근법이 견고함을 확인하는 것을 돕고 많은 다양한 작품을 생성시킬 수 있다. 예를 들어, 많은 화가가 Monet의 인상파 기법을 모방하였으며, 비록 새로운 것을 추가하지 않았지만, 그들은 다양한 예술 작품을 만드는 데에서 그 기법의 견고함을 보여 주었다. 아마도 미술 세계에서 한정된 작품은 유명한 화가의 작품을 정확하게 복사하는 위조자의 작품이다. 하지만 복사는 위조자에게만 제한된 것은 아니다. 박물관에 가 보면 유명한 미술 작품을 열심히 복사해서 자랑스럽게 전시되고 있는 많은 작품을 만나게 된다.

아마도 그 공헌자를 위한 결정적인 통찰은 처음으로 반복할 필요가 있는 시기를 아는 것이다. 과학에서 이러한 필요성은 놀라운 발견이나 표면적으로 충분히 의심스러워서 그것의 존재나 일반화가 확인될 필요가 있다. 미술과 문학에서 이러한 필요성은 어떤 미술 작품이나 화가, 또는 문학 작품이나 작가에게 제한되는 것같이 보이지만 더 널리 적용될 수 있다.

유형 2: 재정의 재정의는 [그림 3-1]의 ②에 그려져 있다. 재정의는 반복과 마찬가지로 한 분야의 현 위치를 거의 또는 전혀 바꾸지 않는다. 재정의는 현 위치에 대한 개념의 변화에 관계된다. 이는 항해사가 생각한 위치에 따라 실제로 선박이 다른 위치에 있다는 것을 깨닫는 것과 유사하다. 현 위치가 바뀐 것이 아니라 현 위치의 정의가 바뀐다. 이와 유사하게, 개념적 공간에서의 재정의는 사람들에게 그 분야의 현 위치가 그들이 생각했던 위치가 아니라는 것을 인식하게 한다. 이 유형의 작업은 그 분야의 재정의가 이전의 정의와 어느 정도 다른지(새로움), 그 재정의가 가능하거나 옳은지(질)의 정도에 따라 창의성이 판단된다.

재정의에 대한 예는 Spearman(1904, 1927)의 연구를 재해석한 Thomson(1939)의 연구에서 찾아볼 수 있다. Spearman은 요인분석을 고안했고, 이 방법을 사용하여 모든 정신능력검사에서 나타나는 기본 능력을 *g*로 명명한 일반요인이라고 주장한 영국의 심리학자다. Spearman의 분석은 그 분야에 강력한 영향을 주었으며, 현재까지 많은 이론가가 일반요인의 존재와 중요성을 믿고 있다(예, Brand, 1996; Carroll, 1993; Horn, 1994; Jensen, 1998).

Spearman은 자신의 연구가 심리검사 수행에서 하나의 정신 실체가 흥미롭고 결과적인 개인차를 설명한다고 믿었다. Spearman (1927)은 이 실체가 정신적 에너지라고 제안했다. Thomson(1939)은 비록 Spearman이 심리검사에서 나타나는 능력이 일반요인이라고 보는 것은 옳지만 그것을 해석하는 방법이 옳지 않다고 주장하였다. Thomson(1939)에 따르면, 일반요인은 실제로 여러 부분으로 된 '결속'을 나타낸다. 이 결속들은 모든 심리검사에서 공통적으로 사용되는 정신 과정이라고 알려졌다. 따라서 이런 검사는 사람들로 하여금 지시 사항을 이해하고 문제를 읽고 답을 하는 등의 것을 요구하기 때문에, 검사들에서 공통적으로 나타나는 개인차에는 많은 다른 자원들이 있을 수 있다. 그 자원들은 요인분석을 통하여 하나의 실체로 나타날 수 있지만, 사실 그것들은 다요인적이다. 따라서 Thomson은 지능에 대한 연구의 실험적 상대를 변경하기보다 그 실험적 상대를 어떻게 개념화할 것인지를 변경하는 것을 제안했다. 그는 그 분야가 Spearman과 다른 사람들이 있다고 여기는 위치에 있지 않다고 주장했다.

유사하게 Minkowski의 *r*-메트릭스는 공간적 은유의 개념에 대한 재정의를 나타낸다(Kruskal, 1964a, 1964b 참고). 다차원 공간에서 거리를 계산할 때, 사람들은 전통적으로 거리는 유클리드 기하학으로 가정했다. 거리 계산은 좌표 사이의 거리를 제곱하고 나서 제곱한 거리의 합의 제곱근을 구한다. Minkowski의 일반화는 그의 *r*값 2에 대한 특별한 뜻이 없다는 것을 보여 준다. 어떠한 수라도 지수법의 기초로 사용할 수 있다. 예를 들어, *r*값 1은 도시 구획 측정 규준으로, 이것을 기준으로 건축물이 들어서 있어서 삼각형의 빗변의 거리를 축으로 거리 측정이 가능하다. 무한대 *r*값은 무한대 거리이고, 같은 차원에서 가장 긴 거리가 전체 거리가 된다. 따라서 Minkowski의 *r*-메트릭스는 거리를 계산하는 유일한 방법이 아니라 여러 가능한 방법 중 하나라는 것을 보여 준다. *r*-메트릭스는 기존의 거리 구성을 일반화를 통해 재정의한다.

미술에서 흥미로운 재정의의 예는 Roy Lichtenstein의 작품이다. Lichtenstein은 저속하다고 평가되었던 코믹한 미술을 나중에 중요한 미술 형식으로 바꾸었다. Lichtenstein의 작품은 처음에 대단한 저항에 부딪혔으며, 수십 년 동안 끝없는 저항을 받았다. 그렇지만 그의 경력 후반기에 그의 코믹한 미술 작품은 많은 수익을 가져다 주었을 뿐 아니라, 조악한 예술 형식이라고 여겨졌던 것이 신중하게 수용되는 것을 보여 주는 중요한 연구 대상이 되었다. Andy Warhol은 이런 전통을 따른 예술가로서 두 번째 예가 된다. 그는 음료수 병을 연구해서 많은 수집가로부터 가치를 인정받는 예술 작품으로 변화시켰다.

그 분야를 이미 가고 있는 방향으로 전진시키는 패러다임-유지 공헌

세 번째와 네 번째 유형 즉, 전진 증강과 선전진 증강은 패러다임을 유지하는 것으로 분야를 앞으로 진전시킨다.

유형 3: 전진 증강 이 유형의 창의적 공헌은 [그림 3-1]의 ③에 나타나 있다. 아마도 창의적 공헌의 가장 보편적 유형일 것이다. 이것은 한 작품이 그 분야를 현 위치에서 이미 진행하고 있는 방향으로 이동시킬 때 일어난다. 분야의 흐름에는 변화가 없다. 이런 유형의 작품은 그 분야를 현 위치에서 앞으로 이동시킨다는 점에서, 그리고 그 이동이 옳거나 바람직하다는 점에서 창의적이라고 판단된다.

Hunt, Frost와 Lunneborg(1973)는 인지심리학자들이 실험실에서 시행되는 인지 과제 수행에서의 개인차를 기초로 지능 연구를 할 수 있다고 제안했다. 몇 년 후에 Hunt, Lunneborg와 Lewis(1975)는 언어적 능력에서의 개인차를 연구하는 데 특히 유용하다고 제안하면서 이 패러다임을 사용해서 연구할 수 있는 과제 범위를 확장시킨 연구를 발표했다. 두 번째 연구는 Hunt와 그의 동료가 이미 정립한 패러다임 위에 세운 연구였다. 두 번째 연구는 과제의 범위를 확장시키고 언어 능력에 초점을 맞춤으로써 상당한 공헌을 하였다.

과학연구지에 발표된 대부분의 연구들은 전진 증강으로 특징지을 수 있다. 예를 들어, Festinger와 Calsmith(1959)가 인지부조화에 대한 놀라운 연구를 발표한 후에 인지부조화와 인지조화에 관한 수많은 후속 연구가 이루어졌다(Abelson et al., 1968). 이 연구들은 이러한 현상과 제한점을 규명하는 데 도움을 주었다. 전진 증강이 인지부조화 현상의 제한점을 제시하면서, 언제 사람들이 인지조화를 타나내며 또 인지부조화(Fazio, Zanna, & Cooper, 1977)에 직면하여 자기지각 반응과 같은 다른 유형의 반응을 나타내는지에 대한 대안(Bem, 1967)이나 더 정교화된 설명을 제공하는 이론들을 제안할 수 있다.

또한 전진 증강은 새로운 가능성을 여는 장르 소설에서도 볼 수 있다. Dashiell Hammett와 Raymond Chandler가 저술한 현실적인 탐정 이야기는 수많은 작가에 의해 정교화되어 왔다. 그중에는 그 장르를 주류로 이동시켰으며, Ross MacDonald는 그의 작품에서 정체성 혼돈을 주제로 소개했다. 하지만 MacDonald의 작품과 다른 많은 작품도 그 뿌리는 Hammett와 Chandler가 소개한 패러다임에 두고 있다.

Jonathan Kellerman의 심리적 스릴러물은 주인공인 알렉스 델라웨어를 실제로 임상심리학자로 등장시킴으로써 그 장르를 한 단계 높였다. Patricia Cornwall의 서스펜스 소설은 검사관인 케이 스카페타를 주인공으로 하고 있다. 친숙한 경찰이나 형사 대신에 친숙하지 않은 직업을 사용함으로써 이야기의 신빙성을 더해 주고, 이야기 구성에 기술적으로 현실감 있는 묘사를 더해 준다. 예를 들어, Kellerman의 작품 구성은 종종 다양한 심리적 증상(예, 뮌하우젠 신드롬 바이 프록시 증후군)을 밝히는 주인공 델라웨어를 중심으로 한다. 반면에, Cornwall은 스카페타로 하여금 부검에서 결정적 단서를 발견하게 한다. 또한 전진 증강은 소설의 구성에서도 볼 수 있다. Agatha Christie의 고전 『로저 아크로이드의 살인자(*The Murder of Roger Ackroyd*)』(1926)는 꽤 전형적인 살인 추리소설이다. 하지만 마지막에 해설자가 살인자로 판명되는 것은 그 당시로서는 놀라운 일이었다. 이런 전진은 분명히 그 분야를 앞으로 나아가게 하는 방법이지만 깜짝 놀랄 만한 방법은 아니다. Kellerman과 Cornwell은 아직도 기존에 형성된 관습으로 작업한다. 그리고 Christie의 유명한 소설도 여전히 살인 추리소설의 '법칙'을 따른다.

유형 4: 선전진 증강 이 유형의 창의적 공헌은 [그림 3-1]의 ④에 나타나 있다. 선전진 증강은 아이디어가 그 시기보다 앞서 갈 때 일어난다. 그 분야는 어떤 방향으로 움직이지만 그 지점에 도착하기에는 아직 이르다. 어떤 사람이 그 지점으로 이끌어 갈 아이디어를 갖고 있고, 그 사람은 그 아이디어를 추구하고 작품을 산출한다. 그 작품의 가치는 종종 그 당시에는 인정받지 못하는데, 이는 그 분야가 작품의 가치를 이해할 수 있는 지점에 아직 도착하지 않았기 때문이다. 그러나 창의자는 다른 사람들이 가려고 하는 지점보다 앞서 가며 종종 다른 사람들이 거쳐 지나가는 단계를 뛰어넘는다. 그 작품의 가치는 이후에 인정받을지 모르거나 더 적절한 시기에 그 아이디어를 가지는 사람이 결과적으로 그 영광을 가질지도 모른다.

예를 들어, Alfred Binet는 지능 연구로 가장 잘 알려져 있지만, Siegler(1992)가 지적했듯이, Binet 역시 체스게임에서의 전문성의 본질과 목격자 증언의 타당성에 대해 연구했다. 그 연구들은 그 당시의 패러다임과는 너무 맞지 않아서 거의 무시당했다. 1950년 무렵에 Binet가 연구한 주제들이 많은 관심을 받게 되었다. 하지만 실제로 이런 주제들에 대한 최근 연구에서 Binet는 거의 인용되지 않는다.

Royer(1971)는 웩슬러 성인용 지능검사(WAIS)에 대한 숫자-기호 과제의 정보처리 분석에 대한 논문을 발표했다. 논문에서 Royer는 과제 수행과 과제 수행을 위한 기본적 정보 과정을 이해하기 위해 정보처리 분석이 어떻게 사용될 수 있는지 보여 주었다. Royer의 연구는 후에 발표된 Hunt의 연구(Hunt, Forst, & Lunneborg, 1973; Hunt, Lunneborg, & Lewis, 1975)와 특히 Sternberg(1977, 1983)의 연구의 전조가 되었지만, 그의 연구는 거의(비록 온전히 그런 것은 아니지만) 알려지지 않았다. 이에 대해서는 많은 이유가 있을 수 있지만, 시기적으로 그 분야에서 Royer의 연구를 수용할 준비가 되어 있지 않았다. 그 분야에서뿐만 아니라 아마도 Royer조차도 자신이 시도했던 접근법의 가치를 충분히 인식하지 못했을 것이다.

선전진 증강은 작업의 잠재성이 특히 처음에는 인정받지 못하다가 나중에 한 장르의 역사에 획을 그은 작품으로 인정받고 비로소 시대를 앞서간 작업으로 평가된다. 예를 들어, 고대 그리스 철학자 Democritus는 후에 원자 이론이 제안되도록 아이디어들을 제공한 시대를 훨씬 앞서 간 인물이다. 19세기 헝가리의 산부인과 의사인 Ignaz Semmelweis는 의사의 손을 오염시키는 미생물에 대한 아이디어를 제안했지만 너무 비웃음을 많이 받아서 그만 미쳐 버렸다. 한 아이디어의 가치가 훗날에야 제대로 평가받는 경우가 종종 있다. 아마도 음악 역사상 가장 기억할 만한 Ignor Stravinsky의 초연 작품은 1913년에 공연한 발레곡 〈봄의 제전(The Rite of Spring)〉일 것이다. 이 공연은 파리의 관중을 너무 놀라게 해서 연주자들이 청중의 떠드는 소리가 너무 커서 자신들의 연주 소리를 들을 수 없을 정도였다. 그 당시의 프랑스 발레음악은 매우 복고적이었으며 매우 일정한 양식의 안무에 맞추어져 있었다. 물론 대중인 관객은 Stravinsky의 새로운 작품에 나타난 맥박 뛰는 리듬과 불협화음에 따라 움직이는 공연에 당황하지 않을 수 없었다.

비록 〈봄의 제전〉의 초연은 격렬하게 거부되었지만, Stravinsky의 혁신은 과거에 뿌리를 두고 있었으며, 미래 음악 역사의 흐름에 중요한 발걸음이 되었다. 이 작품의 절박하고 불규칙적인 리듬 형식은 Stravinsky의 스승인 Nikolai Rimsky-Korsakov가 실험적으로 시작한 것을 계승한 것이다. 멜로디와 화음을 중요시하지 않은 것은

19세기 말 작품의 특징이다. Stravinsky가 이 작품을 위해 민속음악의 요소를 빌렸듯이, 많은 20세기의 작곡가들도 그들의 작품에서 비예술적 음악 원천들을 광범위하게 사용하였다. 비록 〈봄의 제전〉이 초연에서 형편없는 평가를 받았지만 음악 분야에서 그 공헌은 시대를 앞서간 것이었다(Machlis, 1979).

현재의 혹은 기존의 출발점으로부터 새로운 방향으로 그 분야를 이동시키는 패러다임-거부 공헌

현재의 패러다임을 유지하려는 앞선 네 가지 유형의 창의적 공헌과는 달리 5, 6, 7번 유형은 현재의 패러다임을 거부한다. 이 세 가지 유형은 방향 수정, 재구성/방향 수정 그리고 재창시다.

유형 5: 방향 수정 방향 수정은 [그림 3-1]의 ⑤에 나타나 있다. 방향 수정은 그 분야의 현 위치에서 시작하지만 새로운 방향으로 분야를 이동시키려고 한다. 이런 유형의 작품은 한 분야를 새로운 방향으로 이동시킨다는 점에서(새로움), 그리고 새로운 방향이 연구를 위해 바람직하게 보인다는 점에서(질) 창의적이다.

앞서 거론된 선구적인 Hunt, Frost와 Lunneborg(1973)의 논문은 지능 연구자들이 지능을 연구하기 위해 인지심리학적 패러다임을 사용할 것을 제안했다. 기본 아이디어는 인지 과제의 점수를 심리측정검사 점수와 관련시키는 것이었다. Sternberg(1977)는 출발점으로 인지 기술을 사용했지만, Hunt가 제안한 연구 방향과는 다른 방향으로 이동할 것을 제안했다. 특히, 그는 간단한 인지 과제(어휘적 접근과 같은)보다 복잡한 인지 과제(유추와 분류 같은)를 사용할 것과 그 목표가 이러한 과제에 대한 정보처리를 기본 정보처리 성분으로 분석하는 것이어야 한다고 제안했다. Sternberg는 Hunt가 인지 과제를 사용할 것을 제안한 것은 옳지만 매우 단순한 인지 과제를 사용할 것을 제안한 것은 옳지 않다고 주장했다. Sternberg는 단순한 인지 과제는 매우 낮은 수준의 지적 사고만 관련이 있다고 믿었다. 따라서 그는 Hunt가 주도한 인지 연구의 방향을 수정할 것을 제안했다.

Edward Tolman(1932)은 학습 분야에서 방향 수정을 위해 노력했고, 그 노력으로 인해 실제로 그의 이름은 학습이나 심리학 입문에 관한 모든 주요 교재에서 거론되고 있다. Tolman은 쥐를 사용하는 실험, 미로 사용, 다양한 시도를 하는 실험실 학습 경험 등 그 당시의 많은 관습을 수용하였다. 하지만 그는 이런 종류의 연구를 동물의 의도성과 잠재적 학습을 나타낼 수 있는 새로운 방향에서 시도할 것을 제안하였다. 비록 Tolman이 이러한 개념들을 제안했을 당시의 반응은 혼란스러웠지만, 오늘날에는 널리 수용되고 있다.

또한 Beethoven의 작품도 그때까지 Haydn, Mozart, 그 외 다른 작곡가들이 성공적으로 적용해 온 고전음악 형식으로부터 방향을 수정한 것으로 볼 수 있다. Beethoven은 그의 선배들처럼 많은 고전적 형식을 사용했지만, 또한 이런 형식을 버려야만 더 풍부한 감성을 음악으로 표현할 수 있다는 것을 보여 주었다.

Kurt Vonnegut는 『살인자의 집(*Slaughterhouse Five*)』에서 전쟁소설로 구성되는 짜임새에 의문을 갖고 새로운 방향을 지적했다. 재구성을 하고 전쟁의 참사를 있는 그대로 이야기하는(Stephen Crane의 『붉은 무공훈장(*The Red Badge of Courage*)』 또는 Mackinlay Kantor의 『앤더슨빌(Andersonville)』 같은) 것도 좋지만, Vonnegut는 전쟁의 본질을 진실되게 전달하기 위해서 작가는 이보다 더 나아가야만 한다고 주장했다. 『그들이 가지고 간 것들(*The Things They Carried*)』에서 O'Brien(1991)은 Vonnegut와 뜻을 함께하였지만 다른 방향을 선택한다. 작가가 전쟁을 경험하지 않은 사람에게 전쟁의 본질을 전달하기란 매우 어려운 일이다. 작가가 할 수 있는 것이라고는 이러한 상황에서 경험할 수 있는 감정과 생각을 전달하는 것뿐이다. O'Brien과 Vonnegut는 재창시자(유형 7)라고 할 수는 없다. 왜냐하면 그들은 다른 소설가들이 사용한 동일한 전쟁 소설의 출발점을 받아들였기 때문이다. 하지만 그들의 작품은 단지 전진 증강의 유형(유형 3, 4)도 아니다. 왜냐하면 그들은 전쟁 소설이 쓰여야만 하는 방식에서 급진적으로 다른 관점을 택하였기 때문이다.

유형 6: 재구성/방향 수정 이 유형의 창의적 공헌은 [그림 3-1]의 ⑥에 그려져 있다. 재구성을 하면서 개인은 그 분야가 이전 지점으로 후진 이동해서 거기에서 선택했던 방향과는 다른 방향으로 이동해야 한다고 주장한다. 다시 말해, 개인은 과거의 어느 지점에서 그 분야가 이탈했다고 주장한다. 그리고 그 이탈한 지점과 그 지점으로부터 어떻게 이동했었어야만 하는지를 말한다. 이러한 작업은 개인이 분야가 이탈했다는 것을 정확하게 인식했다는 점에서, 그리고 새로운 방향이 그 분야가 추구해야 할 유용한 방향이라는 점에서 창의적이라 판단된다.

20세기 초에는 지능검사가 왜 어떤 집단은 사회의 상층에 오르고 어떤 집단은 사회의 하층에 떨어지는지를 이해하는 데 도움을 주는 것같이 보였다(Carroll, 1982; Ceci, 1996; Gould, 1981 참조). 이것은 종종 사회진화론에서 평균적으로 잘 적응하는 사람은 사회적 구조의 요구에 더 성공적으로 적응해야 하고, 사실상 잘 적응하고 있다는 것을 기반으로 한다는 사실을 빈약하게 위장한다. 반대로, 평균적으로 적응적인 기능이 부족한 사람들은 사회의 밑바닥으로 떨어졌고 또 떨어져야만 했다. 이러한 생각은 20세기 후반에는 인기가 없었다. 환경의 영향이 그 예전보다 훨씬 중요한 것으로 인식되었기 때문이다(Kamin, 1974; Lewontin, 1982). 결과적으로 지능검사 점수는 집단 간 차이의 원인이 아니라 그 결과로 생각하게 되었다.

이 균형은 Herrnstein과 Murray(1994)가 여러 측면에서 이전의 관점이 더 옳다고 주장함으로써 무너지게 되었다. 그들은 IQ에서 집단 간 차이는 사실 유전적 요인 때문이며, 이런 집단 간 차이는 결과적으로 사회적 이동으로 나타난다는 견해를 주장했다. Herrnstein과 Murray는 더 나아가 이런 추정된 사실을 근거로 그들이 생각하는 인도적인 사회정책을 수립할 수 있다고 제안하였다. 이전의 관점을 더 편안하게 느끼거나 그 관점에 쉽게 설득되는 많은 사람은 Herrnstein과 Murray의 주장이 설득력 있다고 생각했다. 그러나 다른 사람들, 특히 다중지능이나 환경의 중요성을 믿는 사람들은 설득되지 않았다.

나의 목적은 Herrnstein과 Murray의 입장의 타당성에 대해 논박하고자 하는 것이 아니며 이 점에 대해서는 다른 곳에서 이미 논의하였다(Sternberg, 1995a). 차라리 Herrnstein과 Murray의 업적은 재구성의 기능을 제공했다는 것이다. Herrnstein과 Murray는 그 분야가 구성원들이 수용하고 싶어 하는 어떤 믿음 때문에 옳지 않은 방향으로 이탈하고 있다는 것을 지적하고 있다. 이들은(물론 모두는 아니지만) 많은 연구자가 후에 남겨 뒀다고 생각하는 지점으로 돌아와서 그 지점에서 앞으로 나아갈 것을 주장했다.

B. F. Skinner(1972)의 창의성에 대한 분석은 또 다른 재구성/방향 수정의 예를 보여 준다. Skinner는 창의성 분석이 그와 그의 동료들이 모든 행동에 적용된다고 믿었던 행동주의 원리에서 점점 더 멀리 이동한 것에 대해 혼란스러웠다. 1972년에 발표된 보고서의 많은 부분에서, 창의성 분야가 그 기반을 잃어버렸고, 그와 다른 사람들이 보여 준 것이 창의적 행동에 대한 설명이 될 수 있다고 믿었던 행동주의 분석 유형으로 되돌아갈 필요가 있다고 주장하고 있다.

어떤 학자들은 이제 학문적 비평 역시 이탈했다고 주장한다. 즉, Derrida(1992)와 다른 사람들이 소개한 탈구성론은 학문적 비평의 퇴보를 초래하는 학문적 허무주의를 산출했다. 이런 사람들은(예, Boolm, 1994) 학자들이 실제로 어떤 의미가 어떤 학문 업적에서 읽힐 수 있다고 주장하기보다는 학문 연구에서 구체적인 의미를 발견하는 초기 전통으로 돌아갈 것을 주장한다.

Raymond G. Fox의 뮤지컬 〈안녕(Take It Easy)〉(1996)은 재구성/방향 수정의 한 예다. 이 뮤지컬은 1940년대를 배경으로 하고 있으며, 음악은 '스윙' 사운드의 재구성이다. 주인공들은 책벌레와 모든 미국인의 영웅처럼 의도적으로 고정관념에 충실했다. 공연의 궁극적인 목표는 젊고, 멋있고, 애국적인 인물로 더불어 1940년대 대학 뮤지컬의 기분을 재창조하는 것이다. 〈사랑의 축전(Triumph of Love)〉(James Magruder의 책, Jeffrey Stock의 음악, Susan Brikenhead의 가사), 〈빅(Big)〉(John Weidman의 책, David Shire의 음악, Richard Maltby, Jr.의 가사)과 같은 최근의 일부 브로드웨이 공연은 1950년대의 더 간단한 구성, 인물과 음조를 반영하는 후퇴한 뮤지컬이다. 노래가 많고, 오페라나 록뮤지컬 형식이 주류인 현대적인 공연과는 달리, 이런 공연은 보다 고전적 뮤지컬(〈오클라호마!

(Oklahoma!)〉〈나의 아름다운 숙녀(My Fair Lady)〉처럼)의 구성과 가치를 수용하고 1990년대의 주제와 감성에 낮게 조율한다(예, 〈빅〉에서 연기자들이 랩을 한다.).

유형 7: 재창시 이 유형의 창의적 공헌은 [그림 3-1]의 ⑦에 나타나 있다. 재창시에서 공헌자는 한 분야나 하위 분야가 바람직하지 않은 지점에 도착했거나 그것이 가고 있는 방향으로 나아가면서 지쳤다는 것을 주장한다. 하지만 그 분야나 하위 분야가 현 지점에서 다른 방향으로 나아가는 것이(재방향에서처럼) 아니라 완전히 새롭게 다른 지점에서 다른 방향으로 이동할 것을 주장한다. 사실 공헌자는 사람들이 가지고 있는 가정을 의심하고 가장 다른 가정을 할 수 있는 지점에서 다시 시작해야 한다고 주장하고 있다. 이런 유형의 창의적 공헌은 주요한 패러다임 변화를 나타낸다.

이런 유형의 창의성에 관한 두 가지 놀랄 만한 예는 Spearman (1904), Binet와 Simon(1905/1916)의 지능 분야에서의 공헌에서 찾을 수 있다. Spearman은 요인분석을 고안하고 이를 토대로 양요인 이론(일반 능력과 특수 능력)을 제안함으로써 지능 이론과 연구를 재창조하였다. Spearman의 공헌은 지능에 대한 이론을 확고한 양적 기반에 올려 놓았으며, Spearman의 이론이나 방법론에 동의하든 하지 않든 오늘날까지 영향을 주고 있다. Binet와 Simon(1905/1916)은 지능 측정 분야를 재창조하였다. Galton(1883)이 지능은 간단한 정신물리적 과정으로 이해되어야 한다고 주장한 반면, Binet와 Simon은 지능은 판단인 상위 사고 과정으로 이해되어야만 한다고 주장했다. 지능 측정에 관해 오늘날까지도 대부분 Binet와 Simon의 입장을 기반으로 하고 있다.

Spearman(1904, 1927)의 일반 능력을 강조하는 재창시는 많은 연구자가 공유하지 않았다. 예를 들어, Thurstone(1938), Guilford(1967) 그리고 많은 이론가는 지능은 다양한 능력으로 구성되어 있으며, 요인분석에서 얻은 일반요인은 잘 하더라도 중요하지 않고, 최악의 경우에는 부수적인 것이라고 주장했다. 하지만 대부분 경우에 지능은 하나의 구인으로 받아들여졌다. 연구자 간의 시각의 차이가 있다면 하나의 구인을 어떻게 분할하느냐는 것이었다.

앞서 언급한 Festinger와 Carlsmith(1959)의 인지부조화에 대한 첫 보고서는 사회심리학 분야에서 새로운 시작을 시도하는 재창시를 나타낸다. 재창시에 대한 보다 더 최근의 예는 개인에게 처음에는 이국적인 것이 생의 후반에는 호색적으로 된다고 주장하는 Bem(1996)의 동성애 이론이다. Bem의 이론은 생물학 이론이 주류를 이루는 시기에 동성애의 환경적 원인을 주장하는 이론이다.

혁신적인 작업은 주요한 재창시로 나타나는 경향이 있다. 언어 분야에서 Chomsky(1957)의 변형문법은 많은 언어학자가 언어를 바라보는 방법을 변화시켰다. Chomsky를 추종하는 언어학자들은 표면적 구조뿐 아니라 심층적 구문구조도 분석하기 시작했다. 그리고 Einstein도 물론 물리학을 개혁했다. 그는 Newton의 물리학은 일반적으로 물리학의 제한적인 사례만을 설명하고 있다고 주장하고, 공간과 시간에 관한 상대성 이론을 발표했다. 재창시는 Einstein의 경우처럼 전체 분야에 적용할 수도 있고, 더 작은 하부 분야에 적용할 수도 있다. 하지만 각 사례에서 창의자는 창의적인 작업에 참신한 접근을 주장한다.

재창시 공헌은 종종 대담하고 도전적인 행위이다. 대표적인 예로 Marcel Duchamp의 1917년 조각 작품 〈샘(Fountain)〉을 들 수 있다. Duchamp의 다다이즘 조각은 그저 소변기를 반대로 둔 것이다. 그러한 작품을 전시한 것은 예술에 대한 성명서다. 즉, Duchamp의 조각은 예술 행위의 초점을 분명하게 예술이란 무엇이고 어떤 것이 예술이 될 수 있는지에 대한 정의에 맞춘다. Duchamp의 소변기는 하나의 예술 작품이 되었고, 그와 그를 추종하는 다다이즘 창의자는 예술이란 무엇인가에 대한 우리의 생각에 도전하는 다른 현대 예술을 위한 무대를 마련했다(Hartt, 1993).

또 다른 급진적 재창시자는 Duchamp의 친구 중 한 사람인 작곡가 John Cage다. 그는 종종 비전통적인 소리 재료를 사용했으며, 그의 작곡 과정(그리고 종종 연주)도 전적으로 우연히 결정되었다. 이렇게 이단적인 방법으로 작곡하게끔 하는 Cage의 철학은 본질적으로 음악 그 자체에 대한 정의를 포함하여 서양 음악의 기본적 전통을 거부하는 것으로 볼 수 있다. Cage는 속삭임과 침묵에서 들을 수 있는 심장박동을 포함한 모든 소리가 음악이 될 수 있다고 선언했다. 그는 동양 철학에 관심이 있었고, 그 영향으로 인간의 경험 속에서 인식의 중요성에 초점을 맞추었으며, 청중이 주변의 소리를 인식하게 하는 데 그의 음악을 활용하였다.

대표적인 예로 그의 작품 〈4분 33초(4′33″)〉를 들 수 있다. 이 작품은 4분 33초 동안의 '침묵' 혹은 Cage의 용어로 '의도하지 않은 소리'로 연주된다. 이 연주는 연주자가 악기로 가서 연주를 준비하고 소리 없이 4분 33초 동안 앉아 있는다. 중간에 잠시 멈춤은 악장이 바뀔 때를 신호하는 것이다. 따라서 그 음악은 환경 속에 존재하는 바로 그 소리다. Cage가 말하고자 하는 것은 우리 주위에 항상 음악이 연주되고 있다는 것이다. 우리는 음악이란 원래의 멜로디, 화음, 리듬이라는 생각을 버려야만 한다. 그리고 모든 의도된 소리와 심지어 문밖의 차량 통행 소리와 머리 위의 형광등이 윙윙 하는 소리가 음악이 될 수 있다(Cage, 1961; Hamm, 1980).

공헌의 마지막 유형: 통합

여덟 번째인 마지막 유형의 창의적 공헌은 통합이고, [그림 3-1]의 ⑧에 나타나 있다. 이 공헌의 유형은 자신의 범주 내에 있다. 왜냐하면 현재의 패러다임을 확실히 수용하지도 거부하지도 않기 때문이다. 오히려 통합은 이전에 상관이 없거나 상반되게 보이던 두 패러다임을 합치는 것이다.

이전에는 별개의 아이디어로 보이던 것들이 이제 관련이 있고 합치될 가능성이 있는 것으로 보인다. 통합은 과학과 예술에서 진보할 수 있는 핵심적인 수단이다.

통합의 예로는 Robert Harris(1992)의 역사적 고찰에 대한 베스트셀러 소설 『조국(*Fatherland*)』이다. 역사적 고찰 장르에서 작가는 기본적으로 역사를 변화시켰기 때문에 우리가 살고 있는 세계와 다른 세계를 상상한다. 과거에 있었던 유명한 사건은 일어나지 않을 수도 있다(예, 만약 John F. Kennedy가 암살되지 않았다면). 또한 역사적으로 일어나지 않은 사건도 그 세계에서는 일어날 수도 있다(예, Adolf Hitler가 권력을 가지기 전에 암살당하는 세상). 『조국』에서 Harris는 독일이 제2차 세계대전에서 연합국을 패배시킨 세계를 개념화한다. 하지만 Harris는 그 책에서 그 세계를 건설하고 새로운 역사를 쓰는 대신에 곧바로 서스펜스 스릴러를 시작한다. Harris는 두 장르인 역사적 고찰과 서스펜스 스릴러를 택하여 잘 통합해서 훌륭한 소설로 출간하였다.

또 다른 통합의 예로는 Rob Silvers의 혁신적인 예술 작품이다. Silvers(1997)는 Georges Seurat의 수많은 작은 점을 사용해서 작품을 만드는 점묘화 기법을 택하고 그 방법을 사진 분야에 결합시켰다. Silvers는 수많은 작은 사진을 사용하고 그것들을 함께 사용하여 큰 이미지를 만들어 냈다. 사진 모자이크라고 불리는 그의 작업 유형은 유명해졌다. Silvers는 영화 〈트루먼 쇼(The Truman)〉의 포스터를 디자인하였으며, Diana 왕세자비, Abraham Lincoln, Darth Vader 등 저명한 인물들의 초상화도 그렸다.

일반적인 쟁점

여덟 가지 유형의 창의적 공헌을 고려해 보면, 어떤 유형의 창의적 공헌은 실용적으로 다른 유형들보다 창의성이 더 높을 수도 있지만, 원칙적으로는 어떤 유형의 창의적 공헌이 다른 유형(반복은 다소 덜 창의적이므로 예외일 수 있다)보다 더 창의적이라고 말할 수 없다. 그 이유는 어떠한 유형의 공헌도 주어진 작업에서 새로움과 질적 측면에서 다양해질 수 있기 때문이다. 예를 들어, 재창시와 전진 증강을 생각해 보자. 재창시는 평균적으로 전진 증강보다 더 기존의 패러다임에 도전적이다. 하지만 재창시는 전진 증강보다 반드시 더 창의적인 것은 아니다. 재창시는 기존의 패러다임과 사소한 차이만 있을 수도 있고 그 분야의 방향을 이동시켰지만 무익한 방향을 선택했을 수도 있다. 한편, 전진 증강은 대부분의 다른 연구자들을 앞섰다는 점에서 매우 새롭다. 더욱이 중병을 치료하기 위한 백신을 개발하는 것과 같이 그 분야를 변화시켜 도약하게 하는 초석이 된다. 따라서 창의적 공헌의 유형은 즉각적으로 창의적 공헌의 수준으로 해석되지 않는다. 두 유형의 창의적 공헌에 대한 상대적 수준은 다른 근거에서 결정되어야 한다.

그럼에도 불구하고, 개인이나 기관들이 선호하는 창의적 공헌의 유형이 있다. 어떤 기관의 경영자는 재정의나 재창시에 대해 위협을 느낄 수도 있는 반면, 어떤 기관의 경영자는 그것을 환영한다. 어떤 대학원 지도교수는 자신의 학생들이 스스로 대중에 도전하는 연구를 하라고 격려하는 반면, 어떤 지도교수는 학생들이 기존 패러다임 내에서만 심지어 지도교수 자신의 패러다임 내에서만 연구하라고 주장한다. 의심할 여지없이 대학원 교육은 가치 있는 연구를 하는 것뿐 아니라 가치 있다고 여겨지는 유형의 연구를 하는 것을 훈련시키는 중요한 역할을 한다. 항상 그러하듯이, 창의적으로 간주되는 것은 개인이 제공하는 것과 그 맥락이 기꺼이 가치를 부여하려고 하는 것의 조화에 달려 있다. 또한 우리는 공헌들이 창의성뿐 아니라 다른 여러 속성을 기준으로 해서 판단된다는 것을 마음에 새겨야 한다. 창의적 공헌은, 예를 들어 정치적 정당성이나 성별, 인종 집단 혹은 창의자의 지위 등 수많은 이유로 어떤 사회에서 가치를 인정받을 수도 있고 인정받지 못할 수도 있다.

추진력 모형에 의한 창의성 관련 현상 이해

추진력 모형이 물론 유일한 설명을 제시하지는 않지만, 창의성과 관련된 몇 가지 현상을 설명하는 데 도움이 될 수 있다.

첫째, 추진력 모형에서 대부분의 사람들은 자신의 창의성을 지원한다는 믿음에 대한 사실에 관해 부정적인 창의적 반응을 생성하는 경향이 있다는 사실을 조정하는 데 도움을 줄 수 있다(Sternberg &

Lubart, 1995). 현재 모형은 어떤 공헌에 대한 긍정적 혹은 부정적 반응은 창의적 공헌에 나타나는 창의성 유형에 따라 다를 수 있다는 것을 말한다. 예를 들어, 창의성의 투자 이론(Sternberg & Lubart, 1995)에서 다루는 대중-도전 창의성인 패러다임 거부 유형은 아마도 주로 다음 세 가지 유형인 방향 수정(유형 5), 재구성/방향 수정(유형 6), 특히 재창시(유형 7)다. 패러다임 수용 창의성은 적어도 초기에는 우호적인 반응을 받는 경향이 있다. 예를 들어, 전진 증강은 창의적이지만 기존의 패러다임에서 일어나며, 따라서 학술지 편집위원, 기금 평가단, 음악과 미술 평론가들로부터 더 호의적인 반응을 일으킬 수 있다. 짧은 기간에서는 전진 증강 유형의 창의성을 발휘하는 화가, 과학자, 그 외 사람들이 쉽게 산출물에 대한 인정을 받겠지만, 길게 보면 그들의 공헌이 크게 오랫동안 인정받지는 못한다.

둘째, 추진력 모형은 심리학자들이 창의성과 리더십의 관계 본질을 더 잘 이해하는 데 도움이 된다. 리더십은 창의성처럼 추진력이다. 따라서 창의성은 항상 적어도 이끌어 가려는 약한 시도를 나타낸다. 그러나 반복의 경우에 그 시도는 다소 미약하다. 방향 수정, 재구성/방향 수정 혹은 재창시의 경우에는 그 시도가 매우 극적이다. 이러한 경우에 창의적인 개인이 그 분야를 이끌어 가려고 하는 방향은 그 분야가 가고 있는 방향과는 다르다. 심지어 선전진 증강은 인상적인 리더십의 형태를 나타낸다. 선전진 증강은 비록 그 분야가 이미 가고 있는 방향이지만 현 위치에서 다차원적인 공간으로 훨씬 더 멀리 이끌어 가려고 한다.

추진력 모형을 창의적 리더십에 적용시킨 예는 Levine(1998)이 대학 총장들을 분석한 것에서 볼 수 있다. Levine은 실패한 두 총장의 예를 제시한다. 브라운 대학교의 Francis Wayland(총장 재임기간

1827~1855)와 미시간 대학교의 Henry Tappan(1852~1863)은 그들의 아이디어가 시대를 앞섰기 때문에 실패했다. 그들의 아이디어는 훗날 다른 대학에서 성공적일 수 있었다. 두 총장은 대학을 창의적으로 이끌어 가는 데 선전진 증강을 사용했다. 1929년에서 1951년까지 시카고 대학교의 총장을 지낸 Robert Hutchins는 시대에 뒤떨어진 아이디어 때문에 총장직에서 물러났다. Hutchins는 시대에 뒤떨어진 아이디어에 안주하여 새로운 방향을 설정하기를 원하지 않았다. 그는 재구성/방향 수정을 예증하였다. 1959년에서 1967년까지 캘리포니아의 버클리 대학교의 총장을 지낸 Clark Kerr는 Ronald Reagan이 캘리포니아 주지사가 되었을 시기에 적합한 인물이 되지 못해 결국 실패한 사례가 되었다. 본질적으로 Reagan은 다차원적인 공간으로 Kerr를 수용할 수 없는 새로운 지점으로 이동시켰다. 대학 총장들이 사직한 채 주지사가 창의적 리더십의 망토를 입게 되었다.

셋째, 추진력 모형은 인공지능을 기반으로 한 프로그램들이 창의적인가 하는 질문에 답하는 데 도움이 된다(Boden, 1990, 1999 토론 참조; Csikszentmihayi, 1988; Dreyfus, 1992). 컴퓨터 프로그램이 과거의 발견을 복사한다는 측면에서는 아무리 창의적 발견이라고 해도 좀 더 현대적인 유형의 반복일 뿐이지만, 그래도 창의성으로 인정할 수 있다(유형 1). 컴퓨터가 실제로 한 분야를 앞으로 혹은 새로운 방향으로 이동시킬 수 있다는 점에서, 컴퓨터는 다른 측면에서 창의적일 수 있다. 최근에 읽은 문헌에 따르면, 이런 프로그램은 반복이라는 점에서 분명히 창의적이며 전진 증강이라는 점에서도 창의적일 수 있다. 그것들은 더 대중-도전 유형의 창의성을 보여 주었다(유형 5~7: 방향 수정, 재구성/방향 수정, 재창시).

넷째, 추진력 모형은 어떤 창의성이 영역 특수적 혹은 영역 일반적인가 하는 오래된 논쟁(앞서 제기한)과 관련될 수 있다. 나는 상당히 성공적인 전진 증강을 할 수 있는 능력은 대부분 영역 일반적이며 심지어 전통적인(분석적) 능력검사 점수와 매우 상관이 높다고 생각한다. 전진 증강은 대체로 잔존하는 지식 기반에 대한 높은 수준의 이해와 그 분야의 흐름에 대한 분석을 요구하는 것으로 보인다. 지식을 획득하고 이해하며 분석하는 능력은 대부분 전통적인 표준 시험에서 측정되는 것이다(Sternberg, 1997a). 하지만 재창시할 수 있는 능력은 훨씬 영역 특수적이고, 전통적인 검사에 의해 측정되는 분석력보다 더 일반화할 수 있는 어떤 분야에 대한 감각이나 느낌을 필요로 한다. 실제로 유형 5(방향 수정), 6(재구성/방향 수정) 그리고 7(재창시)의 창의성을 발휘하는 사람들은 전문지식 때문에 폐쇄성에 덜 민감하다(Frensch & Sternberg, 1989; Sternberg & Lubart, 1995).

추진력 모형은 분명히 약점과 모호성도 가지고 있다. 첫째, 이 모형은 새롭고 아직 양적으로 검증되지 않았다. 검증할 검사는 계획되어 있으며, 창의적 공헌들의 분류와 그것들의 영향을 다양하게 측정한 분석을 기반으로 한다. 둘째, 공헌들은 명료하게 어떤 유형으로 분류될 수 없다. 예를 들어, Bach는 그가 활동하던 시대에는 잘해야 전진 증강으로, 심지어는 복제가로 간주되었다. 그러나 오늘날 그는 많은 사람에 의해 바로크 음악을 재정의하는 데 기여했다고 평가된다. 게다가 우리는 항상 우리가 가지고 있는 그것이 무엇이든 그것을 기준으로 판단하기 때문에, 특정한 업적에 대한 창의적 공헌의 유형을 객관적으로 판단하는 것은 불가능하다. 셋째, 여기에서 제시한 모형은 아마도 창의적 공헌의 유형을 완벽하게 분류한 것은 아니다. 다른 유형들이 있을 수 있고, 여기에 제시한 것을 거의 분명하게 하위 분류를 할 수도 있을 것이다. 넷째, 특정 유형으로 분류한 공헌이라도 한 가지 이상의 유형에 속할 수 있는 요소들을 가지고 있을 수 있다. 마지막으로, 이론의 근거로 사용한 공간적인 개념도 분명 지나치게 단순화한 것이다. 다차원적인 공간에서 어떤 분야나 어떤 하위 분야를 적절하게 표시할 수 있는 특정 지점이 있을 수 없으며, 그 분야나 그 하위 분야의 모든 연구가 한 가지 방향으로만 이동할 수도 없다.

궁극적으로 창의적 공헌의 유형 중 어떤 한 가지가 '옳은' 모형이라고 할 수는 없을 것이다. 오히려 이런 모형은 특정 분야에 기여할 수 있는 창의적 공헌들의 유형에 관한 사람들의 생각을 확장하는 데 도움이 될 수 있다. 창의적 공헌들은 양뿐만 아니라 유형에서도 다르며, 여기에서 제시한 여덟 가지 유형은 아마도 언제 어느 분야에서나 생길 수 있는 것들이다. 우리는 이러한 유형들이 발생할 때 이러한 유형을 인식해야만 한다. 우리는 또한 우리의 아이들과 우리 자신을, 이상적으로는 아이들과 우리가 하고 싶어 하는 것과 가장 잘 조화를 이룰 수 있는 유형의 창의적 공헌들로 향하게끔 방향을 조종하고 싶어 할 수도 있다. 우리는 우리 아이들이 언제 어떤 유형으로 복제자, 전진 증강자, 방향 수정자가 되기를 바라는가? 이런 것들은 우리 아이들을 사회화시키는 과정에서 결정해야 하는 것이며, 궁극적으로 아이들은 성장해 감에 따라 어떻게 자신이 창의적 잠재력을 나타내고 통제하고 싶어 하는지 스스로 결정해야 할 것이다.

창의성 개발:
창의성을 결정하기 위한 21가지 방법

개인이 창의성을 결정하기 위해 어떻게 격려해야 할까? 결정으로서의 창의성의 관점에 따르면, 크게 창의성을 격려하는 것은 문제 해결과 삶에 대한 태도를 격려하는 것이다. 창의성 연구자들은 창의성에 관한 학문적 지식이 많다. 그러나 그들은 학생들이 창의성을 결정할 기회를 최대화하는 방식으로 학생들과 교류하고 있지는 않다.

다음 부분에서 나는 학생들이 창의성을 결정하기 위해 격려하는 21가지 방법을 살펴보고자 한다. 이들 방법은 연구문제, 즉 교사가 학생이 창의성을 결정하는 데 꾸중하기보다는 격려하는 등의 책략의 사용이 학업 성취력에 효과적인가에 대한 연구결과에서 참조하였다.

문제를 재정의하라

문제를 재정의한다는 것은 문제에 대한 발상을 바꾸는 것이다. 인생의 많은 시간 동안, 사람들은 살아가면서 문제에 부딪히지만 그것을 어떻게 해결할지는 생각하지 않는다. 상자 안에 갇혀 버린다. 문제를 재정의하는 것은 본질적으로 그 상자에서 탈출하는 것을 의미한다. 그것은 단순히 문제를 해결하는 것보다는 문제를 발견하는 측면이다. 이 과정은 창의적 사고의 확산적 부분이다.

문제를 재정의하는 좋은 예로 디트로이트 지역에 있는 가장 큰 자동차 회사에서 일하는 간부 직원의 이야기를 들 수 있다. 그 간부는 고위직에 있으면서 자신의 일과 임금에 매우 만족하였다. 하지만 그는 상사가 마음에 들지 않아서 새로운 직장을 찾기로 결정했다. 헤드헌터에게 찾아갔더니 담당자는 새로운 직장을 쉽게 구할 수 있다고 확신했다. 그는 집으로 와서 아내에게 그 이야기를 했다. 아내는 그 당시에 학교에서 지능의 응용 과목에서(Sternberg & Grigorenko, in press) 문제 재정의하기를 가르치고 있었다. 간부는 아내가 가르치고 있는 것을 자신의 문제에 적용할 수 있다는 사실을 깨달았다. 그는 헤드헌터를 찾아가서 자기 상사의 이름을 알려 주었다. 헤드헌터는 간부의 상사를 위해 새로운 직장을 구해 주었으며, 상사는 영문을 모른 채 새 직장을 받아들였다. 그러고 나서 간부는 상사의 자리로 승진했다. 그는 문제를 재정의함으로써 창의성을 위한 결정을 한 것이다.

교사와 부모가 아동을 대신해서 문제를 정의하고 재정의하는 경우가 많은데, 아동이 스스로 할 수 있도록 격려해 줄 수 있는 여러 가지 방법이 있다. 교사와 부모는 아동이 자신의 문제나 과제를 정의하고 재정의하도록 격려해 줌으로써 창의적 수행을 증진시킬 수 있다. 어른들은 아이들이 보고서나 발표를 위해 스스로 주제를 선택하고 문제를 해결하도록 하여, 만약 자신의 선택이 잘못되었을 때는 다시 선택하게 함으로써 창의적인 사고를 할 수 있도록 격려할 수 있다. 교사와 부모는 또한 아동이 스스로 주제를 선택하여 어른의 승인하에 과제를 수행하도록 해야 한다. 승인은 그 주제가 수업에 적절하고, 성공적인 과제 수행의 기회를 가졌음을 보증한다.

어른은 아동에게 항상 선택하게 할 수는 없지만, 선택권을 주는 것이 아동에게 어떻게 선택할 것인지를 배우게 하는 유일한 방법이 될 수 있다. 진정한 선택은 고양이와 개 중 어느 것을 그릴 것인가를 결정하는 것도 아니고, 과제 발표에서 보여 주기 위해 미국의 여러 주 중에서 하나를 선택하는 것도 아니다. 아동에게 자유롭게 결정을 하도록 하는 것이 창의성의 가장 중요한 요소인 감성과 좋은 판단력을 기르는 데 도움을 준다.

어떤 점에서 모든 사람은 과제 선택이나 그 과제를 완성하기 위해 선택한 방법에서 실수를 범한다. 교사와 부모는 아동이 실수를 깨닫는 것이 창의성의 중요한 부분이라는 것을 기억하고, 아동에게 자신의 선택을 재정의할 수 있는 기회를 주어야 한다.

가정에 대해 의문을 가지고 분석하라

모든 사람은 가정을 한다. 이러한 가정들은 널리 공유되어 있기 때문에 종종 사람들은 자신이 그런 가정을 하고 있다는 것을 모른다. 창의적인 사람은 가정에 대해 의문을 가지고, 결국에 다른 사람도 의문을 갖게 한다. 가정에 의문을 가지는 것은 창의성과 관련되는 분석적 사고의 일부다. Copernicus가 지구가 태양의 주위를 공전한다고 주장했을 때, 그 주장은 터무니없다고 여겨졌다. 왜냐하면 모든 사람들은 태양이 지구 주위를 도는 것을 볼 수 있었기 때문이다. Galileo는 떨어지는 물체의 상대적 속도와 여타 아이디어로 인해 이단이라는 비난을 받았다. 만약 직원이 그의 상사가 운영하는 사업 방식에 의문을 가지면 그 상사는 미소를 짓지 않는다. 상사와 다른 사람들에게는 간단히 수용되는 가정을 그 직원만 의문을 제기하고 있기 때문이다.

때때로 많은 세월이 지나서야 사회는 그들의 가정의 한계나 오류를 인식하고, 창의적인 사람의 사고에 대한 가치를 인정하기도 한다. 가정에 의문을 가지는 사람들은 문화적 · 기술적 발전 및 여러 가지 형태의 발전을 촉진한다.

교사와 부모는 아동에게 그들이 실제로는 모르면서 알고 있다고 생각할 수도 있다는 것을 보여 줌으로써 가정에 의문을 가지도록 하는 모델이 될 수 있다. 물론 모든 가정에 의문을 가져야 된다는 것은 아니다. 의문을 가지고 환경을 재조성하기 위해 노력해야 할 때가 있고, 그 환경에 적응해야 할 때가 있다. 어떤 창의적인 사람들은 너무 자주 너무 많은 의문을 가지기 때문에 다른 사람들이 그들의 의견을 신중하게 받아들이지 않는다. 모든 사람은 어떤 가정에 의문을 가질 가치가 있고, 어떤 싸움이 싸울 만한 가치가 있는지를 배워야 한다. 때때로 노력해 볼 가치가 있다고 판단하고 지지자를 만날 때까지 이치에 맞지 않는 가정을 내버려 두는 것이 더 좋을 때도 있다.

교사와 부모는 아동이 질문하는 것을 일상생활의 일부로 인식하게 함으로써 이 재능을 개발시킬 수 있다. 아동이 무엇을 질문해야 하며 어떻게 질문하는지를 배우는 것이 그 답을 배우는 것보다 더 중요하다. 어른은 아동의 질문에 단순하게 대답한다는 생각을 버림으로써 그들의 질문을 평가하게 도와줄 수 있다. 어른은 아동에게 사실을 가르친다는 신념을 피해야 하며, 대신 사실을 사용하는 능력을 이해하도록 도와주어야 한다. 이렇게 함으로써 좋은 질문을 하는 방법과 대답하는 방법을 배우게 된다.

사회는 질문을 하는 것보다 대답하는 것을 강조함으로써 교육적 실수를 범하는 경향이 있다. 훌륭한 학생들이란 빨리 정답을 말하는 학생으로 간주되고 있다. 따라서 특정 분야에서 전문가는 많은 정보를 알고 암기할 수 있는 전문 학생의 연장이 되는 것이다. John Dewey(1933)가 인식했듯이, 어떻게 생각하는 것이 종종 무엇을 생각하는 것보다 더 중요하다. 학교는 학생에게 옳은 질문들(좋은, 생각하게 하는, 유익한)을 하는 방법을 가르쳐야 하며 단순 암기식 공부는 덜 강조할 필요가 있다!

창의적인 아이디어가 저절로 팔린다고 생각하지 말라: 그것을 팔라

모든 사람은 자신의 훌륭하고 창의적인 아이디어가 저절로 팔릴 것이라고 가정한다. 하지만 그렇지 않다. 반대로 창의적인 아이디어들은 종종 이익 대비 낮은 가격으로 팔리는 주식처럼 의심스럽고 믿음이 가지 않는다. 게다가 그러한 아이디어를 제안하는 사람들도 의심스럽고 믿음이 가지 않는 사람으로 간주되었다. 사람들은 기존 방식에 익숙하고 또 그 방법에 많은 투자를 했기 때문에, 그런 기존의 방식에서 벗어나도록 하는 것은 극히 어렵다.

따라서 아동은 자신의 아이디어의 가치를 다른 사람들에게 설득하는 방법을 배울 필요가 있다. 이것은 창의적 사고의 실용적 측면이다. 만약 아동이 과학 과제를 한다면 그것을 발표하고 왜 그것이 중요한 공헌을 할 수 있는지에 대해 설명하도록 하는 것이다. 만약 예술 작품을 창작한다면 왜 그것이 가치가 있는지 설명할 준비가 되어 있어야 한다. 만약 새로운 형태의 정부를 계획한다면 그들은 왜 그것이 기존의 형태보다 더 나은지 설명해야만 한다. 가끔 교사는 교장에게 교수 방법에 대한 자신의 아이디어를 정당화해야 하는 경우가 있다. 교사는 그와 같은 경험을 학생에게 준비시켜야만 한다.

아이디어 생성을 격려하라

앞서 언급하였듯이, 창의적인 사람들은 입법적인 사고양식을 지니고 있다. 그들은 아이디어들을 생성하기를 좋아한다(Sternberg, 1997b). 아이디어를 생성하기 위한 환경은 건설적으로 비판적일 수 있지만 혹독하거나 파괴적으로 비판적이어서는 안 된다. 아동은 어떤 아이디어가 다른 아이디어보다 더 낫다는 것을 인식할 수 있어야 한다. 어른과 아동은 표현된 아이디어의 어떤 창의적인 측면을 확인하고 격려하기 위해 협력해야만 한다. 제안한 아이디어가 큰 가치가 없어 보일 때도 교사는 그저 비판만 해서는 안 된다. 그것 자체만으로는 아무런 가치가 없어 보이는 아이디어라도 그것의 어떠한 부분과 연관시킬 수 있는 새로운 접근을 제시해 주는 것이 바람직하다. 아이디어가 바보 같다거나 관련성이 없더라도 아이디어를 생성해 내는 것에 대해 칭찬하여 그들의 최고의 아이디어를 확인하고 개발시켜 질 높은 과제를 완성시키도록 해야 한다.

지식은 양날을 가진 칼로 인식하고 그에 따라 적절하게 행동하라

지식 없이는 창의적일 수 없다. 만일 현재 상태가 무엇인지 알지 못하면 기존 지식의 상태에서 더 나아갈 수가 없다. 많은 아동이 가지고 있는 아이디어 중에는 자신의 기준에서는 창의적이지만 그 아이디어가 이미 알려져 있기 때문에 그 분야의 기준에서는 창의적이라고 할 수 없는 경우가 많다. 그 분야의 기초를 배우고 있는 사람들이 창의적일 수 없다는 면에서 많은 지식 기반을 가진 사람들은 창의적이라고 할 수 있다.

마찬가지로 전문가 수준의 지식을 가진 사람은 좁은 시야, 좁은 사고 그리고 사고의 정체를 경험할 수 있다. 전문가는 한 가지 사고 방식에 너무 갇혀서 그것으로부터 벗어날 수 없게 되기도 한다. 예를 들어, 브리지 놀이의 전문가와 초보자 연구(Frensch & Sternberg, 1989)에서 우리는 정상적인 상황에서 전문가가 초보자를 이기는 것을 보았다. 게임의 표면적 구성에 작은 변화를 주었을 때, 전문가와 초보자는 모두 조금 언짢아했지만 곧 회복하고 게임을 하였다. 게임 중간에 판의 구성을 많이 흩뜨렸을 때 전문가가 초보자보다 먼저 더 많이 언짢아하고 더 늦게 회복하였다. 그 이유는 전문가는 기존의 구조를 더 많이, 더 깊게 사용하므로 게임의 법칙에서 심층적 구조의 변화가 있으면 초보자보다 더 많이 그들의 사고를 재구성해야 하기 때문이다.

아동이 장애를 확인하고 극복하도록 격려하라

싸게 사고 비싸게 팔기란 대중에 도전한다는 것을 의미한다. 대중에 도전하는—창의적으로 사고하는—사람은 대부분 필연적으로 저항에 부딪힌다. 장애를 만날 것인가 아닌가는 문제가 아니다. 반드시 장애를 만난다. 싸게 산다는 것은 대중에 도전하는 것이며, 보통 이런 행동은 대중을 당황하게 하거나 최악의 경우에는 적개심까지 일으킨다. 문제는 창의적으로 생각하는 사람이 굴하지 않는 강인함이 있는가다. 나는 종종 왜 많은 사람이 초기에만 창의적인 업적을 남기고 레이더 망에서 사라져 가는지 의아해했다. 적어도 한 가지 이유는 안다고 생각한다. 조만간 그들은 창의적이라는 것이 저항과 처벌을 이겨 낼 만한 가치가 없다고 결정한다. 진정으로 창의적으로 생각하는 사람들은 결국에는 다름이 있음을 알기 때문에 얼마 동안 받는 고통을 견뎌 낸다. 그러나 종종 창의적인 아이디어의 가치가 인식되고 인정받으려면 꽤 오랜 시간이 소요된다.

부모와 교사는 그들의 친구들과 사회의 유명한 인사들이 창의적 활동을 하면서 직면한 장애를 이야기함으로써 이러한 유형의 경험을 아동에게 준비시킬 수 있다. 그러나 이런 현상을 모르는 아동은 자신이 이런 장애에 부딪히는 유일한 사람이라고 생각할 수 있다. 교사는 지지받지 못한 사람에 대한 이야기, 환영받지 못한 아이디어로 나쁜 평가를 받은 이야기, 가장 좋은 아이디어일 수 있는데 냉담한 반응을 받은 이야기를 들려주어야 한다. 장애를 극복하는 데 도움을 주기 위해서 부모와 교사는 많은 창의적인 사람의 아이디어가 처음에는 인정받지 못했다는 것을 상기시키고, 창의적 활동의 내적 경이감을 개발시키는 것을 도와줄 수 있다. 다른 사람이 어떻게 생각하는가에 대한 관심을 덜 가지도록 하는 것도 가치 있다. 하지만 아동이 또래의 의견에 관심을 가지지 않는다는 것은 어려운 일이기도 하다.

아동이 장애를 극복하려고 시도할 때는 그 결과에 관계없이 그 노력에 대해 칭찬해 주어야 한다. 교사와 부모는 어떻게 노력해서 왜 성공했는지 지적해 줄 수 있으며, 장애를 직면했을 때 활용할 수 있는 다른 방법들을 제시해 줄 수도 있다. 학급의 학생들에게 어떻게 장애를 극복할 수 있고, 그 방법에 대한 브레인스토밍을 하게 해서 문제를 해결하기 위해 사용하는 여러 가지 책략에 대해 생각해 보게 할 수 있다. 수행불안과 같이 자신의 내부에 있는 장애도 있고, 다른 사람의 나쁜 평판과 같이 외부에 있는 장애도 있다. 내부적이든 외부적이든 장애는 극복되어야만 한다.

분별 있는 위험 감수를 격려하라

창의적인 사람이 싸게 사고 비싸게 팔아서 대중에 도전할 때, 그들은 주식 투자를 하는 사람이 사용하는 방법과 같은 방법으로 위험을 감수한다. 투자해서 성공하지 못할 수도 있다. 유사하게, 창의적인 사람이 인기가 없는 아이디어를 내고 오랫동안 관심을 끌지 못한 채로 있을 수도 있다. 게다가 대중에게 도전한다는 것은 대중으로부터 잘못된 아이디어를 샀다는 경멸이나 분노까지도 감수하겠다는 것을 의미한다. 하지만 대중에 도전할 때에는 마음에 새겨야 할 감수성의 수준이 있다. 창의적인 사람은 분별 있는 위험을 감수하면서, 궁극적으로 새로운 유행으로 정착되고 존중받는 아이디어를 만든다. 이러한 위험을 감수할 때 창의적인 사람도 가끔은 실수하고, 실패하고, 완전히 망치기도 한다.

나는 창의성을 위해서 생명과 사지를 건 위험 감수를 말하는 것이 아니라 분별 있는 위험 감수의 중요성을 강조한다. 아동이 분별 있는 위험 감수를 배우도록 돕기 위해 어른은 아동으로 하여금 강의나 활동, 어른에게 말하기 같은 지적인 위험 감수를 통하여 위험한 것을 평가하는 감각을 개발시켜야 한다.

대부분의 중요한 발견이나 발명은 어떤 위험을 수반한다. 극장에서만 영화를 볼 수 있었을 때, 누군가가 집에서 볼 수 있는 비디오 기계에 대한 아이디어를 생각해 냈다. 의심이 많은 사람은 누가 작은 화면으로 영화를 보고 싶어 할까를 문제 삼았다. 초기에 위험하다고 여겨졌던 또 다른 아이디어로는 가정용 컴퓨터가 있다. 많은 사람은 컴퓨터 값이 너무 비싸기 때문에 가정용으로 판매가 잘 될지 걱정했었다. 이러한 아이디어들은 한때 위험해 보였지만 이제는 우리 사회 깊숙이 뿌리내리고 있다.

위험을 감수하면 대가가 따른다는 것을 알기 때문에 학교에서 위험을 기꺼이 감수하겠다는 아동은 거의 없다. 완벽한 시험 점수와 보고서는 칭찬을 받고 미래의 가능성을 열어 준다. 한편 어떤 기준에 도달하지 못하면 능력과 동기가 부족한 것으로 평가받고 업신여김을 받으며 기회가 줄어든다. 점수가 낮게 나오거나 실패할지도 모르는데 어려운 과목을 택하고 교사가 싫어할지도 모르는 것을 말하는 위험을 왜 감수하겠는가? 교사가 강제로 숙제를 주거나 특정한 답만 허용하는 문제를 주는 것은 안전하게 놀면서 학습하라는 것과 마찬가지다. 따라서 교사는 분별 있는 위험 감수를 하도록 격려할 뿐 아니라 그것에 대해 보상해 줄 필요도 있다.

애매함에 대한 관대함을 격려하라

사람들은 종종 사물을 흑백으로 보기를 좋아한다. 사람들은 어떤 나라가 좋은지 아니면 나쁜지(동지 아니면 적)를, 어떤 아이디어가 교육적인지 아니면 비교육적인지를 생각하기 좋아한다. 문제는 창의적인 작업에는 많은 영역이 있다는 것이다. 마치 투자한 주식의 가치가 오를 때도 있고 오르지 않을 때도 있는 것과 마찬가지다. 가치가 낮게 책정된 주식도 많다. 어느 주가가 오를지, 언제 오를지, 심지어 주가가 오르기 위해 무엇을 해야 할지 등 애매함이 발생한다. 새로운 그림을 그리고 있는 화가와 새로운 책을 쓰고 있는 작가들은 종종 산만하고 불확실한 기분이 든다고 한다. 그들은 자주 자신이 옳은 길에 있는지 생각해 볼 필요가 있다. 과학자는 종종 자신이 개발한 이론이 옳은지 확신하지 못한다. 이런 창의적 사고가는 그들의 아이디어가 확실히 옳다고 여겨질 때까지 애매함과 불확실성에 관대할 필요가 있다.

창의적인 아이디어는 미세한 조각으로 나타나서 오랜 시간에 걸쳐 개발되는 경향이 있다. 하지만 아이디어가 개발되고 있는 시기 동안 불편한 경향이 있다. 많은 사람은 애매함에 관대할 수 있는 시간이나 능력 없이 적합하지 않는 해결 방법에 뛰어들 수 있다. 학생이 거의 완벽한 보고서 주제나 과학 과제를 가지고 있을 때 교사는 더 기다리지 못하고 실수를 하기 쉽다. 학생이 창의적으로 되도록 돕기 위해서 교사는 학생의 아이디어가 수렴되지 못한 그 기간을 받아들이고 확장시키도록 격려해 주어야 한다. 아동은 불확실성과 불편함이 창의적인 삶의 한 부분임을 배울 필요가 있다. 궁극적으로 그들은 그런 애매함에 대해 관대함을 배움으로써 더 좋은 아이디어를 얻게 될 것이다.

아동이 자기효능감을 갖도록 도와주라

많은 사람은 아무도 자기를 믿어 주지 않는다고 느끼는 경우가 있다. 나는 이런 경험을 자주 하는데, 아무도 내가 하고 있는 것의 가치를 인정하지 않는다고 느끼곤 한다. 창의적인 작업은 따뜻한 반응을 얻지 못하는 경우가 많기 때문에 창의적인 사람이 자신이 하고 있는 일의 가치를 믿는 것이 아주 중요하다. 이것은 자신이 가진 모든 아이디어가 좋은 아이디어라고 믿어야만 한다는 것은 아니다. 오히려 궁극적으로 자신이 다른 것을 만들 수 있는 능력이 있다는 것을 믿게 하여야 한다.

아동이 무엇을 할 수 있는가에 대한 주된 한계는 그들이 할 수 있다고 생각하는 것이 무엇인가다. 모든 아동은 창의자가 될 수 있는 가능성을 가지고 있으며 새로운 것을 만들면서 얻는 기쁨을 느낄 수 있는 가능성을 가지고 있지만, 우선 창의성에 대한 강한 믿음이 기반이 되어야만 한다. 가끔 교사와 부모는 아동의 잠재적 성취에 대해 한계를 나타내거나 함축된 메시지를 전달함으로써 아동의 능력을 비의도적으로 제한할 수 있다. 그렇게 하는 어른은 아동이 자신의 창의적 능력을 믿도록 도와주어야 한다.

나는 자녀들을 보면서 성공의 가장 좋은 예언자는 그들의 능력이 아니라 그들이 성공할 수 있는 능력을 가지고 있다는 믿음이라는 것을 발견했다. 만약 아동이 성공하도록 격려하고 성공할 수 있는 자신의 능력을 믿도록 격려하면, 그렇게 하지 않았다면 놓쳐 버릴 성공을 찾을 것이다.

아동이 자신이 좋아하는 것을 찾도록 도와주라

교사는 아동이 스스로 흥미를 유발하고 자유롭게 창의적 수행을 하도록 도와주어야 한다. 투자에 비유하면, 자신이 흥미를 느껴서 투자 영역을 찾고, 자신의 투자 가치를 최대화할 수 있는 영역을 찾을 필요가 있다. 교사는 자신이 우연히 가르치는 것이 아동의 흥미를 이끄는 것이 아닐 수도 있다는 것을 기억할 필요가 있다. 직업으로 하든 취미로 하든 간에 창의적으로 추구하는 사람은 거의 항상 자신이 하는 일을 진정으로 사랑한다. 물론 매우 창의적인 사람은 작업을 할 때 내재적으로 동기화되어 있다(Amabile, 1996). 덜 창의적인 사람은 종종 돈이나 명성을 위해 직업을 선택하고 자신의 직업에 싫증내거나 지겨워한다. 대부분 이런 사람들은 그 분야에서 차이를 나타내는 일을 하지 않는다.

아동이 정말 좋아하는 일을 찾을 수 있도록 도와주는 것은 종종 어렵고 힘든 일이다. 하지만 지금 그들과 함께 그 어려움을 공유하는 것은 나중에 그 어려움을 혼자 겪도록 내버려 두는 것보다 훨씬 낫다. 아동이 자신의 진정한 관심사를 찾도록 도와주기 위해서 교사는 교실에서 그들의 특별한 재능이나 능력을 발표하도록 하고, 그들이 무엇을 하든(합당한 근거 내에서) 자신이 진정으로 하고 싶어 하는 것을 하는 것이 중요하다는 것을 설명해 주어야 한다.

아동에게 만족 지연의 중요성을 가르치라

창의적 의미에는 즉각적인 보상이나 수행 도중의 보상이 없이도 지속적으로 활동이나 과제를 오래 수행하는 능력이 포함되어 있다. 이는 마치 투자자가 주식의 가치가 오를 때까지 꽤 오랫동안 기다려야만 하는 것과 같다. 아동은 보상이 항상 즉각적으로 주어지는 것이 아니며, 만족 지연에서 오는 이득이 있다는 것을 배워야만 한다. 하지만 사람은 창의적인 일을 하고 있을 때 단기적으로 종종 인정받지 못하거나 처벌을 받을 수도 있다.

많은 사람이 아동이 훌륭한 일을 했을 때 즉각적인 보상을 주어야 하며, 아동은 보상을 기대해야만 한다고 믿는다. 이런 유형의 가르침과 양육 태도는 지금-여기를 강조하게 되고, 장기적인 측면에서 최선의 것을 놓치게 되는 결과를 가져온다.

삶에서 하나의 중요한 교훈은 창의적인 일을 하기 위해 개발할 훈육과 관련되는 것으로 보상을 기다리는 것을 배우는 것이다. 가장 큰 보상은 종종 나중에 오는 것이다. 교사는 아동에게 자신의 삶과 창의적인 사람의 삶 속에서 만족 지연의 예를 보여 주고, 이런 예를 아동 자신의 삶에 적용시키도록 도와줄 수 있다.

어려운 일은 종종 즉각적인 보상을 가져다주지 않는다. 아동은 즉각적으로 전문 야구 선수, 무용가, 음악가 혹은 조각가가 되지 않는다. 그리고 전문가가 된다고 해도 그 보상은 아주 멀리 있을 수 있다. 아동은 종종 TV나 비디오 게임과 같은 순간적인 유혹에 빠져든다. 자신의 능력을 최대한 발휘하는 사람은 보상을 기다리며 진정한 도전은 순간적인 것이 아니라는 것을 안다. 9학년 학생들이 열심히 공부한다고 해서 무엇이 좋은지 모를 수도 있지만 그들이 대학에 지원할 때쯤에는 탄탄한 학업 성적이 주는 이점은 명확해질 것이다.

대부분 학교 과제는 단기적이기 때문에 아동에게 만족 지연의 가치를 거의 가르치지 못한다. 과제가 분명히 어떤 목적을 달성하기 위해 우수하지만 부모의 관여와 지지를 확신하지 못한다면, 교사는 집에서 개인적으로 하는 과제를 내주기 어렵다. 몇 주 혹은 몇 달 동안 하나의 과제를 함으로써 아동은 오랜 노력의 결과로 얻게 되는 것의 가치를 배운다.

창의성 모델이 되라

교사와 부모가 창의성을 촉진시키는 환경을 제공할 수 있는 여러 가지 방법이 있다(Sternberg & Williams, 1996). 아동의 창의성을 개발하기 위해 교사가 활용하는 가장 강력한 방법은 **창의성 모델**이 되는 것이다. 아동은 교사가 말로써가 아니라 실제로 보여 주었을 때 창의성을 개발한다.

아마도 대부분의 사람들이 학창 시절 수업 시간에 많은 내용을 전달하는 교사를 기억하지 않을 것이며, 그의 생각과 행동이 역할 모델이 되는 교사를 기억할 것이다. 아마도 그들 대부분은 가르치는 내용과 그 내용에 대해 아동이 어떻게 생각하는지에 대한 균형을 이루었을 것이다. 노벨상 수상자들이 노벨상을 받기 전의 행동은 훌륭한 역할 모델이 된다. 왜냐하면 그들은 학생이 모방할 수 있는 행동으로 보여 주는 뛰어난 사례가 되기 때문이다(Zuckerman, 1977, 1983).

아이디어를 교차-수정하라

교사는 또한 아동이 주제와 연구 분야를 교차시켜 사고 과정에서 교차-수정하도록 도와줌으로써 창의성을 자극할 수 있다. 전통적인 학교 환경은 교과목에 따라 교실과 또래들로 구성되어 있으며, 학생들은 학습이 분리된 상자(수학 상자, 사회과목 상자, 과학 상자) 속에서 일어난다고 생각하게 된다. 하지만 창의적인 아이디어와 통찰은 암기하고 암송하는 것에서 나오는 것이 아니라 여러 주제 영역에 걸쳐 통합하는 것에서 나온다.

아동에게 교차-수정할 수 있도록 가르치면 과목에 상관없이 그들의 기술, 흥미 및 능력을 이끌어 낸다. 만약 아동이 수학을 이해하는데 어려움이 있다면, 교사는 아동에게 특별히 관심이 있는 주제로 질문을 만들어 보게 할 수 있다. 예를 들어, 교사는 야구를 좋아하는 아동에게 게임에 기초한 기하 문제를 내 보도록 할 수 있다. 학생들이 주제(야구)를 즐기기 때문에 기하에서 오는 불안을 감소시키므로 이러한 맥락은 창의적인 아이디어를 자극할 수 있다. 교차-수정은 이론적으로 가르치는 과목에 관심이 없는 아동에게 동기를 유발한다.

교사가 교실에서 교차-수정을 실행할 수 있는 한 가지 방법은 아동에게 가장 잘하는 과목과 가장 못하는 과목을 말하게 하고, 그들이 가장 잘하는 과목에서 빌려 온 아이디어를 기반으로 가장 취약한 과목에서 과제 아이디어를 생각해 보게 하는 것이다. 예를 들어, 국가 정치에서 과학의 흐름을 분석함으로써 교사는 아동이 과학에서 흥미 있어 하는 것을 사회에 적용시키는 것을 설명해 줄 수 있다.

창의적인 사고를 할 수 있도록 시간을 주라

교사는 또한 아동이 창의적으로 사고할 수 있는 시간을 줄 필요가 있다. 종종 창의성은 부화하기 위한 시간을 요구한다(Wallas, 1926). 오늘날 사회는 급하게 돌아가고 있다. 사람들은 패스트푸드를 먹고, 바쁘게 장소를 이동하며, 신속함을 중요하게 여긴다. 심지어 어떤 사람이 똑똑하다는 것은 그 사람이 빠르다는 것을(Sternberg, 1985a) 나타내듯이, 시간을 분명하게 강조하고 있다. 이것은 또한 많은 선다형 문제들을 정해진 시간 내에 풀도록 제작된 많은 표준화검사의 형식에도 나타나 있다.

대부분의 창의적 통찰은 급하게 생기지 않는다(Gruber & Davis, 1988). 한 문제를 이해하고 그것을 이리저리 궁리해 볼 시간이 필요하다. 아동에게 창의적으로 생각하도록 요구하기 위해서는 창의적으로 생각할 수 있는 시간이 필요하다. 만약 교사가 많은 문제를 주고 시험을 치게 하거나 그들이 다 할 수 없을 만큼의 숙제를 내준다면, 창의적으로 사고할 수 있는 충분한 시간을 허락하지 않고 있는 것이다.

창의성을 목표로 하여 가르치고 평가하라

교사는 또한 창의성을 목표로 하여 가르치고 평가해야 한다. 만약 교사가 선다형 시험만 내면, 아동은 재빨리 교사가 중요하게 여기는 것과 정답을 배운다. 만약 교사가 창의성을 격려하고 싶다면, 과제와 시험을 낼 때 적어도 창의적 사고를 할 수 있는 기회를 포함시킬 필요가 있다. 사실에 대한 기억, 분석적 사고 그리고 창의적 사고를 요구하는 문제를 출제해야 한다. 예를 들어, 아동에게 법에 대해 공부하고, 법을 분석하며, 그 법을 어떻게 개선할 수 있는지 생각해 보도록 요구할 수 있다.

창의성에 대해 보상하라

교사는 창의성에 대해 보상할 필요가 있다. 상황, 학생 그리고 창의적 공헌의 종류에 따라 다르게 보상을 선택할 수 있다. 예를 들어, 교사가 학생에게 대담하게 생각하라고 요구한다면, 더 대담하게 다른 방향에서 고려하는 아이디어에 대해서는 있는 그대로의 반복적인 아이디어보다 더 많은 보상을 줄 수 있다(물론, 학생의 혁신적인 특성 수준에 따라). 따라서 교사는 대중에 도전하는 창의성을 보상하는 데에만 제한을 둘 필요 없이, 상황과 특정한 학생에 대한 기대에 따라 보상을 할당하도록 선택할 수 있다. 창의성의 가치는 충분히 말로 다 할 수 없다. 아동은 말과 행동이 일치하지 않는 권위자에 대해 익숙해 있다. 아동은 교사가 기본이라고 여기는 성적이나 평가에 대해 아주 민감하다.

창의적인 노력에 대해서도 보상이 주어져야 한다. 예를 들어, 교사는 과제를 주고서 아동에게 그들의 지식, 분석 기술과 작문 기술, 창의성을 볼 것이라고 이야기한다. 교사는 아동에게 창의성은 그들이 쓴 것에 대한 교사의 점검 여부와 관계없이, 기존의 아이디어와 자신의 생각 간의 통합을 표현하는 자신의 아이디어임을 알려 주어야 한다. 교사는 그 아이디어가 창의적인지는 그 분야에서의 기술적 수준이 아닌 오직 학생의 수준에서 판단할 필요가 있다. 아동은 누군가 다른 사람이 이미 발표한 아이디어를 생각해 낼 수도 있다. 하지만 만약 그 아이디어가 그 학생에게 독창적인 것이라면 그 학생은 창의적인 것이다.

어떤 교사는 창의적 반응을 평가할 때 선다형이나 단답형 반응에서와 같은 객관성을 적용할 수 없다고 불평한다. 객관성이 유지되기 힘들다는 면에서는 그들의 말이 옳다. 하지만 연구 결과는 평가자들이 창의성 평가에 있어서 현저하게 일관성이 있다는 것을 보여 준다 (Amabile 1999; Sternberg & Lubart, 1995). 만약 평가의 목적이 아동을 가르치는 것이라면, 창의적인 작업을 요구하고 비창의적인 공부를 평가할 때보다 어느 정도 덜 객관적으로 평가하는 것이 좋다. 교사는 아동에게 창의성을 완벽하고 객관적으로 평가하는 방법이 없다는 것을 알도록 해야 한다.

실수를 허용하라

교사는 실수를 허용할 필요가 있다. 싸게 사고 비싸게 파는 것에는 위험이 수반된다. 많은 아이디어는 단지 아이디어가 좋지 않기 때문에 인기가 없다. 사람들은 한 가지 방법이 다른 방법보다 더 좋기 때문에 그 특정한 방법을 생각한다. 하지만 가끔은 Freud, Piaget,

Chomsky, Einstein과 같이 위대한 사람들의 사고방식으로 인해 새로운 사고방식을 찾아내기도 한다. 이런 사람들은 자신과 동료들에게 위험을 감수하고 실수를 허용했기 때문에 공헌을 할 수 있었다.

Freud와 Piaget의 많은 아이디어는 잘못된 것으로 나타났다. Freud는 성별과 관련한 빅토리아 시대 사람들의 문제를 보편적 갈등으로 혼동하였으며, Piaget는 아동의 인지 수행 시기를 잘못 판단했다. 그들의 아이디어들은 오랫동안 인정을 받아서가 아니라 다른 아이디어들의 기초가 되었기 때문에 훌륭한 것이다. Freud와 Piaget의 실수는 다른 사람들이 그들의 아이디어에서 유익함을 창출하도록 허용하였다.

성공하는 과정에는 종종 실수가 수반되는데, 학교는 실수를 거의 용서하지 않는다. 학교 공부에서 실수는 종종 커다랗게 X로 표시된다. 학생이 질문에 틀린 답을 하면, 어떤 교사는 제대로 읽지 못하거나 이해하지 못했다고 창피를 주고 반 친구들은 낄낄거린다. 학교에 다니는 동안 이런 경험을 수없이 하면서 아동은 실수를 하는 것은 옳지 않다고 배운다. 그 결과, 아동은 창의성을 이끌어 낼 수 있는 자율적이고 가끔은 실수도 할 수 있는 위험을 감수하는 것을 두려워하게 된다.

아동이 실수할 때 교사는 아동에게 그 실수를 분석하고 토론하도록 해야 한다. 종종 실수나 취약한 아이디어들이 옳은 답이나 훌륭한 아이디어의 싹이 될 수 있다. 일본의 어떤 교사들은 전체 수업 시간 동안 아동에게 자신의 수학적 사고에서의 실수들을 분석해 보도록 한다. 열정적인 교사는 학생의 실수를 그 학생이 학습하고 성장하는 기회로 만들 수 있다.

성공과 실패에 대한 책임감을 갖도록 하라

아동을 창의적으로 가르치는 또 다른 측면은 그들이 성공과 실패 둘 다에 대한 책임을 지도록 가르치는 것이다. 아동에게 책임지는 방법을 가르친다는 것은 ① 창의적 과정을 이해하기, ② 자신을 비판하기, ③ 자신의 가장 창의적인 일에 대해 자부심을 가지도록 하는 것을 가르치는 것을 의미한다. 불행히도 많은 교사와 부모는 실패에 대한 책임을 외부에서 찾으려고 하거나 아동이 외부에서 찾도록 내버려 둔다.

교사가 아동에게 자신에 대한 책임을 지도록 가르치는 것이 진부하게 들릴 수도 있지만, 가끔 사람들이 알고 있는 것과 생각하는 것을 실행하는 것 간에는 차이가 있다. 사실 사람들은 자신의 행동의 원인과 결과에 대한 책임을 지는 범위에 있어서는 상당히 차이가 있다. 창의적인 사람은 자신과 자신의 아이디어에 대해 책임을 질 필요가 있다.

창의적 협력을 격려하라

교사는 창의적인 협력을 격려할 수 있다(Chadwick & Courtivron, 1996; John-Steiner, 2000; Sawyer, 2001). 창의적인 작품은 종종 독자적으로 이루어진 것같이 보인다. 우리는 혼자 스튜디오에서 글을 쓰고 있는 작가, 혼자만의 다락방에서 그림을 그리고 있는 화가, 혹은 작은 연습실에서 혼자 끊임없이 연습하고 있는 연주자를 상상한다. 실제로 사람들은 집단을 구성하여 일하기도 한다. 협력은 창의성을 높일 수 있다. 교사는 창의적인 사람들이 협력하여 작업하는 것을 예시로 보여 줌으로써 아동이 협력을 배우도록 격려할 수 있다.

다른 사람의 관점에서 생각하도록 가르치라

아동은 다른 사람의 관점에서 사물을 상상하는 방법을 배울 필요가 있다. 다른 사람과 함께 일하고 협력적으로 창의적 활동을 함으로써 얻을 수 있는 가장 중요한 것은 다른 사람의 입장이 되어 생각해 보는 것이다. 사람은 다른 관점에서 세상을 보는 것을 배움으로써 그들의 견해를 넓힐 수 있다. 교사와 부모는 아동이 다른 사람의 관점에 대해 이해하고 존중하며 반응하는 것의 중요성을 깨닫도록 격려해야 한다. 이 점은 매우 중요한데, 영리하고 잠재적으로 창의적인 많은 아이들이 실용적인 지능을 개발하지 못했기 때문에 성공하지 못하는 것으로 볼 수 있다(Sternberg, 1985a, 1997a). 그들은 학교에서와 시험에서는 잘 하겠지만, 다른 사람과 함께하거나 다른 사람의 관점에서 대상이나 자신을 보는 것을 배우지 못했을지도 모른다.

사람과 환경의 조화를 최적화하라

교사는 아동이 사람과 환경의 조화를 인식하도록 도와줄 필요가 있다. 창의적이라고 판단되는 것은 사람과 환경 간의 상호작용이다(Csikszentmihalyi, 1988, 1996; Gardner, 1993; Sternberg & Lubart, 1995). 어느 한 시간과 공간에서 창의적이라고 인정받는 작품이 다른 시간이나 공간에서는 조롱을 받을 수도 있다.

영화 〈죽은 시인의 사회(Dead Poets' Society)〉에서 관객은 그 교사를 창의적이라고 판단하겠지만 학교의 행정가들은 그를 무능하다고 평가했다. 비슷한 일들이 많은 장면에서 하루에도 여러 번 일어난다. 창의적인 작업을 구성하는 절대적인 기준은 없다. 같은 산출물이나 아이디어가 환경에 따라 가치를 인정받을 수도 있고 아닐 수도 있다. 중요한 것은 사람은 자신의 창의적 재능과 독특한 공헌이 보상받을 수 있는 환경을 찾거나 자신의 환경을 바꿀 필요가 있다는 것이다.

사람과 환경의 조화의 중요성을 심어 줌으로써 교사는 아동이 자신의 창의적 성공에 도움이 되는 환경을 선택하도록 준비시킬 수 있다. 아동이 자신의 능력과 잘 조화가 되는 환경을 면밀히 살펴보고 선택하도록 격려하라(그리고 아동에게 그렇게 하도록 격려하면서 자신에게도 그렇게 하라.).

이러한 책략들은 효과적인가

만약 학생이 앞서 논의한 책략들을 사용한다면, 창의적 활동이 향상되고 특히 우수한 학업 성취를 가져다줄까? 우리는 성공지능 이론을 검증한 일련의 연구들에서 창의적인 사고를 성공지능의 구성 성분으로 보고하였다(Sternberg, 1997a). 각각의 연구에서 사용된 조작 변수 중 하나는 창의성을 위해서 교과목을 가르치는 것이다. 즉, 학생에게 새로운 과제를 학습할 때 앞서 언급된 책략들을 사용하여 고정된 틀을 깨뜨리라고 격려하는 것이다. 일부 실험 조건에 있는 교사들은 『성공지능을 위한 교수법(*Teahing for Successful Intelligence*)』(Sternberg & Grigorenko, 2000)에서 가용한 자료를 활용하여 창의성에 대한 교수 방법을 학습하였다.

연구 초기에 연구자들은 학교에서의 전통적 교육이 창의적이고 실용적인 능력인 높은 학생을 체계적으로 구분하는지에 대해 알아보기로 하였다(Sternberg & Clinkenbeard, 1995; Sternberg, Ferrari, Clinkenbeard, & Grigorenko, 1996; Sternberg, Grigorenko, Ferrari, & Clinkenbeard, 1999). 이 연구는 대부분의 학교에서 기억을 잘하고 분석 능력이 높은 학생을 선호하는 경향이 강하다는 믿음에서 시작했다. 연구자들은 Sternberg의 삼원능력검사(Triarchic Abilities Test, Sternberg, 1993)를 사용하여 학생들의 분석적이고 실용적인 능력만큼 창의적인 능력을 확인하고자 했다. 미국을 포함한 일부 나라에서 표준화검사 등을 사용하여 학교에서 선발한 326명의 아이들에게 이 검사를 실시했다. 다음의 다섯 능력 집단 중 한 집단에 포함될 수 있는 (대학 수준의) 아동들을 선발하여 예일 대학교 심리학과 여름 프로그램을 수강하도록 했다. 즉, 분석력이 높은 집단, 창의력이 높은 집단, 실용력이 높은 집단, 높은 균형 집단(세 능력이 모두 뛰어남), 낮은 균형 집단(세 능력이 모두 낮음)이다. 그러고 나서 학생들을 네 가지 유형의 교수 집단으로 구분하였다. 네 집단의 모든 학생은 동일한 심리학 개론서(Sternberg의 임시편, 1995b)를 사용했으며, 동일한 심리학 강의를 들었다. 이들 집단 간의 차이는 그들이 배치된 오후 시간대의 토론 집단의 유형이었다. 각각의 집단은 기억, 분석, 창의성, 실용성 중 한 가지를 강조하는 교수 조건에 배치되었다. 예를 들어, 기억 조건에서는 우울증에 대한 주요 이론의 중심 내용을 기술하도록 요구했다. 분석 조건에서는 우울증에 대한 두 이론을 비교하고 대조하라고 했다. 창의성 조건에서는 우울증에 대한 자신의 이론을 만들라고 했다. 그리고 실용성 조건에서는 우울증에 대해 배운 것을 가지고 우울증에 시달리는 친구를 어떻게 도울 수 있는가를 질문했다.

네 가지 유형의 교수 조건에 배치된 모든 학생의 숙제, 중간고사, 기말고사 및 개인 과제에 대한 수행을 평가했다. 그리고 기억, 분석력, 창의성 및 실용성에 대해 평가했다. 따라서 모든 학생을 대상으로 똑같은 방법으로 평가가 이루어졌다.

우리의 결과는 성공지능 이론의 유용성을 보여 준다. 이 유용성은 다음과 같은 몇 가지 방법으로 나타났다.

첫째, 연구자들은 학생들이 예일 대학교에 도착했을 때, 창의성이 높은 집단과 실용성이 높은 집단의 학생들은 인종, 민족, 사회경제적 지위 및 교육 배경에 있어서 분석력이 높은 집단의 학생들보다 다양한 것을 관찰했다. 그리고 이것은 측정된 지능과 이런 지위 변인 간의 상관은 광범위한 지능의 개념을 적용하면 줄일 수 있다는 것을 의미한다. 더욱 중요한 것은 단지 측정된 능력의 범위를 확장시킴으로써 연구자들은 전통적인 검사를 통해서는 나타나지 않는 지적 강점을 찾아낸 것이다.

둘째, 연구자들은 분석적, 창의적, 실용적 능력검사의 결과가 유의미하게 수강 과목 성취도를 예측한 것을 알아냈다. 중다회귀분석을 했을 때 이 능력들 중에서 적어도 두 가지가 각 성취도 측정을 예측하는 데 중대한 공헌을 했다. 아마도 분석적 교수 방법을 덜 강조하는 것을 곤란하게 여김으로써 항상 의미 있는 예측 변인 중 하나는 분석적 점수였다.

셋째, 가장 중요한 것은 적성–처치 상호작용이었다. 자신의 능력의 유형과 적합한 교수 조건에 배치된 학생들은 그렇지 않은 학생들보다 뛰어났다. 즉, 학생이 생각하는 방식과 적합한 방식으로 가르치면 학생이 학교 공부를 더 잘한다. 자신의 능력 유형과 적합한 방법으로 배울 기회가 거의 없는 창의적이고 실용적인 능력을 가진 아이들은 진급하거나 해가 갈수록 더욱 불리해지게 된다.

요약하면, 교사는 학생에게 창의적으로 생각하도록—창작하고, 상상하고, 제안하고, 발견하고, 발명하고—격려함으로써 학생의 학업 성취가 향상되도록 도와줄 수 있다. 일부 학생들은 이미 이렇게 함에도 보상을 받지 못하거나 심지어 학교에서 처벌을 받기도 한다. 하지만 교사는 교실을 재구성하여 창의성을 위한 결정에 대해 처벌보다는 보상을 함으로써 학생의 학업 성취를 향상시킬 수 있다.

추후 연구(Sternberg, Torff, & Grigorenko, 1998a, 1998b)는 3학년과 8학년을 대상으로 사회와 과학 학습 과정을 조사하였다. 225명의 3학년들은 노스캐롤라이나의 롤리 지역에 사는 경제 수준이 낮은 학생들이었다. 142명의 8학년들은 중상위권 경제 수준의 배경을 지닌 볼티모어, 메릴랜드, 캘리포니아의 프레즈노 등의 지역에 살고 있는 학생들이었다. 이 연구에서 학생들은 세 가지 교수 조건 중 하나에 배치되었다. 첫 번째 조건은 개입이 없었으며 기본적으로 그들이 학습했을 내용을 배웠다. 이 과정에서 강조점은 기억이다. 두 번째 조건에서 학생들을 비판적(분석적) 사고를 강조하는 방법으로 가르쳤다. 세 번째 조건에서는 분석적, 창의적, 실용적 사고를 모두 강조하는 방법으로 가르쳤다. 모든 학생의 수행은 분석적, 창의적, 실용적 학습(수행 평가를 통해서)과 기억 학습(사지선다형 평가를 통해서)에 대해 평가했다.

예상한 대로 분석적, 창의적, 실용적 사고 모두를 강조한 조건의 학생들이 다른 학생들보다 수행 평가에서 잘했다. 하지만 더욱 중요한 것은 이러한 조건의 학생들이 사지선다형 기억검사에서도 뛰어났다는 것이다. 바꾸어 말하면, 학생이 정보를 최대한 기억하도록 하는 것이 목표라면 다양한 사고유형을 가르치는 것이 더 낫다. 그것은 학생이 자신의 강점을 최대한 활용하고 자신의 약점에 대해 수정하거나 보충하도록 하여 그들이 다양한 흥미로운 방법으로 자료를 부호화하도록 허용한다.

Grigorenko와 그녀의 동료 연구자들(Grigorenko, Jarin, & Sternberg, 2002)은 이 결과를 중학교와 고등학교 수준에서 읽기 교과과정에 확대시켰다. 871명의 중학생과 432명의 고등학생을 대상으로 한 연구에서 연구자들은 읽기를 분석적, 창의적, 실용적으로 혹은 정규교육과정에 따라 가르치기로 했다. 중학교 수준에서 읽기는 명시적으로 강의되었다. 고등학교 수준에서 읽기는 수학, 물리, 사회과학, 영어, 역사, 외국어 및 미술 수업에 혼합시켰다. 모든 상황에서 삼원론에 따라 공부한 학생들이 정규 방식으로 가르친 학생들보다 우수했다(Grigorenko, Jarvin, & Sternberg, 2002).

이에 따라 학생에게 창의적으로 사고하고 실용적인 응용을 하도록 가르칠 수 있다고 보고되었다. 학생이 이러한 방식으로 배울 때 그들의 성취는 증가한다. 그러면 궁극적으로 학교에서 우리의 목표는 창의성을 위한 의사결정을 비정규적인 방법이 아니라 정규적인 방법으로 가르쳐야만 한다는 것이다.

후 주

이 장은 Javitas Act Program 산하 NSF로부터 재정적 지원(기금 REC-9979843)을 받아 수행한 것이다.

1. 이 부분은 James Kaufman과 Jean Pretz와 협력 작업을 바탕으로 하고 있다.

참고문헌

Abelson, R. P., Aronson, E., McGuire, W. J., Newcomb, T. M., Rosenberg, M, J., & Tannenbaum, P. H. (Eds.). (1986). *Theories of cognitive consistency: A sourcebook.* Chicago: Rand McNally.

Amabile, T. M. (1983). *The social psychology of creativity.* New York: Springer-Verlag.

Amabile, T. M. (1996). *Creativity in context.* Boulder, CO: Westview.

Amabile, T. M. (2001). Beyond talent: John Irving and the passionate craft of creativity. *American Psychologist, 56,* 333-336.

Bem, D. J. (1967). Self-perception: An alternative interpretation of cognitive dissonance phenomena. *Psychological Review, 74,* 183-200.

Bem, D. J. (1996). Exotic becomes erotic: A developmental theory of sexual orientation. *Psychological Review, 103,* 320-335.

Binet, A., & Simon, T. (1916). *The development of intelligence in children.* Baltimore: Williams & Wilkins. (Original work published 1905)

Bloom, H. (1994). *The Western canon: The books and school of the ages.* New York: Harcourt Brace.

Boden, M. A. (1990). *The creative mind: Myths and mechanisms.* New York: Basic Books.

Boden, M. A. (1999). Computer models of creativity. In R. J. Sternberg (Ed.), *Handbook of creativity* (pp. 351-372). New York: Cambridge University Press.

Brand, C. (1996). *The g factor: General intelligence and its implications.* Chichester, UK: Wiley.

Cage, J. (1961). *Silence.* Middletown, CT: Wesleyan University Press.

Carroll, J. B. (1982). The measurement of intelligence. In R. J. Sternberg (Ed.), *Handbook of human intelligence* (pp. 29-120). New York: Cambridge University Press.

Carroll, J. B. (1993). *Human cognitive abilities: A survey of factor-analytic studies.* New York: Cambridge University Press.

Cattell, R. B., & Cattell, H. E. P. (1973). *Measuring intelligence with the Culture Fair Tests.* Champaign, IL: Institute for Personality and Ability Testing.

Ceci, S. J. (1996). *On intelligence: A bioecological treatise on intellectual development* (Exp. ed.). Cambridge, MA: Harvard University Press.

Chadwick, W., & Courtivron, I. D. (Eds.). (1996). *Significant others: Creativity and intimate partnership.* London: Thames & Hudson.

Chomsky, N. (1957). *Syntactic structures.* The Hague, Netherlands: Mouton.

Collins, M. A., & Amabile, T. M. (1999). Motivation and creativity. In R. J. Sternberg (Ed.), *Handbook of creativity* (pp. 297-312). New York: Cambridge University Press.

Csikszentmihalyi, M. (1988). Society, culture, and person: A systems view of creativity. In R. J. Sternberg (Ed.), *The nature of creativity* (pp. 325-339). New York: Cambridge University Press.

Csikszentmihalyi, M. (1996). *Creativity: Flow and the psychology of discovery and invention.* New York: HarperCollins.

Csikszentmihalyi, M. (1999). Implications of a systems perspective for the study of creativity. In R. J. Sternberg (Ed.), *Handbook of creativity* (pp. 313-335). New York: Cambridge University Press.

Derrida, J. (1992). *Acts of literature* (D. Attridge, Ed.). New York: Routledge.

Dewey, J. (1933). *How we think: A restatement of the relation of reflective thinking to the educative process.* Boston: Heath.

Dreyfus, H. L. (1992). *What computers still can't do. Cambridge:* MIT Press.

Dweck, C. S. (1999). *Self-theories: Their role in motivation, personality, and development.* Philadelphia: Psychology Press.

Fazio, R. H., Zanna, M. P., & Cooper, J. (1977). Dissonance and self-perception: An integrative view of each theory's proper domain of application. *Journal of Experimental Social Psychology, 13,* 464-479.

Festinger, L., & Carlsmith, J. M. (1959). Cognitive consequences of forced compliance. *Journal of Abnormal and Social Psychology, 58,* 203-210.

Frensch, P. A., & Sternberg, R. J. (1989). Expertise and intelligent thinking: When is it worse to know better? In R. J. Sternberg (Ed.), *Advances in the psychology of human intelligence* (Vol. 5, pp. 157-188). Hillsdale, NJ: Erlbaum.

Galton, F. (1883). *Inquiry into human faculty and its development.* London: Macmillan.

Garcia, J., & Koelling, R. A. (1966). The relation of cue to consequence in avoidance learning. *Psychonomic Science, 4,* 123-124.

Gardner, H. (1983). *Frames of mind: The theory of multiple intelligences.* New York: Basic Books.

Gardner, H. (1993). *Creating minds.* New York: Basic Books.

Gardner, H. (1995). *Leading minds.* New York: Basic Books.

Gardner, H. (1999). *Intelligence reframed: Multiple intelligences for the 21st century.* New York: Basic Books.

Gardner, H., Csikszentmihalyi, M., & Damon, W. (2002). *Good work.* New York: Basic Books.

Goodman, N. (1955). *Fact, fiction, and forecast.* Cambridge, MA: Harvard University Press.

Gould, S. J. (1981). *The mismeasure of man.* New York: Norton.

Grigorenko, E. L., Jarvin, L., & Sternberg, R. J. (2002). School-based tests of the triarchic theory of intelligence: Three settings, three samples, three syllabi. *Contemporary Educational Psychology, 27,* 167-208.

Gruber, H. (1981). *Darwin on man: A psychological study of scientific creativity* (2nd ed.). Chicago: University of Chicago Press.

Gruber, H. E. (1989). The evolving systems approach to creative work. In D. B. Wallace & H. E. Gruber (Eds.), *Creative people at work: Twelve cognitive case studies* (pp. 3-24). New York: Oxford University Press.

Gruber, H. E., and Davis, S. N. (1988). Inching our way up Mount Olympus: The evolving-systems approach to creative thinking. In R. J. Sternberg (Ed.), *The nature of creativity* (pp. 243-270). New York: Cambridge University Press.

Gruber, H. E., & Wallace, D. B. (1999). The case study method and evolving systems approach for understanding unique creative people at work. In R. J. Sternberg (Ed.), *Handbook of creativity* (pp. 93-115). New York: Cambridge University Press.

Gruber, H. E., & Wallace, D. B. (2001). Creative work: The case of Charles Darwin. *American Psychologist, 56,* 346-349.

Guilford, J. P. (1967). *The nature of human intelligence.* New York: McGraw-Hill.

Hamm, C. (1980). John Cage. In *The new Grove dictionary of music and musicians* (Vol. 3, pp. 597-603). London: Macmillan.

Hartt, F. (1993). *Art: A history of painting, sculpture, architecture* (4th ed.). Englewood Cliffs, NJ: Prentice Hall.

Herrnstein, R. J., & Murray, C. (1994). *The bell curve.* New York: Free Press.

Horn, J. L. (1994). Theory of fluid and crystallized intelligence. In R. J. Sternberg (Ed.), *The encyclopedia of human intelligence* (Vol. 1, pp. 443-451). New York: Macmillan.

Hunt, E., Frost, N., & Lunneborg, C. (1973). Individual differences in cognition: A new approach to intelligence. In G. Bower (Ed.), *The psychology of learning and motivation* (Vol. 7, pp. 87-122). San Diego, CA: Academic Press.

Hunt, E. B., Lunneborg, C., & Lewis, J. (1975). What does it mean to be high verbal? *Cognitive Psychology, 7,* 194-227.

Jensen, A. R. (1982). Reaction time and psychometric *g.* In H. J. Eysenck (Ed.), *A model for intelligence* (pp. 93-132). Heidelberg, Germany:

Springer-Verlag.

Jensen, A. R. (1998). *The g factor: The science of mental ability.* Westport, CT: Praeger/Greenwood.

John-Steiner, V. (1997). *Notebooks of the mind: Explorations of thinking* (2nd ed.). New York: Oxford University Press.

John-Steiner, V. (2000). *Creative collaboration.* New York: Oxford University Press.

Kamin, L. (1974). *The science and politics of IQ.* Hillsdale, NJ: Erlbaum.

Kruskal, J. B. (1964a). Multidimensional scaling by optimizing goodness of fit to a nonmetric hypothesis. *Psychometrika, 20,* 1-27.

Kruskal, J. B. (1964b). Nonmetric multidimensional scaling: A numerical method. *Psychometrika, 20,* 115-129.

Langley, P., Simon, H. A., Bradshaw, G. L., & Zytkow, J. M. (1987). *Scientific discovery: Computational explorations of the creative process.* Cambridge: MIT Press.

Levine, A. (1998). Succeeding as a leader; failing as a president. *Change,* January/February, 43-45.

Lewontin, R. (1982). *Human diversity.* New York: Freeman.

Lubart, T. I. (1994). Creativity. In R. J. Sternberg (Ed.), *Thinking and problem solving* (pp. 290-332). San Diego, CA: Academic Press.

Lubart, T. I., & Sternberg, R. J. (1995). An investment approach to creativity: Theory and data. In S. M. Smith, T. B. Ward, & R. A. Finke (Eds.), *The creative: Cognition approach* (pp. 269-302). Cambridge: MIT Press.

Machlis, J. (1979). *Introduction to contemporary music.* (2nd ed.). New York: Norton.

Mumford, M. D., & Gustafson, S. B. (1988). Creativity syndrome: Integration, application, and innovation. *Psychological Bulletin, 103,* 27-43.

Nakamura, J., & Csikszentmihalyi, M. (2001). Catalytic creativity: The case of Linus Pauling. *American Psychologist, 56,* 337-341.

Perkins, D. N. (1981). *The mind's best work.* Cambridge, MA: Harvard University Press.

Policastro, E., & Gardner, H. (1999). From case studies to robust generalizations: An approach to the study of creativity. In R. J. Sternberg (Ed.), *Handbook of creativity* (pp. 213-225). New York: Cambridge University Press.

Royer, F. L. (1971). Information processing of visual figures in the digit symbol substitution task. *Journal of Experimental Psychology, 87,* 335-42.

Rubenson, D. L., & Runco, M. A. (1992). The psychoeconomic approach to creativity. *New Ideas in Psychology, 10,* 131-147.

Sawyer, R. K. (2001). *Creating conversations: Improvisation in everyday discourse.* Cresskill, NJ: Hampton.

Siegler, R. S. (1992). The other Alfred Binet. *Developmental Psychology, 28,* 179-190.

Simonton, D. K. (1988). *Scientific genius.* New York: Cambridge University Press.

Simonton, D. K. (1999). Talent and its development: An emergenic and epigenetic mode. *Psychological Review, 106,* 435-457.

Skinner, B. F. (1972). A lecture on "having" a poem. In B. F. Skinner, *Cumulative record: A selection of papers* (3rd ed., pp. 345-355). New York: Appleton-Century-Crofts.

Spearman, C. E. (1904). 'General intelligence' objectively determined and measured. *American Journal of Psychology, 15,* 201-293.

Spearman, C. E. (1927). *The abilities of man.* London: Macmillan.

Sternberg, R. J. (1977). *Intelligence, information processing, and analogical reasoning: The componential analysis of human abilities.* Hillsdale, NJ: Erlbaum.

Sternberg, R. J. (1982). Natural, unnatural, and supernatural concepts. *Cognitive Psychology, 14,* 451-488.

Sternberg, R. J. (1983). Components of human intelligence. *Cognition, 15,* 1-48.

Sternberg, R. J. (1985a). *Beyond IQ: A triarchic theory of human intelligence.* New York: Cambridge University Press.

Sternberg, R. J. (1985b). Implicit theories of intelligence, creativity, and wisdom. *Journal of Personality and Social Psychology, 49*(3), 607-627.

Sternberg, R. J. (Ed.). (1988). *The nature of creativity: Contemporary psychological perspectives.* New York: Cambridge University Press.

Sternberg, R. J. (1993). *Triarchic abilities test.* Unpublished test. New Haven, CT: Yale University.

Sternberg, R. J. (1995a). For whom the bell curve tolls [Review of *The bell curve*]. *Psychological Science, 6,* 257-261.

Sternberg, R. J. (1995b). *In search of the human mind.* Ft. Worth, TX: Harcourt College Publishers.

Sternberg, R. J. (1997a). *Successful intelligence.* New York: Plume.

Sternberg, R. J. (1997b). *Thinking styles.* New York: Cambridge University Press.

Sternberg, R. J. (Ed.). (1999a). *Handbook of creativity.* New York: Cambridge University Press.

Sternberg, R. J.(1999b). A propulsion model of types of creative contributions. *Review of General Psychology, 3,* 83-100.

Sternberg, R. J., & Clinkenbeard, P. R. (1995). The triarchic model applied to identifying, teaching, and assessing gifted children. *Poeper Review, 17*(4), 225-260.

Sternberg, R. J., Ferrari, M., Clinkenbeard, P. R., & Grigorenko, E. L. (1996). Identification, instruction, and assessment of gifted children: A construct validation of a triarchic model. *Gifted Child Quarterly, 40*(3), 129-137.

Sternberg, R. J., & Gastel, J. (1989a). Coping with novelty in human intelligence: An empirical investigation. *Intelligence, 13,* 187-197.

Sternberg, R. J., & Gastel, J. (1989b). If dancers ate their shoes: Inductive reasoning with factual and counterfactual premises. *Memory and Cognition, 17,* 1-10.

Sternberg, R. J., & Grigorenko, E. L. (2000). *Teaching for successful intelligence.* Arlington Heights, IL: Skylight.

Sternberg, R. J., & Grigorenko, E. L. (in press). *Intelligence applied* (2nd ed.). New York: Oxford University Press.

Sternberg, R. J., & Grigorenko, E. L., Ferrari, M., & Clinkenbeard, P. (1999). A triarchic analysis of an aptitude-treatment interaction. *European Journal of Psychological Assessment, 15,* 1-11.

Sternberg, R. J., Kaufman, J. C., & Pretz, J. (2002). *The creativity conundrum.* Philadelphia: Psychology Press.

Sternberg, R. J., & Lubart, T. I. (1991). An investment theory of creativity and its development. *Human Development, 34,* 1-31.

Sternberg, R. J., & Lubart, T. I. (1995a). *Defying the crowd: Cultivating creativity in a culture of conformity.* New York: Free Press.

Sternberg, R. J., & Lubart, T. I. (1996). Investing in creativity. *American Psychologist, 51,* 677-688.

Sternberg, R. J., Torff, B., & Grigorenko, E. L. (1998a). Teaching for successful intelligence raises school achievement. *Phi Delta Kappan, 79,* 667-669.

Sternberg, R. J., Torff, B., & Grigorenko, E. L. (1998b). Teaching triarchically improves school achievement. *Journal of Educational Psychology, 90,* 374-384.

Sternberg, R. J., & Williams, W. M. (1996). *How to develop student creativity.* Alexandria, VA: Association for Supervision and Curriculum Development.

Tetewsky, S. J., & Sternberg, R. J. (1986). Conceptual and lexical determinants of nonentrenched thinking. *Journal of Memory and Language, 25,* 202-225.

Thomson, G. H. (1939). *The factorial analysis of human ability.* London:

University of London Press.

Thurstone, L. L. (1938). *Primary mental abilities.* Chicago: University of Chicago Press.

Tolman, E. C. (1932). *Purposive behavior in animals and men.* New York: Appleton-Century-Crofts.

Vernen, P. A., & Mori, M. (1992). Intelligence, reaction times, and peripheral nerve conduction velocity. *Intelligence, 8,* 273-288.

Wallas, G. (1926). *The act of thought.* London: Watts.

Weisberg, R. W. (1993). *Creativity: Beyond the myth of genius.* New York: Freeman.

Wickett, J. C., & Vernon, P. A. (1994). Peripheral nerve conduction velocity, reaction time, and intelligence: An attempt to replicate Vernon and Mori. *Intelligence, 18,* 127-132.

Woodman, R. W., & Schoenfeldt, L. F. (1989). Individual differences in creativity: An interactionist perspective. In J. A. Glover, R. R. Ronning, & C. R. Reynolds (Eds.), *Handbook of creativity.* New York: Plenum.

Zuckerman, H. (1977). *Scientific elite: Nobel laureates in the United States.* New York: Free Press.

Zuckerman, H. (1983). The scientific elite: Nobel laureates' mutual influences. In R. S. Albert (Ed.), *Genius and eminence* (pp. 241-252). Oxford, UK: Pergamon.

Chapter

04

Creativity and Development

다중지능 이론의 창안

-상위 수준의 사고에 대한 연구-

David Henry Feldman(주 저자) & Howard Gardner(협력 지원)

창의성 연구 분야는 날로 성장하여 현재에도 매우 활발히 연구가 이루어지고 있고 괄목할 만한 생산적인 수준으로 향상되었다. 그럼에도 중요한 창의적 작업이 어떻게 이루어졌는지에 대한 연구는 비교적 조용한 편이다. 이 장에서는 그 중요성을 인정받은 연구들이 어떻게 이루어졌는가에 관한 정보를 제공하고자 한다(Gruber, 1974, 1981; Gruber & Wallace, 1989 참고). 이 장의 특징은 두 연구자가 오랜 동료로서, 그리고 오랫동안 창의성 연구를 한 사람으로서 이 주제와 관련하여 공동으로 연구를 처음 수행한 것이라는 점이다. 본 연구인 다중지능 이론의 초점이 창의성 그 자체에 관한 것은 아니지만, 이 이론의 창안자(Howard Gardner)와 내가 절친한 동료로 창의성에 관한 연구에 열심히 관여한 시기의 결과다(Feldman, 1982; Feldman, Csikszentmihalyi, & Gardner, 1994 참조).

게다가 이 이론의 창안은 그 자체가 조사할 만한 가치가 있는 창의적인 노력의 결과였다. 다중지능 이론이 교육 분야에서 영향력이 있었다고 과대평가하는 것은 어려울 수도 있다. 그러나 1983년에 소개된 Gardner의 『마음의 틀: 다중지능 이론(*Frames of Mind: The Theory of Multiple Intelligences*)』의 영향력은 해가 갈수록 커지는 것 같다. 그 당시 이 이론을 교육과정 계획, 평가, 교수법 등에 사용했다고 주장하는 수많은 학교가 있었고, 활용 방법에 대한 책과 지침서도 수없이 많았다. 2002년에 실시한 제한적인 인터넷 검색에서도 다중지능 이론과 관계된 사이트가 10만여 개에 이르렀다. 분명히 다중지능 이론은 교육 이론, 정책, 실무 분야에서 확실한 거점을 구축한 셈이다. 비판자들이 없는 것은 아니지만(Traub, 1998 참조), 이 이론은 교육계에서 무시할 수 없는 영향력을 가지게 되었다. 따라서 다중지능 이론은 강력한 창의성의 주요한 기준이 된다. 즉, 다중지능 이론은 기존의 지식 영역에서 매우 중요한 공헌을 한 것으로 인정되었다(Morelock & Feldman, 1999).

지난 20년간의 창의성 연구 분야의 주요 추세를 간단히 살펴본 후, 이 장에서 논의할 자료를 소개하고자 한다. 이 자료는 공식적으로는 2001년 봄에 나와 Gardner가 다중지능 이론의 창안에 관해 실시한 일련의 면담으로 구성되어 있고, 비공식적으로는 Gardner와의 오랫동안의 친분 관계로 수집된 것이 포함되어 있다. 이 장의 목표는 오랜 기간 걸쳐 이루어진 다중지능 이론의 창안 과정을 기술하고자 하는 것이다.

현대의 창의성 연구

주요 연구자와 이론가들의 노력으로, 우리는 현재 창의적 업적에 영향을 주는 역사적 상황(Csikszentmihalyi, 1988, 1994, 1996; Simonton, 1999 참조), 역사적으로 가장 중요한 창의적 인물들(예, Gardner, 1993 참조) 및 유명한 과학자들(Csikszentmihalyi, 1996; 이 책의 Nakamura & Csikszentmihalyi)의 삶의 이야기, 장래성 있는 아동이 저명한 어른으로 성장할 수 있는 환경(Albert & Runco, 1990), 사람들이 위대한 창의적 성취를 이룰 수 있게 하는 동기(Amabile, 1983) 등에 대해 많은 것을 알고 있다. 우리는 또한 실험실에서의 연구(예, Sternberg, 1988; Ward, Smith, & Finke, 1999; Weisberg, 1999

참조)와 컴퓨터 시뮬레이션 작업(Boden, 1999; Simon, 1995)에서 기원한 문제를 창의적으로 해결하는 방법이 포함된 문제해결 과정에 관한 중요한 새로운 자료를 가지고 있다. 창의적 성취에서 협력에 관한 중요한 새로운 연구는 상위 수준의 창의적 성취를 이루는 데 있어서 다른 사람의 수행 역할의 중요성에 대해 많은 정보를 제공하였다(John-Steiner, 2000).

최근에 수행된 다른 연구들은 창의성 그 자체에 대한 것은 아니지만, 창의성과 관련 있는 주요한 논쟁들을 이해하는 데 도움이 된다. 전문 지식과 발달에 관한 연구는 다양한 영역에서 상위 수준의 성취를 이루는 데 있어서 재능과 훈련의 상대적 중요성에 대해 의미 있는 문제를 제기하였다(Bloom, 1985; Chi, Glaser, & Far, 1988; Ericcson, 1996; Howe, Davidson, & Sloboda, 1998 참조). 또 다른 연구들은 영재와 바보-천재(idiot-savant) 같은 극단적인 사례에 초점을 두어 여러 가지 능력의 구체적 유형들 간의 구분과 그 능력이 창의적 사용을 제한하는 일부 제약 조건들을 구분하는 데 도움을 주었다(Howe, 1989; Feldman, 1986; Kanigel, 1991; Miller, 1989; Morelock & Feldman, 1999, 2000; Treffert, 1989).

재능 연구 분야와 관련하여 다양한 노력을 하였고, 때로 이 분야는 창의성 연구와는 상반적인 관계이기도 하였다(예, Feldman & Bengamin, 1998; Guilford, 1959, 1970; Ross, 1993 참조). 재능 분야의 연구들은 재능의 부분으로서의 창의성에 대한 적절한 역할을 설정하고자 노력했다(예, Feldhusen, 1997; Geller, Monks, & Passow, 1993; Torrance, 1988 참조). 대부분 창의성은 재능의 한 측면 또는 구성 성분으로서, 재능을 새로운 도전 영역으로 강화하거나 확장하지만 IQ를 감소하게 하는 것은 아닌 것으로 개념화되었다. 창의성의 평가나 측정에 대한 노력은 이 분야의 주된 주제였다(예, Guilford, 1950, 1970; Torrance, 1996; Sternberg, 1999; Wallach & Kogan, 1965; Wallach & Wing, 1969 참조). 창의적 사고와 문제해결에 대한 새로운 지식이 전통적인 연구에서 지속적으로 나타나고 있지만, 이런 전통적인 연구의 전반적인 영향력이 감소함으로써 이 분야는 다양한 방향으로 확장 이동하였다.

창의성의 정의와 발달

이 책에 기여한 다른 연구자들처럼 여기서는 이 책의 두 가지 주요 주제인 창의성과 발달에 대한 관점을 기술하고자 한다. 나는 이 두 주제에 관해 거의 동시에 생각하기 시작했다. 그 당시 하버드 교육대학원에서 1965년부터 1966년까지 1년 동안 연구 기간이었으며, 인간발달 강의를 위해 창의성에 관한 최초의 보고서를 작성하였다. 발달은 내 연구와 경력의 중심 주제였지만, 창의성은 항상 활동적인 부가적 주제로 나도 모르게 관심을 가졌던 주제였다. 내가 창의성에 대해 연구하기 시작했을 무렵의 연구 문헌에서 창의성은 발달과 관련이 없는 주제였다. 창의성은 임상심리학(Sanford, 1966 참조) 및 심리측정(Guilford, 1950, 1970 참조)의 일부분이었다. 나는 수년이 지나 1970년대 초에 이 두 주제를 하나로 모았으며, 1974년에 창의적 사고의 발달적 처치에 관한 나의 첫 번째 연구 결과를 출판하였다(Feldman, 1974).

나는 창의성과 발달을 함께 연구함으로써 창의성이 특히 Piaget (1975)가 기술한 단계적 전환에서 질적인 것을 공유하는 인지발달적 전환의 다른 형태라는 주요한 통찰을 하였다. 되돌아보면 당시에 내가 생각하고 있는 창의성의 종류는 '높은 C'('큰 창의성[big C]'이라고도 함, Motrlock & Feldman, 1999 참조)였으나, 창의성 연구에서는 대개 '낮은 C'(예, Getzels & Jackson, 1962; Torrance, 1966; Wallach & Kogan, 1965; Wallach & Wing, 1969)의 창의적 사고에 관해 주로 다루어졌다. 당시 나는 위대한 사상가들의 사고 과정을 활용하여 성취한 통찰이, 유아들이 겉모양이 바뀌더라도(예, 넓고 낮은 용기에서 높고 좁은 용기로) 어떻게 액체의 양이 보존되는지의 개념을 이해하려는 노력하는 사고 과정과 다르지 않다는 데에 놀랐었다. 문제가 없는 것은 아니지만, Howard Gruber(1980)가 나중에 지적했듯이, 창의성을 발달적 전환(이해 수준이 한 단계에서 그다음 단계로 이동하는 것)의 일종으로 볼 수 있다는 생각은 나의 연구에 활기를 불어넣었다. 인지발달적 전환에 대한 나의 모든 연구의 목표는 이해에서의 중요한 진전을 가져오게 하는 사고 과정을 자세히 규명하는 것이었다(예, Feldman, 1980, 1994; Snyder & Feldman, 1977, 1984 참조).

나의 이론적 관점에서 여러 종류의 인지발달적 전환들 간의 주요 구분으로 특징지어지는 것은 보편성이나 공통성의 정도다. 가장 흔히 일어나는 이런 이동은 보편적인 창의적 통찰로 생각하는 것이 적절하고, 가장 드물게 일어나는 이동은 독특한 창의적 통찰이라 할 수 있으며, 이 중에서도 가장 강력한 것은 천재의 업적으로 명명될 수 있을 것이다(Feldman, 1980, 1986).

보편적인 인지발달적 전환은 실제 액체의 양은 용기가 바뀔 때 액체의 겉모양이 바뀌더라도 변하지 않는다는 것을 처음으로 인식하는 것이다. 천재의 업적의 예는 1859년에 Darwin이 발표한 변이와 자연선택에 의한 진화 이론과 지난 세기 초에 Einstein이 발표한 상대성 이론이다(Gruber 1981; Gruber & Barrett, 1974). 이러한 세 가지 경우에서 도전적 문제에 대해 한 개인의 이해에서 주요한 진전이 나타난다는 점에서 창의적이며, 인간이 어떻게 사고하는가에 관한 심오한 함의를 가진다. 액체 보존(Piaget에 의해 명명된 것처럼)에 대한 이해의 진전은 아동기 초기에서 중기로 이행하는 모든 아이에게서 거의 반드시 일어나는 것이다. 그러나 Darwin의 이해의 진전은 개인의 사고발달에서 유사하게 중요한 의미가 있지만, 물론(수년 후) 영역 지식에도 매우 도전적인 중대한 영향을 미친다(사실상 근본적인 변형을 유발). 한 사람의 사고가 이렇게 심오하게 진전하는 경험은 경우에 따라 유사하지만 성취하는 영역은 매우 다르다(Feldman, 1974, 1989b). 매우 독특한 영역에서의 참여는 Darwin의 진전이 액체 보존 문제를 해결한 아동의 진전과는 근본적으로 분리되는 것이다.

발달적 전환에 관한 이런 유추는 좀 더 극단적인 형태의 창의적 진전에만 적용하더라도 이 둘의 연관성은 창의성을 개념화하는 방법과 관련하여 많은 변화를 유도하였다. 창의성과 인지발달의 연관성을 추적한 사람이 나 혼자인 것은 아니다. Piaget는 계속해서 수학, 논리학 및 생물학 분야의 사례를 사용하여 인지발달적 전환을 설명하였다(Piaget, 1971). Howard Gruber는 보편적인 창의적 진전과 예외적인 창의적 진전 간의 연관성에 대해 체계적인 조사를 시도한 최초의 연구자였고, 이 장의 주제로 다루어지는 Howard Gardner는 창의성과 발달 간의 관계를 조사한 또 다른 학자였다(Gardner, 1993; Gruber, 1981; Gruber & Barrett, 1974; Gruber & Wallace, 1989 참조).

1974년 이후로 내 이론적 · 실증적 연구의 상당수는 영역에서 보편적 지대와 독특한 지대 간의 발달적 전환을 자세히 조명하는 것이었다. 이 두 지대는 앞 문단에 병렬적으로 배치하였다. 이론적으로 나는 두 극단의 사이에 위치할 수 있는 인지발달 형태의 연속성을 제안하였다([그림 4-1] 참조). 이 연속선상에 그려진 각각의 지대는 수많은 영역(지식과 기술의 조직체)을 포함한다고 가정한다. 매번 누군가가 보편 지대에서 독특한 연속선상으로 어떤 한 영역 안에서 한 수준 또는 단계에서 다음 수준 또는 단계로 발달이 이루어질 때 상위 수준의 창의적 사고가 수반된다. 즉, 어떤 한 영역에서 발달이 일어난다면 그 영역에 적절한 창의적 사고는 그러한 발달 지표 중 하나다(Feldman, 1989b).

나의 동료들(이 장의 주제와 이 책의 다른 장의 연구자들을 포함하여)처럼 특정한 특성이 현재 창의성에 대한 나의 사고방식의 중심이다. 첫째, 창의적 사고는 거의 모든 인간의 정상적인 삶 속에서 예상할 수 있는 일상적이고 평범하고 흔한 종류이든, 근본적으로 지식체계를 재조직하는(또는 어떤 새로운 것의 탄생을 유발하는) 조금 세련된 종류이든, 모든 발달적 전환에서 수반되는 것이라고 생각한다. 둘째, 창의성은 구체적 영역 내에서 일어난다고 생각한다. 즉, 창의성의 일반적 특성이란 없다(단, 심리측정학자들이 제시한 것처럼 새롭고 혁신적인 아이디어를 산출하는 일반 능력이 있을 수 있다 할지라도.). 셋째, 동시에 여러 측면에서 창의성을 가장 잘 이해할 수 있다고 생각한다. 즉, 개인, 이해에서의 전환을 성취하는 데 공헌한 타인(John-Steiner, 2000 참조), 그런 공헌의 중요성을 지닌 그 영역만의 독특한 특성, 창의적 공헌의 중요성과 정도에 따라 판단되는 더 넓은 분야

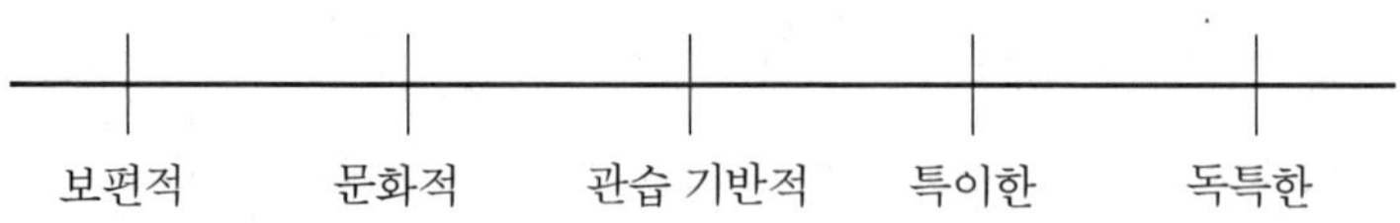

[그림 4-1] 보편성에서 독특성까지의 발달적 지대

를 포함하여 고려하여야 한다(Csikszentmihalyi, 1988, 1994, 1996 참조; 이 책의 Nakamura & Csikszentmihalyi 참조). 어떤 특정한 사건을 선행하는 역사적 기록, 그리고 특정한 분야에서의 참여와 관련한 제약이나 기회를 제공하는 사회문화적 현실 등과 같은 조금 더 큰 맥락적 문제들도 반드시 고려되어야 한다(Simonton, 1984, 1988, 1999 참조). Sternberg와 Lubart(1996, 1999; 이 책의 Sternberg)는 이런 접근법을 융합 모형이라고 하였는데, 이것은 창의성과 발달을 보다 잘 이해하기 위해 내가 선택한 관점에 적합한 이름인 것 같다.

발달적 전환과 창의성은 서로 복잡하게 얽혀 있어서 한쪽을 이해하지 못한 채 다른 한쪽을 이해하기란 불가능하다. 그래서 창의성 연구에서 도전 과제는 어떤 영역의 핵심 지식과 기술을 나타내는 발달단계 또는 수준에 대한 명확한 기술을 포함하여 각 영역을 특징짓는 지표와 독특한 특성들을 구체화하는 것이다. 이 일은 수준 간 이동에 수반된 공유되는 사고와 독특한 사고를 이해하는 것을 가능하게 하는 예비적 작업이다. 창의적 사고는 연속선 전면에 걸쳐 고르게 펼쳐져 있지만, 우리가 전형적으로 창의성이라고 부르는 것은 보통 이 연속선상에서 독특한 창의성 쪽에 위치한다. 이 선상의 독특한 지대에서 창의적이라고 명명될 수 있는 전환이 일어나기 위해서는 발달적 수준에 존재하는 기존의 영역이 개인, 또는 개인이 문제를 해결하거나 그 영역에 가치를 부여하고자 하는 집단의 노력을 통하여서는 되돌릴 수 없을 정도로 변형되어야 한다. 이런 잠정적인 변형 사건의 강도는 작은 변화(예, 더 나은 쥐덫)에서부터 해당 영역의 지식 및 기술 체계에 대한 실질적인 재조직(예, 레이저 수술)에 이르기까지 다양하다(Feldman, Csikszentimihalyi, & Gardner, 1994 참조).

Darwin의 사고에 대한 Gruber의 연구

지난 20년간의 연구와 이론의 상당수가 여기에 소개된 연구와 잠정적으로 관련이 있지만 대부분은 간접적으로 관련되어 있다. 가장 관련이 큰 연구는 1859년에 발표된 이후 전 세계를 변화시킨 이론(자연선택에 의한 진화 이론)이 처음으로 창안되었던 기간 동안의 Darwin의 사고발달을 분석한 Howard Gruber(1974)의 훌륭한 연구다. 동료인 생물학자 Paul Barrett과 함께 Gruber는 Darwin이 혁신 이론을 구성하고 재구성한 과정을 극적으로 새롭게 조망할 수 있었다. Gruber와 Barrett은 그때까지 무시되었던 기록들(Darwin의 *M*과 *N* 노트)을 케임브리지 대학교 도서관에서 찾아내어 이를 바탕으로 Darwin의 사고발달에 관하여 자세하게 규명하였다(Gruber, 1974, 1981). 1차 기록들을 조사함으로써 Darwin이 자신도 모른 채 이러한 획기적인 종합을 한 것처럼 Gruber와 Barrett도 Dawin의 추론의 형태 및 내용을 재구성할 수 있었다.

Darwin이 이론을 구성했던 과정은 이전에 알려졌던 것보다 훨씬 더 연역적인 것으로 나타났다. 분명히 Darwin은 '비글호'를 타고 전 세계를 자연주의자로서 유람한 후 2년 만에 자신의 이론적 형식을 구성했는데, 그의 나이 26세부터 29세 무렵이었다. 그는 그다음 20년을 자신의 이론을 뒷받침하는 자료를 수집하고, 그 이론을 따개비, 지렁이, 그 외의 생물들을 이용하여 실증적 검증을 하는 한편, 이론이 이러한 주장을 검증하기 위해 설계되지 않았는지를 알아보기 위해 관련 문헌들을 탐독하였다.

Gruber의 새로운 해석은 Darwin이 수년간의 조사를 통해 기록한 관찰 자료의 특징들을 포착하는 귀납적 설명을 구축한 신중한 실증적 과학자였다는 종전의 믿음과는 반대되는 입장이었다. Gruber가 찾은 필기장은 Darwin이 그의 이론을 발표하기 전에 변이와 자연선택에 의한 진화에 관한 자신의 주장을 충분히 뒷받침하는 실증적 증거들과 원리를 가지고 있었음을 보여 주었다. Alfred Wallace가 유사한 이론을 제안하지 않았다면, Darwin은 1859년에 자신의 이론을 발표하지 않았을지도 모른다(Gruber, 1974, 1981).

이 연구에서 사용된 기법은 몇 가지 점에서 Gruber의 기법과 다르다. 기록 문서들이 사용되기는 했지만, 그 자료들은 현존 인물인 Howard Gardner에 의해 만들어진 것이다. 또한 이미 작성된 기록을 Gardner가 해석하거나 그것에 맥락을 추가하고, 그와 함께 몇몇 문서들의 의미와 중요성을 논의할 수 있는 기회도 있었다. 따라서 다중지능 이론의 창안 과정을 재구성하려는 나의 노력은 Darwin의 진화론의 창안을 재구성한 Gruber의 노력과 유사한 측면도 있고 다른 측면도 있다.

또 다른 차이점은 이 연구의 두 참여자는 Gruber의 연구를 길잡이로 삼을 수 있는 장점을 지니고 있다는 것이다. 기존의 연구는 이 연구에 실제적으로 영향을 주었으나 이 두 과제는 중요한 부분에서 다르다. 이 연구의 장점은 두 연구자가 같은 학문 분야를 연구하고 있고, 서로 협력한 기간이 길며, 다중지능 이론으로 이어진 발달적 과정을 재구성하려는 과정에서 서로에게 안내자가 될 수 있었다는 것이다(John-Steiner, 2000). 이런 점에서 이 연구는 Darwin을 그의 목적지로 안내한 아이디어의 진행 과정을 추적한 Gruber의 방법으로는 가능하지 않는 협력적인 방법으로 수행되었다.

이 연구와 가장 관련이 있는 창의성에 관한 연구를 간단히 요약하였으며, 다음에서는 다중지능 이론을 소개하고 이 이론의 창의적 공헌으로서 실재적인 중요성을 해석하고자 한다.

다중지능 이론

다중지능 이론은 지능발달 분야에 기반을 두지만 지난 세기 동안 교육 분야에 가장 큰 영향을 주었다. 그런 영향력을 설명해 주는 이 이론만의 독특한 특징을 평가하려면 1983년에 다중지능 이론이 출현하게 된 배경을 제공한 그 이전의 지능 이론들을 간단히 설명할 필요가 있다(Ferrari & Sternberg, 1988; Gardner, Kornhaber, & Wake, 1996; Gould, 1981; Resnick, 1976; Sternberg, 1982 참조).

지능에 관한 연구는 초기부터 논쟁거리였고 까다로운 주제였다(Gould, 1981 참조). 아마도 이 분야에서 가장 지속적인 쟁점은 단일 지능과 다중지능의 문제일 것이다. 이미 지난 세기 초에 모든 정신 능력을 지배하는 단일하고 일반적인(*g*) 지능이 있는가 아니면 특정한 형태의 내용이나 일정한 종류의 정신적 과정(Gardner, Kornhaber, & Wake, 1996)에 특화된 서로 관련 있는 능력들의 집합인가에 관한 논쟁이 있었다. 역사적으로 단일지능 대 다중지능에 관한 문제는 열띤 논쟁과 신랄한 비판의 소재였다.

이런 점에서 다중지능 이론은 유서 깊은 전통이 현대판으로 재현된 것이다. 다중지능 이론은 서로 독립적인 여덟 가지의 지능을 제안한다(원래의 이론에서는 일곱 가지). 이들 각각은 구체적인 영역 특수적 능력(신체/운동감각, 대인관계, 자기이해, 자연관찰, 수학/논리, 음악, 공간, 언어, Gardner, 1983)이다.

특히 1983년에 나온 원래의 이론에서 제안된 지능의 수와 종류는 반세기 전에 나온 Thurstone과 Thurstone(1941)의 주요 정신능력 이론과 매우 유사하다. Binet와 Simon이 1905년경 파리에서 최초의 실행 가능한 지능검사를 개발한 이래로 수십 년간 특수적 지능(*s*)에 관한 많은 제안이 계속 나왔다. 이들 중 일부는 그 이론체계에 보편적 요인과 특수적 요인을 모두 포함하고 있지만, 일반적으로 보편적 요인을 이론체계의 가장 높고 영향력 있는 위치에 두고 있다(Gardner, Kornhabere, & Wake, 1996; Sternberg, 1982 참조). 1960년대에 Guilford가 제안한 매우 영향력 있는 *s*-지향적 이론에서는 당초에 발표될 때 120가지와 나중에 수정본에서 180가지의 이론적으로 독립적인 능력을 제안했다(Guilford, 1967).

다중지능 이론이 앞서 나온 이론들에 비해 더 영향력이 있는 이유는 많다. 그 이유들은 이론 자체를 특징짓는 독특한 것임과 동시에 다중지능 이론이 제안된 역사적 · 문화적 배경과도 관련이 있다(Csikszentmihalyi, 1988; Feldman, Csikszentmihalyi, & Gardner, 1994). 내부적으로는 전통적 검사와 검사 점수 자료에 의존하는 심리측정적 접근에서 벗어나 다양한 학문 분야의 정보원에 관한 자료와 일화에 크게 의존했다(Gardner, 1983, 1993). Gardner는 고고학 및 고생물학 기록, 심리학 연구 등 다양한 분야에서 이루어진 높은 수준의 성취와 관련된 일화들을 조사하였다. 게다가 그는 기존의 상징체계들을 분석하고, 여러 인지발달 이론들을 근거로 추정하였다. 아마도 Gardner가 그의 이론을 만들면서 가장 크게 의존한 것은 뇌손상을 입은 사람들을 대상으로 한 임상적 연구였다. 뇌손상이 인지기능에 미치는 영향에 관한 사례들은 전문지식이 없는 독자도 쉽게 이해할 수 있다는 점에서 특히 효과적이다. 발레, 마임, 스포츠, 시 등의 분야에서 볼 수 있는 사례들은 Gardner 이전에 발표된 지능의 중심 요인을 특수 능력의 이론들에서조차도 볼 수 없는 방식으로 이 이론에 생명력을 제공한다. 대부분의 사람들은 광범위한 상위구조적인 이 이론의 어느 한 부분에서 자신의 위치를 찾을 수 있다. 다중지능 이론은 모든 사람에게 돋보이는 기회를 주고, 대부분의 문화 내에서 가치 있는 것으로 평가되는 활동 영역에서 독특하고 강력한 재능과 능력을 보여 준다(Chen, Krechevsky, & Vines, 1998).

종전의 지능 이론(*g*와 *s*이론 모두)은 거의 전적으로 심리측정 검사 자료를 기초로 구축되었다. 다중 능력에 관한 매우 정교한 이론들은 그들의 주장을 뒷받침하기 위해 난해한 요인분석법을 사용하였다(Gould, 1981; Guilford, 1950, 1967). 심지어 이 기법에 훈련된 사회과학자들도 내재적 원리를 이해하는 데 어려움이 있었으며, 훈련을 거의 받지 못한 사람들은 사용된 절차의 타당성에 관한 전문가들의 설명을 전적으로 받아들여야만 한다. 요인분석가들은 얼마나 많은 요인(또는 다중지능 이론의 용어로 표현하면 지능들)이 존재하고, 그것들을 파악하려면 어떤 구체적인 요인분석법이 사용되어야 하며, 해석하려면 어떤 분석 도구가 사용되어야 하는가 등에 관해 수십 년 동안 논쟁을 벌여 왔다. 그리고 대부분의 사회과학계의 연구자들은 주변에서 심리측정에 관해 관망하며 적용 효과를 예측하지 못하였다. 심리측정 연구의 이런 특징들은 연구 결과의 적용을 제한할 뿐 아니라 연구 결과에 강력한 과학적 분위기를 제공하는 데 기여했다.

공립학교에서의 지속적인 심리측정 접근의 활용에도 불구하고 IQ 및 기타 표준화검사들은 대부분의 교육자들에게 전적으로 편리한 수단은 아니었다. 그들은 이 검사의 기술적 부분을 거의 이해하지 못했으며(심리측정 분야의 외부에 있는 대부분의 사람들과 마찬가지로), 그렇다고 하나의 지배적인 능력이 모든 형태의 학업적 성취를 설명한다는 중심적인 주장을 이끌어 내지도 못하였다(Gardner, 1999).

이런 특징들로 인해 다중지능 이론은 성공을 거둘 수 있었다. 이 이론은 이전의 이론들과 표면적으로 유사해 보이는 주장들을 펼쳤지만, 이런 주장들은 관심이 있는 사람들이라면 누구라도 즉시 이해할 수 있는 토대로 구축되었다. 따라서 다중지능 이론은 전통적인 심리측정자들에게는 과학적 엄격성이 부족한 것처럼 보였음에도 불구하고 교육 혁신을 실현해 줄 것으로 기대되었다(Lubinski & Benbow, 1995). Gardner가 인정한 것처럼(개인적 교신, 2001. 4) 이 이론은 심리학보다는 교육학 분야에서 훨씬 영향력이 더 컸다.

Gardner가 1983년에 제안한 이 이론은 유사해 보이는 종전의 이론들보다 훨씬 더 강하게 영향을 미치는 새로운 방식으로 구축되었다. 그러나 이 이론도 또한 지능이라는 용어와 전혀 연관성이 없어 보이는 여러 요소로 구성되어 있으며, 이 요소들이 이 이론의 성공과 매력에 공헌했다. 나(Feldman)는 원래의 이론에서 일종의 지능으로서 개인적 · 사회적 · 정서적 요인을 다루는 일곱 가지의 지능 중 두 가지를 언급한다. 나중에 살펴보겠지만, Gardner는 자신의 이론을 가지고 대담한 발걸음을 내딛을 준비가 되어 있었다. 그러나 준비가 잘 되어 있었다고 하더라도 대인관계 및 자기이해 지능을 포함시킨 것은 이 이론의 주장에서 가장 극적이고 가장 논란의 여지가 있는 것이다. Gardner는 자기 자신과 자신의 내적 삶을 알거나 다른 사람의 동기, 사상, 소망, 욕구 등을 알고 이해하는 것은 독특하고, 독립적이며, 구체적인 지능이라고 주장했다. 실제로 이 이론은 누군가가(아마도 미래 정신분석학자) 이러한 것들 중 한 가지의 재능을 타고날 수 있지만, 다른 사람들(다른 가능성 중에서 미래의 정치 지도자나 군사 전략가)은 그렇지 않다고 제안한다.

보다 전통적인 지적 기능들(언어적, 시각적, 공간적, 논리적 기능)과 언뜻 보기에 지능과 거리가 있어 보이는 것들(신체, 대인관계, 자기이해)을 병합함으로써, Gardner는 교육계에 중독성 있고 큰 힘이 될 만한 것을 제공한 것이다. 교사를 비롯한 교육자들은 특히 이 이론에서 도피처를 찾았으며, 아동의 학습 능력에 대한 교사 자신의 의견을 제시하는 데 도움을 주는 이론을 마침내 발견하였다고 보고하기도 했다.

이론의 성공을 위한 역사적 · 맥락적 공헌

앞서 언급하였듯이, 다중지능 이론은 접근이 매우 쉽고, 종전의 이론들보다 여러 가지 요소로 구성되어 있으며, 다양한 자료를 사용한다. 이런 점들은 의심의 여지 없이 다중지능 이론의 놀라운 영향력에 크게 기여했다. 그러나 이론 자체의 특징 외에도 처음 소개된 1983년이라는 시점 및 상황과 관련해서 이 이론의 성공을 설명해 주는 요인들이 있다. 역사적 · 문화적 요인으로는 인권의 강화, 교육에서의 다양성 인정, 여성운동, 교육계의 중심적인 이론적 인물이었던 Piaget의 위상 약화, Gardner의 지역 기반인 케임브리지와 이외의 곳에서도 그의 연구를 인식하고 지지하는 수많은 정황을 들 수 있다.

1940년대에 Louis와 Thelma Thurstone(1941)이 주요 정신 능력에 관한 요인-기반 이론을 소개했을 때는 1980년대와는 달리 매우 다른 전문 분야로 자신들의 이론을 소개하였다. Piaget는 제네바에서 활발하게 연구하고 있었지만 20년 동안 이 지역(북미)에 대한 영향력은 크지 않았다(Flavell, 1963). 심리측정적 전통에서 검사는 차이심리학 분야에서의 선택 방법이었다. 검사의 영향력은 공공사업, 대학 입시, 초중등학교에서의 교육, 주도권을 확립하기 위한 군사 분야 등에서 뚜렷하게 나타났다.

당시 검사의 핵심이며 현재의 논쟁거리는(Lemann, 2000), g 지능의 영향력에 대한 유력한 도전이 그 반대 입장인 심리측정 검사와 동일한 이론적 토대 위에 구축된 것이다. 이런 점에서 요인 이론은 기본적으로 동일한 종류의 자료, 즉 검사 점수를 개념화하고 해석하는 방법에 관한 내부적 논쟁이었다. IQ에 대적할 만한 다른 강력한 대안은 없었다.

1980년 초 Gardner가 등장했을 때, 검사는 수년간 논쟁의 중심이 되고 있었다. 특히 인종과 지능에 관한(예, Jensen, 1969 참조), 그리고 저소득층 아동에 대한 조기 개입 노력을 위한 측정 지표로서의 IQ 활용 가치에 관한(Bornstein & Krasnegor, 1989; Ramey, Lee, & Burchinal, 1989) 논쟁이 되풀이되고 있었다.

차이심리학은 당시로서는 심리학의 주변적 분야였으며, 중앙 무대를 인지, 발달, 임상, 신경심리학 및 두뇌 연구 등에게 양보하고 있는 상황이었다. 이런 분야들은 단일 능력 대 다중 능력에 관한 의문을 풀 수 있는 대안적인 이론적 · 방법적 · 개념적 접근법을 제시하였다. 그리고 Gardner는 전체적 상황을 끌어안는 보편적 입장을 취했다(심리측정 그 자체를 포함하여).

분야라는 용어(Csikszentmihalyi, 1988; Feldman, Gardner, & Csikszentmihalyi, 1994 참조)에서 Gardner는 자신의 새로운 이론을 만들어 내는 데 필요한 주요한 대안적 접근법들로 폭넓게 구성하였다. 1983년 이후로 다중지능 이론에 대한 심리측정 분야의 반응은 물론 매섭고 부정적이었으나(Lubinski & Benbow, 1995 참조), 이런 반응의 영향력은 그리 크지 않았다(Hunt, 1997). 확장된 영역에서 정치적 영향력이 커지고 있음에도 심리학의 하위 분야인 심리측정은 주변적이었다. 그때 이후로 심리측정은 많은 발전을 이루었지만 주류는 인지심리학과 발달심리학으로 옮겨졌으며, Gardner는 자신의 다중지능 이론을 펼칠 수 있는 더 많은 기회를 얻었다.

비학술 분야에서는 사회의 격변과 관심사로 인해 Gardner의 제안을 더욱 강력하게 수용하였다. 아마도 가장 주목할 만한 것은 미국 사회에서 사회적으로 소외되었던 집단에 대한 인식을 고양하려는 많은 정치적 노력일 것이다. 인권운동, 여성운동, 동성연애자 및 장애인의 권리를 위한 투쟁 등은 이런 노력 중에서 조금 더 성공을 거둔 사례들이다. 인종 구성이 매우 다양해지면서 '다수의 소수집단'이 형성되었다. 고등교육 분야에서는 다양성이 하나의 슬로건이 되었으며, 다양성을 위한 차별 철폐 조치는 1970년대와 1980년대의 주요 주제였다. Gardner의 사상은 지적 능력에서의 차이를 비롯하여 다양성의 인식에 관한 이 시기의 사회문화적 관심의 일부로서 사람들에게 쉽게 수용되었다(Chen, Krechevsky, & Viens, 1998). 20세기 말이 되면서 차별 철폐 조치는 공격을 받고 그 기반을 잃게 되었다. 그러나 1980년대와 1990년대에 이 조치는 교육정책의 중심적 견해였다. 유사하게 법률적 · 비법률적 이민정책 및 그에 따른 이민자의 유입은 학교의 인적 구성을 변화시켰으며, 학교 책임자들은 자신들의 오래된 일처리 방법을 수정해야만 하는 상황을 맞이하게 되었다. 다수의 소수집단은 인구통계학적 현실이 되어가고 있었다.

van Leer 프로젝트

우리는 지금까지 심리측정이 50년 이상 유지해 왔던 심리학 지식 체계의 중심적 자리를 내주기까지 심리학에서 영역의 발전을 살펴보았다. 인지, 발달, 임상, 두뇌 연구 등이 이 분야의 중심이 되었으며, 인지과학이라는 다학문적 분야의 출현과 그 중요성 또한 높아지고 있다. 그리고 우리는 미국 사회의 정치적 · 문화적 사건들이 다양성에 기초한 지능에 대한 시각을 갖게 하는 데 어떠한 도움을 주었는지 알아보았다. 이제 Gardner가 1983년에 『마음의 틀』을 출판하기에 앞서 이론들을 종합하기 시작하는 시점에 그의 주변 상황에 관심을 가질 필요가 있다. 다중지능 이론의 뿌리는 일찍이 Gardner의 경험과 훈련에서 찾아볼 수 있지만, 핵심적 역할을 한 것은 van Leer 프로젝트(후원자 Oscar van Leer를 기념하기 위한 이름)였다(Howard Gardner, 개인적 교신, 2001. 4).

『마음의 틀』을 소개하면서 Gardner(1983)는 이 프로젝트의 목적을 다음과 같이 설명했다. "1979년, Bernard van Leer 재단은 사회적 약자에게 적합하고 혁신적인 교육적 지원에 관심을 가지고 있었고, 하버드 교육대학원에 인간의 잠재력 및 그것의 구현에 관한 과학지식을 평가하고 그 결과를 전 세계의 교육정책과 실무에 도움이 될 수 있는 형태로 정리해 줄 것을 요청하였다."(p. Xiii) 이 프로젝트의 분명한 목적은 새로운 프로그램 및 정책을 구성하는 데 현재 사용되고 있는 지식에 관해 전 세계 정책 결정자와의 소통이었다. 이런 방침은 Gardner에게 힘을 실어 준 중요한 상황적 변화였다. 그는 스스로 연구 지원금을 요청하고 학술지에 연구 결과를 발표할 수 있는 기회를 찾아야 하는 외로운 연구자가 아니었다. 확실히 그의 영향력 범위는 전통적 학자들보다는 항상 넓었으며 van Leer 프로젝트의 촉매적 효과는 엄청난 것이었다(Gardner, 개인적 교신, 2001. 2).

van Leer 프로젝트가 착수된 1979년과 1980년 초에 Gardner는 하버드 교육대학원의 연구원이었다. 연구원의 신분은 교수라는 명칭만 주어진 계약 연구원의 한 행태로, 그 당시 하버드의 명성을 얻고자 재능 있는 많은 학자가 그곳에서 일하기를 원하는 경우가 많았다. 기본적으로 이러한 역할의 학자는 독립적인 사업가와 같은 처지로, 그들의 지속적인 근무는 임금, 비용, 간접비 등을 해결할 수 있는 지원금을 유치할 수 있는가에 따라 결정된다. 10년 동안 Gardner가 이런 식으로 하버드에 머무를 수 있었던 것은 미학 및 상징체계에 대한 철학자이자 자신의 멘터 중 한 사람이었던 Nelson Goodman이 설립한 연구센터인 프로젝트 제로(Project Zero)의 지원금을 유치하였기 때문이다.

Gardner(개인적 교신, 2001. 4)에 따르면, van Leer 프로젝트는 부분적으로는 그가 하버드에 머무르는 데 필요한 재정적 지원을 제공받기 위해 시작되었다. 대학의 방침에 따라 교육대학원에서는 정년을 보장받기가 힘들기 때문에 대학에서 영구적인 자리를 구할 수는 없었다. 그런데 학자 및 지원금 수혜자로서 Gardner의 공로를 인정하던 당시 학장 Paul Ylvisaker는 Bernard van Leer 재단과 협상하여 1백만 달러(그때에는 실로 매우 큰 돈)가 넘는 연구비를 지원받아 하버드에 꽁꽁 얼어붙은 정년보장을 기다리는 Gardner와 일부 연구자들에게 재정적 지원을 하였다.

지금은 전 세계적으로 유명한 학자가 한때는 연구 지원이 중단되는 순간 자리를 내놓아야 하는 불안한 계약직이었다는 점은 상상하기 어렵다. 하지만 Gardner는 이러한 위치에서 『마음의 틀』 연구를 시작했다. Gardner가 설명하는 것처럼, van Leer 프로젝트는 그의 모든 것을 바꾸었다. 다중지능 이론은 van Leer 프로젝트가 이 젊은 학자에게 준 영향의 직접적인 결과였다(Gardner, 개인적 교신, 2001. 4).

Gardner는 위대한 사상가들 앞에서도 항상 편안했고 자신의 발전 및 경력을 잘 관리하는 능력을 지녔지만, 연구 자금 및 그것을 제공하는 사람들의 우선적 관심사에 의해 연구 제약을 받았다. Paul Ylvisaker 학장 및 Gardner의 학부 지도교수인 Erik Erikson을 포함하여 1965년에 Gardner가 하버드를 졸업한 이후 멘터가 된 Jerome Bruner, 프로젝트 제로에서 Gardner의 연구를 지원한 Nelson Goodman 등 많은 뛰어난 교수들은 이 젊은 학자에게 특별한 관심을 갖고 있었다. 또한 과제를 수행하기 위해 Rudolf Arnheim과 Norman Geschwind도 Gardner에게 특별한 관심을 기울였다. Ylvisaker 학장이 의도한 것처럼, van Leer 프로젝트는 실제로 Gardner에게 수년간의 봉급을 보장해 주었으며, 보조 팀 및 동료들을 모으는 것을 비롯해서 그가 자신의 연구 관심을 추구하는 데 충분한 수준의 자원을 제공하였다. 오래 전의 연구 동료로서(1989년 1~8월) 나는 그 기회가 매우 특별한 것이었음을 증명할 수 있다. 당시에 내가 분명히 알지 못했던 것은 van Leer 프로젝트의 안전성이 Gardner의 연구에 얼마나 결정적인 것이었는가 하는 점이었다.

Gardner가 밝힌 것처럼, van Leer 프로젝트는 지능에 대한 그의 연구를 자유롭게 하는 동시에 제한하는 역할을 하였다. 이 연구를 후원한 재단은 명확한 목적을 가지고 있었다. 책임감 있는 유대계 독일인 망명자의 아들이었던 Gardner는 Oscar van Leer 및 그 재단의 다른 사람들이 그에게 기대하는 것을 해내야 한다는 의무감을 느꼈다(Gardner, 1989). 이런 제약 조건은 결과에 중대한 영향을 미쳤다. 반면에 자신과 세 명의 자녀의 미래에 대한 걱정에서 해방됨으로써 Gardner는 기존의 한계를 넘어설 수 있는 자유를 얻게 되었다. "1979년에 우리는 그 프로젝트가 실제로 4년간의 연구 자금을 지원받았다는 사실을 알았다(나중에 5년으로 연장됨). 이런 뜻밖의 횡재(약 150만 달러)는 그 당시의 나에게 매우 유용하였다. 내가 그때 진행하고 있던 프로젝트를 위한 연구 자금은 그다음 해까지 지원될 예정이었지만 그 이상은 어려웠었다. 레이건 행정부가 출범하기 하루 전날, 연구 자금은 이미 크게 삭감되었다." (Gardner, 1989, p. 108)

Gardner가 그의 자서전 『열린 마음으로(*To Open Minds*)』(1989)에서 기술한 것처럼, 그의 성격은 보수적이고 신중한 편(이미 언급하였듯이, 그의 이주자 부모님과 그의 배경에 의해)이었으나 미국인다운 태평함과 권위에 대한 도전 의식도 가지고 있었다. 이 두 가지 성향은 Gardner의 삶에서 항상 균형을 유지했다. 그러나 결정적 순간에 그는 도전과 혁신 쪽으로 자신의 모든 것을 던지고, 조건 없이 권위에 도전할 의향이 있었다. 이런 결심을 결정하는 요소 중 하나는 가족 부양에 대한 안정감과 책임감에 대한 확신이다(미국에서 탁월하게 가족들을 이끌기를 기대하는 그의 부모님을 포함하여). 그의 멘터들의 지원과 van Leer 재단의 자금은 초기에 주로 행한 종합적 연구를 뛰어넘어 모험을 감행할 수 있는 안정감과 확신을 제공하였다(Gardner, 1972, 1974, 1978, 1980).

아마도 Gardner가 느낀 가장 큰 부담은 van Leer 프로젝트가 정책 결정자 및 교육 종사자들을 목표로 하여 진행되었다는 점일 것이다. Gardner는 글을 이해하기 쉽게 쓰고 사회 전반의 동향 및 쟁점들을 잘 알고 있었지만, 학계의 동료가 아닌 사람들과 주로 소통해야 하는 역할을 맡으리라고 상상한 적은 없었다. 그러나 그는 이런 자리에 수없이 많이 참석했다. 그는 가끔씩 신문(예, 『뉴욕타임즈』)에 글을 쓰기도 했지만, 예술 능력의 발달에 대한 혁신적인 연구 수행 및 뇌손상 이후의 두뇌 능력 약화에 대한 연구를 수행하는 것을 자신의 주된 목표로 생각하고 있었다. 전문 학술지에 연구 결과를 보고하고 연구에 관해 책을 집필하는 것이 학자로서의 꿈의 전부였으며, 심리학이나 신경학 이외의 역사, 음악, 특히 미술 등에도 폭넓은 관심을 가지고 있었다. 이 새로운 삶에 관해 그의 저서 『열린 마음으로』(1989)에서 다음과 같이 회상했다.

> 우선, 나는 국제 무대에 진출했다. van Leer 재단과의 협상에 문제가 생길 수 있으므로 유럽에 정기적으로 가게 되었다. 둘째, 방문하리라고 생각하지 않았던 나라들을 여행하고, 만나리라 예상하지 못했던 사람들과 만나면서 나는 비교문화적 문제들에 관심을 갖게 되었다…….
>
> 셋째, 나도 모르는 사이에…… 나는 외교적 기술을 배우고 있었다. 그때까지 나는 세 개의 집단만을 알고 있었다. 나의 유대계 가정, 미국 중산층의 생활, 아이비리그의 교수 및 연구자들이 그것이었다. 그러나 이제 세계 여러 나라의 공무원들, 재단의 관료들, 외국에서 근무하는 교수들, 중간급 정치지도자들과도 어울리게 되었다.(pp. 120, 121)

Gardner에게 새로운 가능성이 열리고 있었고 새로운 책임도 어깨에 지워졌다. 재단에서 연구를 시작하면서 그가 처한 상황도 크게 변했다. 그는 한 지역의 학자에서 세계 시민이 되었다. Gardner는 국제적인 영향력을 행사하는 사람들과 도전적인 새로운 문화적 변화뿐 아니라 '인간 잠재력의 본질과 수정의 가능성(van Leer 재단 프로젝트의 목적)'을 연구해야 하는 중심적 책무 등으로 인해 자신의 과업에 대한 시각의 폭이 넓어졌다.

Gardner는 프로젝트 초반에 자신의 책무를 수행할 방법과 전달하고자 하는 내용에 대해 결정을 내렸다(Gardner, 1989). 그는 카네기 재단에서 유사한 규모의 프로젝트에 참여하고 있던 선배 학자 Kenneth Keniston과의 만남에 대해 말한 적이 있다. Keniston은 Gardner에게 이런 조언을 하였다. "자신이 말하고 싶은 것이 무엇인지를 처음 6개월 안에 결정하고, 나머지 3년 6개월 동안 그것을 뒷받침하는 증거를 찾는 데 활용하라." (Gardner, 1989, p. 109에서 인용)

연구 첫해에 연구 팀에서 일했던 나는 Gardner가 3년 6개월 후에 말하려고 했던 것이 무엇인지에 대해 전혀 아는 바가 없었다. 나는 연구 팀 회의, 7~10명의 선배 연구자들로 구성된 일종의 프로젝트 이사회 그리고 자신의 연구를 소개하려고 방문한 학자들과의 면담에도 참석했으며, 나의 연구에 기초해서 자료를 만들기도 했다. 나는 이 모든 것을 했지만 연구가 어떻게 진행되고 있는지는 잘 알지 못했다. 당시 나는 Gardner가 자신의 정확한 연구 방향을 우리와 공유하지 않고 혼자서만 알고 있는 것이라고 생각했다. 그러나 최근에 나와 이야기를 나누면서(개인적 교신, 2001. 3), 그는 우리가 같이 일했던 1980년의 봄과 여름에 그렇게 산더미 같은 자료를 가지고 무엇을 어떻게 해야 할지 잘 몰랐다고 말했다.

Gardner가 자서전 및 나와의 만남에서 이야기한 것을 해석해 보면, 그는 자신의 배경 및 종전의 연구들과 일치하는 일반적 방향을 갖고 있었으나, 다중지능 이론이 그 프로젝트의 성과가 될 것이라고는 생각하지 않았던 것 같다. 일반적 방향이란 매사추세츠주의 자메이카 플레인 지역에 있는 Veterans Administration(VA) 병원에서 인지발달적 심리학 분야에 대한 그의 훈련 및 배경과 더불어 신경과의 연구와 임상경험을 활용한 인지적 · 지적 잠재력(개인적 · 감정적 · 사회적 · 영적 · 문화적/역사적 잠재력에 대비되는)에 초점을 맞추는 것이었다. VA 병원에서 심각한 뇌손상을 입은 환자들을 치료한 경험이 있는 Gardner는 연구 중심에 발달심리학자라는 배경을 가진 사람으로서는 접하기 어려운 이런 경험을 활용할 수 있었다. 그는 인간의 잠재력에 관한 전체 문헌들을 조사하면서 역사적으로 의미 있는 일에 접근하면서 자신의 다양한 경험 및 자신이 조사한 수많은 현상을 최대한 부각하였다.

맥아더 효과

Gardner가 발달심리학 입문과정을 위해 쓴 책과 『정신 탐구(*The Quest for mind*)』(1972), 『교묘한 낙서(*Artful scribbes*)』(1980), 『예술, 정신, 두뇌(*Art, Mind, and Brain*)』(1982a) 등의 책에 기초해서 맥아더 재단은 Gardner에게 '천재' 상을 수여했다. 그는 맥아더 상을 수상함으로써 van Leer 프로젝트 이후에도 재정적 안정성을 확보할 수 있었고, 그의 연구의 중요성 또한 전 세계에 알릴 수 있었다. 완벽한 자격을 갖춘 학자로서 Gardner는 계약 연구직을 선택하는 위험을 감수하고, 주변적인 주제를 연구 주제로 선택하는, 직업적으로 흔치 않은 길을 선택했다. 상징체계 및 예술적 재능의 발달에 관한 그의 연구로는 좋은 대학의 정식 교수직을 얻을 수 없었을 것이다. Gardner는 맥아더 재단의 연구 지원금으로 큰 힘을 얻었다 (개인적 교신, 2001. 2). 이런 행복한 사건은 van Leer 프로젝트에서의 그의 접근법이 행정관식의 종합적 방법에서 '지능 마피아' (Gardner가 붙인 별칭)라는 좀 더 직접적 접근으로 전환하는 중요한 촉매 역할을 했을 것이다. (이 구절의 초안을 읽고 나서 Gardner와 그의 아내 Ellen Winner는 맥아더 상을 수상하고 나서 정서적 변화가 있었으며, 이는 차후의 모든 연구에 영향을 준 발달적 변화로 나타난 것 같다고 했다. 만약 그랬다면 이 변화를 이 장의 후반부인 Gardner의 다중지능 이론의 탄생 과정에서 발달적 변화가 없다고 제안한 곳에서 살펴보고자 한다.)

맥아더 상의 인지와 명성은 Gardner가 더 넓고 더 많은 논쟁의 소지가 있는 영역으로 연구 범위를 확장할 수 있는 정서적 힘을 얻게 해 주었다. 또한 수상 경력으로 Gardner는 이후 1986년에 하버드 교육대학의 정년보장 교수직에 임명되었다. 그러나 상을 수상한 1981년은 『마음의 틀』(1983)을 막 집필하려던 시기여서 그의 확신과 안정에 있어서 중대한 시점이었다.

Gardner의 설명에 따르면, 『마음의 틀』을 쓰기 위해 행한 연구는 여러 면에서 그가 하버드 대학교 시절 이래로 쭉 해 오던 연구와 비슷했다. 그는 매우 다양한 출처에서 나온 방대한 양의 자료를 축적하고, 그 자료를 여러 범주로 분류하고 재분류한 후에 그것을 전체적인 이론적 틀 안에서 최대로 적합한 조직적인 체계 내에서 정리하려고 하였다. 이런 측면에서 보면 그가 초기가 쓴 책들은 모두 이런 종합적 경향의 사례를 보여 준다. 여기에는 불명한 아리스토텔레스적 특성이 존재한다. 즉, 순서를 정하고, 지식 집합에 그것을 부여하며, 범주는 '연결 부분을 해체한다.'(Plato, 2002, 265d-266a; Gardner

의 선호 구절)

하지만 『마음의 틀』은 달랐다. 이 분야에서 유래 없이 광범위한 문헌 조사에 기초한 책이다. 전에는 이렇게 많은 시간과 노력을 들여 인지적 잠재력에 관한 증거를 수집하고, 기록하며, 체계화한 적이 없었다. 또한 범위를 넓혀서 극단적인 사례, 뇌손상, 고문서, 범문화적 자료 및 그 밖의 반직관적 주제들을 이렇게 포괄적으로 조사한 경우도 없었다. 돌이켜보면, Gardner는 이 프로젝트를 맡음으로써 전 세계를 다니면서 힘 있는 새로운 엘리트층과 만나고, 자신의 연구 결과를 보고하고 결과를 구하는 데 필요한 자금을 얻기 위해 의사결정을 하는 사람들을 직접 상대하게 되면서 자신이 새롭고 더 넓은 영역으로 들어갔음을 인식했다고 볼 수 있다. 그러나 그에게 확신을 심어 준 맥아더 상이 없었다면 『마음의 틀』은 그런 형식과 내용을 갖추지 못했을 것이다.

『마음의 틀』의 준비와 관련한 그의 행동은 대부분 Gardner의 초기 연구들에서도 그대로 확인된다. 방대한 자료의 수집, 끊임없는 자료 분류 및 체계화, 만족할 만한 도식화, 다른 사람이라면 여러 주 혹은 여러 달이 걸렸을지도 모를 초안을 수일 내에 작성하는 빠른 글쓰기 능력, 여러 영역을 새롭게 조명하는 신선한 해석 등이 초기 연구에서도 그대로 나타났다. 인지발달의 유효하고 가치 있는 영역으로서의 예술적 발달(그의 초기 연구들의 주제)에 관한 Gardner의 깊은 관심은 『마음의 틀』로 이어져서 음악, 춤과 운동, 대인관계 및 자기이해 능력에 관한 내용까지도 담고 있다. 하지만 Gardner의 확신감과 자신감을 높여 준 시기적절한 맥아더 상이 아니었더라면, 분석을 통해서 나온 일곱 가지의 서로 다른 영역을 '지능'이라고 부르는 일은 없었을 것이다. 분명히 이 용어는 이 연구의 성공에 영향을 주었다고 볼 수 있다. 1998년에 James Traub는 『새로운 공화국(*New Republic*)』에서 다음과 같이 썼다.

> 만약 Gardner가 '지능'이라는 용어를 사용하지 않았다면 그는 오늘날과 같은 거대한 인물이 되지 못했을 것이다. Gardner는 자신의 주장의 '정치적' 측면을 숨기지 않았다. 그는 내게 이렇게 말했다. "7~8가지의 X(미지수)가 있다는 나의 주장은 가치판단을 위한 것이 아니다. 이것은 내가 생물학적 · 문화적 자료를 읽고 얻은 최선의 결과다. 그러나 그것들을 '지능'이라고 부르기로 한 나의 결정은 분명히 지능의 구성 요소에 대해 관심이 있는 집단들과의 싸움을 유발할 것이다." (Traub, 1998, p. 21)

지능의 기준

다중지능 이론을 가르칠 때, 나는 Gardner가 자신의 후보 지능들을 조사할 때 사용한 다양한 기준의 중요성을 강조하려고 애쓴다. 일부 측면에서 이 기준들은 이 이론의 가장 창의적인 특징이다. Gardner도 이런 생각에 동의한다(개인적 교신, 2001. 3). 지능 그 자체는 종전의 이론들에서도 발견할 수 있다. 또는 지능과 유사한 능력들이 Gardner의 이론보다 반세기 앞서 나온 Thurston의 이론에서도 등장한다(〈표 4-1〉 참조). 아마도 개인의 지능이 종전의 이론들과 크게 다르다고 하지만 이들이 상당히 표준 항목이었다고 주장하는 것이 가능할지도 모른다.

일곱 가지 지능(그리고 나중에 추가된 여덟 번째 지능 포함)을 구별하는 가장 명확한 두 가지 특징은 이들이 제안되는 데 사용된 기준과

〈표 4-1〉 다중지능과 주요 정신 능력 비교

다중지능	주요 정신 능력
언어	언어적 유창성
논리-수학	숫자
공간	공간 시각화
신체-운동감각	지각 속도
음악	기억
대인관계	귀납적 추론
자기이해	언어 이해
자연관찰(1998년 추가)	

제안된 인지적 기능의 독립적 영역들에 붙여진 '지능'이라는 이름표다. 지적 기능의 8개 영역을 지능이라고 부르기로 한 것은 Gardner가 안정성을 확보하고, 사람들의 인정과 격려를 통해 대담한 주장을 제기할 수 있게 된 후에 내린 전략적인 결정이었다. 하지만 이 기준들은 또 다른 사안으로서 상징체계(Gardner & Wolf, 1983), 뇌손상(Gardner, 1974), 예술발달(Gardner, 1980), 창의성(Gardner, 1982b) 등에 관한 10년 이상의 연구 경험에 기초를 두고 있다.

논의를 함께 준비하면서 Gardner는 1970년대 초부터 중반 사이에 자신이 작성한 여러 통의 편지, 연구 지원금 신청서, '마음의 종류'라는 책의 출판기획서 등을 제시하였다. 이런 자료들은 수년에 걸친 그의 변화, 분류 과정, 엄격한 기준을 바탕으로 한 만족스러운 분류체계를 찾으려는 노력 등을 보여 준다(Gardner, 개인적 교신, 2001. 2). 이 이론의 기본적 형태는 1970년 중반쯤에 갖추어졌으나 그 구체적인 분류체계는 계속해서 다듬어지고 재분류되었다.

여덟 가지의 기준을 고려해 봤을 때 주로 Gardner의 개인적 · 전문적 경험에 기초하고 있다는 것을 알 수 있다. 어린 시절 Gardner

는 피아노(아코디온, 플루트, 오르간 포함)를 진지하게 공부했으며, 음악적 능력이 학업 능력과 반드시 동일하지는 않다는 것을 알게 되었다. 그의 학업적 재능은 음악적 능력을 훨씬 능가했다(Gardner, 1989). VA 병원에서 Norman Geschwind와 함께 일하던 그는 뇌손상으로 인한 다양한 종류의 선택적 기능 저하 및 회복을 관찰한 다음 인지적 기능이 뇌 부위에 따라 다르다는 것을 배웠다.

Dennie Wolf와 함께 한 상징체계에 대한 연구도 van Leer 프로젝트에서 착수했던 다중지능 이론을 연구할 때 가졌던 그의 신념, 즉 능력이 일반적으로 생각하는 것보다 더 다양하다는 신념을 분명히 하였다. 『마음의 틀』에 등장하는 기본 개념들 중 상당수는 Dennie Wolf와의 연구에서 나온 것이다. 재능, 창의성, 학습 과정에 관한 사회과학조사위원회에 참석하면서 Gardner는 특수한 재능, 영재, 지적 기능으로부터 분리된 특정 영역(예, 체스)에서 특출한 재능을 갖고 있는 사람들 등 극단적인 경우들을 접할 수 있었다(Feldman, 1982). 이런 모든 경험은 후보 지능들이 그 이름을 획득하기 위하여 충족해야 하는 일련의 기준들에 반영되었다. 〈표 4-2〉는 『마음의 틀』의 제4장에서 설명하는 후보 지능들을 조사하는 데 사용된 기준들을 요약한 것이다.

이 기준들의 순서는 『마음의 틀』의 제4장에서 나열되는 순서와 관련이 있다. 이미 지적한 것처럼, 다중지능 이론이 종전의 이론들과 가장 다른 점은 방법적인 부분이다. 다중지능 이론에 관한 종전의 주장들은 요인분석 및 지필검사 등과 같은 통계적 절차에 기초하고 있으나, Gardner는 다양한 과학적 자료에서 얻은 증거를 기초로 하고 있다. 이런 자료들 중에서 가장 강력하고 설득력 있는 것이 뇌손상을 입은 사람들에 대한 연구에서 나온 자료들이다. 이 자료들은

〈표 4-2〉 『마음의 틀』에 나오는 지능들을 조사하는 데 사용된 여덟 가지 기준

뇌손상에 의한 격리
영재 및 석학
식별할 수 있는 최종 상태 및 발달 결과
핵심 능력
상징체계
영장류 및 진화 증거
심리측정 실험실에서 나온 증거
실험실에서 나온 증거

『마음의 틀』의 제4장에 제시된 기준들이 나올 수 있도록 이끌었으며, 연이어서 다른 이론들에서는 발견되지 않는 중요한 자료 원천인 영재와 바보-천재(특수한 재능을 지닌 정신지체아동, 바보-천재)를 대상으로 한 연구가 수행되었다.

Gardner는 자신의 강점을 부각하여 다중지능 이론이 두뇌 관련 정보에 의해 뒷받침될 수 있다는 주장을 하며, 회의론적인 독자의 관심을 유도하였다. 이러한 접근법은 학자들에게는 효과적이지 않았지만, 나는 교육계 및 그 밖의 전문가 집단들이 압도적으로 이 이론을 수용하게 하는 데 도움이 되었다고 생각한다. 다중지능 이론은 아동의 뇌가 조기교육을 통해 향상될 수 있다는 접근법인 이른바 '뇌기반 교육'을 위한 길을 열었다(예, Breuer, 1999; Shaw, 2000 참조). 음악과 같은 특정 분야의 전문가들을 비롯한 교육자들은 자신의 노력이 자신이 가르치고 있는 아동의 두뇌 향상을 유발할 수 있을 것이라는 가능성을 발견하고 고무되었다. 이것은 교육계 전체에서 교육자들의 노력이 긍정적으로 인정받지 못하던 시점에서 교육자들에게 매우 고무적인 일이었다.

Gardner의 배경과 경험을 알지 못하는 사람에게는 능력의 어떤 한 영역을 지능으로 확정하는 데 사용되는 기준들이 주제와 동떨어진 것처럼 보일 수도 있을 것이다. 『마음의 틀』이 출판된 1983년 이전에는 뇌손상 및 영재에 대한 연구가 지능에 관한 대화의 일부분이 될 수 없었으나 현재는 매우 잘 어울리는 주제다. 문화도 IQ의 한계에 관한 논쟁에서 수년 동안 많이 다루어진 주제다(예, Cole, Gay, Glick, & Sharp, 1971; Jensen, 1969, 1980). 그러나 Gardner의 조사는 일반적인 IQ에 기초한 지능의 존재에 의문을 제기했으며, 지능의 특성에 대한 일반적인 견해를 강하게 비판했다. 비교문화 아동발달 전문가들이 참여한 연구 팀의 일원으로서 Gardner는 유럽 중심 및 민족 중심적 관점의 전통적 심리측정 견해에 관한 강력한 주장들을 자주 접할 수 있었다.

심리측정 평가에서 나온 자료를 자신의 다른 출처의 자료보다 중시하지 않겠다는 Gardner의 결심은 거의 한 세기 동안 지능 분야를 지배해 온 심리측정자들의 기분을 상하게 했다. 『마음의 틀』이 출판되기 전은 물론 그 이후에도 Gardner는 자신을 심리측정적 전통에 대항하는 개혁운동가로 여기지 않았다. 심리측정적 전통은 단지 Gardner가 훈련을 통해 얻은 지식의 일부가 아니었을 뿐이다. 차이심리학에 대한 그의 태도는 냉담했지만, 그렇다고 적대적이지는 않았다. 이런 점에서 반대자들에 대한 그의 태도는 초연하고 전문가다웠다. 그는 IQ나 심리측정계에 대하여 개인적이거나 파괴적인 공격을 의도한 적이 없었다. 그러나 만약 그의 관점이 위협적인 것으로 인식되어 공격을 받았다면 그는 자신을 방어할 충분한 준비가 되어 있었으며, 물론 그렇게 했을 것이다(Howard Gardner, 개인적 교신, 2001. 3).

Gardner가 심리측정에 관해 훈련되지 않은 사람이라는 점에 주목하는 것은 다중지능 이론 및 심리학 분야에서의 이 이론의 위치와 관련해서 의미가 있을 것이다. VA 병원에서 연구의 일부로 일정한 검사를 시행하는 방법을 배운 것 외에(박사학위 취득 후) Gardner는 매우 상이한 종류의 준비 과정인 발달심리학자로서의 훈련을 받았을 뿐이었다. 하버드 심리학과에서는 검사를 진지한 과학이나 학문으로 그다지 신뢰하지 않았으며, 학습 과정과 발달에 대한 실험 및 실험실 연구가 중심 영역이었다. Gardner는 활기찬 발달심리학 연구자의 전형에 꼭 맞는 사람은 아니었지만(항상 예술이 불공평하게 간과되고 있다는 느낌), 그럼에도 불구하고 어떤 한 분야에 입문하는 데 필요한 사회화 과정의 일부인 많은 가치, 신념 및 편견과 맞섰다. Gerald Lesser를 비롯한 여러 학자가 심리측정을 사용해서 능력유형들에 대해 연구하고 있던 하버드 교육대학원에서 훈련을 받았다면 결과가 달라졌을지도 모른다.

심리학에서는 아마도 그 분야에 입문하는 대가로서 일정한 가치 및 신념 체계를 존중하라는 요건을 제시하는 데 있어서 다른 분야에 비해 더 극단적이지는 않지만 그렇다고 전혀 극단적이지 않은 것도 아니다. Gardner(1989)는 심리측정 연구를 과학으로 진지하게 수용하지 않는 몇 명의 강력한 교수들만을 경험했다고 설명했다. 심리측정은 발달심리학보다 가치가 덜한 심리학의 하위 분야로 인식되었다. 검사를 연구하는 분야에서는 관심을 가질 만한 흥미로운 의문이 제기되지 않았으며, 이 분야는 더 깊이 있는 질문과 혁신적인 방법을 사용하는 답변을 찾고, 발달심리학보다는 그 목적이 보다 실용적이었고 방법도 보다 기술적이었다.

요약하면, 다중지능 이론에서의 가장 큰 영향력이 있는 지식과 기술 영역은 Gardner가 가장 중요하게 생각했고, 기여하고자 했으며, 그 일원이 되고자 했던 분야가 아니었다. 이런 점은 왜 Gardner가 자신의 이론에 대한 심리측정자들의 반응에 다소 당황스러워했으며, 왜 기대되었던 진지함을 받아들이지 않았는지, 왜 그가 비판자들을 무시하고 경멸한다고 비난을 받았는지 그 이유를 설명해 준다. 그의 아내 Ellen Winner가 지적하는 것처럼(개인적 교신, 2001. 8), Gardner는 자신의 생각에 확신을 갖는 경향이 있고, 자기 자신의 변화를 시도하는 사람이며, 결과를 태연하게 받아들이는 사람이다. 나는 이런 비판이 학자이자 훌륭한 연구가인 Gardner의 정체성에 위협이 되지 않았다고 생각한다. 왜냐하면 그런 비판이 그와는 다른 분야, 즉 학자로서의 자신의 정체성이 그 사회의 수용 여부에 따라 결정되지 않는다는 점에서 그가 진지하게 생각하지 않았던 분야에서 발생하였기 때문이다. 그는 자신이 결코 두려워하거나 자신보다 우월하다고 생각해 본 적이 없는 반대자들을 충분히 대면할 수 있었다.

다중지능 이론의 개발과 출현을 이해하기 위해서는 이 이론에 대응한 분야들의 중요성을 인식하는 것이 특히 중요하다. 수년에 걸쳐 Gardner는 자신의 전문 분야에 관한 글을 쓰면서 전문적 경계를 넘나들었지만, 그가 인접한 분야의 사람들의 심기를 건드린 것은 이번이 처음이었다. 그는 최소한 부분적으로는 사회적 · 문화적 · 정치적 부분에서 폭넓게 논쟁을 유발하려는 의도를 가지고 그런 일을 벌였던 것이며, 심리측정에 대하여 오래된 적대감을 갖고 있었기 때문은 아니었다. 그럼에도 불구하고 『마음의 틀』로 촉발된 논쟁의 양과 적의의 정도는 격렬한 논쟁에 익숙한 Gardner조차도 놀라게 했다(Howard Gardner, 개인적 교신, 2001. 3).

그는 『마음의 틀』 초판에 내가 쓴 추천의 글에 관해 이야기하면서, 내가 그 책을 IQ에 대한 비판서로 간주하는 데 대해 놀랐다고 한다. 다음은 내가 1983년에 썼던 것이다. "60년이 넘는 시간이 흘렀다. 그러나 Gardner의 책이 출판됨으로써 마침내 우리는 IQ를 휴식에 처하게 할 수 있는 책을 얻게 되었다." Gardner는 자신의 책을 인지발달 분야에 기여하고, 그 분야가 그동안 간과해 왔던 상징체계 및 발달 영역들에 관심을 기울이게 하며, 마음 조절과 두뇌에 대한 관심을 높이기 위한 노력의 일환으로 여긴다(앞서 제시한 James Traub 참조). 그는 자신의 연구 결과를 IQ나 두뇌검사에 대항하는 개혁운동으로 보지 않았다. 다만 지능이라는 단어를 선택한 것은 이 연구에 대한 이런 해석이 일어날 수 있는 가능성을 높인 것뿐이었다. 심리측정계와 대면하게 된 것은 이 연구의 주 목적이 아니라 부산물이었다(Howard Gardner, 개인적 교신, 2001. 3). 분명한 것은 그가 검사의 과도한 사용 및 문화 전반에서의 IQ의 구체화에 대한 우리 모두의 걱정을 공유했다는 점이다(Gould, 1981).

다중지능 이론이 주변의 두 분야에 큰 충격을 주었다는 사실은 Gardner에게는 그의 업적들을 이들 분야와 확실히 구분하게 하였다. 그는 자신의 연구가 교육 분야에 미친 엄청난 영향을 이해하며, 심리측정 분야가 다중지능 이론의 영향으로 달라지지 않을 것이라는 점도 인정한다. 그는 자신의 유명세를 인식하면서도 그것을 진지하게 받아들이지는 않는 것 같다. 왜냐하면 그의 명성, 명예 그리고 행운이 학자이자 연구자, 이론가로서의 정체성이 아니었기 때문이다. 나는 2001년 봄에 여러 시간을 함께 이야기 나누었던 Gardner가 1975년에 함께 연구했던 그 Gardner와 정확히 동일 인물이라고 분명히 말할 수 있다. 그의 경력 및 인생에서 일어난 변화들이 그의 인격을 크게 바꾸지는 않았다고 나는 말할 수 있다.

변화와 연속성: 이론 창출 과정

창의성과 발달을 인지발달적 전환의 특수한 형태로 간주한 나의 견해를 간단히 회상해 보자. 나는 높은 수준의 창의적 업적을 오랫동안의 노력에 의해 준비되고 새롭게 재조직된 이해를 토대로 오랫동안 축적된 함의에 의해 나타나는 극적인 도약으로 여기는 경향이 있다. 맥락의 중요성을 강조하는 창의성 학자들의 저술을 통해 공부했지만(예, 이 책의 Nakamura & Csikszentmihali; Sawyer와 Moran & John-Steiner의 장 참조), 그래도 어떤 영역의 재조직을 위한 내적 과정이 창의적 시도에서 중심적인 역할을 한다고 본다. 이때 영역은 반드시 존재해야 하며, 변화에 저항하거나 최소한 변화가 일어날 수 있는 조건을 설정해 놓아야 한다. 그리고 이해관계자, 관리, 기관, 전통, 실제 및 교육자들로 구성된 분야는 그 영역을 변화시키기 위해 어떤 특정한 노력에 의해 유발되는 모든 영향을 통제해야 한다(Csikszentmihalyi, 1988; 1996).

Howard Gruber(1981; Gruber & Wallace, 1989)는 Charles Darwin에 관한 자신의 연구에 기초해서, 개인적 이해의 수준에서도 순간적 통찰이나 갑작스러운 전환의 중요성에 대해 반박했다. 그럼에도 불구하고 나의 경험 및 사례 연구들에서 얻은 지식으로 보면 때때로 지식은 전면적으로 재조직되는 경향이 있다(Feldman, 1988). 그러나 이런 재조직의 도래를 알리는 갑작스럽고 극적인 통찰이 항상 필요한 것은 아니다. 변이와 자연선택에 의한 진화론의 주요 구성 요소들을 분석하던 시기에 사용된 Darwin의 노트를 읽어 보면 맬서스주의(Malthusia, 인구는 기하급수적으로 증가하지만 식량은 산술

급수적으로 증가한다–역자 주) 식의 통찰은 발견되지 않는다. 또한 Darwin이 자신의 야심찬 목표를 추구하고 있을 때 유레카(놀라운 발견에 뒤이은 환호성–역자 주)를 경험했다는 기록은 어디에도 없었다.

물론 Darwin은 자신이 선택하거나 기록할 수 있었던 조건에서 기록을 했기 때문에 다양한 사고와 가능성에 대한 그의 감정적 반응이 항상 그때그때 기록되었다고 확신할 수는 없다. 어쨌든 그는 자연과학자로서 훈련받았고, 빠짐없이 일지를 썼다. 그러나 Darwin은 자신의 새로운 아이디어를 생각해 내고 기뻐했지만, 자신의 감정을 과학 노트에 기록하지 않았을 수도 있다. Darwin의 노트에 대한 Gruber의 연구에 비해 본 연구의 장점은 연구 대상이 생존하며 활동하고 있다는 점이다. Darwin과 마찬가지로 Gardner도 모든 것을 모아 놓는 성격이라서 여러 개의 논문 초안 및 개정본을 비롯해서 그가 작성한 모든 기록은 지금도 쉽게 구할 수 있다. 반면에 Gardner는 일지를 기록하는 사람은 아니기 때문에 Gruber와 Barett이 케임브리지 대학교 도서관에서 찾은 Darwin의 노트에서 발견한 것과 같은 매일매일의 변화와 오류 및 기괴한 생각들에 대한 기록은 없었다(Gruber & Barrett, 1974). 우리는 기존의 연구를 Gardner와의 대화를 통해서 다시 살펴볼 수 있는 독특한 상황에 처해 있다. 이런 상황은 그 나름대로 제약이 되기도 하지만, 정보를 수집할 수 있는 흔치 않은 기회를 제공하기도 한다.

이 연구에는 또 다른 장점이 있다. 앞서 언급했듯이, 다중지능에 관한 연구가 가장 활발하게 진행되던 시기에 나는 연구 팀의 일원으로서 팀의 많은 활동에 참여했었다. 물론 그 프로젝트는 20여 년 전에 있었고, 그때 일어난 사건과 활동들을 재구성하고 선별적으로 기억하려는 성향은 우리의 방법론의 한계이기도 하다. 이야기를 나누면서 Gardner와 나는 van Leer 프로젝트에서 함께 연구하던 그때 어떤 일이 있었는지 기억하려고 노력했다. 물론 Gardner는 나보다 먼저 그 프로젝트를 시작했으며, 3년 더 그곳에서 활동했다. 나는 그와 매우 가까운 사이였고, '프로젝트 스펙트럼(Project Spectrum)'을 함께 시작했지만(1982년부터 1988년까지 공동으로 연구했으며 이 때문에 나는 케임브리지를 매주 방문했다), 내가 van Leer 프로젝트에 참여한 것은 1980년 1월에서 9월까지 단지 9개월에 불과했다.

이러한 방법의 한계와 장점을 고려하여 Gardner와 나는 다중지능 이론으로 이어진 종합 작업을 진행하면서 그가 연구를 위해 동원한 사고 과정과 기법들을 재구성하려고 했다. 우리는 van Leer 프로젝트에서 함께 활동하던 시기에 일어난 사건들을 기술할 때 서로의 생각이 다르지 않다는 점을 발견했다. 그러나 Gardner에게 그 9개월은 그 프로젝트의 전체 기간과 혼동되는 경향이 있었다.

다중지능 이론을 학생들에게 가르칠 때, 나는 직접 그 현장에 있었지만 어떤 결과가 나올지는 잘 몰랐다고 학생들에게 이야기한다. 부분적으로는 나만의 단독 연구를 진행하면서 개인적 목표를 추구하고 있었기 때문이다. 그러나 van Leer 프로젝트는 다른 사람이 대표로 있는 팀 구성원으로서 일하는 방법을 배울 수 있는 기회를 제공하였다. 이는 내가 능숙하지 못하다고 항상 느끼는 부분이다. 그래서 개인적 도전의 의미로 나는 Gardner가 주도하는 연구 단체에서 유용한 인물이 되려고 노력했다. 하지만 나는 1982년 『마음의 틀』의 원고를 읽으면서 받은 충격을 기억한다. 나는 이것이 내가 그의 팀에 참여하고 있는 동안에 Gardner가 전념하고 있던 것이었다는 것을 알지 못했다.

2001년, 나는 Gardner에게 그가 의도적으로 자신의 계획을 밝히지 않고 단순히 우리에게 이론을 구축하는 데 필요한 정보만을 수집하게 했는지 질문하였다. Gardner는 자신도 잘 정리된 계획을 가지고 있지 않았으며, 어떤 것을 비밀로 했던 것이 아니라고, 적어도 그렇게 기억하고 있다고 말했다. 그의 이론의 형태가 처음부터 그 연구를 의도하고 있었다는 것을 분명히 확인하려면 인간의 지적 잠재력에 관한 증거들을 종합하려는 그의 노력이 언제 시작되었는가를 말해 주는 증거를 우리가 찾아야 한다.

『마음의 틀』의 초고: '마음의 종류'

Gardner는 Kenneth Keniston의 조언에 영향을 받았음을 기억할 필요가 있다. Keniston은 프로젝트 첫해 무엇을 하고자 하는가를 정리해야 하며, 그다음 3년은 수집할 수 있는 최고의 증거들을 가지고 자신의 주장을 뒷받침하는 데 사용하여야 한다고 충고하였다(Gardner, 1989). Gardner는 자신이 가려고 했던 방향에 대한 전체적인 생각은 가지고 있었으나 자신의 주장을 구체적으로 정리하지는 않았던 것 같다. 그는 특정한 능력들을 옹호하는 이론가들(Spearman과 같은)과 밀접한 관계가 있었으나, 아직까지 그 자신도 이런 능력들을 정확히 기술할 수 있는 단계는 아니었다. 그 능력들이 무엇이었던 간에 Gardner는 종전의 대부분의 이론들이 그랬던 것처럼 그 능력들을 일반지능의 하위 요소로 두려고 하지 않았다. 프로젝트가 어떤 결과를 가져올지 몰랐다는 Gardner의 주장과, Keniston의 조언을 진지하게 수용하였다는 그의 발언 간의 모순은 이렇게 풀렸다. 그는 실제로 인간의 지적 잠재력이 피아제학파나 심리측정자들이 주장하는 것보다 더 다양하다는 자신의 판단에 기초해서 전체적인 계획을 수립하였다. 이것은 종합적인 작업의 구체적 형태까지는 결정하지 않았지만 그에게 확실한 방향성을 제공하기에는 충분하였다.

나는 van Leer 프로젝트에 합류했던 9개월 동안 일어난 수많은 회의와 사건을 노트에 기록해 놓았다. 그 노트를 다시 살펴본 나는 그 프로젝트에서 어떤 성과가 나올 것인가를 암시하는 힌트를 발견할 수 있었다. 그러나 당시에 나는 그 연구가 어디로 가고 있는지 명확히 알지 못했다. 수많은 학자가 그 프로젝트를 방문했고, 인간의 잠재력에 대한 자신의 견해 및 그에 대해 생각하는 방법을 소개했다. Jerome Bruner, Noam Chomsky, Michael Cole, Gavriel Salomon, Peter Wolff 등은 1980년 봄과 여름에 세미나를 개최하기도 했다. van Leer 프로젝트의 구성원들도 논의에 참여하고 가끔씩은 주도하기도 했다. 예를 들어, 프로젝트에서 중심적인 역할을 맡았던 젊은 학자 Harry Lasker는 단계발달, 자아발달에 관한 중요한 세미나를 개최하고, 발달의 제약 요인에 관한 자신의 생각을 발표했다(Feldman의 van Leer 프로젝트 노트, 1980. 7. 11). Lasker는 또한 그 프로젝트의 보고서를 읽을 사람들에게 관심을 갖고 있었으며, 전 세계 국가들에서 잠재력 활용에 관한 의사결정을 하는 정책결정자 및 의사 결정자들을 그 집단에 포함시킬 것을 주장하였다. 1980년 Gardner의 공식적인 역할은 프로젝트의 공동 책임자에서 단독 책임자로 바뀌었으며, 이런 역할 전환으로 그는 자신의 계획에 좀 더 완벽하게 집중할 수 있는 기회를 얻게 되었다.

Gardner는 1980년 2월 5일에 자신이 직접 세미나를 개최하고, Erik Erikson과 샌프란시스코에서 가진 회의를 설명했다. 그 회의에서 Erikson은 Einstein이 즐겨 쓰던 'begrifflichkeit'('개념의'라는 독일어-역자 주), 또는 '이해할 수 있는(graspable)'이라는 의미의 용어를 강조했다. 상대성은 탁월하면서도 이해 가능한 운동이었다. 왜냐하면 그것의 본질은 비과학자도 이해할 수 있었기 때문이다. Erikson은 Oscar van Leer에게 van Leer 프로젝트의 목표가 '인간의 잠재력에 관한 상대성 이론'을 만드는 것이라고 설명했으며, 그것이 합리적인 목표라는 의견을 제시하였다.

하버드 대학교를 다닐 때부터 그랬던 것처럼(이전에 몇몇 학위를 받음), Gardner는 인간의 잠재력에 관한 상대성 이론을 만드는 작업을 진행하면서 그 당시의 많은 위대한 학자를 만날 수 있는 특권을 얻었다. 그는 위대한 사람들이 그에게 친근감을 느끼고 구성원으로 수용하게 하는 특별한 재능을 갖고 있는 것 같다. 1960년대 중반에 최고의 명성과 권위를 누리고 있던 Erikson은 Gardner의 스승과 멘터가 되었으며, 그 외에도 많은 이가 연이어 이러한 역할을 하였다. Gardner의 인생과 경력에서 두드러진 한 가지가 있다면(그의 천재적인 능력을 포함해), 그것은 멘터, 선배 교수, 위대하고 유명한 사람들과 가까운 관계를 유지하는 경향일 것이다. Gardner가 함께 일하거나 조언을 구한 사람들의 수는 다른 사람들과 비교가 안 될 정도로 많았다. 그는 중요한 사람들의 도움과 지원에서 큰 혜택을 받았다.

Gardner는 유별난 직업윤리, 여러 분야에 걸친 경이로운 지식, 신중하고 열심히 노력하는 행동 등으로 그의 친구와 조언자가 된 사람들로부터 존경과 찬사를 받았다. 유명해지기 훨씬 전부터 이미 Gardner는 그 분야의 많은 지식인에게 친숙한 존재였으며, 여기에는 하버드에서 연구하고 있다는 그의 지위가(하지만 미묘한) 큰 도움이 되었다. 기질과 성격으로 볼 때 Gardner는 자신이 가고자 했던 길에 처해 있는 환경에 매우 잘 적응한 것 같다.

1980년 2월, Gardner는 연구 팀에게 다음과 같이 말했다. "올해는 인간의 잠재력에 관한 방향을 설정하여야 한다. 여름까지는 모형을, 1년 뒤에는 2세대 모형을 만들어야 한다."(van Leer 프로젝트 노트에서, 1980. 2. 21) 나의 마지막 기록은 1980년 7월 중순에 쓴 것인데, 그때까지도 모형은 만들어지지 않았다. 만약 모형이 만들어졌다면 그것은 내가 그 프로젝트를 떠난 8월경에 나왔을 것이다. 나의 이런 기록은 인지적 잠재력에 관한 자신의 보고서가 어떤 형태가 될 것인가에 대해 알지 못했던 Gardner의 기억을 뒷받침했지만, 프로젝트 초기에도 우리의 노력을 안내하는 길잡이 역할을 한 중요한 원칙과 목표가 있었다(1980년 2월 7일, 보조 연구의 하나로서 인간의 잠재력의 개인 내 측면과 대인 간 측면에 대한 참고를 포함). 2001년 봄에 함께 이야기를 나누면서 우리가 알게 된 것은 Gardner가 수년 후에 『마음의 틀』에서 소개한 것과 매우 가까운 모형을 이미 만들어 놓고 있었다는 사실이었다. 그는 그것을 만들어 놓고 잊고 있었던 것이다.

2001년 봄에 Gardner와 내가 한 일은 van Leer 프로젝트에서 Gardner를 안내했던 독특한 아이디어와 원칙들이 어떻게 나왔는지 알기 위해 그가 초기에 쓴 기록들을 다시 살펴보는 작업이었다. 우리는 그가 대학 재학 시절에 작성한 보고서(읽기 어렵지만 지금까지 소장하고 있음) 및 프로젝트 제로를 위해 작성한 지원금 신청서, 1970년대 초와 말에 작성한 논문 및 책 출간 기획서까지도 찾아 읽었다. 이 과정에서 세 가지 자료가 매우 유익한 것으로 확인되었다. 첫 번째는 Gardner가 대학원 1학년이던 1967년에 Stanley Milgram 시간에 쓴 논문이었고, 두 번째는 다양한 '마음의 종류'를 위한 분류 체계를 구성하려는 일련의 노력에 관해 기록한 개인적 노트였으며, 세 번째는 마음의 종류를 주제로 하여 그가 쓰고자 했던 책의 출간

기획서였다. 이것은 (거부당했지만) 수년 후에 다중지능 이론에서 볼 수 있는 이론적 체계와 매우 비슷한 점을 갖고 있다.

2001년에 가진 면담 과정에서 Gardner는 이런 기록들을 찾아내면서 놀람과 기쁨을 감추지 못하였다. 이 기록에 적힌 내용은 그가 기억하는 것보다 다중지능 이론과 매우 밀접하였는데, 이것은 당시에 그가 알고 있었던 것보다 다중지능을 향해 좀 더 정확하게 방향을 설정하고 있었음을 말해 주는 것이다. 그의 설명에 따르면, 그의 발견에 대한 감각은 다중지능과 같은 범주에 의해 외형적으로 무의식적 통제에 의해 감소되지 않았다. 〈표 4-3〉은 1975년의 '마음의 종류(Kinds of Minds)'와 1983년의 '마음의 틀'을 요약한 것이다.

다중지능 이론에 관한 〈표 4-3〉의 내용 중에서 수정된 부분은 다음과 같다. 사람들의 세계는 대인관계 지능과 자기이해 지능으로 구분되었고, 이들은 서로 별개의 것으로 취급된다. 그리고 세 개의 공간적 정신(왼쪽 열 하단의 세 개)은 운동감각 지능과 시각 지능으로 나뉘었으며, 세 종류의 정신 중에서 이들 두 개는 다소 다른 지능으로

〈표 4-3〉 '마음의 종류'(1975), '마음의 틀'(1983)

마음의 종류	마음의 틀
언어	말/언어
음악	청각
사람들의 세계	자기이해
	대인관계
수학	논리-수학
신체 공간	운동감각
3D 외부 공간	시각
시각적 2D 세계	
	자연관찰(나중에 추가됨)

인식된다. 1975년에 나온 '마음의 종류'와 1983년에 발표된 '마음의 틀' 간에는 놀라운 유사점이 있다. 가장 중요한 변형은 나중에 나온 이론이 전통적 인지발달 분야로부터 지능 분야로 이동했다는 점이다.

이론과 분야

최근에 Gardner와 이야기를 나누면서 한동안 나의 관심사였던 문제에 대해 말을 꺼냈다. 궁금했던 것은, 다중지능 이론이 교육자 및 교육에 관심 있는 사람들을 독자로 설정하고 있다는 사실에도 불구하고 이 이론에는 단계적 변화에 관한 내용이 거의 없다는 점이었다. Gardner가 이 이론을 제시하는 데 있어서 변화 또는 전환에 관한 것을 교묘하게 처리하고, 그것을 일곱 가지 범주 각각에서 능력을 향상시키는 방법을 고안하는 실무자 및 정책 결정자들의 상상력에 맡겨 두려고 한 것인지 궁금했다. 그의 응답은 나를 놀라게 했다. 그는 원래는 자신을 발달 이론가로 생각하지 않았으며, 다중지능 이론을 발달 이론으로 생각하지 않았었다고 말했다.

나는 놀랐다. 왜냐하면 항상 그가 나와 비슷한 관심사를 가지고 있다고 생각했기 때문이다(그가 두뇌와 그 밖의 생물학적 주제들에 일관된 관심을 가지고 있다는 점을 제외하면). 그는 발달심리학자로서 훈련을 받았고, 세계에서 가장 유명한 발달론자들과 함께 연구했다. 1989년에 발표된 자신의 책에서 Gardner는 1966년 Ellen과 결혼하고 하루 만에 그들의 우상이었던 Piaget를 만나 그에게서 결혼 축하를 받기 위해 제네바에 갔던 일을 이야기하였다(Gardner, 1989, pp. 58-59). 그래서 그가 자신의 이론을 발달 이론으로 의도하지 않았다는 말에 나는 당황하였다.

물론 이 이론은 발달심리학 분야에서 나온 연구 결과들을 사용하며, 인지발달 분야의 핵심적인 이론적 구조들을 채택하고 있다(연령에 의한 단계 또는 순서, 지능이 지향하는 최종점 등). 그러나 Gardner는 이 이론이 그 자체로서 발달 이론이 아니라는 나의 생각을 확인해 주었다. 이 이론의 주장은 각 개인이 일곱 가지의 지능(나중에는 여덟 가지) 각각에서 본질적인 잠재력을 가지고 있다는 것이다. 이런 잠재력은 시간이 흐르면서 발달하고 변형된다(다중지능 이론이 전통적인 심리측정의 IQ와 다른 점). 그러나 이 이론의 초점은 변화가 아니라 각 개인이 지닌 타고난 재능이다. 제안된 지능의 여러 발달단계 또는 수준들은 이미 파악된 만큼, 하나의 기준은 이러한 주장을 뒷받침하는 근거를 제공한다. 단계들이 이미 존재한다는 사실을 지능을 뒷받침하는 근거로 사용한다고 해서 지능 이론이 발달 이론이 되는 것은 아니었다. 정확히 말해서 다중지능 이론은 잠재력의 발달에 관한 이론이 아니다. 오히려 이것은 지능으로 간주되는 잠재력의 범위와 다양성 그리고 가능한 각각의 경우를 지지하거나 반박하는 이론이다.

교육 분야(유아교육 분야는 부분적으로 제외)는 발달 이론 및 발달 연구를 중심으로 조직되지 않았다. 교육 분야에서는 발달심리학이 주로 보편성 또는 일반적인 종류의 변화들, 즉 아동이 좋은 교육적 경험의 혜택을 받는가와 관계없이 일어나는 변화에 초점을 맞추고 있다고 인식한다(Feldman, 1980, 1981, 1994). 그러나 심리측정 이론은 반세기 이상 교육 분야에서 중심적인 역할을 했고, 실제에 널리 보급되어 있으며, 검사는 교육계의 모든 사람이 다루어야 하는 것이다. IQ와 표준성취 측정법은 현재도 교육 분야에서 일반적으로 통용되고 있다.

다중지능 이론이 발달심리학 분야보다는 교육계에서 좀 더 수용적인 청중을 찾았다는 사실은 그리 놀랄 일이 아니다. 이 이론은 발달심리학보다는 심리측정, 교육 정책의 수립 및 실행과 조화를 이룰 수 있도록 만들어졌다. Gardner의 초기 목적은 인지발달 이론과 연구를 확장하는 것이었지만(그는 음악과 미술에 경험이 있었고, 그것들을 높이 평가하고 있었기 때문에), 종합적인 작업을 준비할 때 그는 발달심리학 분야 밖에서 그 일을 했다. 발달 이론과 연구는 이 이론에서 중심적 역할이 아닌 보조적 역할을 수행한다.

Gardner는 교육 분야에 열중하고 있었던 것 같다. 왜냐하면 그의 전체 경력에서 학문적 교우관계가 형성된 곳이 하버드 교육대학원이었기 때문이다. 그러나 그가 공부한 학과인 인간발달 및 심리학과는 발달심리학의 매우 중요한 분야다. 하버드에는 교육심리학 프로그램이 없으며, Gardner가 다니던 시기에는 교사 훈련이 활발하지 않았다. 따라서 교육대학원이라는 용어를 쓰고 있다 하더라도 그의 환경은 여러 측면에서 교육학부보다는 아동 및 인간 발달 학부와 좀 더 밀접한 관련이 있었다고 할 수 있다.

Gardner는 유명한 인류학자 Margaret Mead가 교육 분야에 대해 논평하면서 20년마다 새로운 유행이 교육계에서도 나타날 것이라고 말했다고 지적했다. 그는 교육 분야에서의 다중지능 이론의 위치에 대해 환상을 갖고 있지 않았으며, 한동안 주목을 받다가 다른 무엇이 등장하면 배경으로 사라질 것임을 예언했다(이미 그렇게 되었는지도 모른다. 이른바 뇌기반 교육은 다중지능 이론의 확장판이다.). Gardner는 다중지능 이론이 교육에(그리고 최근에는 경영, 정치, 스포츠, 군사 분야에) 이런 엄청난 영향을 준 것이 얼마나 대단한 일이며, 다른 이론과 아이디어들이 나타나 곧 다중지능 이론 및 이론가들을 능가하게 될 것임을 잘 알고 있다. 그는 자신의 분야인 발달심리학에서의 자신의 위치가 다중지능 이론만큼이나 뇌손상 환자들을 대상으로 한 자신의 신경심리학 연구 및 아동의 예술발달에 관한 연구에 의해 결정될 것이라고 생각한다. Gardner는 다중지능 이론에 관해 즉석에서 "Chomsky, 그게 아니라."(개인적 교신, 2001. 3)라고 말한 적이 있다. 이는 다중지능 이론이 50년 전쯤 언어학 분야에 혁명을 일으킨 Chomsky 이론보다 덜 강력하고 덜 중요한 이론이라는 의미다(Chomsky, 1957). Chomsky는 Gardner와의 대화에서 자주 등장했는데, 이것은 그가 가장 높이 평가하는 업적을 지칭할 때 쓰는 표현이었다. Gardner에게 있어 Chomsky는 과학 분야의 Einstein과 같은 존재일 것이다. 즉, 최고의 과학적 업적을 언급하는 간단한 한 가지 방법인 것이다. Chomsky는 심리학 분야에서 행동주의적 체계의 헤게모니를 거의 혼자 힘으로 끝냈으며, 모든 언어에는 언어의 산출에 근간이 되는 보편적 문법, 즉 규칙이 있다고 주장함으로써 언어학의 새로운 지평을 열었다. 언어 연구의 목표는 모든 언어의 형식을 규정하는 규칙들을 구체화하는 것이다. Chomsky가 도달한 결론 중 문법과 언어 규칙의 정보원은 일반적이라는 것은 논란의 소지가 있었다. 여전히 Chomsky 업적의 영향력은 현대의 그 어떤 사회과학자들과도 비교가 되지 않을 것이다.

Gardner의 설명에 따르면, 다중지능 이론은 교육 분야에 커다란 영향을 주었고, 경영 및 정치 분야에도 어느 정도 영향력을 행사했으며, 심리학에서 최대 관심사인 IQ에 타격을 주기도 했지만, 사회과학 분야를 혁신하였거나 발달심리학 분야를 새로운 방향으로 이끈 것은 아니다. 가장 강력한 이론이란 어떤 영역의 구조를 가장 심오한 수준에서 근본적으로 변화시켜 미래에 탐구를 유도하고 가능성을 유발하는 이론이다. Piaget의 발생론적 인식론이나 Levi-Strauss의 신화론, Vygotksy의 문화적 · 역사적 발달론 등이 그런 예다. Gardner의 멘터인 Erik Erikson은 이런 수준에 접근하는 자아발달에 관한 이론을 제시하였으며, 또 다른 멘터인 Jerome Bruner도 인지발달론으로 이러한 수준에 근접했다. 그가 누구이며, 그가 연구를 수행한 분야가 어떤 환경인가를 고려하면, Gardner는 그 분야의 위대한 인물들의 업적과 비교해서 자신의 연구를 겸손한 시각으로 바라보았으며, 중요성에 있어서 그들의 연구와 견줄 수 없다고 생각했다.

Gardner는 자신의 연구를 위대한 학자들의 연구와 동등한 것으로 보지 않았지만, 그의 연구가 교육 분야에 미친 영향력은 매우 강력한 것이다. 우리의 동료인 Csikszentmihalyi가 알려 준 것처럼(Csikszentmihalyi, 1988, 1996; 이 책의 Nakamura & Csikszentmihalyi), 공헌의 진정한 가치는 분야에 의해 정해진다. 이 경우에는 다중지능 이론이 교육 분야에서 가지는 중요성은 그 분야의 지도자와 정보 관리자들에 의해 판단되었다. 『마음의 틀』이 출판된 지 20년 만에 다중지능 이론은 오늘날 교육 분야에 가장 중요한 기여를 한 이론으로 인정받게 되었다. 다중지능 또는 그의 교육 관련 이론은 연구, 정책, 실제 분야의 담론에서 영원한 주제가 될 것이다. 그러나 우리는 어떤 업적의 영향력이 시간이 흐름에 따라 강해졌다가 약해진다는 것을 경험으로 안다. 다중지능 이론도 그렇게 될 것이다. 이 이론의 장기적인 영향력은 시간이 지날수록 약화될 것이다. 그 위대한 Piaget의 업적도 현대의 학자들에게는 인지발달 분야에서의 변화의 정보원으로서 종종 인정받지 못하기도 한다. 그 변화들은 이제 이 분야의 일부가 되었으며, 그 변화의 정보원들은 역사 속으로 사라졌다(Damon, Kuhn, & Siegler, 1998; Gelman, 1979 참조).

Gardner가 자신이 중요한 업적을 이루었으나 그 분야에서 최고 수준은 아니라고 생각하고 있다는 것을 안다면, Gardner 이론에 대한 그의 겸손을 이해하는 데 도움이 될 것이다. 나는 『마음의 틀』이 출판되기 수개월 전에 원고를 읽고 이 이론의 영향력이 매우 클 것이라고 생각했던 것을 기억한다. Gardner에게 원고를 돌려주면서 나의 생각을 적어서 함께 보냈다. 그러나 그 책이 Gardner와는 거리가 있어 보이는 심리측정 문제들을 주로 다루고 있다는 점에 놀랐던 것도 기억한다. 거의 20년이 지난 지금에서야 『마음의 틀』이 체계화될 필요가 있는 새로운 영역을 펼쳐 보인 것이었음을 이해하게 되었다. 자료들을 이해하려고 노력하던 그가 심리측정 분야의 중심적인 조직화의 원칙이었던 지능의 전제에 대해 의문을 가지게 되었다는 사실은 단순히 자료 해석에 관한 문제였을 뿐이다. 물론 그것은 지능을 극히 단순하고 좁게 해석하려는 시도에 대한 그의 확고한 반감 및 기존의 심리측정 이론들과 맞서려는 의지이기도 했다.

그의 섬세한 열정이 없었다면 전통적 IQ를 공격하는 일은 피해야 할 도전은 분명히 아니었을 것이다. 기존의 이론들(심리측정과 Piaget를 포함하여)을 찾아낸 그의 이력을 고려하면 특히 예술과 관련해서 Gardner는 지능 전쟁에 참여할 전사가 되어 있었다. 이 역할은 그에게 편안한 것은 아니었다. 그가 선호하는 방식은 토론, 의견 교환, 대화, 학자로서의 상호 존중, 선배 학자들에 대한 경의 등이었다. 그러나 일곱 가지 능력을 제안하면서 지능이라는 용어를 선택함으로써 주사위는 던져지게 된 것이다.

다중지능 이론과 나의 이론: 합의점 도출

다중지능 이론, 이를 만든 사람, 연구가 행해진 맥락, 이론을 구축하는 데 활용된 구성 과정 등에 대한 요약은 이 정도로 마치고, 이제는 사례 자료들이 창의성 이론에 적합한지에 관한 문제로 관심을 돌리고자 한다.

창의성에 대한 나의 접근법의 핵심 개념은 인지발달의 단계적 변화 과정에 대한 유추다. 사고에서의 창의적 진보는 지식 집합체의 질적이고 비가역적인 재조직의 독특한 경우이며, 이것이 다른 사람들과 의사소통함으로써 널리 알려지면 의미 있는 분야에서 새롭고 중요한 것으로 인정받는다. 반대로 인지발달단계의 전환은 보편적으로 나타나는 창의적 사고의 경우다. 나의 견해에서 질적으로 진보하는 것은 다른 단계를 설명하는 방향으로 나간다는 것이다 (Feldman, 1989).

이런 관점을 가진 나는 Gardner와 마주앉아 다중지능 이론에 대해 여러 차례 이야기를 나누면서 그가 지능에 대한 자신의 견해를 구성하고 재구성하면서 일정한 형태의 인지발달적 전환의 형태를 겪었다는 생각을 하게 되었다. 나의 의문과 조사는 그에게서 다중지능 이론으로 정립되기 이전 새로운 종합이론으로 형태를 제공하는 데 도움을 주었을 초기 아이디어와 경험들(Feldman, 1971; Walters & Gardner, 1986), 막대한 양의 실증적 · 이론적 자료에서 해결책이나 이론적 구조를 얻어 냈을 때의 그 행복한 순간에 대한 회상을 듣기 위한 것이었다.

여러 시간에 걸쳐 나는 그가 창의적 사고에 관한 나의 이론에 부합할 만한 이야기를 말하게 하려고 노력했다. 그러나 소용이 없었다. 결국 내가 원하는 것을 그에게 말하자, 그는 마치, "미안합니다. 일은 그렇게 진행된 것이 아닙니다."라고 말하는 식으로 어깨를 으쓱했다. 이로 인해 나는 Konrad Lorenz의 유명한 격언을 떠올리게 되었다. "과학자가 매일 아침식사를 하기 전에 자신이 좋아하는 가설을 버리는 것은 좋은 아침운동이다." 나는 내가 새로운 문제에 봉착했음을 알게 되었다. 그것은 나의 연구 대상과 이론이 서로 맞지 않는다는 사실을 설명하는 방법이었다.[1] 다중지능 이론의 창출 과정을 설명하는데 나의 창의성 이론이 부합하지 않는 사실에 대한 해결책은 다음과 같다.

다음은 수집한 자료가 나의 이론을 뒷받침하지 못하는 몇 가지 가능한 이유다.

① 나는 이론에 필요한 자료를 충분히 수집하지 못했을 수 있다. 또는 잘못된 자료를 수집했을 수도 있다. Gardner가 어떤 것을 숨기고 있는지도 모른다. 그래서 노력에도 불구하고 그는 교묘히 내 질문들을 피할 수 있었는지도 모른다. 만약 그를 인터뷰하는 기술이 좀 더 뛰어났다면 필요한 정보를 얻었을지도 모른다.

② 이러한 특이한 경우는 파격적이거나 독특하여 무시될 수도 있을 것이다. 그럼에도 불구하고 Gardner와 나는 매우 가까운 동료이고 오랜 친구 사이다. 또한 우리는 동일한 분야를 연구하는 학자이며, 이 분야는 우리가 연구하고자 하는 분야다.

③ 이론이 잘못된 것인지도 모른다. Gardner의 창의적 과정은 나로 하여금 내 이론을 수정하도록 요구하는지도 모른다. 즉, 나

의 이론은 훌륭하기는 하지만, 그것은 내가 경험적인 현실을 무시할 때에만 유지될 수 있다는 사실에 직면하게 한다.

④ 앞서 언급한 것처럼, 발달적 변화를 겪고 있는 사람이 그 변화를 반드시 직접 인식하는 것은 아닐지도 모른다. 그래서 아마도 Gardner는 변화를 인식하지 못한 채 그러한 변형을 경험했을 수도 있다.

이런 상황에 처한 나는 Piaget의 철학 분야에서의 초기 경험에 대해 다시 생각하게 되었다. 당시 그는 철학 분야가 각종 주장들을 현실에 비추어 체계적으로 실험하지 않는다는 것에 당혹했다. Piaget는 그의 많은 저술에서 철학이 과학적 질문을 전혀 해결하지 못하고 다만 더 많은 아이디어를 양산하고 있다고 비판했다(Bringuier, 1981 참조). Piaget가 서양의 사상에 가장 크게 공헌한 내용은 이해가 항상 현실 세계에서 얻어진 새롭고 예측하지 못한 자료를 처리하는 기존의 해석 체계들의 작용과 반작용을 통해서 이루어진다는 사실을 밝힌 것이다. 이론과 사실 간의 올바른 균형을 찾는 일이 Piaget의 발생론적 인식론의 핵심이었다(Feldman, 1999).

창의적 사고의 발달에 관한 나의 이론에 충분히 행복해하고 있던 나는 나와 거의 완벽하게 생각이 같다고 생각되는 사람에게서 얻은 실증적 자료를 마주하고 있다. 그리고 그 자료는 내 해석체계를 조정할 것을 요구했다. 우리 둘 사이에 어떤 차이가 있든지 나는 항상 Gardner와 내가 상호의 관심사를 해석하는 방법에서는 비슷했다고 생각했다. 우리는 이론의 주요 부분, 해석, 질, 중요성 등에서 의견이 대립한 적이 거의 없었다. 우리는 두 명의 학자가 가까울 수 있는 최대한의 수준으로 가까웠다.

이 문제를 어떻게 풀 것인가? 해결에 관한 좋은 본보기가 몇 가지 있다. 우선 과정 측면에서는 Gardner가 일하는 방법을 다시 살펴보고, 그의 관점에서 볼 때 다중지능 이론에 관한 연구가 다른 프로젝트들과 연속선상에 있다는 점을 인정할 필요가 있다. 그 과정의 귀결은 달랐지만, van Leer 프로젝트를 수행할 때 그가 십여 년 동안 연구해 온 주제에 도전하는 접근법을 정교하게 확장하는 것이었다.

두 번째는 다중지능 이론의 결과로 인해 변형된 영역의 문제다. 내가 간과했던 것은 다중지능 이론이 Gardner 자신의 영역 이외의 분야, 즉 심리측정 분야 및 교육 실재 분야에 영향을 주었다는 점이다. 이 영역들 중 어느 하나도 Gardner가 van Leer 프로젝트를 시작했을 때 그의 주된 영역이 아니었다. 그는 발달심리학자이며, 주된 관심은 인지발달, 뇌손상 및 인지와의 연관성, 예술에서의 발달 등이었다. 다중지능 이론을 창의적 재조직화의 경우로 이해하려면 변형된 영역들을 좀 더 세밀하게 살펴볼 필요가 있다. 이렇게 할 때 우리는 창의성에 관한 나의 인지발달적 관점에 도전하는 특이한 경우들을 처리할 수 있을 것이다. 그러나 여전히 논란의 여지는 남아 있다.

Gardner가 다중지능 이론을 창출한 과정에 대한 정보가 좀 더 많다면 나의 이론을 지지할 수 있는 더 적합한 이야기를 찾아낼 수도 있을 것이다. 여러 해 동안 Gardner를 알았고, 그의 이론을 10년 이상 학생들에게 가르쳤으며, 그와 그의 동료들이 이 주제에 관해 저술한 것을 대부분 읽었고, 다중지능에 관해 다른 사람들이 쓴 대표적인 문헌들을 찾아 읽었으며, Gardner가 어떻게 다중지능 연구를 수행했는지에 관해 그와 만나 여러 시간 동안 이야기를 나누었지만 중요한 자료를 빠뜨렸는지도 모른다. Gardner는 1975년 이전에 인지발달적 전환을 경험했을 수도 있다(후주 1 참조). 이러한 가능성도 조사해야 한다. 만약 이런 전환을 지지하는 증거를 찾아낸다면 나는 매일 아침마다 자신이 아끼는 가설을 버려야 했던 Konard Lorenz의 행동을 피할 수도 있을 것이다.

다중지능 이론의 영향을 가장 크게 받았지만 Gardner의 훈련, 경험, 야망에서 중심적 부분이 아니었던 영역들과도 관계가 있는 것 같다. 나의 이론 과정은 한 사람이 자신의 것이 아닌 다른 어떤 분야에 혁신을 유발하는 상황을 포용하지 못한다. 인지발달적 전환으로서의 창의성 이론은 한 사람이 자신의 전문 분야의 지식적 단계들을 거쳐 그 영역에서 고수의 위치에 도달하고, 그 영역에 있는 기존 지식과 정보 수집/분석 기법으로는 적절히 답변할 수 없는 의문을 찾으며, 중요한 의문이나 해결되지 않는 문제를 더 잘 해결하기 위하여 새로운 수단이나 기법 또는 새로운 형태의 설명을 의도적으로 만들어 내는 상황에 가장 적합한 이론이다. 인지발달적 전환으로서 나의 창의성 이론과 잘 부합하는 것처럼 보이는 전형적 사례는 화학 분야에서 벤젠의 고리 구조를 발견한 Kekule, Newton과 전설적인 사과, 시간/공간 문제에 대한 Einstein의 해법, Fermat의 마지막 명제 문제에 대한 Andrew Wiles의 해법 등일 것이다.

Gardner가 "Chomsky, 그게 아니라."라고 말했을 때, 그것은 다중지능 이론이 미제의 주제를 해결하거나 질적으로 다른 개념구조에 영역 지식 기반을 두고자 하는 목적적인 노력에 의한 영역의 심층 구조를 재조직하게 하는 심원한 구조적 재편성으로 이어질 수 있는 공헌이 아니라는 의미다. Gardner가 볼 때, 그 과업은 자신의 다른 노력들과 유사했다. 그는 자신을 학자, 연구자, 이론가이자 작가로 보며, 다중지능에 관한 연구는 여러 면에서 이전(이후)의 과학 저술 프로젝트와 유사했다.

다중지능 이론과 Gardner의 종전의 노력들의 차이점이 다중지능 이론과 그 이전의 이론들의 큰 차이점을 설명해 줄 것이다. 따라서 우리는 다중지능 이론과 관련하여 일어난 일이 Gardner의 경력에서 일어난 하나의 예외(나의 이론 및 그 밖의 창의성 이론에 대해 의문을 제기하게 하는)라고 결론 내릴 수밖에 없다. 따라서 그의 다른 노력과 비교하여 Gardner의 연구에서의 연속성과 비연속성을 좀 더 자세하게 살펴보아야 할 것이다. 그러면 다중지능 이론이 교육학 및 심리측정 분야에 어떻게 그런 엄청난 영향을 끼칠 수 있었으며, 왜 그의 다른 연구들은 영향력이 덜했는가를 훨씬 더 명확하게 알 수 있게 될 것이다.

연속성과 비연속성

van Leer 프로젝트에서의 Gardner의 연구와 다른 프로젝트에서의 그의 연구 간에는 중요한 두 가지 차이점이 있다. van Leer 프로젝트는 자금 사정이 훨씬 좋았고, 기간도 더 길었고, 이전의 것들에 비해 더 야심찬 것이었으며, 처음부터 전 세계의 교육자 및 정책 결정자들을 대상으로 삼았다. 부분적으로 그 프로젝트는 Gardner와 그의 동료 Harry Lasker가 정년이 보장되지 않아도 하버드 교육대학원에 머무를 수 있도록 도와주었고, Gardner가 학자로서 발전하는 촉매제였으며, van Leer 재단이 당시 하버드 교육대학원의 학장이던 Paul Ylvisaker에게 제안한 임무를 수행하기 위해 만들어진 것이었다.

Gardner는 자신이 중대한 업적을 성취하라는 임무와 그것을 행할 수 있는 자원을 제공받았으며, 하버드라는 강력한 기관이 지원하고 있다고 생각했다. 책임감 있는 젊은이로서, 또 경계를 뛰어넘어 관습에 도전하기를 주저하지 않는 위험을 감수하는 학자로서, 그는 이런 큰 임무를 맡을 준비가 되어 있었다. 또한 그는 지원, 안전성, 학자로서의 장래와 관련해서 다른 대안이 없었다. 이미 자신의 분야를 10년 가까이 연구한 상태인 36세라는 나이는 그의 창의성 이론(Gardner, 1993)에 전환점을 맞을 수 있는 시점이었다. 더욱이 그는 하버드의 초급 대학에 남아 있었으며, 동시에 자신의 정체성과 안녕을 결정하는 곳이 아닌 다른 분야에 소속한 사람들에게 도전장을 던진다는 점은 Gardner에게는 적합한 상황이었다. 그는 그의 지도교수들에게 도전한 것이 아니라 자신의 세계에서 멀리 떨어진 곳에 있는 사람들과 개념에 도전한 것이다.

Gardner가 인간의 지적 잠재력에 관한 것들을 평가하는 문제에 적용한 기법들은 그가 다른 주요 프로젝트들(아동의 예술발달에 대한 연구[Gardner, 1980; Gardner & Perkins, 1989], 뇌손상에 관한 신경심리학[Gardner, 1974], 초기 상징화에 대한 Dennie Wolf와의 공동 연구[Gardner & Wolf, 1983] 등)에서 사용했던 것과 유사하다. 이런 프로젝트에서 첫 번째로 해야 하는 작업은 과학, 역사학, 세계적 전문가들과의 상담 및 드라마, 춤, 비평, 문헌 등의 비학술 자료 등을 비롯해서 주제와 관련된 모든 정보를 수집하는 일이다.

Gardner는 막대한 정보를 생산적으로 조직할 수 있는 특별한 재능을 가지고 있다. 그의 대학원 시절을 돌아보면(예, 심리학 수업 때 75쪽 분량의 보고서), 그는 매우 이질적인 자료와 다양한 형태의 정보를 빠르고 체계적으로 정리할 수 있는 조직체계를 구성할 줄 알았다. 이것은 다양한 현상에 보다 나은 순서를 부여하게 하는 일종의 분류학적이고 관계적 과정이었다. 이런 점에서 인간의 지적 잠재력은 예술발달, 뇌손상, 상징발달, 창의성(대학 때 보고서 주제) 등과 다르지 않았다.

Gardner는 위계, 순서, 관계에 관한 자신의 재능을 새로운 과업에서 발휘했다. 그 과업은 구체적으로 훈련받지 않았다. 그의 특별한 능력 한 가지는 인도의 수학자 Ramanujan의 이야기를 다룬 『무한대를 안 남자(*The Man Who Knew Infinity*)』의 저자 Robert Kanigel(1991)에 필적할 만한 글쓰기 재능이었다. 이런 글쓰기 재능과 심리학에 대한 학문적 훈련, 그리고 연구자로서의 야망은 새로운 유형을 만들고 기존의 것을 바꾸려는 그의 창작적 성향과 결합되어 van Leer 프로젝트와 같은 도전을 감당할 수 있는 독특한 자질적 조합을 그에게 제공하였다. 마지막으로, Gardner는 매우 부지런하여 내가 알기로 매일 하루에 10~12시간씩 일주일 내내 일했다. 또한 그는 타고난 작가였다. 이런 것들은 van Leer 프로젝트로까지 이어진 연속성의 사례다. 한편 비연속성은 Gardner의 『마음의 틀』 및 그 이후에 나온 지능에 관한 저술에서 볼 수 있는 공격적이고 투쟁적인 목소리를 유발한 촉매제다.

두 가지의 비연속성이 가장 중요한 것으로 보인다. 하나는 프로젝트에 제공된 연구 지원금이며(Gardner가 이전에 받았던 것보다 훨씬 큰 금액이었다), 다른 하나는 전 세계의 교육 정책 및 실무에 영향을 줄 수 있는 결과를 도출해야 하는 프로젝트의 임무였다. Gardner는 이러한 자원들을 세계를 여행하고, 세계은행이나 유네스코 등과 같은 곳의 고위 정책 결정자라는 지위가 어떤 것인지 배우고, 정책을 발표하는 기법을 배우는 데 사용했다. 다른 맥락에서도 그랬던 것처럼, Gardner는 아동 및 교육을 위한 상위 수준의 국제적 정책의 세계로 안정적으로 진입하여 van Leer 프로젝트에서 중요한 역할을 맡을 수 있는 지도자, 친구 그리고 동료들을 사귀었다. 우리가 지금까지 본 것처럼 Gardner는 탁월한 사람들에게 좋은 인상을 심어 주고, 그들이 자신을 보살펴 주게 만드는 특별한 재능을 가지고 있었다. van Leer 재단의 Willen Welling 및 수많은 관료와 기관장들과 친분을 가지는 것이 Gardner의 시급한 과제였다.

van Leer 재단이 제시한 임무에서의 변화가 잘 반영된 곳은 『마음의 틀』의 제13장과 제14장이다. 나는 1983년에 책이 출간되기 전에 미리 원고를 읽으면서 이 두 장이 다른 부분들과 문체가 다르다고 생각했었다. 이 두 장에서는 약간 과장하는 듯한 느낌이 있었다. 그것은 아마도 연구 자금을 지원한 사람들을 만족시키기 위한 것이었던 것 같다.

2001년 봄에 가진 모임에서 Gardner는 나의 이런 느낌이 옳다고 확인해 주었다. 그는 그 책을 집필할 때 자신이 익숙하지 않은 새로운 영역으로 들어가고 있으며, 그에 대해 불편을 느꼈지만, 그가 대상으로 삼은 독자가 읽기에 좋은 문체로 책을 쓰려고 노력했다고 말했다. 그리고 그런 부분에서 그는 내가 예측한 것보다 더 큰 성공을 거두었다. 『마음의 틀』을 읽고 또 읽으면서 나는 이론가 및 학자의 관점에서 볼 때 교육과 정책을 다룬 장들이 덜 성공적이었다고 생각했다. 책의 다른 장들에(잘 쓰여졌고 명백하지만 기술적으로 꽤 복잡하고 표면상 직면한 다중지능 이론보다 이론적으로 더 미묘한) 비해 정책과 교육에 관해 다룬 장은 덜 치밀하고, 덜 복잡하며, 기술적으로 덜 세련되었다. 이것은 다양한 독자에게 다가가려는 Gardner의 의도된 결과였다.

『마음의 틀』의 339쪽에 있는 표(이 책에서는 〈표 4-2〉)는 그 개념의 명확성, 대상 영역으로의 확장, 해석의 용이성 등의 측면에서 볼 때 역작이라고 할 수 있다. Gardner는 먼저 범주를 정리하고, 그것에 이름을 붙인 후에 간단하고도 명확하게 요약했으며, 표를 중심으로 내용을 구성하는 특징을 보였다. 교육 문제에 대한 다중지능 접근법을 지지하기 위해 비서양 문화권의 사례를 사용하고 비서양적 관점을 자주 사용하는 것은 van Leer 프로젝트에서 Robert LeVine처럼 아동발달에 관해 인류학적 관점으로 접근하는 동료들과 많은 시간을 보냈음을 반영하는 것이다.

재능이 아닌 지능

Gardner가 내린 가장 중요한 결정은 인간 잠재력의 일곱 가지 범주를 '지능'이라고 명명한 것이다. 이 결정은 전체 과정에서 매우 나중에 하였으며 전략적이었다. Gardner는 만약 자신이 그 잠재력들에 재능이나 능력 또는 다른 이름을 부여하면 심리측정 분야에서 『마음의 틀』을 무시할 것이라고 생각했다. 지능이라는 용어를 선택함으로써 Gardner는 전통적인 심리측정 평가 및 이론 분야에 도전장을 던진 것이다. 그는 자신의 연구가 중요한 논의, 논쟁, 개혁의 주제가 될 수 있는 기회를 얻으려면 그 잠재력들을 지능이라고 부르는 것이 필요하다는 사실을 이해했다.

Gardner가 일곱 가지의 독립적인 지능에 관한 자신의 주장을 굽힐 수 있는 기회는 많았다. 그중 대표적인 것이 심리측정계의 유명한 동료인 Robert Sternberg와 Sandra Scarr 등의 조언이었다. 일례로, Sternberg는 Gardner가 지능 대신에 재능이라는 용어를 선택함으로써 그 이론에 대한 자신의 염려를 완화시킬 것을 요청하기도 했다. 그러나 Gardner는 주장을 굽히지 않았으며, 심리측정 분야를 계속해서 압박하면서도 담담한 태도로 견제했다. 나는 그 책이 갖는 의미가 크기 때문에 Gardner가 그런 입장을 유지할 수 있었을 것이라고 생각한다. 그는 자신이 중요한 동료들의 감정을 상하게 할 것이라고 크게 염려하지 않았기 때문에 그와 같은 입장을 고수하는 위험을 감수했다. 반면에 그가 그런 입장을 취하지 않았다면 그리고 그런 이설을 취소하라는 압력을 견딜 수 없었다면 다중지능 이론의 영향력이 적었을 것이며, 이 장은 쓰여지지 않았을 것이다.

마지막으로 용어의 선택은 다중지능 이론의 성공에 결정적이었음에 분명하다. 왜냐하면 Gardner는 다른 영역을 접할 수 있는 기회를 얻었기 때문이다. 측정심리학 성공의 가장 큰 원천이었던 대표적인 지능검사인 스탠퍼드-비네(Stanford-Binet) IQ 검사를 제작한 사람들이 Gardner에게 이 검사의 다섯 번째 개정판을 만드는 작업에 참여할 수 있는 기회를 제공했다. Lewis Terman과 그의 동료들에 의해 1916년에 처음 만들어진 이 검사는 여러 차례의 수정을 거쳤으나 그 기본적 초점은 변하지 않았으며, 시간이 흐르면서 문화, 성별 등에 관한 편견을 줄였다. Gardner에게 보낸 1997년 6월 12일자 편지에서 리버사이드 출판사의 심리학 평가부장이던 John D. Wasserman 박사는 그에게 2003년에 발표될 다섯 번째 개정판을 만드는 작업에 참여해 줄 것을 요청했다.

Gardner는 이 편지와 자신의 답장 사본을 내게 보내 주었다. 답장에서 Gardner는 Stanford-Binet와의 공식적인 협력은 가능하지 않다고 명확히 밝혔다. 이 편지와 함께 그는 다음과 같은 메모를 내게 보냈다. "이 편지들을 보니 10년 전에 했던 대화가 생각난다." 나는 프로젝트 스펙트럼을 함께 시작할 무렵인 1982년에 그와 나누었던 대화를 기억한다(Chen, Krechevsky, & Viens, 1998 참조). 그때 우리는 심리측정 검사의 전횡에 대한 염려와 걱정을 서로 나누었으며, 나는 그가 IQ에 대하여 역사상 가장 강력한 도전을 감행할 준비가 끝난 상태였다는 사실을 알지 못했다. 1982년에 처음으로 다중지능 이론과 만났을 때 나는 『마음의 틀』의 초판 겉장에 실린 추천사에서도 동일한 취지의 글을 썼다.[2]

그는 내가 쓴 강력한 어조의 글에 놀랐으며, 그 책에 대해서 반응이 크지 않을 것이라고 말했다. 반면에 그는 자신이 전략적 결정을 내렸으며, 그 책으로 인해 논란과 논쟁을 유발할 것임을 알았다고도 했다. 그는 지금까지 18권의 책을 썼는데, 『마음의 틀』을 출간한 이후나 그 이전에 쓴 책들 중에서는 그러한 반응을 일으킨 것이 없었다. 창의성에 관한 19번째 책은 바로 얼마 전에 출간되었으며(Mihaly Csikszentmihalyi와 William Damon이 공동 집필), 우리는 곧 이 최근 프로젝트가 어떤 영향력을 발휘할지 보게 될 것이다. 그는 최근에 기업 세계로 관심을 돌려 리더십과 윤리적 행동이 어떻게 기업을 번창하게 하는가를 이해하고자 한다. 이것은 비관습적인 도전을 감행하려는 Gardner의 의지의 또 다른 예다.

Creativity and Development

예비적 반영과 최종 사고 형태

이 장에서의 목표는 내가 연구 대상과 오랫동안 알고 지냈으며 같이 연구를 진행했었다는 점을 활용함으로써 창의적인 마음의 내적 과정을 이해하는 데 기여하는 것이었다. 나는 사람, 영역 및 분야를 자세히 앎으로써 Gardner가 수많은 아이디어를 구성하여 궁극적으로 다중지능 이론(Csikszentmihalyi, 1988, 1994, 1996)의 창출 과정에서 그가 겪은 사고의 미묘한 흐름을 조사할 수 있을 것으로 생각한다. 그의 마음은 높은 수준의 창의적 업적을 설명하는 데 필요한 여러 가지 중요한 요소들 가운데 하나이며, 영역, 분야, 문화, 역사, 진화 등과 유사한 정도의 중요성을 갖는 정보다(Feldman, Csikszentmihalyi, & Gardner, 1994; Csikszentmihalyi, 1988).

나는 지식체계에 대한 창의적 재조직화가 Piaget의 단계적 변화와 여러 면에서 유사한 인지발달적 전환의 사례라고 주장하는 이론의 영향을 많이 받았다. 이 주장을 검증하기 위하여 나는 2001년 봄에 Gardner와 여러 시간에 걸쳐 이야기를 나누면서 그가 이론의 구축 전, 중, 후에 경험한 재구성된 사고를 탐색했다. Gardner는 다중지능 이론이 탄생하기까지의 과정을 살펴볼 수 있는 문서들(논문, 연구 지원금 신청서, 편지, 메모 등)을 친절하게 보여 주었다. Gardner가 그의 이론을 활발하게 구축하고 있던 시기에 그의 연구 팀에 참여했던 나는 van Leer 프로젝트에서 보낸 9개월 동안의 기억을 확인할 수 있을 것이라고 생각했다.

사고의 창의적 진보에 대한 나의 인지발달론적 주장을 이제까지 수집된 증거들이 잘 지지하지 않는다는 사실을 발견했다. 새로운 이론의 출현을 시사하는 통찰의 순간이나 사고에서의 변화는 볼 수 없었다. Gardner의 과정에 대한 재구성은 작은 변화들의 점진적인 증가가 정보의 종합을 이끌어 냄으로써 비연속성보다는 연속성을 더 강조하고 있다. 면담을 끝내고 나의 결과가 나의 이론과 부합하지 않는 이유를 설명하려고 했다. 이 장의 초안을 읽은 사람들은(Susan Butler, Vera John-Steiner, Keith Sawyer, Iris Stammberger, Kat Steere, 특히 Ellen Winner) 인지발달적 변화가 일어나지 않았다는 나의 해석이 너무 비관적인 것이라고 하였다. 그들의 반응에 힘입은 나는 처음에 내렸던 결론을 다시 생각해 보고 다음과 같은 논제들을 추가적 논의를 위해 제시하게 되었다. 이 글의 마무리에서 나는 이 장의 준비 과정에서 나타난 세 가지 초점을 간단히 논의할 것이다. 이 초점에 따르면, ① 중요한 질적 변화가 특정 영역에서 일어날 가능성, 이런 변화가 Gardner에게서 일어날 수 있는지의 여부, ② 중요한 인지발달적 변화가 실제로 Gardner에게서 일어났으나 조사가 이루어진 시기보다 앞서서 일어났을 가능성, 그리고 ③ 중요한 질적 변화가 실제로 Gardner에게서 일어났으나 그것이 인지적인 변화가 아니라 감정적인 것이었을 가능성이다.

영 역

한 가지 신중하게 고려되어야 할 점은 다중지능 이론의 영향은 주변 영역의 진보라는 사실이다. 즉, Gardner의 전문 분야는 주로 인지발달심리학이다. 그러나 다중지능 이론의 영향은 주로 교육 이론, 정책, 실재 그리고 심리측정 분야에서 나타났다. 이 이론의 영향이 막대하고, 그 분야(예, 잘 설립된 영역에서의 중요한 영향을 가지는, Morelock & Feldman, 1999 참조)의 일반적인 기준에 의해 고차원적인 진보로서 인정받는 것이라고는 해도 변형화된 그 영역은 Gardner와 관련이 큰 영역은 아니었다. 그는 교육이나 심리측정 분야를 연구하지 않았고, 자신을 교육심리학자로 여기지도 않았으며, 1980년 van Leer 프로젝트에서의 연구가 시작되기 전에는 교육 분야의 사람들과 접촉도 거의 하지 않았다.

그런데 고려해야 할 하나의 가능성은 영역 그 자체가 이미 준비되어 있어 어떤 중대한 발달적 변화가 이루어지고 있을 수도 있다는 점이다. 다중지능 이론은 그 변화를 위한 촉매제였고 그것의 주된 원천으로서 작용했으나, 그 영역은 다중지능 이론이 등장했건 아니건 간에 중대한 변화가 임박했던 상태였을 수 있다. 따라서 다중지능 이론이 왜 그렇게 강력한 영향을 미쳤는가를 이해하기 위해서는 변화가 이루어진 영역을 그 자체로서 이해해야 할 필요가 있는 것이다. 영역 분석은 발달과학으로서는 아직도 영아기에 있다. 그러나 점차 발달함에 따라 더욱 많은 관심을 받게 될 것이다(Feldman, Csikszentmihalyi, & Gardner, 1994). 이제 분명한 것은 창의적 공헌을 만족스럽게 설명하려면 변형된 영역의 역사, 개념적 구조, 발달 등을 면밀히 분석해야 한다는 사실이다. 특히 상위 수준의 창의적 업적일 경우 영역 분석은 설명을 위한 필수적 구성 요소일 것이다. 창의성의 맥락을 강조하는 사람들에게는 이 사실이 물론 놀라운 것은 아닐 것이다(예, Csikszentmihalyi, 1988; 이 책의 Moran & John-Steiner).

인지발달적 전환

상위 수준의 창의적 업적을 인지발달적 진보라고 설명하는 주장을 통찰의 지표로 여기지는 않는다. 나의 경험으로 볼 때, 사고의 재조직화는 두 가지 방식으로 이루어진다. 하나는 깊은 통찰의 순간적 발생이며, 다른 하나는 미묘하고 알기 어려운 방식으로 일어나는 사고에서의 중대한 변화다(Feldman, 1988). 나의 이론에서 문제가 되는 것은 갑작스러운 변화가 없다는 점이 아니라, Gardner가 중대한 변화가 전혀 없었다고 주장한다는 사실이다.

이 장을 읽어 본 여러 사람들(특히 Keith Sawyer)은 인지발달적 전환의 증거는 Gardner가 1975년 12월에 출판사에 보낸 기획서에 존재한다고 주장했다. 그 기획서에는 일곱 가지 지능과 매우 유사한 몇 가지의 마음들이 제안되었다. 그 이론에서 중대한 시기는 van Leer 프로젝트가 진행되던 1980년부터 1982년이 아니라 1970년부터 1975년일 수도 있다. Gardner는 이 시기에 인지발달을 이해하기 위해 상징체계에 관해 (Wolf와) 연구하고 있었다. 이 시기의 공동연구를 좀 더 자세하게 조사하면 Gardner의 사고의 변화 과정을 보여 주는 증거를 찾아낼 수 있을지도 모른다.

정서발달적 이동

다중지능 이론을 창출하게 한 인지적 사고와 아이디어에 집중함으로써 Gardner는 1982년 『마음의 틀』을 쓰기 직전에 일어난 중대한 감정적 변화를 간과했는지도 모른다. Gardner는 장래가 촉망되는 개인에게 주어지는 맥아더 재단의 연구 지원금을 받았다. 이 지원금은 아무런 조건이 없는 재정적 지원이었으며, 사람들에게 널리 알려지는 기회도 되었다. 이 지원금은 불안한 미래를 걱정하던 그에게 확신과 안전감을 주는 촉매제가 되었다. Ellen Winner는 비인지적 발달적 변화가 다중지능 이론의 창출에 결정적인 영향을 주었을 가능성도 있다고 지적하였다. Winner와 나는 그런 변화의 가능성에 대해 Gardner에게 물었다. 그러자 그는 가능하다고 답했다. 그 이유로 그는 맥아더 지원금이 일곱 가지의 정신에 대해 지능이라는 용어를 사용하기 위해 그가 필요했던 확신을 제공했기 때문이라고 말했다.

다중지능 이론 개발에서 중대한 시기가 사실상 프로젝트 제로에서 Wolf와 연구를 하고 있던 1970년대 초반이라면 그 프로젝트에 참가했던 사람들을 면담하고 관련 문서를 조사하면 협력의 특성에 대한 많은 자료를 얻을 수 있을 것이다. John-Steniner는 『창의적 협력(*Creative Collaboration*)』(2000)을 집필하면서 Mike Csikszentmihalyi, Gardner 그리고 나 이 세 사람을 협력적 관계로 보았다. 그녀의 아이디어는 훌륭했지만 이 세 사람이 협력적 관계는 아닌 것 같다. 왜냐하면 우리가 함께 연구를 하기 시작한 그때는 이미 각자의 관심 부분이 그려진 상태여서 협력할 수 있는 영향은 제한적이었다.

이런 세 가지 가능성이 혼재되어 있는 상황에서 우리는 지금까지 창의성 연구 분야의 관심 있는 많은 주제를 다루었다. 하지만 창의성 연구에서 또 하나의 주제는 사고와 감정 간의 상호작용이다(이 책의 Nakamura & Csikszentmihalyi; Sternberg 참조). 창의적 발달에 관한 세련되고 섬세하며 만족스러운 설명을 구하려면 체계적이고 통합된 방법으로 다양한 수준의 분석이 필요하다(이 책의 Sternberg 참조). 창의성 연구 분야에서 이런 복잡하고 광범위한 도전을 고려할 때 가장 성공의 가능성이 높은 접근법은 역동적 체계형태다(Gruber & Wallace, 1989; 이 책의 Moran & John-Steiner; Sawyer 참조).

창의성 연구 분야가 발전한 것처럼 초기에는 창의자 개인을 영웅으로 생각했으나 이제는 그 개인을 복잡한 전환 과정의 일부로 간주하는 풍부하고 다차원적인 체계로 이동하고 있다(Csikszentmihalyi, 1988). 이는 생산적이고 긍정적인 방향이며, 인간 경험을 가장 도전적인 측면에서 이해하려는 움직임으로는 가장 적절한 것 같다. 인간이 자신의 사고를 변화시키면서 세계를 변화시키려는 독특한 성향은 다양한 접근법의 맥락에서 연구할 만한 주제다(Feldman,

Csikszentmihalyi, & Gardner, 1994).

새로운 이해와 경험을 얻기 위해 열심히 노력하는 개인과 집단은 항상 창의성의 드라마에서 주연일 것이다. Charles Darwin의 더 큰 통합을 통해 자연선택에 의해 진화 이론이 발전되었다는 Gruber의 위대한 연구에서, Darwin의 마음과 성격의 독특성이 창의적 과정의 모든 순간에서 중요한 역할을 하였으며, 이러한 역할이 차이를 만든 것이 분명하다(Gruber, 1981). Alfred Wallace의 연구에서도 공식적으로는 동일하지만 Gruber의 연구에서 Darwin의 독특한 특징을 엿볼 수 있는 많은 사례가 확인되었다.

창의성 연구의 역사가 반세기를 넘었지만 우리는 아직 창의적 업적을 행하는 사람들에 대해 아는 것이 놀랄 만큼 거의 없다(Wallace & Gruber, 1989 참조). 우리는 창의적 과정에서 개인의 역할을 과도하게 강조하던 과거로 되돌아가서는 안 되지만 그 역할을 또한 줄일 필요도 없을 것이다. 이 세계를 변화시킬 개인들의 발달적 사고와 감정을 포착하는 것이 우리의 가장 중요한 과제일 것이다. 발달 영역에 대한 연구와 더불어 이런 영역을 유지하고 지지하는 분야들에 대한 분석, 그리고 진화 과정에서 역사 과정까지의 조정 수준과 개인과 그들의 발달에 대한 연구에도 학문적 관심을 가져야만 한다. 그렇게 함으로써 우리는 이 새로운 분야를 위한 길고 생산적인 미래를 예측할 수 있을 것이다.

후 주

1. Keith Sawyer(Ellen Winner와 함께)는 나의 전환 이론이 현재 연구에서 지지될 수 없기 때문에 나의 결론을 재고해야 한다고 제안하였다. 그들의 주장은

Howard의 인지발달적 전환은 그가 Dennie Wolf와 상징체계 발달을 연구했을 1970년대쯤이다. 나는 그들이 옳기를 기대한다.

2. 2003년의 시각에서 보면 다중지능 이론이 강력하다고 할지라도 미국에서 심리측정 검사의 편견을 줄이는 데 성공적이지는 못하였다. 교육적 측정과 평가를 하는 데 검사를 교육제도에서 더 강하게 수용할 것이다. 오직 희망은 대안적인 접근법의 장점이 아마도 프로젝트 스펙트럼과 더불어 교육에서 더욱 중요한 역할을 하기 시작할 것이라는 것이다.

참고문헌

Albert, B. (1988, February 14). Student competency test engenders anxiety. *The Indianapolis Star*, pp. 1, 18.

Albert, R. S., & Runco, M. (Eds.). (1990). *Theories of creativity*. Newbury Park, CA: Sage.

Amabile, T. (1983). *The social psychology of creativity*. New York: Springer-Verlag.

Amabile, T. M. (1996). *Creativity in context*. Boulder, CO: Westview.

Bloom, B. (1985). *Developing talent in young people*. New York: Ballantine.

Boden, M. (1999). Computer models of creativity. In R. J. Sternberg (Ed.), *Handbook of creativity* (pp. 351-372). Cambridge, UK: Cambridge University Press.

Bornstein, M., & Krasnegor, N. A. (Eds.). (1989). *Stability and continuity in mental development: Behavioral and biological perspectives*. Mahwah, NJ: Erlbaum.

Breuer, J. T. (1999). *The myth of the first three years: A new understanding of early brain development and life ling learning*. New York: Free Press.

Bringuier, J. C. (1981). *Conversations with Jean Piaget*. Chicago: University of Chicago Press.

Chen, J. Q., Krechevsky, M., & Viens, J. (Eds.). (1998). *Building on children's strengths: The experience of Project Spectrum.* New York: Teachers College Prss.

Chi, M., Glaser, R., & Farr, M. J. (Eds.). (1988). *The nature of expertise.* Mahwah, NJ: Erlbaum.

Chomsky, N. (1957). *Syntactic structures.* The Hague, Netherlands: Mouton.

Cole, M., Gay, J., Glick, J., & Sharp, D. (1971). *The cultural context of learning and thinking.* New York: Basic Books.

Csikszentmihalyi, M. (1988). Society, culture, and person: A systems view of creativity. In R. J. Sternberg (Ed.), *The nature of creativity* (pp. 325-339). Cambridge, UK: Cambridge University Press.

Csikszentmihalyi, M. (1994). Memes versus genes: Notes from the culture wars. In D. H. Feldman, M. Csikszentmihalyi, & H. Gardner (Eds.), *Changing the world: A framework for the study of creativity* (pp. 159-172). Westport, CT: Greenwood/Praeger.

Csikszentmihalyi, M. (1996). *Creativity: Flow and the psychology of discovery and invention.* New York: HarperCollins.

Damon, W., Kuhn, D., & Siegler, R. S. (Eds.) (2000). Cognition, perception, and language. Volume 2, *Handbook of child psychology* (5th ed.). New York: John Wiley.

Ericcson, K. A. (1996). *The road to excellence: The acquisition of expert performance in the arts and sciences, sports, and games.* Mahwah, NJ: Erlbaum.

Feldhusen, J. H. (1997). Secondary services, opportunities, and activities for talented youth. In N. Colangelo & G. A. Davis (Eds.), *Handbook of gifted education,* (2nd ed., pp. 189-197). Boston: Allyn & Bacon.

Feldman, D. H. (1971). Map understanding as a possible crystallizer of cognitive structures. *American Educational Research Journal, 8,* 485-501.

Fedman, D. H. (1974). Universal to unique. In S. Rosner & L. Abt (Eds.),

Essays in creativity (pp. 45-85). Croton-on-Hudson, NY: North River.

Feldman, D. H. (1980). *Beyond universals in cognitive development.* Norwood, NJ: Ablex.

Feldman, D. H. (1981). Beyond universals: Toward a developmental psychology of education. *Educational Researcher, 11,* 21-31.

Feldman, D. H. (Ed.). (1982). *Developmental approaches to giftedness and creativity.* San Francisco: Jossey-Bass.

Feldman, D. H. (1986). *Nature's gambit: Child prodigies and the development of human potential.* New York: Basic Book.

Feldman, D. H. (1988). Creativity: Dreams, insights, and transformations. In R. J. Sternberg (Ed.), *The nature of creativity* (pp. 271-279). Cambridge, UK: Cambridge University Press.

Feldman, D. H. (1989). Creativity: Proof that development occurs. In W. Damon (Ed.), *Child development today and tomorrow* (pp. 240-260). San Francisco: Jossey-Bass.

Feldman, D. H. (1994). *Beyond universals in cognitive development* (2nd ed.). Norwood, NJ: Ablex.

Feldman, D. H. (1999). The development of creativity. In R. J. Sternberg (Ed.), *Handbook of creativity* (pp. 169-186). Cambridge, UK: Cambridge University Press.

Feldman, D. H., & Benjamin, A. (1998). Creativity and gifted education: An unsettled relationship. *Roeper Review, 21,* 82-84.

Feldman, D. H., Csikszentmihalyi, M., & Gardner, H. (Eds.). (1994). *Changing the world: A framework for the study of creativity.* Westport, CT: Greenwood/Praeger.

Feldman, D. H. (with Goldsmith, L. T.). (1991). *Nature's gambit: Child prodigies and the development of human potential.* New York: Teachers College Press. (Original work published 1986)

Ferrari, M., & Sternberg, R. J. (1998). The development of mental abilities and styles. In D. Kuhn & R. S. Siegler (Eds.), *Handbook of child psychology* (Vol. 2, pp. 899-946). New York: Wiley.

Flavell, J. H. (1963). *The developmental psychology of Jean Piaget.* Princeton, NJ: Van Nostrand.

Gardner, H. (1972). *The quest for mind.* New York: Vintage Books.

Gardner, H. (1974). *The shattered mind: The person after brain damage.* New York: Knopf.

Gardner, H. (1978). *Developmental psychology: A textbook.* Boston: Little, Brown.

Gardner, H. (1980). *Artful scribbles: The significance of children's drawings.* New York: Basic Books.

Gardner, H. (1982a). *Art, mind, and brain: A cognitive approach to creativity.* New York: Basic Books.

Gardner, H. (1982b). Giftedness: Speculations from a biological perspective. In D. H. Feldman (Ed.), *Developmental approaches to giftedness and creativitiy* (pp. 47-60). San Francisco: Jossey-Bass.

Gardner, H. (1983). *Frames of mind.* New York: Basic Books.

Gardner, H. (1989). *To open minds.* New York: Basic Books.

Gardner, H. (1993). *Creating minds.* New York: Basic Books.

Gardner, H. (1999). *The disciplined mind.* New York: Simon & Schuster.

Gardner, H., Csikszentmihalyi, M., & Damon, W. (2001). *Good work: When excellence and ethics meet.* New York: Basic Books.

Gardner, H., Kornhaber, M. L., & Wake, W. L. (1996). *Intelligence: Multiple perspectives.* Fort Worth, TX: Harcourt Brace.

Gardner, H., & Perkins, D. (Eds.). (1989). *Art, mind, and education: Research from Project Zero.* Urbana: University of Illinois Press.

Gardner, H., & Wolf, D. P. (1983). Waves and streams of symbolization. In D. R. Rogers & J. A. Sloboda (Eds.), *The acquisition of symbolic skills* (pp. 19-42). London: Plenum.

Gelman, R. (1979). Why we will continue to read Piaget. *Genetic Epistemologist, 8,* 1-3.

Getzels, J. W., & Jackson, P. W. (1962). *Creativity and intelligence: Explorations with gifted students.* New York: Wiley.

Gould, S. J. (1981). *Mismeasure of men.* New York: Norton.

Gruber, H. (1974). *Darwin on man: A psychological study of scientific creativity.* Chicago: University of Chicago.

Gruber, H. (1980). Afterword. In D. H. Feldman (Ed.), *Beyond universals in cognitive development.* Norwood, NJ: Ablex.

Gruber, H. (1981). *Darwin on man: A psychological study of scientific creativity* (2nd ed.). Chicago: University of Chicago Press.

Gruber, H., & Wallace, D. (1989). *Creative people at work.* New York: Oxford University Press.

Guilford, J. P. (1950). Creativity. *American Psychologist, 5,* 444-454.

Guilford, J. P. (1967). *The nature of human intelligence.* New York: McGraw-Hill.

Guilford, J. P. (1970). Creativity: Retrospect and prospect. *Journal of Creative Behavior, 4,* 149-161.

Heller, K. A., Monks, F. J., & Passow, H. A. (Eds.). (1993). *International handbook of research and development of giftedness and talent.* Oxford, UK: Pergamon.

Howe, M. J. A. (1989). *Fragments of genius: The strange feats of idiots savants.* London: Routledge.

Howe, M. J. A., Davidson, J. W., & Sloboda, J. A. (1998). Innate talents: Reality or myth. *Behavioral and Brain Sciences, 21,* 399-407.

Hunt, E. (1997). Nature vs. nurture: The feeling of vuja de. In R. J. Sternberg & E. Grigorenko (Eds.), *Intelligence, heredity, and environment* (pp. 531-551). Cambridge, UK: Cambridge University Press.

Jensen, A. (1969). How much can we boost. I.Q. and scholastic achievement?

Harvard Educational Review, 39, 1-123.

Jensen, A. (1980). *Bias in mental testing.* New York: Free Press.

John-Steiner. V. (2000). *Creative collaboration.* New York: Oxford University Press.

Kanigel, R. (1991). *The man who knew infinity.* New York: Pocket Books.

Lemann, N. (2000). *The big test: The secret life of the American meritocracy.* New York: Farrar, Straus, & Giroux.

Lubinski, D., & Benbow, C. P. (1995). An opportunity for empiricism [Review of *Multiple intelligences: The theory in practice*]. *Contemporary Psychology, 40,* 935-940.

Miller, L. (1989). Musical savants: Exceptional skill in the mentally retarded. *Psychological Bulletin, 125,* 31-46.

Morelock, M. J., & Feldman, D. H. (1999). Prodigies. In M. A. Runco & S. R. Pritzker (Eds.), *Encyclopedia of creativity* (Vol. 2, pp. 449-456). San Diego, CA: Academic Press.

Morelock, M. J. F., & Feldman, D. H. (2000). Prodigies, savants, and Williams syndrome: Windows into talent and cognition. In K. A. Heller, R. J. Sternberg, & R. Subotnik (Eds.), *International handbook of giftedness and talent* (2nd ed.). Oxford, UK: Pergamon.

Olson, L. (1988). Children "flourish" here. *Education Week,* pp. 1, 18.

Piaget, J. (1971). The theory of stages in cognitive development. In D. Green, M. Ford, & G. Flamer (Eds.), *Measurement and Piaget* (pp. 1-11). New York: McGraw-Hill.

Piaget, J. (1975). *The development of thought: Equilibration of cognitive structures.* New York: Viking/Penguin.

Plato. (2002). *Phaedrus.* New York: Oxford University Press.

Ramey, C. T., Lee, M. W., & Burchinal, M. R. (1989). Developmental plasticity and predictability: Consequences of ecological change. In M. Bornstein & N. A. Krasnergor (Eds.), *Stability and continuity in mental development:*

Behavioral and biological perspectives (pp. 217-233). Mahwah, NJ: Erlbaum.

Resnick, L. B. (Ed.). (1976). *The nature of intelligence.* Mahwah, NJ: Erlbaum.

Ross, P. O. (Ed.). (1993). *National excellence: A case for developing America's talent.* Washington, DC: U. S. Department of Education.

Sanford, N. (1966). *Self and society: Social change and individual development.* New York: Atherton.

Shaw, G. L. (2000). *Keeping Mozart in mind.* San Diego, CA: Academic Press.

Simon, H. A. (1988). Creativity and motivation: A response to Csikszentmihalyi. *New Iedas in Psychology, 6,* 177-181.

Simonton, D. K. (1984). *Genius, creativity, and leadership.* Cambridge, MA: Harvard University Press.

Simonton, D. K. (1988). *Scientific genius: A psychology of science.* Cambridge, UK: Cambridge University Press.

Simonton, D. K. (1999). *Origins of genius: Darwinian perspectives on creativity.* New York: Oxford University Press.

Snyder, S. S., & Feldman, D. H. (1977). Internal and external influences on cognitive developmental change. *Child Development, 48,* 937-943.

Snyder, S. S., & Feldman, D. H. (1984). Phases of transition in cognitive development: Evidence from the domain of spatial representation. *Child Development, 55,* 981-989.

Sternberg, R. J. (Ed.). (1982). *Handbook of human intelligence.* Cambridge, UK: Cambridge University Press.

Sternberg, R. J. (1988). *The triarchic mind: A theory of human intelligence.* New York: Viking.

Sternberg, R. J. (Ed.). (1999). *Handbook of creativity.* Cambridge, UK: Cambridge University Press.

Sternberg, R. J., & Lubart, T. I. (1996). Investing in creativity. *American Psychologist, 51,* 3-15.

Sternberg, R. J., & Lubart, T. I. (1999). The concept of creativity: Prospects and paradigms. In R. J. Sternberg (Ed.), *Handbook of creativity* (pp. 3-15). Cambridge, UK: Cambridge University Press.

Thurstone, L. L., & Thurstone. T. G. (1941). *Factorial studies of intelligence.* Chicago: University of Chicago Press.

Torrance, E. P. (1996). *Torrance tests of creative thinking.* Princeton, NJ: Personnel.

Torrance, E. P. (1988). The nature of creativity as manifest in testing. In R. J. Sternberg (Ed.), *The nature of creativity* (pp. 43-75). Cambridge, UK: Cambridge University Press.

Traub, J. (1998, October 26). Multiple intelligences disorder. *New Republic,* pp. 20-23.

Treffert, J. (1998). *Extraordinary people: Understanding "idiot savants."* New York: Harper & Row.

Wallach, M. A., & Kogan, N. (1965). *Modes of thinking in young children: A study of the creativity-intelligence distinction.* New York: Holt, Reinhart, and Winston.

Wallach, M. A., & Wing, C. (1969). *The talented student: A validation of the creativity-intelligence distinction.* New York: Holt, Reinhart, and Winston.

Walters, J., & Gardner, H. (1986). The crystallizing experience: Discovering an intellectual gift. In R. J. Sternberg & J. E. Davidson (Eds.), *Conceptions of giftedness* (pp. 306-331). Cambridge, UK: Cambridge University Press.

Ward, T. B., Smith, S. M., & Finke, R. A. (1999). Creative cognition. In R. J. Sternberg (Ed.), *Handbook of creativity* (pp. 189-212). Cambridge, UK: Cambridge University Press.

Weisberg, R. W. (1999). Creativity and knowledge: A challenge to theories. In R. J. Sternberg (Ed.), *Handbook of creativity* (pp. 226-250). Cambridge, UK: Cambridge University Press.

Chapter

05

생애 후기의 창의성

Creativity and Development

Jeanne Nakamura & Mihaly Csikszentmihalyi

창의적 인물의 모든 전기는 개인의 성취를 다소 생애발달의 암묵적이고 역동적인 이론에서 설명하려고 한다. 예술가나 과학자의 흥미, 호기심, 지속적인 참여는 아동기에서 성인기와 노년기에 걸쳐 일련의 의미 있는 연속적인 경험에 뒤따르는 것 같다. 예를 들어, Freud(1947)는 Reonardo da Vinci의 고전적 전기에서 냉담하고 분석적인 초연함으로 가장된 그의 일생의 호기심을 어머니 없이 아버지의 집에 사생아로 남겨진 어린 시절부터 추적했다. Martain Luther의 전기에서 Erik Erikson(1958)은 Luther의 권위에 대한 강인한 저항 정신의 뿌리를 엄한 아버지와 애정적이지만 힘없는 어머니를 추적함으로써 찾을 수 있었다. 창의적인 사람들의 삶의 과정을 추적한 최근 심리학 논문에는 Darwin의 작업을 세밀하게 분석한 Gruber(1981)의 논문과 Gardner(1993)와 Howe(1999)의 공헌이 있다.

위인들의 다양한 삶의 단계 간에 일련의 연속적 고리를 추적하려는 시도는 심리학자들에게만 한정된 것은 아니다. 모든 전기 작가는 창의자의 탁월한 성취를 그들의 삶에서 눈에 띄는 사건들 간의 일련의 연결이라는 관점에서 설명할 필요가 있다고 느낀다. 하지만 이러한 일치된 동의에도 불구하고 현재로서는 예를 들어 지난 세기에 너무도 자주 활용되었던 Freud 식 틀과 같은 설명적 접근에 견줄 만한 수용적인 모형이 없다.

창의성에 대한 생애발달 연구의 보다 최근 접근은 Lehman(1953)과 Dennis(1966)에 의해 제창되고 Simonton(1988)에 의해 확장된 역사측정 방법에 기반을 두고 있다. 이러한 접근들은 전형적으로 과학자나 예술가의 성취를 연대순으로 배열하고, 창의자의 생애발달 시기에 따라 구성한다. 최근 연구에서 Simonton(1999)은 "뛰어난 창의자들은 죽음의 순간을 인식한 후부터는 오랜 기간을 두고 일어난 모든 것을 종합해서 고찰할 수 있다."(p. 120)라고 주장했다. 역사측정 접근법에서 작가는 분명 전기가 제공하는 깊이와 통찰에 대한 대가로 방대한 양의 자료를 분석하게 된다.

이러한 두 가지 방법의 결합은 창의적인 사람들의 생애발달에 대한 어느 정도의 일반화를 가능하게 한다. Simonton(1999, p. 122)은 다음과 같은 여섯 가지 결론을 제시한다. 즉, 창의적인 사람은 출생 순위가 첫째가 아닌 경향이 있다. 창의적인 사람은 지적으로 조숙한 것은 아니다. 창의적인 사람은 아동기에 정신적 외상을 겪는다. 창의적인 사람의 가족들은 경제적으로 또는 사회적으로 최저이거나 둘 다 최저인 경향이 있다. 창의적인 사람은 생애 초기에 특별한 훈련을 받는다. 창의적인 사람은 역할 모델과 멘터에게 도움을 받는다. 비록 이러한 결과들이 경직되어 있다는 약간의 제한점—예를 들어, 우리의 연구에 따르면 창의적인 사람들에게 조숙함이나 정신적 외상이 빈번한 것은 아니다(Csikszentmihalyi, 1996)—이 있지만, 이러한 종류의 증거가 더욱더 정확해지고 미래에는 더욱더 유용해질 것이라고 기대할 수도 있다.

그러나 아무리 많은 전기적 또는 역사적 자료들이 축적된다고 하더라도, 외적 사건과 창의적 행위를 중재하는 개념적 모형 없이는 두 현상을 인과적으로 규명하는 형태는 나타나지 않는다. 창의적 과정을 이해하기 위해서는 세 가지 변인의 상호작용을 고려한 체계 모형을 적용해야 한다는 것이 우리의 입장이다. 첫 번째는 사람이다. 사람은 유전적 재능과 조기 경험을 가지고 예술이나 과학의 특정한 영역에 관심을 가진다. 두 번째는 영역으로, 의문에서 범위를 구성하는 일련의 규칙과 절차다. 마지막으로 세 번째 구성 요소는 분야로, 그 영역의 문지기로 구성되어 있으며 그 영역에 대하여 개인의 혁신을 지지하거나 거부한다(Csikszentmihalyi, 1996, 1999; Csikszentmihalyi & Robinson, 1986; Nakamura & Csikszentmihalyi, 2001). Simonton(1999)은 이러한 관점의 필요성을 그의 다섯 가지 결론 중 하나에 포함시키고 있다. "최초의, 최선의 그리고 최후의 창의적 공헌의 배치를 포함한 전 연령의 기능은 창의적 활동의 특정한 영역에 수반된다."(p. 122) "왜 수학자와 서정시인은 건축가와 철학자보다는 생애의 이른 시기에 가장 독창적인 활동을 하였는가?"라는 질문을 이해하기 위해서 단순히 창의적인 사람의 마음의 작용만을 검토할 수는 없다. 또한 마음과 그 영역의 상징체계, 그 분야의 사회적 제한과 기회 간의 상호작용을 탐색해야만 한다. 예를 들어, 수학, 체스 또는 악기 연주와 같이 아주 잘 통합된 영역에서는 재능 있는 인물이 재빨리 그 영역의 최첨단으로 이동해서 혁신을 이룰 수 있는 위치에 도달하는 것이 비교적 쉽다. 작곡, 문학 및 철학과 같은 논리적 순서가 거의 없는 영역에서는 무엇이 가장 시급한 문제인가에 대한 합의가 잘 이루어지지 않는다. 전문화된 지식만으로는 충분하지 않다. 무엇인가 새로운 것을 말할 수 있기 전에 엄청난 양의 경험이 반영될 필요가 있다. 따라서 이러한 영역에서는 생애 후반기에 중요한 새로운 공헌을 기대할 수 있다.

체계 모형과 노화의 관련성

미국에서의 창의성 연구는 거의 전적으로 심리학자들이 개인적 특성을 연구하는 것으로 제한되어 있었다(Wehner, Csikszentmihalyi, & Magyari-Beck, 1991). 일부 심리학자들이 문화적 · 영역적 · 사회적 맥락, 다른 체계적 변인들의 중요성을 심각하게 수용하지만(예, Feldman, 1980; Gruber & Davis, 1988; Harrington, 1990; John-Steiner, 1985, 2000; Martindale, 1990; Simonton, 1997; Montuori & Purser, 1999; Sawyer, 1997), 이러한 개인 외적 변인들은 조건을 촉진하기 위한 것이지 창의적 과정 그 자체를 구성하는 것은 아니었다고 하는 것이 안전하다.

창의성을 살펴보기보다는 창의성을 특수한 경우로 여기는 '문화적 생산성'이라는 확장된 개념을 살펴보는 것이 관점을 좀 더 넓혀 줄 것이다. 일부 사회학자들(예, Becker, 1974, 1976; Zuckerman, 1977)이 이 주제에 대해 광범위하게 다루었지만 심리학 문헌에서는 전혀 찾아볼 수 없다. 문화적 생산성에 있어 중요한 두 이론가인 Pierre Bourdieu와 Michel Foucault도 심리학자들의 작업에서는 거의 찾아볼 수 없다. 그 결과로 문화적 생산성에서의 가능한 변화, 즉 일반적으로 **창의성**이라고 명명하는 것은 문화적 기회로 제공되는 상징적 맥락 속에서 개인적 경험을 사회적 힘과 통합하는 관점을 통해서만 이해될 수 있다고 주장하면서, 체계 모형과 이 접근 간의 유사점을 찾고자 한다.

Bourdieu는 우리가 **창의적**이라고 부르는 것을 포함하여 문화적 생산성의 어떤 고유한 가치를 부정하는 급진적인 입장이다. 그의 견해에 따르면, 시, 교향곡 또는 과학 이론의 가치는 문화적 실천가들 간의 경제적 · 권력적 관계로 구축되는 분야 내부에서의 투쟁을 통해 결정된다(Bourdieu, 1993). 따라서 Picasso 그림의 가치를 그림 자체에서 찾는 것은 쓸모없는 것이다. 그것의 가치는 그것을 인정하는 다른 예술가, 비평가, 특히 그것을 구입한 수집가들—이들 모두가 미술계를 구성한다—에 의해 부여된 것이다. 체계 모형에서 분야라는 용어의 사용은 Bourdieu의 의미와 상당 부분 중첩된다.

문제를 간단하게 하기 위해 Bourdieu의 패러다임을 Michel Foucault의 초기 작품과 관련된 반대 입장에 들 수 있다.[1] 구조주의 철학적 전통에 몰입한 Foucault(1968)는 문화적 생산성을 주로 상징체계 또는 '개념적 게임에 있어서의 전략적 가능성'의 본질적 발달이라는 표현으로 설명하였다(p. 37). 즉, 새로운 시나 이론은 특정 문학이나 과학의 장르의 위치에 의해 만들어지며, 이는 그다음의 논리적 단계들이 요구됨을 제시한다. 이러한 의미에서 Foucault의 인식 또는 문화적 질서는 우리가 이후에 사용하게 될 영역이라는 개념과 동등하다(또한 Sawyer, 2002 참조).

우리는 이 두 접근법 간의 차이를 강조하기보다는 조화시키려고 노력한다. 어떤 창의적 동기의 본질은 그 영역에서 제공되는 전략적 가능성에서 나오는 것은 분명하지만, 또한 그 행위가 창의적이라는 인정 여부는 그 분야의 권력 관계망 안에서의 투쟁의 결과에 의존하는 경우도 있다. 더구나 우리는 이러한 두 가지의 초개인(superindividual) 접근법인 문화적 접근법과 사회적 접근법을 제3의 요소, 즉 창의자와 대중의 개인적 경험과 조화시키려고 노력한다. 왜냐하면 창의성이란 그것이 제공하는 즐거움을 제외하고는 이해할 수 없기 때문이다. Bourdieu는 새로운 그림과 과학적 발견들은 오직 예술가와 과학자 간의 엄격한 투쟁에서만 나온다고 주장하는 반면, Foucault는 새로운 작품들은 반드시 매체 내에서의 긴장의 결과로서 나온다고 생각하였다. 사람은 창의적 과정이 주는 심오한 즐거움에 대한 언급이 전혀 없는 작가가 쓴 수백 장의 글을 읽을 수는 있다. 그러나 창의적인 사람과 시간을 보내 본 사람들은 알겠지만, 신기함을 발견하게 하는 매체에서 작업하는 것은 삶이 제공하는 최상의 짜릿한 경험이다. 이러한 도전의 매력이 일부 사람들에게 훨씬 더 쉽고 이득이 되는 선택의 여지가 있을 때 전 생애에 걸쳐 기꺼이 예술이나 과학에 몰입하게 만드는 것이다. 그 영역이 제공하는 전략적 가능성의 분야와 그 분야가 제공하는 경쟁 지역은 창의성이 펼쳐질 수 있는 무대를 설정할 뿐이다. 그러나 특정한 개인이 기꺼이 그리고 열정적으로 연기를 하지 않는다면 그 무대에서는 아무 일도 일어나지 않을 것이다.

창의적인 개인의 특성

모든 사람은 잠재적으로 창의적이다. 누구든 신선한 지각, 사고, 경험에 다다를 수 있다. 그러나 실제로 문화, 즉 우리가 세상을 보고 행하는 방식을 바꾸는 사람은 소수에 불과하다. 사람이 문화적 환경을 변형시키는 것을 가능하게 하는 것은 무엇인가? 이러한 질문에 답하는 것은 어렵다. 왜냐하면 이 현상은 여러 가지 복잡한 요인에 의해 일어나기 때문이다. 예를 들어, 행운은 하나의 핵심적 요인이다. 적절한 시기에 적절한 장소에 존재하는 것은 엄청난 변화를 가져온다. 타고난 재능으로는 충분하지 않으며, 끊임없이 새로움을 추구하는 것으로도 부족하다. 필요한 사회적 · 문화적 자산에 접근할 수 있어야만 한다. 잠재적 창의적인 수학자는 만약 자신이 살고 있는 사회가 과거의 지식에 접근하거나 최신 작업에 접근할 기회를 제공하지 않는다면 어떤 새로운 공헌도 할 수 없다. 신기술—증기기관, 전기, 항해술, 원거리 통신—의 새벽이 밝아 왔을 때에는 개인이 중요한 새로운 공헌을 할 수 있는 기회가 많이 있지만 기술이 정체 상태에 다다르면서 잠재적 창의적인 사람이 중요한 신기함을 제시하기는 더 힘들게 된다.

창의성이 사회적 · 문화적 맥락에 의존하는 만큼 개인에게 의존하기도 하지만, 특정한 사람이 이러한 과정에 공헌하게 될 가능성이 높은 것 또한 여전히 사실이다. 이러한 사람들의 특징은 무엇인가? 우선 우리는 유전적 차이가 개입되어 있을 가능성을 배제할 수는 없다. 확실히 음악과 수학과 같은 어떤 분야에서의 위대한 천재들은 학습이나 환경만으로는 설명할 수 없는 재능을 가지고 태어난다. 예를 들어, 선천적으로 소리에 민감한 아동은 음악 듣기를 즐기게 되므로 작곡가나 연주가로서 보다 정교한 기술들을 발달시킬 수 있다. 그러나 대부분의 영재는 어른만큼 창의적이지 못한 것 같다(Feldman, 1986/1991; Howe, 1999). 타고난 유전적 요인의 창의성 공헌 여부는 그것이 주목할 만한 성취로 결실을 맺기 위해서는 행운뿐만 아니라 집중 훈련과 지지가 필요하다.

사람은 창의성을 결정하는 세 요인 중 하나이지만, 심리학적 관점에서는 가장 중요하며 가장 잘 알려진 요인이다. 우리는 창의적인 사람의 세 가지 측면, 즉 그들의 인지 과정, 성격 그리고 가치와 동기에 대해 살펴볼 것이다.

대부분의 창의적 성취에는 종종 IQ 120 이상인 특정 수준의 지능이 필요조건이다(Getzels & Jackson, 1962). 그러나 창의성에 대한 IQ

의 관계는 영역에 따라 다르며, IQ가 어느 정도 이상이 아니면 IQ는 창의성에 대해 더 이상 기여하지는 않는 것 같다. IQ가 높은 아동들에 대한 최초이자 가장 장기적인 연구(Sears & Sears, 1980; Terman, 1925)에서는 아동기의 평균 IQ가 152인 표본에서도, 심지어 IQ가 170 이상이었던 표본에서도 성인기의 창의성을 나타내는 증거를 거의 찾을 수 없었다.

독창적인 사고를 하는 사람들의 가장 분명한 특징은 Guilford (1967)가 **확산적 사고**라고 정의한 것으로, 수평적 사고 또는 상자 밖 사고라는 것으로 잘 알려져 있다. 확산적 사고는 아이디어들을 독특하게 연관 짓는 것, 관점을 바꾸는 것 그리고 문제에 대한 독특한 접근을 포함한다. 이와 대비하여 **수렴적 사고**는 선형적이고 논리적인 단계들을 포함한다. 확산적 사고에서 창의성으로 나아가는 중요한 단계는 **문제 발견**, 즉 전체적으로 일관성 있게 작업이 이루어져야 하는 영역에서 틈새 또는 모순을 발견하는 것을 말한다(Getzels & Csikszentmihalyi, 1976; Runco, 1994).

확산적 사고 검사와 창의적 성취 간의 상관 관계는 낮은 편이며, 일부 학자들은 창의적인 사람의 인지적 접근은 처리 속도(Simon, 1988)와 생성된 사고의 양(Simonton, 1988b)을 제외하면 일반인의 인지적 접근과 질적으로 다르지 않다고까지 주장한다. 나아가 인간의 마음보다는 훨씬 빠르고 생산적인 컴퓨터가 굉장히 창의적인 해결책을 찾아낼 수 있을 것이라고 결론짓는 사람들도 있다. 하지만 이것은 컴퓨터가 인간에게 흥미로운 질문을 제공하는 영역과 연결되고 컴퓨터의 결론을 평가할 수 있는 분야와 연결될 때에만 일어날 수 있는 일이다.

그러나 대부분의 창의적 성취는 선형적 문제해결의 결과가 아니다. 그것은 문제의 형성, 문제의 제시 방법을 구체화하는 과정에서의 엄청난 변화로 인해 발생하는 문제 요소들의 수많은 반복을 포함한다. 창의적 사고는 예측하지 못했던 가능성의 장점을 가지기 위해 진행 과정에서 계속적으로 집중하고 열린 마음을 유지하는 것을 포함한다. 때때로 화가는 완성된 그림이 어떻게 보여야 하는지에 대한 분명한 생각을 가지고 캔버스에 다가설 수도 있겠지만, 대부분의 경우 원래의 그림은 그림을 그리는 동안 화가에게 떠오르는 새로운 방향의 색과 형태의 조합으로 변화해 간다(Getzels & Csikszentmihalyi, 1976).

생애발달 변화는 창의성과 어떻게 관련되는가? 이러한 질문은 연령이 몸과 마음에 영향을 주는 방식은 엄청난 개인차가 있기 때문에 대답하기 어렵다. 높은 연령의 창의적인 사람들에게 무엇이 노년에 이르기까지 계속해서 일하도록 하였느냐고 질문했을 때 가장 많은 대답 중 하나는 Linus Pauling의 대답과 유사하다. 89세라는 나이에도 어떻게 집중적으로 연구를 수행할 수 있느냐고 질문했을 때, 그는 조부모를 잘 만났기 때문이라고 간단하게 대답했다. 그러나 유전으로 모든 것이 설명되는 것은 아니다. 왜냐하면 높은 연령의 생산적이고 창의적인 사람들은 부분적으로는 어린 시절 심각한 질병을 앓았거나 이전에 만성적인 건강 문제가 있었지만 적어도 한마음으로 자신의 작업에 대한 헌신을 통해 그것을 극복하였기 때문이다.

70대에 들어서면서 활력이 떨어지고 기억력에 문제가 생기면서 지속적으로 노력하는 것에 문제가 있다고 보고된 내용은 거의 질문의 여지가 없다. 특히 소위 '유동적 지능'(Cattell, 1963)을 요구하는 작업에서는 더욱 그러하다. 하지만 노화에 의한 지적 기능의 감퇴는 그들이 이전에 가졌던 문제들보다는 덜 심각한 것으로 보이며

(Schaie, 1996), 그것은 삶의 경험으로 획득되는 지혜의 증가로 더 많이 보정될 수도 있다(Baltes & Staudinger, 2000).

창의적인 사람의 성격 특성과 정서 생활에 관해 많은 글이 쓰였으며, 특히 Freud 정신분석학의 전성기에 더욱 많은 글이 쓰였다(Csikszentmihalyi & Getzels, 1973; Csikszentmihalyi & Csikszentmihalyi, 1993; Freud, 1908/1955; Gedo, 1990; Kris, 1952). 여기서 그 방대한 문헌을 요약하려는 것은 아니다. 우리의 목적을 위해서는 두 가지 점을 강조하는 것으로 충분하다. 첫 번째는 특정한 성격 특성, 예를 들면 호기심, 독립심, 자아존중감, 복잡성의 선호, 위험 감수 등이 모든 영역과 모든 시대에서 창의적인 사람에게서 일반적으로 강하게 나타나지만(Barron & Harrington, 1981), 많은 다른 특성이 다른 영역과 다른 시대에서 창의적 성취를 조장하기도 하고 방해하기도 하는 것 같다. 예를 들어, 어떤 영역에서 창의성은 정신병과 관련될 수도 있다(Andreasen, 1987; Jamison, 1989). 경우에 따라 시인과 희곡작가에게 요구되는 민감성은 그들을 스트레스에 취약하게 해서 그 결과로—특히 그 분야가 매우 경쟁적이거나 사회적으로 소외되었을 때—우울증, 알코올중독, 기타 약물중독에 빠지게 할 수도 있다.

두 번째는 생애 후기의 창의적인 사람들에 대한 연구(Csikszentmihalyi, 1996)에서 제시된 것처럼, 창의적 성격의 신호는 인간의 잠재력의 전 영역에서 기능할 수 있는 능력이라는 점이다. 이러한 사람은 창의적 과정의 특정한 지점에 깊이 몰입할 수 있지만 그 결과물을 공유하고 평가해야 할 요구가 생기면 그 분야에 관련된 사람들을 찾고 의사소통할 수 있다. 요구가 발생할 때, 창의적인 남성은 감정 이입과 민감성과 같은 여성적 특성을 보일 수 있고, 창의적인 여성은 주장이 강하고 경쟁적이 될 수 있다. 다시 말하면, 우리 대부분은 다양한 성격의 연속선상의 한쪽 끝에서 다른 한쪽 끝까지 갈 수 있는 경향이 있고, 창의적인 사람은 상황이 요구하는 대로 가능성의 전 범위에 걸쳐 움직일 수 있다는 것이다.

신체적 또는 정신적 감퇴보다 연령이 증가함에 따라 더욱 감퇴되는 것은 어려움을 추구하는 동기와 종종 새로움을 창출하기 위한 부질없는 노력이다. 하지만 우리가 알고 있는 바로는 생애발달을 통해 일어나는 창의적 태도 변화에 대한 체계적인 연구는 아직 없었다. Charles Darwin은 진화론을 발전시키기 위해 거의 성인기 전체를 바쳤고(Gruber, 1981), Lorenzo Ghiberti는 피렌체 대성당의 천국의 문을 완성하게 하기 위해 50년을 바쳤다는 것을 기억해야 한다. 이런 확장된 창의적 과정인 준비기, 부화기, 통찰기, 평가기 및 정교기(Wallas, 1926)는 순환하고 수없이 대체되므로 창의자의 마음속에서 신기한 생각이나 창의물은 흐릿한 혼돈 상태에서 천천히 발생한다.

동기화되고 끈기 있는 사람은 새로운 성취에 수반되는 불안전한 상태에서 오랜 시간 동안 지속적으로 몰입할 수 있으며, 이는 강한 내적 가치(Getzels & Csikszentmihalyi, 1976)와 강한 내적 동기(Collins & Amabile, 1999)를 가지도록 돕는다. 또한 생애 마지막까지 계속 일을 할 수 있는 창의적인 사람은 즐거우면서 동시에 의미 있는 독특한 '삶의 주제'를 창조하면서 한결같이 직업에 대한 경력들을 통합해 간다.

창의성의 영역

문화는 농사, 목공, 음악, 수학, 종교 그리고 요리와 같이 수천 가지로 분리된 영역으로 구성된다. 이들 각각은 규칙에 의해서 연관된 일련의 상징으로 구성된 행동에 대한 지침을 가지고 있다. 대부분의 인간 활동은 어떤 영역이나 또 다른 영역의 규칙을 따라야 한다. 영역들은 비교적 안정되어 있으며, 학습을 통해서 변화 없이 한 세대에서 다음 세대로 전달된다. 하지만 언제나 새로운 농사법, 새로운 노래, 새로운 계산법을 시도하는 사람들이 있다. 이러한 방식이 예전의 방식보다 유익하다면 이러한 새로움은 창의적이라고 불릴 것이며, 그 영역에 추가될 것이다.

이렇게 본다면 어떤 영역에의 접근성은 창의성에서의 핵심이다. 사람은 추상적으로 창의적일 수 있는 것이 아니라 어떤 실행 규칙들 또는 사고체계 내에서 창의적일 수 있다. 외딴 지역이나 도시 빈민가에 사는 아동이 창의적인 수학자가 되거나, 농구라는 경기가 알려지지 않은 문화 속에서 운동에 재능이 있는 청년이 창의적인 농구선수가 되는 것은 불가능하다. 영역은 시간이 흘러감에 따라 변화한다. 예를 들어, 물리학에서의 창의성은 그것이 성장하던 어떤 특정한 시기에는 용이하지만 그 영역의 조직화가 너무 완벽해지면 새로운 발견이 거의 불가능하게 되어 더욱 어렵다.

새로움의 고갈은 잠재적 창의적인 사람들이 부족해서라기보다는 어떤 문화가 얼마나 많은 새로움을 수용할 수 있는지, 즉 수용 정도의 제한으로 인해 나타날 수도 있다. 경제학 용어를 빌면, 창의성의 빈곤은 공급의 부족 때문에 일어나는 경우는 거의 없으며 수요의 부족에 원인을 두어야만 한다. 이것은 안정을 유지하기 위해서 문화가 변화로부터 자신을 지켜야 하기 때문이다. 하나의 좋은 예는 미국이 미터법을 도입하는 데 소극적이었다는 것이다. 도구, 견본 및 측정법을 변경하는 데 소요되는 비용이 엄청나기 때문에 보다 효율적인 체계를 도입하려는 모든 시도가 좌절되었다. 그러나 물질적 투자는 새로움을 도입하는 데 단지 장애물일 뿐이며, 더 중요한 것은 관심의 부재다. 이로 인해 마음에서 새로운 정보를 추가하고 관습적인 사고방식을 바꾸는 것을 꺼려한다. 통계조사에서 50만 명의 사람들이 자기 스스로를 예술가라고 규정함에도 불구하고, 평균적으로 미국인은 생존해 있는 화가 한두 명의 이름만 알고 있다. 미국에서는 매년 10만 권 정도의 새로운 책이 출판되지만 일부 사람들에 의해 극히 일부의 책만 읽힐 뿐이며, 널리 읽히는 책들은 집단의식에 새로운 것을 첨가하기보다는 예전의 관습을 따르는 것이었다.

창의성의 또 다른 장애물은 그 영역을 구성하는 상징체계의 주기적인 고갈과 관련이 있다. 예를 들어, Czeslaw Milosz가 문학에서 상황에 대해 언급한 것에 따르면, 언어의 진화가 어떤 시기에는 좋은 시를 쓰는 것을 더욱 쉽게 만들지만 또 어떤 시기에는 거의 불가능하게 만든다는 것이다. "진정한 시인은 평범한 문장에 매력을 불어넣을 수 있다. 그러나 진정한 시인은 드물며, 역사에는 이러한 작용이 일어나는 것이 불가능한 시기들이 있다. 왜냐하면 '평범한 형식'을 사용하는 것은 위대한 시인들조차도 도달할 수 없기 때문이다." (Davis, 1990, p. 46에서 인용)

연령이 증가할수록 일부 영역들, 예를 들어 무용과 같은 신체적 수행 또는 매우 신속한 정보처리에서 혁신을 이루는 것이 더욱 어려워질 수도 있다. 계산하기와 같이 아주 빠르게 변화하는 영역에서도 연령이 높아질수록 이 영역에서 기능을 발휘하기가 더욱 힘들어 지속적인 변화를 유지하는 것이 줄어든다. 반면에 연령이 아무런 장애가 되지 않는 영역도 있다. 실제로, 비교적 안정적이고, 복잡하며, 인생 경험에 의존하는 영역에서는 높은 연령의 사람들이 더 많은 지식을 형성할 기회를 가지게 된다. 따라서 은퇴 연령이 지난 사람들에 의해 상당히 많은 위대한 성취가 이루어졌다는 것은 놀라운 일도 아니다. 예를 들어, Michelangelo는 바티칸의 폴린 성당의 벽화를 89세에 그렸고, Benjamin Franklin은 다촛점 렌즈를 78세에 발명했으며, Giuseppe Verdi는 『팔스타프(*Falstaff*)』를 80세에 썼고, Frank Lloyd Wright는 뉴욕의 구겐하임 박물관을 91세의 나이에 완성했다. 삶의 많은 부문에서의 활동이 20대에 절정에 다다르지만, 일부 영역에서는 상징적 영역을 변화하게 하는 능력은 연령이 높아질수록 문화에 공헌하게 된다.

창의성의 분야

어떤 영역의 실무에 관여하는 전문가 집단 없이는 그 영역 또한 존재하지 않을 것이다. 예를 들어, 에트루리아어로 기록된 글들이 남아 있긴 하지만, 그 글들이 무엇을 의미하는지를 알아내는 분야가 수세기 전에 사라졌기 때문에 아무도 그 글을 읽을 수 없다. 분야는 영역을 보존할 뿐만 아니라 그 영역에 어떤 새로움이 추가되어야 하는지를 결정짓는 문지기들이기도 하다. 시각예술을 예로 보면, 분야는 활동적인 예술가, 미술 교사, 미술관 소유자, 박물관 큐레이터, 미술 비평가 및 수집가들로 구성된다. 미국의 50만 명의 자칭 예술가들을 인식하고, 지지하며, 기억할 만한 가치가 있는지를 결정하는 것은 바로 그들이다.

어떤 분야의 구성원들은 두 가지 방식으로 창의성에 해를 끼칠 수 있다. 체계에 혼란을 불러올 정도로 너무 많은 새로운 생각을 그 영역에 도입하거나, 대부분의 새로운 좋은 생각이 거부될 정도로 심한 엄격함이다. 물론 분야들은 Van Gogh처럼 후속 세대들이 창의적이라고 인정한 예술가들을 무시하는 것처럼 잘못된 결정을 내릴 수도 있다. 이제 박물관에서는 그의 작품을 전시하고, 수집가들은 그의 그림에 수백만 달러를 지불하며, 미술사학자들은 그의 작품들에 대해 방대한 논문들을 쓰고 있다. 하지만 우리가 지금 Van Gogh를 높이 평가하는 이유가 그 분야의 규준을 바꾸었기 때문이라는 것을 지적하는 것이 중요하다. 그 분야에서 그러한 판단기준의 변화가 없었더라면 Van Gogh의 작품들은 지금 잊혀졌을 것이다. Van Gogh가 인정받지 못했더라도 창의적이었는가, 그의 작품이 높은 평가를 받고 나서야 그가 창의적이게 되었는가, 또는 그는 전혀 창의적이지 않았으며 후대 사람들이 그 가치를 잘못 판단한 것인가 하는 것은 논쟁의 소지가 있다(이 책의 제6장 '영역에서의 창의성'에서 Csikszentmihalyi의 인용문 참조). 창의성은 그 분야를 통해 사회에서 통과된 판단이며, 특정한 가치가 지속하는 동안만 유효한 상대적인 판단이다.

분야에서의 조건들은 개인의 노화 과정과 어떻게 상호작용하는가? 그 대답은 그 영역과 역사적 시기에 따라 달라진다. 일반적으로 시간과 더불어 개인적 접촉의 관계망이 증가하므로 연령은 창의성에 영향을 주는 능력과 직접적으로 관련된다. 문지기는 학술지, 승인, 전문적 협력 및 제도를 통제하는 나이 많은 정치인이 되는 경향이 있다. 하지만 이러한 것이 거의 자연스럽게 이루어지는 경우는 드물다. Bourdieu(1993)가 생생하게 지적하였다. "분야의 역사는 기존 인물들과 젊은 도전자 간의 투쟁에서 만들어진다. 작가, 학파, 작품의 연륜은 과거로부터 기계적으로 생산되거나 시간이 지나서 저절로 나타난 결과는 절대 아니다. 그것은 두각을 드러낸 사람들…… 그리고 지키려고 싸우는 사람들과 시간을 멈추는 데 관심이

있는 사람들을 과거로 밀어내지 않고는 두각을 드러낼 수 없는 사람들 간의 투쟁의 산물이다." (p. 60)

영역 관련 작업에 직접 개입하는 것은 보통 연령의 제한을 받는다. 경력이 많은 과학자들은 관리직을 맡기 위해 실험실에 앉아서 작업하는 것을 그만두고, 기존의 창의자들은 연령이 증가할수록 자신을 추앙하는 대중의 목소리를 듣지 못하게 될 수도 있다. 이러한 독특한 경우의 적합한 예로, 캐나다 작가 Robertson Davies는 80세에 이렇게 말했다. "오늘날 작가가 된다는 것의 하나의 문제는, 여러분은 일종의 대중공연을 하고 공인이라는 기대를 받아야 하며, 사람들은 여러분에게 다른 사람들보다 잘 알지도 못하는 정치와 세상사 등에 대한 의견을 듣기를 원하지만, 여러분은 자신의 길을 홀로 가거나 자신이 해낼 수 없는 일을 해내어 명성을 얻게 되면 사람들로부터 악의 어린 말을 듣게 될 것이다." (Csikszentmihalyi, 1996, p. 206에서 인용) 물리학자 Eugene Wigner(1992)도 제2차 세계대전 말기에 원자력을 활용한 이후 물리학자들의 지위 변화를 기술하면서 동일한 상황을 지적했다. "1946년까지 과학자들은 관례적으로 공무원 역할을 해 왔다. ……과학적 관점에서 사회적 문제와 인간적 문제를 강조하면서, 우리 대부분은 그것을 즐겼고, 허영은 바로 인간의 속성인지라…… 우리는 결정적인 정치문제에 대해 말할 권리, 아니 의무까지도 있었다. 그러나 대부분의 정치적인 질문들에 대해 물리학자들은 길을 걷고 있는 사람들보다 조금도 더 많은 정보를 가지고 있지 않았다." (p. 254)

개인의 창의성은 여러 가지 방식으로 연령에 의해 영향을 받을 수 있다. 특히 활력과 신속한 사고에 의존하는 어떤 영역에서는 신체적 능력의 둔화와 통증이 개인이 산출하는 새로움을 상당히 제한할 수도 있으며, 또 다른 영역에서는 경험과 판단력이 있는 사람들이 더 적합할 수도 있다. 분야들이 창의적 공헌을 할 기회를(은퇴, 좌천 등을 통해) 제한할 수도 있다. 그리고 마지막으로, 그 분야가 속한 사회 체계가 창의적인 사람이 수행하기에 가장 적합한 과제들로부터 관심의 초점을 흐림으로써 그들을 산만하게 만들 수도 있다.

이러한 조건들은 새로운 생각들을 생산하고 완성하는 것을 방해하는 노화와 관련이 있다. 생애 후기를 통해 지속적으로 창의적이기를 원하는 사람들에게는 자신이 선택한 영역에 의미 있고 지속적으로 관여하는 것이 필수적이다.

Creativity and Development

생애 후기의 활발한 관여

일부 창의적인 사람들은 연령이 높아지면서 그들의 영역에 전적으로 관여하거나 참여한다(비교, Rowe & Kahn, 1998). 영역에서 관계는 일시적인 것이 아니라 수년 동안 그 영역에 주의와 에너지를 쏟을 경우에 생겨난다. 그 영역에서의 작업은 몰두 또는 **몰입**을 경험하게 한다(Csikszentmihalyi, 1975/2000). 덧붙여 몰입 시기뿐 아니라 작업이 어렵거나 지루한 시기에도 그 영역과 관계에 투자된 자신의 모든 측면을 중요하게 경험한다. 관계는 의미를 유지한다.

활발한 관여는 이러한 몰입과 예술, 과학 또는 다른 영역들과의 의미 있는 관계로 기술된다(비교, 창의성 연구에서 **창의적 강도** 또는 **관심의 지속성**의 개념, John-Steiner, 1985; Roe, 1952). 이 개념은 경험(자아-세계 상호작용, Dewey, 1934)과 시간의 흐름에 따른 삶의 맥락 속에서 일어나는 주관적인 현상과 관련된다. 그것이 오랜 기간에 걸쳐 연상되는 것을 강조하기 위해 우리는 또한 연령이 높은 창의자들이 자신의 작업과 일생에 거쳐 관계를 맺는 것을 지속적인 관여라고 할 것이다. 어떤 사람은 일이나 활동을 그것이 즐겁고 의미 있기 때문이 아니라 외적인 제약(재정적인 이유나 지위, 습관) 때문에 평생 동안 할 수도 있다.

창의적인 삶을 설명하는 일반적인 방법은 그 기원을 살펴보는 것이다. 하지만 앞서 언급하였듯이, 우리는 창의적인 성취가 다양한 기원에서 비롯될 수 있다는 것에 깊은 인상을 받았다. 우리는 창의자들이 생애 초기에 보편적으로 나타나는 일련의 특정한 경험 또는 조건들(외상, 조숙 등)을 규명하지는 않았다. 하나의 공통된 맥락이 존재한다면, 그것은 초기에 촉발제나 촉매제가 아니라 개인이 그 시점에 활발하게 관여하고자 하는 것을 찾는 노력에서 관심과 에너지를 선택적으로 투자하여 전 생애에 걸쳐 그 영역과의 관계를 조절하려는 방식일 것이다. 어떤 영역에의 활발한 관여는 즐거운 몰입의 경험 또는 그 관계가 의미가 있다는 느낌(예, 그것을 통해 예술가나 과학자가 보다 큰 목적을 위해 공헌한다거나 어떤 개인적인 외상을 극복할 수 있다는 것)을 창출하거나, 즉각적인 상호작용의 즐거움과 그 관계가 내재적으로 의미 있다는 느낌 모두를 아우르는 대상에 매료될 수도 있을 것이다.

활발한 관여 이후의 발달은 시간의 흐름에 따라 그 영역과 분야의 관계를 형성하는 과정이다. 자기 자신과 영역 간의 강력한 결합과 더불어, 자기 자신을 넘어선 활동, 전통, 실제 공동체의 관계망과 개인의 결합을 통해서 의미가 만들어진다. (이 책의) 다른 부분에서 우리는 Bourdieu가 그리고 있는 투쟁의 현장이 아니라 어떤 분야에서의 소속감이 의미의 중요한 원천이 되는 몇 가지 방식(Nakamura &

Csikszentmihalyi, 2003)에 대해 논의하였다. 다음에서 우리는 예술 또는 과학 영역에 대한 개인의 관계를 보다 깊이 있게 다룰 것이다. Foucault와는 대조적으로, 우리는 이러한 발전적 관계를 사고 과정에서 나타난 어떤 파생적 현상이라고 보지는 않는다. 더구나 어떻게 활발한 관여가 생애 후기까지 지속되는지를 기술하면서 Gruber의 활동망에 대해 유익한 언급을 하였지만 우리의 초점은 '인지적 경력'이 아니라, Gruber(1981)가 Darwin의 사례에서 그렇게도 공들여서 분석했던 '시간의 경과에 따른 사고의 과정'(Gruber, 1984, p. 12)에 있다. 대신에 우리는 그 영역과의 관계가 창의자에게 의미와 즐거움을 유지하게 하는 방식을 탐색하는 것이다.

생애 후반기에도 여전히 창의적인 추구에 종사하는 과학자나 예술가들에게 영역의 문제는 여전히 해결해야만 하는 과제이며, 분야와의 상호작용은 계속적으로 고무적이다. 게다가 그들의 작업의 연수는 노년에 작업하는 경험을 풍요롭게 하는 의미를 창출한다. 이와는 대조적으로, 다소 관여하지 않는 동료들은 더 이상 그들이 중요하고도 흥미진진하게 일하는 곳으로서 그 영역을 경험하지 못하고 은퇴할 수 있을 때까지 시간만 보낼 수도 있다. 그들은 노력의 특정한 맥을 이어 갈 수 있는 가능성을 소진해 버리고 단순히 반복하거나 그들이 더 이상 성취해야 한다고 생각하지 않는 프로젝트에 끌려가고 있다고 느낄 수도 있을 것이다.

예술가와 과학자들이 노년기에 마주치게 되는 일부 부정적 변화들에는 연령에 따른 개인적 변화(예, 에너지 감소), 영역의 접근성과 영역에서 기능의 용이성에서의 연령 관련 변화, 분야의 변화 또는 연령이 높은 실천가와 문지기에 대한 사회의 입장 변화(예, 기회와 일반적인 기대에서의 변화)가 포함된다. 즉, 창의성에 대한 체계 접근은 생애 후기에서의 창의성에 영향을 주는 것이 단지 개인의 생리심리적인 노화만은 아니라는 것을 강조한다.

지난 25년 동안 우리는 생애 초기와 성장의 연계, 노인기와 불가피한 감퇴의 연계를 중지하였다. Baltes(1993)는 노화를 적응 능력에서 획득과 상실 간의 균형을 이루는 성인기로의 이동이라고 기술했으며, 최상의 노년을 이러한 이동에 '제한되지만 효율적인' 삶으로 기술했다. 긍정적인 또는 '성공적인' 노화라는 그의 견해는 사람들이 삶의 전 과정 동안 사용하는 책략들인 선택, 최적화 및 보상의 집중적이고 복잡한 활용을 통한 이동의 조정에 초점을 둔다(p. 590). Baltes는 나이가 들어 감에 따라 사람들은 자신의 에너지와 관심을 투자하는 영역들에 대해 보다 선택적이고 잃어버린 능력을 보상 또는 대체하는 방법들을 계발함으로써 자신의 기능을 최적화하는 방법을 찾는다고 기술했다. 이 장의 나머지 부분에서 우리는 개인과 영역에 따라 달라지는 경향이 있는 연령 관련 상실과 창의자들이 그것을 보상하는 방법을 다루기는 하겠지만, 자세히 살펴보지는 않는다. 우리는 모든 연령이 높은 예술가와 과학자들이 직면하게 되는 제한된 시간과 감소하는 에너지로 인해 발생하는 '선택적 최적화'라는 것에 대해 더 초점을 둔다.

창의적 작업에 내재된 어려움과 불확실성은 장기적인 창의자의 지속적인 관여를 방해하지는 않는다. 누군가는 연령이 높은 창의자는 그들의 시간과 에너지가 제한되어 감에도 불구하고 왜 그렇게도 힘들고 불확실한 일에 계속 투자하느냐고 물을 수도 있을 것이다. 그에 대한 중요한 한 가지 대답은 오랜 시간 동안의 예술적 또는 과학적 관여는 생애 후기 이전의 일이다.

창의적 작업의 엄격함과 희생에 대해 지적하는 사람들도 그것을 자신이 세상과 의미 있게 관계를 맺는 선택된 방식으로서 필수적인 부분으로 수용한다. 70대의 여류 소설가가 결론을 내린 것처럼 "이것은 여러분 삶의 구조다." 창의자는 그 작업의 어려움이나 성공에 대한 불확실성에 의해 방해를 받는 것이 아니라 지속적인 흥분에 여전히 집중하는 사람이다. 어떤 창의자는 가장 힘겨운 작업은 예전에 했었고, 노년에도 그 일을 지속하기 위해 적절한 위험을 항상 선호한다. 하지만 어떤 이에게는 노년에 하게 된 프로젝트가 자신의 경력에서 가장 힘든 일이 된다. 나아가 어떤 창의자는 귀중한 시간을 낭비하지 않기 위해 노화에 의한 위험을 최소화할 방법을 찾기보다는 자신이 경험한 문제들을 가장 중요하게 여기므로 노화와 명성이 자신이 보다 큰 위험을 수용할 수 있도록 자유롭게 만들어 준다고 느낀다. 70대의 어떤 화학자는 이렇게 설명했다. "내가 더 젊었을 때 했던 '위험도 높은 연구'의 양은 지금보다는 적었다. 다시 말하면, 나는 커다란 위험을 감수할 수 있을 것 같다. 그리고 내가 실패한다면, 실패할 것이다. 그러나 적어도 나는 내가 보다 세속적인 문제라고 생각하는 것들에 시간을 낭비하지는 않을 것이다."

창의성이 불확실하다 하더라도 많은 창의적인 사람이 일반적 태도와 자신의 창의적 작업(즉, 어떤 문제에 대한 해결책이 존재한다는 과학자의 잠정적인 가정)에서 긍정성, 낙관성 또는 희망을(Colby & Damon, 1992 참조) 외현적으로 나타내는 것은 놀라운 일이 아니다. 이러한 긍정성이 어느 정도까지 과거의 끈기와 성취에 공헌했는지, 어느 정도까지 선천적인지, 그리고 몰입하고 성공적인 삶이 이로 인해 얼마나 지속되었는지는 분명하지 않다. 그러나 후반기에는 이것이 프로젝트를 완성할 시간과 능력을 제공한다는 잠정적 가정을 허용함으로써 지속적인 관여를 지지한다. 진행 중이거나 주목할 만한 일부 야심찬 작업들을 개괄하면서 한 저명한 사회과학자는 "나는 세상의 모든 시간을 내가 가진 것처럼 생각하고 이 모든 프로젝트를 맡아 왔다. 당신도 알다시피, 내게 얼마나 많은 시간이 있는지는 모른다. 당신이 75세가 되면 그렇게 많은 기대를 할 수는 없을 것이다."라고 지적했다. 그럼에도 불구하고 그는 "그러나 그것들이 내가 하려는 주요한 것들이지."라고 확신하며 결론을 내렸다.

연령이 높은 창의자들이 어떻게 다른 활동보다 창의적 작업에 주의와 에너지를 선택적으로 투자하기로 결정한 이후에 다른 프로젝트보다는 이 프로젝트에 자신이 소중하게 여기는 자신의 자원을 활용하기로 결정하였느냐고 질문을 할 수도 있다. 노화가 프로젝트 선택을 변경하게 하여 그것을 더욱 힘들게 만든다고 생각할 수도 있다. 80대의 저명한 문학평론가 Wayne Booth는 이렇게 말했다. "어떤 면에서는 당신의 시간이 소진되어 가고 있다고 느끼기 때문에 그러한 결정을 하는 것이 좀 더 어렵다. 예전에 당신은 '이건 뒤로 미루어 두고 나중에 다시 해야지.'라고 말했을 것이다. (하지만 이제) 그것을 할 수 있는 정열의 불꽃은 더 이상 밝게 타오르지 않는다." 하지만 사실 자신의 작업에 깊게 몰입한 저명한 창의자들은 그들이 하게 될 프로젝트들을 선택하는 데 스트레스나 압력을 덜 받는다. 많은 이가 남은 시간이 줄어들고 있다고 하지만, 그들은 선택에 대한 의문을 나타내는 것이 아니고 어떤 일에 자신을 기꺼이 던지려는 표현의 의지다. 사실 길이 남을 작품을 완성하려고 분투하는 것과 같은 자신의 목표를 가장 확신하는 창의자들의 경력의 후반기 동안 주의 할당 현상이 급격하게 변하는 것 같다. 예상하듯이, 그들은 집중력과 긴박함이 증가한다고 한다.

전 생애 동안 창의자들이 망설임 없이 관여할 수 있게 하는 몇 가지 특징이 있다(비교, Zuckerman & Cole, 1994). 첫째, 그들은 분명한 선택 규준을 설정했다. 둘째, 많은 이가 예견된 프로젝트의 가능성에 대해 판단할 수 있다고 주장한다. 마지막은 여기서의 논의의 중심으로, 그들은 예견된 프로젝트에 자신의 활발한 관여 가능성을 중요한 선택 원칙으로 수용한다는 것이다. 예를 들어, Booth에게 활발한 관여는 자기의식적 규준이다. "나는 기본 욕구는 세상을 위해 무언가를 하고 있다는 것과 즐거움, 행복, 사랑 그리고 최상의 개인적인 느낌이 결합하여 산출하는 것이라고 항상 생각한다. 내가 정말로 하기를 원하는 것은 지금의 이 삶을 살아갈 가치가 있는 것으로 만드는 것인가다."

창의자들의 목적은 발생이다. 이는 세상과의 상호작용으로 생겨나고, 그 활동의 주관적인 경험의 질에 의해 조정된다(Csikszentmihalyi & Nakamura, 1999; Nakamura & Csikszentmihalyi, 2003; 이 책의 Sawyer). Booth는 작업 그 자체를 통해 발전하는 경험으로부터의 피드백에 기반한 시간과 주의를 투자하는 과정을 아주 분명하게 기술했다. "나는 편히 앉아 어떤 일(프로젝트)을 하려고 했다. 그리고 그것이 재미있고 도전적인 것이라면, 그것은 나를 사로잡는다. ……여러분은 마침내 결정을 내리게 된다. '이런 종류의 책들 중에서 이 책이 정말 좋은 책인가? 한번 해 보자. 그렇지 않다면, 그만 두지. 애초의 생각이 그다지 좋지 않았던 거야.' 그러나 또한 그 일이 재미있다는 생각은 나에게는 아주 결정적이다."

생애 후기 관여의 세 가지 유형

우리는 생애 후기의 창의성에서 다른 의미를 갖는, 세 가지의 다른 동기화된 경로의 출현에 대해 살펴볼 것이다. 첫 번째로 가장 일반적 경로는 관여가 생애 후기까지 어떤 영역 내에서 지속적으로 활동을 하도록 재촉한다. 두 번째 경로인 영역의 변화는 활동의 다른 가능한 측면들과 비교해서 지속적으로 영역에 활발하게 관여하는 방식에서 변화를 야기할 수 있다. 마지막으로, 생애발달 변화가 영역 내에서 또는 영역을 넘어서 초점의 확대를 유도할 수 있다.

과학자와 예술가들은 대부분 자신의 경력을 쌓아야 하는 다른 영역의 사람들과는 다르다. 경력의 통로는 제도에 의해 구조화되는 것은 아니다. 그들은 자신의 작업에 관한 물리적 · 시간적 구조를 형성하고 자신이 어떤 일을 할 것인지 결정해야 한다. 따라서 연령이 높은 예술가나 과학자들이 다른 사람에게는 구조화되지 않았을 삶의 국면(노년)에 다다랐을 때, 이러한 구조의 부재는 새로운 것은 아니다. 그들은 평생을 자신의 경험을 능동적으로 형성하며 일생을 보내왔다. 두 번째로 다른 점은, 연령이 높은 사업가에게는 그렇지 않겠지만, 그들은 일반적으로 은퇴 이후에도 관여할 수 있는 기회를 가지고 있다. 많은 영역에서는 은퇴자들이 창의적 작업에 관여하고 계속 추구하기를 원한다 하더라도 이들에게 영역과 분야 모두가 닫혀 있다. 결론적으로, 여기에 기술된 관여를 지속하는 첫 번째 방법인 동일한 영역 내에서 프로젝트를 지속적으로 추구하는 것은 생애 후기에 보편적으로 가능한 것은 아니다.

한 영역에서 지속적으로 관여하기 생애 후기에도 지속적으로 몰입하는 활발한 관여의 가장 기본적 측면은 그 노력이 시간이 흐르면서 개인의 삶에서의 관여와 의미의 중심 자원이 된다는 사실이다. 즉, 영역과의 관계가 지속됨으로써 개인을 세상에서 의미 있게 한다. 부단한 노력만으로는 일생에 걸쳐 즐거움과 의미를 부여하기에는 역부족이다. 그러나 예술과 과학과 같은 문화적 영역들은 관여와 의미 둘 다를 야기할 수 있다. 우선 그들은 구체적인 목표들(예, 특정한 문제나 프로젝트의 추구)을 통합하고, 이는 몰입을 일으키며, 보다 상위 목표 또는 세상과의 결합에 대한 지속적인 자원(예, 소명에의 응답, 가치있는 전통과 공동체에의 기여)을 만들어 내고, 삶의 목적을 제공한다(비교, Emmons, 1999).

예를 들어, 70대의 어느 시인은 자신의 구체적인 목표를 '좋은 시를 쓰는 것'이라고 공언한다. 그녀에게는 그렇게 하는 것이 몰입으로 가는 길이다. 그녀는 "나의 개인적 경험은 글쓰기 그 자체로 흥미진진하고 즐겁다. 그리고 내가 유일하게 바라는 것은 항상 더 많은 시간 동안 그 일을 하는 것이다."라고 하였다. 이러한 구체적인 목표는 그녀가 그 영역과 지속적인 관계를 맺는 것인 최상의 목적과 결합된 것이다. "시는 예술이며, 예술은 경력의 문제가 아니다. 그것은 소명의 문제인 것이다. 그리고 당신은 예술에 봉사하는 것이다."

앞서 언급하였듯이, 창의자의 일생에 대한 우리의 이야기는 Bourdieu의 틀에서와 같이 경쟁적인 관계와 반대의 역할이 아니라, 창의자 개인의 분야와의 상호작용이 그 영역에 지속적으로 참여하도록 지지하는 의미가 중심 자원이 되는 정도를 강조하는 것이다. 예술가와 과학자들은 다음과 같이 다르다(John-Steiner, 2000; Mockros & Csikszentmihalyi, 2000). 과학자의 작업은 교사, 학생, 협력자 및 동료들과의 관계를 포함하는 실제 공동체에의 적극적 참여로 보다 강화된다. 이와는 대조적으로, 예술가의 작업의 의미는 종종 다른 공간과 당대의 동료들과의 동료의식의 형성을 통해서 풍부해진다. 앞서 인용한 시인은 노화와 죽음에 대해 음미하면서 작품을 통해서 '오늘날까지도 살아 있는 수세기 동안의 다른 시인들(작품을 통해서)과 또 이 시대를 살고 있는 시인들과 만나고 싶은' 욕구를 말하면서 이러한 의미의 원천에 대해 전달했다. 그녀는 소명 속에서 글쓰기의 즐거움과 삶의 의미를 만끽하면서 시인이 그 영역에 참여하지 않고 살아갈 수 있을지 생각조차 할 수 없었다. "시를 위해 언어와 현상의 지각을 시어로 번역하는…… 당신은 그것을 그만두거나…… 절대로 다른 곳으로 관심을 돌릴 수가 없다. 그래서 당신이 살아 있는 한 계속 그렇게 한다." 관여하지 않는 것에 대해 이해하지 못하는 것—'지속할 수밖에 없다'는 생각—은 연령이 높은 창의자와 다른 종사자들의 설명에서도 나타난다(비교, Daloz, Keen, Keen, & Parks, 1996).

통합된 목표 위계에 더해서, 활발한 관여는 영역과의 현재 관계가 나타나면서부터의 역사와 진행 중인 작업의 가능성에 의해 부분적으로 규정되는 범위와 더불어 개인의 현재 작업의 시간적 통합을 통해 촉진된다. 즉, 예술가 또는 과학자의 지속적 관여는 창의자의 일생의 **참여 관계망**(Gruber, 1981; Wallace & Gruber, 1989)에 의해 조성된다. 참여 관계망은 일종의 목표 발달로서 개인의 과거와 미래를 연결한다. 실제로 창의자의 삶은 가족사나 경력 사항이 아니라 이러한 참여 관계망의 본질적인 리듬에 의해 가장 잘 규정되는 것 같다.

한 영역에 활발한 관여를 하게 하는 이러한 추진력에 대해 보다 구체적으로 살펴보자. 예술 또는 과학 영역에의 지속적인 관여는 지속적인 참여를 하도록 **적극적으로 압력을 가하는** 경험적 구조를 생성시킨다. 그 영역은 일반적인 의미에서 충만한 가능성으로 경험되며, 나아가 특정한 프로젝트에 대한 전망으로 창의자를 유도한다. 여기에는 다음과 같은 몇 가지 측면이 있다.

첫째, 그 창의자는 무엇인가를 하는 중에 있다. 가장 단순하게는, 한 가지 또는 그 이상의 프로젝트를 적극적으로 추구하고 있고 또 완성하려고 애쓰고 있다. 창의자, 특히 예술가는 자신의 경력에서 끊임없이 되짚어 보는 주제에 대한 관심을 기술할 수도 있다. 분명히 이러한 관심들은 단번에 어떻게 할 수 있는 것이 아니라 그 개인의 상상력을 생애 후기까지 지속시킬 수 있을 것이다. 매력적인 주제를 무시할 수 없는 것이 관심의 지속성을 설명해 준다.[2] 그 창의자가 한 계열의 탐구를 오랫동안 지속했다면 그 문제들은 노년에 더욱 관심을 끌게 될 것이다. 그것들은 보다 큰 지식체계에 통합되거나 보다 난해하거나 복잡한 의문들을 다루는 것이 될 수 있다. 어떤 영역에 장기간 관여하는 동안 종결하지 못한 일들(즉, 장애가 생겼거나 중지된 작업)이 축적된다. Gruber와 Wallace(2001)는 창의자를 "애착은 있지만 지속하기 너무 힘든 프로젝트나 과제로 반복적으로 되돌아가는 사람"(p. 34)으로 묘사했다. 문제들은 단순히 어려운 것일 수도 있고, 그 영역의 상대가 해결을 방해할 수도 있다. 창의자들은 몇 달 또는 몇 년이 지나 새로운 발견이나 새로운 기술이 그 문제를 해결가능하게 할 때 그 문제로 되돌아간다고 설명한다. 이와는 달리 그 분야가 장애물일 수도 있다. 창의자는 이전에는 귀를 기울이지 않았던 생각을 다시 떠올려 사실상 새로운 분야로 관심을 옮겨 가게 된다. 미완성 작업은 그들이 경력의 후반기에 접어들더라도 그들을 강하게 사로잡는다.

둘째, 특히 프로젝트를 완성하는 데 오랜 시간이 걸리는 영역에서는 개인의 삶 동안 창의적인 발명 또는 프로젝트 아이디어에 대한 추진력이 축적된다. 이러한 것은 창의자의 주목을 받으면 언제든 프로젝트를 진행시킬 수 있는 가능성의 보고가 된다. 예술가와 과학자들은 서랍, 파일, 학술지, 노트에 아이디어를 모은다고 말한다. 80대 초반까지 발명가 Jacob Rainbow는 "아이디어를 적은 아홉 권의 책으로 서가를 채웠다. 나는 그냥 아이디어를 기록한다. 그것이 오래된 것이든 새로운 것이든 신경 쓰지 않고 아이디어가 생각나면 그것을 기록한다. 그런 이후에 추진 여부를 결정하고, 그다음에는 특허를 출원할 가치가 있는지 결정한다. ……약 2,000개 정도가 적혀 있을 것이다."

셋째, 이러한 창의적인 발명은 참여 관계망이 '자기-복원적'(Gruber, 1984, p. 17)이기 때문에 계속 확장되어 간다. 새로운 프로젝트 아이디어들은 진행 중인 작업에서 발생하여 창의자가 주목하도록 압력을 가한다. 여기에는 보조적이거나 파생적인 기록들뿐 아니라 모든 창의적 작업의 필수 부분인 지속적인 학습에서 생겨나는 신선한 탐구도 포함된다(Gruber & Wallace, 2001). 지속적인 관여는 현재의 작업에 풍부한 개인적 의미를 부여하면서 개인과 과거와 미래를 연결해 주는 발전적인 일련의 목표들에 의해 조성된다. 하지만 그렇다고 하더라도 영역에서의 새로운 발달과 현재의 작업에서 나타나는 출현적 목표가 조성된다. 즉, 참여 관계망이 창의적 과정의 어떤 국면에서 창의자의 영역 내에서의 지속적인 학습을 요구할 수도 있다는 것이다. 예를 들어, 문제 발견이나 문제 형성 국면에서 과학자는 자신의 분야에서 유지할 수 있는 비공식적인 수단들을 구상할 뿐 아니라 문헌을 '탐독하고' 동료들이 제시하는 '최신의 발견들'을 경청하기 위해 세미나에 참석한다. 그 분야의 저명한 구성원으로 규범적 행동에 위배됨에도 불구하고 일부 과학자들은 학생의 역할을 도입함으로써 은퇴에 대처한다. 후기 삶에서 이러한 도구적 학습의 양식은 자신의 분야에서 새로운 정보를 학습하기 위해, 80대의 나이에도 불구하고 다른 대학에 있는 젊은 전문가들을 찾아다니는 여전히 활동적인 한 저명한 물리학자가 예증한다. "나는 반드시 알아야 할 상대성 이론의 새로운 연구가 내가 모르는 통상적으로 만났던 사람들에 의해 이루어졌다는 것을 알게 되었다. 그리고 그들과 친해지기 위해 그들을 만나러 가야 했다. 그래서 나는 지속적으로 먼저 전화를 걸고 약속을 정하고 갔던 것이다."

열중하는 예술가나 과학자는 창의적인 과정의 연속적 국면에서 새로운 지식을 획득하고 새로운 기술들을 통달한다. 새로운 프로젝트를 위한 아이디어들은 이러한 지속적인 학습 과정의 어느 시점에서 출현할 수 있으며, 이것은 현존하는 관심의 통로들 속에서 관심을 모으는 경향이 있기 때문에 **구심적**(centripetal)이라고 말할 수 있다. 이러한 방식으로 한 영역에서의 평생 동안의 활발한 관여는 창의자가 노년에도 더욱 열중하도록 촉진한다. 적어도 예술과 많은 과학 분야에서 노년의 지속적인 활동을 방해하지 않는 영역과 분야가 존재하는 것은 사실이다.

앞서 살펴본 것처럼, 연령이 높은 저명한 창의자는 문지기 역할과 가르치는 일을 포함해 혁신가 이상의 역할을 수행한다. 우리는 이러한 역할들이 창의성을 지속하는 데 장애가 될 수도 있음을 강조했지만, 또한 새로운 지식에 노출시켜 생애 후기의 창의성에 공헌할 수도 있다. 전문 학술지를 발간하는 것과 같은 문지기 역할은 창의성에 공헌할 것이다. 특히 가르치는 일은 어떤 영역에서 머무르게 하거나("어떤 의미에서 학생들은 우리에게 최첨단에서 어떤 일이 벌어지고 있는지를 말해 준다."), 자신의 지식을 확장해 준다("탐구와 교수 관심의 이질성은 여러분에게 발전할 수 있는 기회를 더 많이 부여한다."). 이러한 방식들로, 노화와 저명함은 지속적인 학습과 창의성을 조화롭게 하며 심지어 유도할 수도 있다.

Baltes의 긍정적인 노화의 언급으로 되돌아가서, 대부분의 연령이 높은 창의자들은 과거와 동일한 계열에 주의와 에너지를 선택적으로 투자함으로써 관여한다. 프로젝트를 매번 변경하더라도 예술이나 과학 작업과 동일한 영역에서 계속적으로 작업한다. 덧붙여 활발하게 관여함은 ① 창의자에게 창의적 노력을 감소시킬 수도 있는 부정적인 연령 규범을 무시하도록 하고, ② 적어도 일부 경우에는 노화와 관련된 손실을 극복하게 할 수 있도록 한다.

생애 후기는 자신이 살아왔던 삶이라는 관점에서 과거에 대한 회상이 증가하는 것으로 여겨진다(Cohler, 1982; Neugarten, 1969). 이러한 관점에서 대상들은 그것들이 지니고 있는 행위 가능성보다는 그것에 묻혀진 기억들 때문에 자신에게 더욱 소중하고 활력을 불어넣는다(Csikszentmihalyi & Rochberg-Halton, 1981; Galatzer-Lvevy & Cohler, 1993). 노년은 살아온 삶의 유산에 대한 관심, 그것을 되돌아보는 기쁨, 그리고 보다 철학적이고 수용적인 자세를 포함하는 것으로 여겨진다.

하지만 진행 중인 활동과 다른 앞선 사람들을 보면서, 연령이 높은 많은 창의자는 주로 현재와 미래에 우선적으로 초점을 두는 것 같다(비교, Goodman, 1981; Rowe, 1976). 예를 들어, 71세의 어떤 화학자는 현재 자신의 연구를 세밀하게 조사한 후에 "나는 이 일을 당분간은 계속하겠지만 오래지 않아 다른 문제로 서서히 옮겨 갈 것이다."라고 말했다. 창의자는 자신의 시간 동향에 대한 인식을 외적으로 분명하게 표현할 수 있다.

> 나는 아직 하지 못했던 일들에 대해 생각한다. 그것은 내가 했던 것

에 대한 어떤 만족감 같은 것이 아니라 나를 둘러싸고 있는 것이다. 나는 그것이 전부 일련의 목적이 아니라 과정의 일부, 여행의 일부라는 것을 알며, 어쩌면…… 언젠가 그렇게 생각할 수도 있겠지만 아직은 아니다(생물학자, 76세).

나의 아내가 이것저것 되돌아보고 자신이 했던 것들을 회상하는 것을 보면 재미있다. ……그녀는 나보다는 과거를 더 많이 회상한다. 나는 항상 다음 일을 생각한다(물리학자, 81세).

이러한 시간 동향은 과거에 초점을 두는 것이 아니라 그 영역에서 발달하는 참여 관계망에 초점을 두어 노년기의 이동과 조화를 이룬다. 지속적 관여가 부정적인 연령 규범에 대한 관심을 감소시킬 뿐 아니라, 어떤 경우에는 노화의 부정적 효과에 대항하는 무기를 제공하기도 한다. 예를 들어, 창의자의 삶에서 관여의 중요성이 노화와 관련된 손실들을 보상하기 위해, 또는 심지어 회복하기 위해 요구되는 강도 높은 노력을 불러일으킬 수도 있다. 재즈 피아니스트 Oscar Peterson은 60대 후반에 심장발작을 일으켰다. 그는 회복하는 데 고된 1년을 보냈고, 그 후 인터뷰를 할 때는 연주와 녹음 활동을 하는 것으로 되돌아왔다. 그는 "다시 연주할 수 있기만을 원했다. ……나 자신을 해방시키기를 원했다. 만약 내가 할 수 있다면, 나는 내가 할 수 있을 것이라는 것을 알지 못했지만 할 수 있게 되리라고 믿는다. ……피아노가 나의 삶이 되기를. 그리고 이 일은 항상 내 삶의 일부인 것 같다. 그리고 예전에 말하던 식으로 말할 수 없다는 생각은 수용할 수 없을 것 같았다."라고 설명했다.

노화와 관련된 손실을 극복한 경우로는 예술을 친숙한 매체로 활용한 제2의 음악가다. 예를 들어, 60대 후반에 전향한 한 음악가는 아내의 죽음을 계기로 창의적으로 관여하게 되었다고 기술했다. 몇 달이 지난 후 그는 함께했던 그들의 삶을 기념하기 위해 갑자기 어떤 작품을 작곡할 수 있는 영감을 얻었다. 그 경험 자체는 다시 일을 하고 있다는 안도감과 복합된 강력한 관여 중의 하나다. 작곡은 아내와 그를 연결해 주었기 때문에 위안이 되었다. 또한 그가 지속적으로 관여하고 의미를 찾을 수 있는 창의적인 작업과 그를 연결해 주기도 하였다. 예술 작품으로서의 힘은 그에게 퓰리처 상을 안겨 주었다.

이러한 최초의 후반기 경력 경로를 통해 관여를 유지하는 기본 조건은 개인이 그 영역에서 활동하기 위한 의미 있고 즐거운 가능성을 지속적으로 보는 것이다. 하지만 여러 가지 이유로 창의자들은 자신의 작업에서의 즐거움이 줄어들거나 의미를 잃어버렸다고 느끼는 경험을 할 수도 있다. 그 체계 내의 어떤 지점—개인(예, 능력 감퇴), 영역(예, 정체, 기술적 변화), 분야(예, 접근성에서의 변화) 또는 보다 넓은 사회의 규범과의 관계(예, 문화와 사회로부터의 고립 또는 부정적 영향)—에서의 변화가 요인일 수 있다. 활발한 관여가 줄어드는데도 연령이 높은 저명한 창의자들은 단지 습관적으로 일을 계속할지도 모른다. 다른 창의자들은 은퇴를 할 것이다. 경력 후반기에 관여로 가는 두 가지 대안적인 경로에서 하나는 즐거움의 상실에 대한 대응으로, 또 하나는 의미의 상실에 대한 대응으로 예술 또는 과학과의 관계를 능동적으로 재형성하는 것이다.

세 가지 경로의 공통분모는 동기 발생에 의한 결정적 역할이다. 다음에 살펴보게 될 두 가지 유형에서, 우선 창의자는 무엇이 재미있고 관여하게 하며 의미 있는지에 대한 생각을 발생하게 하여 자신의 경험을 능동적으로 적합하게 하고 참여 관계망을 형성시킨다. 즉, 변형을 가능하게 하는 특별한 종류의 실험적 구조가 관여된 예술가 또는 과학자를 특징짓는다(비교, Colby & Damon, 1992). 열중한 창의자는 활발한 관여의 경험이 방향을 결정하는 주요한 나침반이 된다는 의미에서 동기 발생을 경험한다. 그들은 자신의 경험의 의미와 몰입을 제공하는 능력에 익숙해져 있다. 하나의 나침반이 첫 번째 경로를 따라가는 이들에게 있어서는 특정한 프로젝트와 목표 수준에서의 변화를 수용 또는 심지어 부추기기까지 하고, 다음에 살펴볼 두 가지 경로를 따라가는 이들에게는 보다 극적인 변화를 일으킨다. 동기 발생은 단일한 영역 내에서 발달하는 참여 관계망의 자기-재생적 특성을 설명하지만, 또한 오래 지속된 관계가 더 이상 즐겁고 의미롭지 않더라도 활발한 관여를 지속할 수 있는 능력을 설명해 준다.

새로운 영역으로 이동하기 노년기의 관여의 가장 일반적인 경로는 단일한 영역 내에서의 몰입과 의미 있는 참여 관계의 발달이다. 하지만 일부 창의자는 노년에 이르러서 ① 창의적인 노력의 영역을 변경함으로써, ② 노년과 관련된 새로운 관심에 대한 반응으로 제한된 영역에서의 혁신을 넘어서 이동함으로써 자신이 작업해 온 영역을 넘어서서 초점을 이동시킨다.

우선, 일부 창의자들은 오랜 세월 동안 자신이 활발히 관여해 왔던 영역에 대한 열정을 잃어버렸기 때문에 방향을 전면적으로 변경한다. 그들은 여전히 그러한 영역들이 중요하다고 느끼지만 작업에서 예전과 같은 강렬한 몰입과 즐거움을 더 이상 경험하지 못한다. 노년에 은퇴가 하나의 선택 사항일 때 새로운 영역으로 이동하는 것은 단순히 창의적인 작업에서 벗어나는 대안을 제공하기도 한다. 예를 들어, 한 사회과학자가 기초 연구(그가 여전히 강력한 연대감을 느끼는 지적 공동체에서)에서 다른 제도적 환경에서의 응용 연구로 이동하기로 결정했다. 그의 동기는 경험적인 것이었다. "처음에 나는 이 대학 또는 이 학과를 떠날 수 없다고 말하면서 저항했다. 반면에 지금까지 오랫동안 이 대학에 있었다. 올해가 27년째다. 그리고 나는 정말 진부해져 가고 있다고 느낀다. 흥미진진한 곳임에도 불구하고 매년 똑같은 공간이다. 그리고 내가 작업하고 있는 문제들이 매년 아주 유사하다고 느끼기 시작하고 있다."

일부는 노년이 오기 전에 영역 또는 하위 영역을 바꾸는 유형을 택한다. 그들은 이러한 유형을 관여를 유지함으로써 창의성을 유지하는 의식적인 전략으로 기술한다. 예를 들어, 이 사회과학자는 이어서 "내가 활력을 유지한 방법은 2~3년마다 작업하는 분야를 바꾸는 것이다."라고 설명한다. 유사한 맥락에서 55세에 작가가 된 60대의 과학자는 자신이 "한 분야에서 다른 분야로 매우 쉽게 옮겨 다녔다."라고 회고했다. 그는 '젊음과 활력을 유지하는 방법'으로서 '10년 정도마다 경력에 변화를 주는 것은 아주 좋은 생각'이라고 주장했다.

개인과 영역 간의 관계가 더 이상 강렬한 몰입을 일으키지 못할 때, 개인은 어떻게 활발하게 관여할 새로운 영역을 확인하는가? 작가로 전향한 과학자는 폭넓은 관심을 유지하는 방법을 옹호했다. "지쳐 버린 사람들 대부분은 아주 전문화된 사람인 경향이 있다. 그리고 자신의 특히 좁은 전문성을 소진시켜 버리고 난 후에 더 이상 할 일이 없어져 흥미를 잃는 것이다. 여러분이 그것을 피하고 폭넓은 관심을 유지한다면, 여러분은 능동적으로 새로운 것들에 진입할 수 있는 기회를 더 많이 가지게 될 것이다." 그 사회과학자는 미래의 창의적인 작업에 대한 정보를 줄 수 있는 새로운 영역을 지속적으로 탐색하는 신중한 전략을 다음과 같이 기술했다. "나는 매년 뭔가 새로운 것을 배운다. 나는 새로운 수학을 배울 것이다. ……작년에는 인류학을 많이 연구했다. ……전혀 몰랐던 것들이기 때문에 그것은 내가 가진 새로운 철학이며, 모든 것에 대해 뭔가를 배울 수 있고 폭넓은 다양한 경험을 가질 수 있다."

우리는 학습을 두 종류로 구분한다. 발전하는 참여 관계망을 논의하면서, 현존하는 탐구 계열을 추구하는 통합 부분인 구심적 학습에 대해 논의하였다. 심지어 노년에도 열중하는 예술가와 과학자 간에는 구심적 학습이 지배적이고 창의성을 지속시키는 데 공헌한다. 지식을 획득하는 또 다른 방법은 보다 확산적이거나 명료하지 않은 채로 진행하거나 계획한 작업에 관여하는 것이다. 그것은 주의에 원심적 영향을 미친다. 그것은 참여 관계망에서의 주요한 이동을 위한 방향을 제시하고 주요한 창의적 통찰을 특징짓는 영역 통합을 지원할 수도 있다(이 책의 Sternberg). 일부 창의자들은 연령이 증가할수록 이러한 형태의 학습에 투자를 줄였지만, 우리가 살펴본 것처럼, 이 두 번째 종류의 학습은 계속 명백해져 간다. 원심적 학습은 앞서 기술한 두 경우처럼 의도적인 전략으로 추구될 수도 있다. 나아가 다양한 역할과 경험을 통해 개인은 친숙하지 않은 영역들에 우연하게 노출될 수도 있다. 여기에는 앞서 언급한 교사와 문지기의 역할뿐만 아니라 여행, 우연한 만남, 자신의 분야 밖에서의 사회적 관계를 포함한다.

주관적 현상학의 관점에서 보면, 하위 영역을 바꾸는 것은 영역 간의 극적인 이동과 유사할 수 있다. 즉, 많은 창의자가 일생 동안 새로운 탐구 영역에 대한 흥분이 희미하게나마 떠오르고 그들이 얼마

동안 탐구하던 영역에서 흥미가 없어지는 것을 경험할 때 하부 영역을 변경한다. 게다가 그들은 자신의 경력 전체를 꿰뚫을 수 있는 통합적 맥락을 확인하기는 하지만 대체로 자신의 삶의 역사를 변화로 가득 찬 것으로 경험한다. 두 유형 모두에서 변화는 주관적 경험에서의 피드백으로 촉발되며, 또한 동기도 여기에서 발생하게 된다. 하지만 이 둘 간에는 중요한 차이가 있다. 학문적 경계를 넘는 데 포함된 희생은 여러 가지 측면—지식, 전문 기술, 명성, 그 밖에 전이될 수 없는 자원들—에서 클 것이다. 결과적으로 하부 영역과 영역에서의 이동은 창의적 성취에 대한 함축적 의미가 다를 수 있으며, 이 점에 대해서는 나중에 다시 살펴보게 될 것이다.

예술 또는 과학에 대한 즐거움을 회복하는 방법을 찾는 데에서 영역을 이동한 창의자들은 자신에게 의미의 원천이 되어 온 오랜 연결고리를 희생한다. 예를 들어, 앞서 언급한 사회과학자는 소중한 실천 공동체와의 기존의 관계 때문에 초기에는 변화에 저항했다. 영역을 변경하는 창의자들은 또한 앞에서 언급한 지속적인 관여에 있어 작업의 의미의 중요한 원천이 될 수 있는 특정한 영역에 대한 전문화의 정체성을 희생할 수도 있다. 하지만 창의적인 작업에 대한 일생의 관여는 여러 가지 방식으로 이해될 수 있다. 구성된 방식에 따라 그것의 주관적 의미는 사람에게 에너지와 주의의 초점에 있어 중요한 이동을 조절할 수 있게 한다. 영역을 바꾸는 사람은 하나의 특정한 전문적인 것에 관여하거나 특정한 역사나 과거의 성취로 특징지어지는 사람이기보다는 (또는 그러한 사람이면서) 일생의 탐구자, 학습자, 창의자 그리고 증인으로서의 정체감을 능동적으로 구축할 수도 있다. 창의자는 앞에서 기술한 과학자와 사회과학자와 같이, 변화무쌍함이라는 말로 자신을 규정하거나 변화에 내재된 연속성으로 규정할 수도 있다. 여기에는 노화와 관련된 제한들에 의해 야기되는 변화들과 같이 경력 후반기에 일어나는 변화도 포함된다.

정체성에 대한 의미 부여는 특정한 영역의 경력을 창의성에 관여하고 지속하는 자신의 장점으로 연결하지 않는다. 예를 들어, 어떤 영역에서 자신의 관계에 대한 개인적인 의미는 특정한 종류의 예술가 또는 과학자로서의 정체성에 있을 수 있다. 동물학자 E. O. Wilson은 자신의 정체성을 수십 년간 동물의 세계에 관여한 것과는 별개로 합성자 또는 '유형 사냥꾼'으로 기술했다. "나는 모든 종류의 새로운 것들에 대해 항상 배우고 그것을 묶어서 유형을 찾는 것을 가장 즐겼다. 그런 후에 그 유형을 정의하고, 그다음 실험과 변화로 그 존재를 증명했다. ……그것은 과학을 하는 명예로운 방법이며, Darwin이 과학을 한 방법이다. 그는 훌륭한 선구자다. 여러분도 알다시피, 그는 자신이 할 수 있는 모든 것을 모아 유형을 찾았고 그것을 설명하는 방법을 찾았다."

Wilson은 60대에 접어들면서 사회과학에 관심을 가졌다. 이것은 극명하게 다른 관심을 요구했음에도 불구하고 그는 합성자로서의 정체성을 유지하였다. 그는 자신이 어떻게 했는지에 대해 다음과 같이 말한다.

> 나는 (한 저명한 경제학자가 경제이론에 대해 토론하는 것을) 마법에 걸린 듯 경청하였고, 탐구를 시작하였다. 나는 개미를 채집하고 분류하고 조합하고 범주화하는 방법으로 개념을 습득했고, 돌이켜서 이 방식으로 경제이론을 평가하고 합성하기를 기대한다. 여러분은 은유적 등가성에 대해 알 것이다. 다시 말하면, 나는 우림을 계속 걸을 수는 없다. 여러 가지 이유 때문에, 나는 자연 탐험가로 머물 수는 없

다. 그러나 나는 그것들을 통합하려는 노력 속에서 인류학, 경제학 그리고 사회학과 다른 주제들의 야생세계—야생의 먼 곳—를 탐험할 수 있다.

Wilson의 새로운 프로젝트는 현장작업을 수행하는 것보다 신체적으로 덜 힘들기 때문에 이러한 이동은 노화와 관련된 제한들을 성공적으로 보상했다. 이와는 달리, 우리는 관여의 계속성이 개인의 능동적인 의미 생성에 의해 도움을 받는다는 것을 강조할 수도 있다.

자신의 관심을 확장하기 세 번째 경로는 익숙한 영역에서 익숙하지 않은 영역으로의 이동과 동일 영역 내에서 관여하는 프로젝트에서 다음 관여하는 프로젝트로의 지속적인 움직임을 대비할 수 있다. 이 두 가지 경우 모두에서 하나의 한정된 영역 또는 또 다른 영역에서 활발하게 관여하고 있다. 하지만 어떤 창의자는 연령이 증가할수록 한 영역의 편협한 문제들에 대해 만족하지 않고 보다 폭넓은 문제들을 탐색한다. 자신의 주관적 경험을 기반으로 변화에 개방적인 사람은 자신의 작업 초점을 바꿈으로써 생애 후반기의 이러한 충동에 대해 더 잘 반응하는 것 같다.

이러한 초점의 이동은 노화와 창의적 성취에 관한 문헌들에서 주제로 다루어져 왔다. 예를 들어, 전 연령에 걸친 창의적인 사람들에 대한 조사에서 Lehman(1953)은 노년기와 뚜렷하게 관련된 것으로 보이는 성취 유형에는 개별적 또는 학문적 지식을 조직하는 작품들(예, 교과서 쓰기)과 연령이 높은 개인들에게 부여된 새로운 노력(예, 역사, 자서전)이 포함된다고 규명하였다. 다른 연구자들(예, Gardner, 1993; Simonton, 1988a; Zuckerman, 1977 등)에 따르면, 역사적인 전환을 하는 것과 더불어 삶의 후기에 일부 저명한 과학자들은 자신의 영역에 대한 철학적, 상위적 또는 반성적 견해로 옮겨 갈 수도 있다. 더불어 연령이 높은 창의자는 영역과 보다 넓은 세계 또는 사회정치적 문제들과의 상호 연계에 점점 더 관심을 가지게 될 수도 있다. 이러한 행동은 게으름이나 마지못한 의무감에서 벗어나는 은퇴 활동의 일종으로 기능할 수도 있다. 하지만 적어도 일부 사람들에게는 노년기에 수행할 수 있는 일과 동시에 활발한 관여의 새로운 형태를 취할 수 있는 기회를 나타낸다.

경력 초반기에 이들은 영역을 (다른 사람들과 마찬가지로) 행동을 위한 풍부한 기회를 제공하는 분리된 현실로 경험한다. 하지만 의문을 가진 이들은 이러한 분리된 현실을 제한된 것으로 인식하기 시작한다. 좋은 '게임'으로 만들어 주는 바로 그 자기충족감이 세상의 다른 측면들과 보다 중요하게 다가오는 다른 소망들을 제외시킨다. 왜 어떤 사람은 게임에 싫증을 느끼고 보다 큰 관심에 끌리게 되고, 또 다른 사람은 그렇지 않은지의 이유는 불분명하다. 가능한 몇 가지 요인에는 생활사의 개인적 차이(예, 후기 경력에 대한 초기 역할 모델), 성인기의 사회적 만남(예, 보다 폭넓은 관심으로 동기화된 배우자나 동료), 분야에서 제시된 기회(예, '사회적 현자'의 역할, Zuckerman, 1977), 노화와 관련된 심리적 변화에 대한 민감성(예, 발생적 관심)이 포함된다.

80대의 한 과학자의 경우를 살펴보자. 그는 철학에 관여하기 위해 광범위한 문제를 연구했다고 기술했다. 이와는 대조적으로, 중년에 그는 "이러저러한 방정식을 어떻게 풀 것인가?" 하는 수학 문제에 더욱 빠져 있었다. 최근에는 그의 과학적 탐구가 종교적 탐구로서 동일한 원천에서 샘솟는 진리의 탐구로 나타난다. "나에게, 우리가 이 낯설고 경이로운 세계가 어떻게 도래하게 되었는지를 알 때 그것이 전 인류에게 미칠 영향은, 내가 느끼기에, 내가 할 수 있는 가장 큰 공헌이 될 것이다. '이 세계, 어떻게 생겨난 것인가?' …… 종교적 관심에서 알 수 있듯이 사람들은 여전히…… 근원적인 진리를 찾고 있다. 사람들은 '이 거대한 세상의 지식체계에서 자신이 어디에 있는가?'를 알기를 원한다." 이와 유사하게, 60대의 기술자이자 발명가는 지속 가능한 발달에 점점 관심을 가지게 되었다. 그는 연령에 대해 다음과 같이 주장하였다. "당신은 26세 때 했던 프로젝트보다 더 큰 프로젝트를 생각하고 진행하며 다음 프로젝트를 염두에 둔다. 이러한 과정은 재미는 있으나 거시적 측면을 갖지는 않는다."

어떤 과학자가 보다 깊이 있는 문제에 답을 구하기 위해 그 영역의 수용된 틀을 넘어 움직인다면 영역 문제에 관여된 사람들에 의해 '심오한 종결자'로 여겨질 수도 있다. 이러한 과학자들은 비교적 한정된 문제들을 계속 추구하는 과학자들보다는 낮은 창의적 성공 가능성을 수용한다. 오래된 또는 새로운 영역에서는 많은 과학자의 회의론 때문에 철학적으로는 망라적 탐구를 벗어난다고 하는 것이 아마 안전할 것이다.

후기 경력에서 규범적 기대에 더 잘 부합하는 것은 형성된 상위 영역(예, 과학철학)으로 이동하는 것이다. 예를 들어, 물리학자에서 역사학자로 전향한 75세의 학자에게는 회고록과 과학 역사 집필로의 이동이 자신의 연령에 따라 형성된 과거의 관심들을 표현하도록 해주었다. 또한 그것은 그 자체로 창의적 작업의 한 형태로 활발하게 관여하게 했고, 개인적 글들은 새로운 영역에서 인정받게 되었다.

보다 넓은 시각으로 이동하려고 하거나 보다 광범위한 관심사에 관여하려는 동일한 충동은 관리 인식을—어떤 영역, 분야 또는 특정한 개인의 형성 또는 과정을 지원하는—증가시키도록 동기화할 수도 있다. 우리 면담에서의 두 가지 예는 제3세계 국가의 인류학자들을 훈련시키는 어떤 인류학자의 꿈과 과학의 역사와 철학에서 자신의 영역을 다른 영역들과 동일한 입지에 올려놓기 위한 어떤 생물학자의 투쟁에 관한 것이었다. 이러한 노력들이 창의적 산출물을 가져오지 않더라도 분야나 영역을 변형시킬 수 있기 때문에 체계라는 인식에서 창의적일 수 있다. 마찬가지로 저명함 때문에 가능하게 된 일반 대중과의 상호작용의 예를 들어 과학에서의 여성의 역할을 공론화하거나 촉진하려는 노력은 그 영역에서 보다 광범위한 사회적 관심을 이야기함으로써 그 분야의 활력소에 중요한 저변 효과를 가져온다.

연령 규범이 이러한 초점의 변화들을 가져옴에도 불구하고 그에 대한 대항적 압력도 존재한다. 이러한 현상은 지식의 한정된 영역에서의 독창적 연구를 가장 소중히 여기는 과학적 기풍 때문에 과학에서 특히 그러하다. 그럼에도 불구하고, 소수의 창의자에게도 전문적인 문제들에 대한 세부 사항에서 보다 광범위한 문제들 또는 폭넓은 견해로의 분명한 이동이 있다.

세 가지 경로를 비교하기

첫 번째와 두 번째 노년기 경력의 경로에서 연령이 높은 사람은 하나의 문화적 영역 또는 다른 영역에 대한 활발한 관여를 유지한다. 이들은 그 영역에 너무도 강렬하게 집중하고 있어 창의적인 작업으로부터의 철회 또는 관여와 창의성에 있어 불리한 나이라는 것을 인정하는 것(예, 새로운 아이디에 대한 접근성의 감소)을 포함한 일상적인 예상들을 인식하지 못할 수도 있다. 게다가 그들은 영역을 넘어서서 관심을 받는 노년기의 심리적 변화(예, 시간적 초점의 변화, 유산에 대한 관심의 증가)에도 영향을 받지 않는 것처럼 보일 수도 있다.

첫 번째와 두 번째 노년기 경력 유형은 모두 개인이 성인기 동안 유지해 온 관여 방식을 노년기까지 단순히 연장시킨 것일 수도 있다. 경력 후반기에 영역을 바꾼 사람들은 경력 전반기에 다양한 경로를 탐색했거나 부차적인 관심을 훈련해 왔다. 앞서 언급하였듯이, 오래된 또는 새로운 제한된 영역에서 연령이 높은 창의자가 다른 사람보다 자신이 충분히 몰입할 수 있는 범위 내에서 도전을 찾는 것을 포기하게끔 하는 노화에 의한 심리적 변화에 대해 더 민감한 이유는 명확하지 않다.

우리의 요점은 하나의 내재된 역동성이 생애 후기에 강도 높게 지속적으로 작업하는 사람들 모두를 특징짓는다는 것이다. 명예, 성공에 대한 확신 그리고 규범적인 기대와 같은 다른 가능성에도 불구하고 관심과 에너지의 투자에 대한 결정을 규제하는 의지 또는 욕구는 우선적으로 활발한 관여—의미 있고 몰입하게 하는 것—라는 것에 근거한다. 하나의 경로를 다른 경로보다 선호하게 하는 영향을 찾아내는 것보다는 이러한 공통된 역동성을 분명하게 인식하는 것이 더욱 중요하다. 여러 영향 중에는 기질의 차이(예, 깊이에 대한 매력 대 다양성이나 범위에 대한 매력), 창의자의 경력 동안 유망 분야로서의 영역의 풍부함의 차이, 참여 관계망에서 나타난 특정한 개인과 영역 간의 관계 방식의 차이가 포함된다.

어떠한 요인들이 작용하건 간에, 노년기에서의 예술가나 과학자의 경로는 지속적으로 창의적인 성취 가능성에 영향을 미칠 수 있다. 대부분의 노년기의 창의자들은 자신이 전 경력 동안 종사해 온 영역에서의 작업을 추구하고, 그 프로젝트에 지칠 줄 모르는 매력을 경험하며, 오래되었지만 계속해서 발전하는 참여 관계망에 사로잡혀 있다. 관여된 창의자의 대상과의 세심한 상호 교류는 분명히 창의적인 성취의 필요조건이다. 더구나 첫 번째 경로는 구체적인 영역과 분야가 연계되어 창의자의 축적된 지적 자원, 명예 및 기타 자원들을 최적으로 활용하도록 한다. 하지만 단일 영역에 장기간 종사하는 것은 지속적인 창의적 성취에 적어도 두 가지 측면에서 위협적일 수 있다. 널리 인정된 첫 번째 요인은 많은 주요한 발견의 열쇠로 여겨지는 새로운 관점의 상실이다. 두 번째 요인은 창의자의 발전하는 참여 관계망이 분야의 주된 관심과 패러다임으로부터 분리될 수 있는 가능성이다. 탐구에 대한 개인적 노선이 그 자체로 추진력을 얻으므로 이것이 현재의 영역과의 연계를 약화시키고, 따라서 그 분야에 의해 인식되거나 중요하게 판단될 가능성이 적어지는 것이다.

소수의 창의자들이 노년기에 영역을 변경하면서 다른 길을 걷는다. 그들은 경력의 후반기 동안 거의 그렇게 하곤 한다. 창의적으로 공헌한다는 관점에서 이러한 경로는 노년기에 새롭게 배워야 한다는 초심자의 상태를 수용해야 하기 때문에 첫 번째 경로보다 더욱 위험하다. 하지만 자신이 주목한 대상(논제 또는 주제, 매체 또는 심지어 영역) 내에서 중요한 변화를 일으키는 것은 유익할 것이다. 주기적으로 연구 주제를 바꾸는 것은 신선한 관점을 갖게 해 주기 때문에 과학적 창의성을 유지하는 방법으로 확인되었다(Gardner, 1993; Root-Bernstein, Bernstein & Gardner, 1993). 이와 같이, 연령이 높은 창의자는 영역 변화를 창의성을 유지하는 전략으로 매우 의도적으로 수용할 수도 있다. 새로운 영역에서의 창의적 성취 가능성은 능력에서의 노화 관련 변화와 새로운 영역의 특정한 요구의 상호작용에 의해 영향을 받는다. 일부 영역 변화는 이론물리학에서 인접

영역인 천체물리학으로의 전환과 같이 보상에 대한 선택적 최대화로 예증한다(Stephan & Levin, 1992). 일생 동안 축적된 물리학에 대한 지식은 관련성은 있지만 유동성 지능에 대한 요구는 그렇게 크지 않다.

마지막으로, 후기 경력에서 더 넓은 관심으로의 이동은 노화와 관련된 심리적 변화와 노련하고 저명한 창의자로 인정될 가능성의 변화 때문에 선호된다. 이러한 종류의 변화와 그 변화의 본질에 따라 창의성에 대한 다양한 결과를 가져온다. 개인 작업 내용에서 볼 때, 예술은 과학보다 일반적으로 더 큰 문제로의 전환이 더 용이하다. 왜냐하면 과학은 기존에 형성된 예술의 범위에 있기 때문이다. 과학에서는 점점 더 많은 학문을 특징짓는 전문화와 기술적 기교에 대한 보상으로 인해 기존의 학문적 경계에 도전하는 탐구의 노선들이 회의적으로 간주될 수도 있다. 반면에 노화와 저명함이 그 영역 자체의 경계를 확장하려는 노력보다는 더 나은 보상이 수여되는 역사적 · 철학적 · 일반 과학적 공헌과 다른 망라적 공헌에 대한 기회를 창출한다. 어떤 사람은 다양한 재능을 발휘하여 독창적인 공헌을 하면서 과학 또는 사회과학 연구에서 상위 영역으로 성공적으로 이동한다. 마지막으로 경험과 저명함 또한 보다 광범위한 문화에서 분야 또는 영역의 역할을 변화시키려는 연령이 높은 창의자의 노력을 지지할 수 있는 자원을 제공한다.

Creativity and Development

결 론

결론적으로 우리의 체계 관점에서 볼 때, 삶의 과정은 지속적인 창의적 성취를 위한 장애와 기회가 변화하는 풍경을 제시한다. 특히 노년은 활력 감소와 신체적 감퇴, 실험실 작업과 학문적 지위 포기에 의한 그 분야로부터의 지원의 상실, 그 영역에서의 발전에 부응하고자 하는 능력의 부재 또는 무관심으로 창의적인 작업에 부정적인 영향을 미칠 수 있다. 그럼에도 불구하고 창의성이 노년까지 지속될 수 있다는 많은 증거가 있다. 우리는 활발한 관여라는 개념으로 노년에 귀중한 공헌을 지속하는 능력을 설명하였다. 80대와 90대에도 어떤 영역의 경계를 확장하는 데 여전히 관여하는 사람은 자신의 작업을 즐기면서 그 속에서 깊은 의미를 발견한다. 연령이 높은 사람이 지속해서 활발하게 관여할 수 있는 세 가지 방법이 있다.

첫 번째로 가장 널리 알려진 방법은 자신의 영역의 경계 안에서 생산과 학습을 지속하는 것이다. 두 번째는 인접한 또는 어느 정도는 동떨어진 영역으로 이동하는 것이다. 세 번째는 어떤 측면에서는 가장 위험한 발달로, 자신의 영역과 더 넓은 문화적 또는 사회적 문제들과 연결되는 영역에서 상위 수준으로 이동하는 것이다. 이러한 상이한 경로를 통해 생애 후기에 창의성이 표현된다. 그러나 사람들이 오랫동안 관심 영역의 규칙과 관심 분야의 동료들을 인지하고 있었느냐에 따라 그 경로는 달라진다.

우리의 자료들을 조직하는 데 사용한 체계 모형은 그 전제들 중 상당수가 Bourdieu와 Foucault가 개발한 문화적 생산에 대한 구성주의 이론과 공유한다. 그러나 사람들이 생애발달에서 분야와 영역과 관계하는 방식을 살펴보면 그들이 의도한 그림과는 상당히 다른 그림이 나타난다. 그들이 공유한 갈등 이론의 관점에서는 참이다. Bourdieu와 Foucault는 문화적 산출물을 끝없는 반복의 과정으로 본다. 분야 내에서 그리고 분야 간에 사람들은 자원과 관심을 가지려고 경합한다. 영역의 내용은 권력과 특권에 상응하는 인식론적 경계를 보호하기 위해 형성된다. 이러한 지속적인 혼돈 속에서 노화는 '우리'와 '그들' 사이를 구분 짓는 표식이 될 수도 있다.

갈등 이론이 제공하는 이러한 관점에는 많은 진실이 담겨 있다. 그러나 그것은 근본적으로 창의적인 사람의 삶의 경험을 왜곡하기도 한다. 분야는 검투사의 전투를 위한 경쟁적인 지역이 아니라 일종의 가장 따뜻하고 지속적인 개인적인 관계—스승, 또래, 학생들과 함께하는—를 제공한다. 영역은 사람들에게 지시에 따라 생각하고 행동하게 강요하는 비개인적인 인지적 구조가 아니라 창의적이고 즐거운 활동을 위한 유연한 규칙을 제공한다. 그것은 자신의 작업에 대한 이러한 즐거운 관여가 창의성이라는 현상학의 핵심적이고 전반적인 측면이기 때문이다. 자신이 선택한 영역에서 비슷한 마음을 가진 동료들과 함께 계속 작업하고 작업한 만큼 보상을 받으면서 늙어 가는 방법은 거의 없다.

후 주

1. 예를 들어, Bourdieu(1993) 참조. "Michel Foucault…… 분야에서 각각의 담론의 설명적 원리에 대하여 특정 '담론 분야' 밖을 조망하는 것을 거부한다. ……많은 사람이 그렇게 한 것처럼, Foucault는 요소론의 형태에 굴복하고 또는 그 형태를 선호했다면 숭배론에 굴복하여 다른 영역, 특히 수학에서 분명하게 나타냈다." (p. 179)
2. 초점의 연속성이 영역 요소(예, 자신이 기존에 잘 알고 있는 주제에 한정하려는), 또는 분야 고려 사항(예, 청중이 기대하는 것에 부응하려는) 때문이라면 주관적 현상은 매우 다르다.

참고문헌

Andreasen, N. C. (1987). Creativity and mental illness: Prevalence rates in writers and their first-degree relatives. *American Journal of Psychiatry, 144,* 1288-1292.

Baltes, P. B. (1993). The aging mind: Potential and limits. *Gerontologist, 33,* 580-594.

Baltes, P. B., & Staudinger, U. (2000). Wisdom: A metaheuristic (pragmatic) to orhestrate mind and virtue toward excellence. *American Psychologist, 55,* 122-136.

Barron, F., & Harrington, D. (1981). Creativity, intelligence, and personality. In M. R. Rosenzweig & L. W. Porter (Eds.), *Annual Review of Psychology, 32* (pp. 439-476). Palo Alto, CA: Annual Reviews.

Becker, H. S. (1974). Art as collective action. *American Sociological Review, 39*(6), 767-776.

Becker, H . S. (1976). Art worlds and social types. *American Behavioral Scientist, 19*(6), 703-719.

Bourdieu, P. (1993). *The field of cultural production.* Chicago: University of Chicago Press.

Cattell, R. B. (1963). Theory of fluid and crystallized intelligence: A critical experiment. *Journal of Educational Psychology, 54,* 1-22.

Cohler, B. J. (1982). Personal narrative and the life course. In *Life-span development and behavior* (Vol. 4, pp. 205-241). New York: Academic Press.

Colby, A., & Damon, W. (1992). *Some do care: Contemporary lives of moral commitment.* New York: Free Press.

Collins, M. A., & Amabile, T. M. (1999). Motivation and creativity. In J. R. Sternberg (Ed.), *Handbook of creativity* (pp. 297-312). New York: Cambridge University Press.

Csikszentmihalyi, M. (1996). *Creativity: Flow and the psychology of discovery and invention.* New York: HarperClollins.

Csikszentmihalyi, M. (1999). Implications of a systems perspective for the study of creativity. In R. J. Sternberg (Ed.), *Handbook of creativity* (pp. 313-335). Cambridge, UK: Cambridge University Press.

Csikszentmihalyi, M. (2000). *Beyond boredom and anxiety: The experience of paly in work and games.* San Francisco: Jossey-Bass. (Original work published 1975)

Csikszentmihalyi, M., & Csikszentmihalyi, I. S. (1993). Family influences on the development of giftedness. In *The origins and development of high ability* [Ciba Foundation Symposium 178] (pp. 187-206). Chichester, UK: Wiley.

Csikszentmihalyi, M., & Getzels, J. W. (1973). The personality of young artists: A theoretical and empirical investigation. *British Journal of Psychology, 64,* 91-104.

Csikszentmihalyi, M., & Nakamura, J. (1999). Emerging goals and the self-regulation of behavior. In R. S. Wyer (Ed.), *Advances in social cognition: Vol. 12. Perspectives on behavioral self-regulation* (pp. 107-118). Mahwah, NJ: Erlbaum.

Csikszentmihalyi, M., & Robinson, R. E. (1986). Culture, time, and the development of talent. In R. J. Sternberg & J. Davidson (Eds.), *Conceptions of giftedness* (pp. 264-284). New York: Cambridge University Press.

Csikszentmihalyi, M., & Rochberg-Halton, E. (1981). *The meaning of things.* New York: Cambridge University Press.

Daloz, L., Keen, C., Keen, J., & Parks, S. (1996). *Common fire.* Boston: Beacon Press.

Davie, D. (1990). *Slavic excursions: Essays on Russian and Polish literature.* Chicago: University of Chicago Press.

Dennis, W. (1966). Creative production between the ages of 20 and 80 years. *Journal of Gerontology, 21,* 1-8.

Dewey, J. (1934). *Art as experience.* New York: Perigree Books.

Emmons, R. A. (1999). *The psychology of ultimate concerns.* New York: Guilford.

Erikson, E. H. (1958). *Young man Luther.* New York: Norton.

Feldman, D. H. (1980). *Beyond universals in cognitive development.* Norwood, NJ: Ablex.

Feldman, D. H. (with Goldsmith, L. T.). (1991). *Nature's gambit: Child prodigies and the development of human potential.* New York: Teachers College Press. (Original work published 1986)

Foucault, M. (1968). Réponse au cercle d'épistémologie. *Cahiers pour l'Analyse, 9,* 9-40.

Freud, S. (1947). *Leonardo da Vinci, a study in psychosexuality* (A. A. Brill, Trans.). New York: Random House.

Freud, S. (1955). The Moses of Michelangelo. In J. Strachey (Ed. and Trans.), *The standard edition of the complete psychological works of Sigmund Freud* (Vol. 8, pp. 211-238). London: Hogarth. (Original work published 1908)

Galatzer-Levy, R. M., & Cohler, B. J. (1993). *The essential other: A developmental psychology of the self.* New York: Basic Books.

Gardner, H. (1993). *Creating minds: An anatomy of creativity seen through the lives of Freud, Einstein, Picasso, Stravinsky, Eliot, Graham, and Gandhi.* New York: Basic Books.

Gedo, J. (1990). More on creativity and its vicissitudes. In M. Runco & R. Albert (Eds.), *Theories of creativity* (pp. 35-45). Newbury Park, CA: Sage.

Getzels, J. W., & Csikszentmihalyi, M. (1976). *The creative vision: A longitudinal study with artists.* New York: Wiley.

Getzels, J. W., & Jackson, P. (1962). *Creativity and intelligence: Explorations with gifted students.* New York: Wiley.

Goodman, L. (1981). *Death and the creative life.* New York: Springer.

Gruber, H. E. (1981). *Darwin on man: A psychological study of scientific creativity* (2nd ed.). Chicago: University of Chicago Press.

Gruber, H. E. (1984). The emergence of a sense of purpose: A cognitive case study of young Darwin. In M. L. Commons, F. A. Richards, & C. Armon (Eds.), *Beyond formal operations: Late adolescent and adult cognitive development* (pp. 3-27). New York: Praeger.

Gruber, H. E., & Davis, S. (1988). Inching our way up Mount Olympus: The evolving systems approach to creative thinking. In R. J. Sternberg (Ed.), *The nature of creativity* (pp. 243-270). New York: Cambridge University Press.

Gruber, H. E., & Wallace, D. B. (2001). Creative work: The case of Charles Darwin. *American Psychologist, 56,* 346-349.

Guilford, J. P. (1967). *The nature of human intelligence.* New York: McGraw-Hill.

Harrington, D. M. (1990). *The ecology of human creativity: A psychological perspective.* In M. A. Runco & R. S. Albert (Eds.), *Theories of creativity* (pp. 143-169). Newbury Park, CA: Sage.

Howe, M. J. A. (1999). Prodigies and creativity. In R. J. Sternberg (Ed.). *Handbook of creativity* (pp. 421-448). New York: Cambridge University Press.

Jamison, K. R. (1989). Mood disorder and patterns of creativity in British writers and artists. *Psychiatry, 52,* 125-134.

John-Steiner, V. (1985). *Notebooks of the mind.* Albuquerque: University of New Mexico Press.

John-Steiner, V. (2000). *Creative collaboration.* New York: Oxford University Press.

Kris, E. (1952). *Psychoanalytic explorations in art.* New York: International

Universities Press.

Lehman, H. C. (1953). *Age and achievement.* Princeton, NJ: Princeton University Press.

Martindale, C. (1990). *The clockwork muse: The predictability of artistic change.* New York: Basic Books.

Mockros, C., & Csikszentmihalyi, M. (2000). The social construction of creative lives. In A. Montuori & R. Purser (Eds.), *Social creativity* (Vol. 1, pp. 175-218). Cresskill, NJ: Hampton.

Montuori, A., & Purser, R. E. (Eds.). (1999). *Social creativity.* Cresskill, NJ: Hampton.

Nakamura, J., & Csikszentmihalyi, M. (2001). Catalytic creativity: The case of Linus Pauling. *American Psychologist, 56,* 337-341.

Nakamura, J., & Csikszentmihalyi, M. (2003). The construction of meaning through vital engagement. In C. L. M. Keyes & J. Haidt (Eds.), *Flourishing: Positive psychology and the life well-lived.* Washington, DC: American Psychological Association.

Neugarten, B. (1969). Continuities and discontinuities of psychological issues into adult life. *Human Development, 12,* 121-130.

Roe, A. (1952). *The making of a scientist.* New York: Dodd, Mead.

Root-Bernstein, R. S., Bernstein, M., & Garnier, H. (1993). Identification of scientists making long-term, high-impact contributions, with notes on their methods of working. *Creativity Research Journal, 6,* 329-343.

Rowe, A. R. (1976). The retired scientist: The myth of the aging individual. In J. F. Gubrium (Ed.), *Time, roles and self in old age* (pp. 209-219). New York: Human Sciences Press.

Rowe, J. W., & Kahn, R. L. (1998). *Successful aging.* New York: Pantheon.

Runco, M. A. (Ed.). (1994). *Problem finding, problem solving, and creativity.* Norwood, NJ: Ablex.

Sawyer, R. K. (Ed.). (1997). *Creativity in performance.* Greenwich, CT: Ablex.

Sawyer, R. K. (2002). A discourse on discourse: An archeological history of an intellectual concept. *Cultural Studies, 16*(3), 433–456.

Sears, P., & Sears, R. R. (1980, February). 1528 little geniuses and how they grew. *Psychology Today,* pp. 29–43.

Schaie, K. W. (1996). Intellectual development in adulthood. In J. E. Birren & K. W. Schaie (Eds.), *Handbook of the psychology of aging* (4th ed., pp. 266–286). San Diego, CA: Academic Press.

Simon, N. A. (1988). Creativity and motivation: A response to Csikszentmihalyi. *New Ideas in Psychology, 6,* 177–181.

Simonton, D. K. (1988a). Age and outstanding achievement: What do we know after a century of research? *Psychological Bulletin, 104,* 251–267.

Simonton, D. K. (1988b). *Scientific genius: A psychology of science.* Cambridge, UK: Cambridge University Press.

Simonton, D. K. (1997). Foreign influence and national achievement: The Impact of open milieus on Japanese civilization. *Journal of Personality and Social Psychology, 72,* 86–94.

Simonton, D. K. (1999). Creativity from a historiometric perspective. In R. J. Sternberg (Ed.), *Handbook of creativity* (pp. 116–136). New York: Cambridge University Press.

Stephan, P. E., & Levin, S. G. (1992). *Striking the mother lode in science: The Importance of age, place, and time.* New York: Oxford University Press.

Terman, L. M. (1925). *Genetic studies of genius.* Stanford, CA: Stanford University Press.

Wallace, D. B., & Gruber, H. E. (Eds.). (1989). *Creative people at work: Twelve cognitive case studies.* New York: Oxford University Press.

Wallas, G. (1926). *The art of thought.* New York: Harcourt Brace.

Wehner, L. Csikszentmihalyi, M. & Magyari-Beck, I. (1991). Current approaches to studying creativity: An exploratory investigation. *Creativity Research Journal, 4*(3), 261–271.

Wigner, E. (1992). *The recollections of Eugene P. Wigner.* New York: Plenum.

Zuckerman, H. (1977). *Scientific elite. Nobel laureates in the United States.* New York: Free Press.

Zuckerman, H., & Cole, J. R. (1994). Research strategies in science: A preliminary inquiry. *Creativity Research Journal,* 7, 391-405.

Chapter

06

Creativity and Development

창의성과 발달의 주요 문제

모든 저자에 의해 집필됨

우리는 이 프로젝트를 처음부터 끝까지 공동 집필하였고, 간략한 초안을 준비하는 첫 단계부터 협력하기 시작했다. Keith Sawyer와 대위법 양식으로 구성된 시리즈 편집자인 Marc Marschark는 초안에서 각 장의 공통적인 중요한 주제들이 일관성 있게 그리고 가치 있는 영향력이 확실히 언급되었는가를 점검하였다. 이러한 점검을 통해 초안이 의미 있게 수정되었다. 각 장의 원고들은 모두 흥미로웠고, 이 책의 주제인 창의성 연구와 발달심리학에서의 공통적인 이론적 문제들을 중요하게 다루었다.

이러한 협력 과정은 프로젝트 진행 동안 계속되었다. 2001년 가을에 각 장의 초안을 받고 난 후, Sawyer는 전체 원고의 복사본을 저자에게 모두 회람시켰다. 그러고 나서 John-Steiner와 Sawyer는 각각의 원고를 협력하여 검토하였고, 자세한 편집 주석을 달았다. 다른 저자들은 이러한 지적 사항과 잠정적으로 수정된 초안에서 다른 장에 제시된 아이디어에 자신들의 의견을 제시하였고, 2002년 1월까지 완성하였다. 그런 다음 John-Steiner와 Sawyer는 마지막 장을 논의하기 위한 준비로 수정된 원고 전체를 모든 저자에게 회람시켰다.

대위법 양식으로 구성된 시리즈의 독특한 특징은 마지막 장에서 각각의 장에 제시된 아이디어를 모든 저자가 상호 교류하며 제시하였다는 점이다. 우리는 인터넷 뉴스 집단처럼 논의를 조직하는 새로운 기술을 이용하기로 결정했다. 2002년 5월, John-Steiner와 Sawyer는 각 장에 들어 있는 논의 질문 목록을 준비했다. Sawyer

는 4월 9일 첫 이메일에서 자유 형식의 제한이 없는 논의를 제안했다. "부디 논의에 대한 추가적인 질문이나 주제에 관하여 자유롭게 제안해 주세요. 어떠한 질문에 대해 응답이나 기술 역시 편안하게 해 주세요. 특정한 순서대로 하지 않아도 되고, 내게 질문을 제안하는 것을 기다리지 않아도 됩니다." 우리는 처음으로 다음 10개의 질문을 돌렸고, 논의가 진행됨에 따라 처음의 세 가지 질문에 우리의 관심사가 모아졌다.

① 사회는 아동의 천성적인 창의성을 억제하는가?
② 발달과 창의성에 다른 영역들이 있는가?
③ 창의성 연구에서 사회적 맥락과 개인의 심리적 과정은 어떻게 균형을 이루는가?
④ 동기와 성격의 관련성은 무엇인가? 사회적 맥락은 동기(그리고 성격)와 어떻게 상호작용하는가?
⑤ 역사적 발달의 역할은 무엇인가? Moran과 John-Steiner는 Vygotsky의 이론에서 이를 언급하지만 다른 장에서는 대부분 언급하지 않는다. Csikszentmihalyi는 종종 창의성은 시대마다 다르게 정의된다고 주장한다—Mendel은 그가 죽기 전까지는 창의적이지 않았다. 역사적으로 창의성에 대한 보편적인 개념은 없는가? 창의성의 어떤 측면이 시간이 흐름에 따라 가장 변해 갈 것 같은가?
⑥ 성인의 창의성에 대한 발달적 선행 요건은 무엇인가? 아동 활동(예, 환상놀이)과 성인의 창의성 간에 어떤 증명된 관련성이 있는가?
⑦ 질적 발달전환 이론들(Piaget의 이론과 같은)은 아동의 기본 정

신 과정이 성인의 기본 정신 과정과는 다르다고 주장하지만, 우리는 아동과 성인 모두에게 동일한 창의성 이론을 적용한다. 성인보다 아동을 위한 다른 창의성 이론이 필요한가? 만약 아니라면 왜 그런가?

⑧ Feldman과 Sawyer가 제안했던 것처럼, 발달 전환은 창의적인가? 또는 이러한 유추는 너무 비약적인가?

⑨ 창의적 성격 또는 개인성(또는 아마도 영역 특수적인 창의적 성격)이 있는가? 만약 그렇다면 그에 대한 발달적 독특성은 무엇인가?

⑩ Sternberg의 투자 이론(대중에 도전하고, 싸게 사다)과 Csilszentmihalyi의 체계 이론(대중과 함께하는 것으로 보이는)을 비교하라. 우리는 이것을 어떻게 조정할 수 있는가?

논의는 한 달 이상 진행되었고, 2002년 6월 3일에 결론이 났다. 그러고 나서 Sawyer는 전체를 명쾌하고 일관성 있게 편집했고 주제와 순서에 맞게 구성했다.

Creativity and Development

창의성과 아동

질 문: 우리 문화에서는 사회가 창의성을 억제한다는 대중적인 믿음이 있다. 예를 들면, 형식적인 학교교육은 아동의 천성적 창의성을 억제한다는 것이다. 만약 그렇다면, 아동이 성인보다 더 창의적이고, 정상적인 발달은 덜 창의적이라는 과정을 암시한다. 이러한 대중적 믿음은 진실인가? 만약 그렇다면 증거는 무엇인가? 만약 아니라면 왜 그렇게 많은 사람이 이를 믿는가?

David Henry Feldman

나의 학생들으로부터 확실한 대답을 얻는 가장 좋은 방법 중 하나는 아동은 창의적이지 않다고 제안하는 것이다. 이러한 방법은 아동이 천성적으로 창의적이라는 믿음에 대한 직접적인 반대이며, 또한 매우 강한 감정과 반응을 야기한다. 물론 나의 의도는 학생들이 창의성에 대한 더욱 정확한 정의를 하도록 요구하는 것이다. 어떤 의미에서는 아동이 천성적으로 창의적이란 것이 참이지만, 또 다른 의미에서 일부 아동은 문화적으로 가치 있는 지식체계를 결코 추가하지 않는다. 많은 아동이 자발적이고 표현적이며 그들의 의지를 말하거나 자유로운 행동을 하는 데 있어 자기를 의식하지 않지만, 모두가 그런 것은 아니다. 만약 우리가 창의성을 아동의 매력적인 특성으로 정의한다면, 이러한 특성들은 시간의 흐름에 따라 감소하는 경향이 있는 것은 충분히 참이다(다시 말하지만, 모두 그런 것은 아니고, 모든 아동에게서 그런 것도 아니다.). 문화적으로 우리는 어린 시절을 낭만적으로 묘사하는 경향이 있고, 이것은 또 다른 예의 하나다. 창의성에 대한 관련성은 실제적이지만 다소 과장된 것이다.

그럼에도 불구하고 중요한 창의적인 작업에 수반될 일부 아동들의 특성을 유지하거나 향상시키는 것이 얼마나 중요한가에 대한 질문은 유효하다. Gardner(1993)의 창의자에 대한 분석은 각 개인의 성격에서 나타나는 일부 아동 같은 특성에 집중되어 있다. 그러나 그가 지적했듯이, 이것은 개인으로 구성된 집단, 특정 순간, 그들이 작업한 영역, 다른 요소와 구분될 것이다. 많은 창의성 학자가 제기해 온 타당한 주제는 다양한 창의적 활동 형태 간의 구분이다. 내가 사용하는 용어인, 낮은, 중간, 높은 범위의 창의성(Morelock & Feldman,

1999)은 이러한 경우의 하나다. Winner(1997) 역시 유용한 구분을 제안했다. 요점은 창의성이라는 단어는 기술적으로 구체화되고 제한된 적합한 매개변수가 요구된다는 것이다. 아동은 때때로 내가 언급한 낮은 범위의 창의성과 같은 일부 특성을 보이는데, 이는 아동이 산출한 변형과 확장이 놀랍고 매우 기쁜 것이지만, 지식체계, 기술 또는 이해에 대한 지속적 효과는 없다.

낮은 범위의 창의성에서 매력적인 특성들은 더욱 지속적인 창의적 활동이 일어나기 위해서(내가 말한 중간—또는 높은—범위 창의성) 어느 정도 다듬어지고, 세련되며, 어쩌면 감소되어야 한다는 것은 거의 확실하다. 기본적으로 다른 많은 발달과 더불어, 일부는 문화에서 더 초점을 두고, 강력하며 지속적인 창의적 공헌을 함에 있어 포기된다. 다소 유감스럽지만, 중요한 창의적인 작업은 지속적인 초점, 고된 작업, 잘 체계화된 지식, 실패의 국면에서의 집요함 그리고 일관된 작업의 제시가 요구된다. 그 분야에서 가장 도전적인 질문 중의 하나는 어떻게 우리가 창의성을 표현하는 많은 도전을 통해 다른 사람에 의해 평가될 수 있는 형태로 창의적 과정에 불을 붙이는 아동과 같은 불꽃을 지속시킬 수 있는가다.

Mike Csikszentmihalyi

이 질문은 창의성에 대한 관습적 혹은 개인적 관점에서 형식화된 것이고, 나의 체계 모형으로 대답하기는 매우 어렵다. 이는 "공기가 물고기의 날고자 하는 천성적 성향을 억누른다."라는 속담과 약간 유사하다. 만약 당신이 체계 모형의 입장에서 창의성을 본다면, 사회와 분리된 것으로 창의성을 인식하는 것은 무의미하다. 이것은 인식론상의 문제다. 내 견해로는 창의성을 구성하는 것은 사회다. 그러므로 당신은 아동이 사회 특정 부분인 분야에서 창의성을 구성할 때까지 억제되어 있는 어떠한 창의성도 가지고 있다고 말할 수 없다. 나는 아동이 창의적이거나, 창의성을 나타낸다는 것이 무엇을 의미하는지 모르겠다. 대개 이러한 용어는 성인에게 아동이 종종 독창적이고 상상적이거나, 비순응적으로 보인다는 의미다. 이러한 행동은 마치 규칙을 무시하는 것, 또는 성인을 따르는 무능함으로 해석될 수도 있다. 이러한 것이 우리가 주로 생각하는 성인의 창의성, 즉 사회적으로 가치 있고, 성과를 가져다주는 독창적인 결과와 관련이 있다는 증거는 정말로 없다.

아동의 자발적이고 독창적인 산출물들이 실제로 사회적으로 가치 있다고 주장할 수도 있는데, 이는 아동의 어머니와 교사가 그것을 평가하기 때문이다. 이러한 제한적인 측면에서, 아동은 자신의 예술 영역이나 당신이 생각하는 부분에서 창의적이라고 할 수 있다. 그러나 이러한 영역들은 아마 발달 용어(예, 아동에게 예술 등을 연습시키는 것은 유용하다)를 제외하고 모든 문화에 널리 퍼져 있지만 이러한 산출물에 의한 창의성은 적절하지 않다.

물론 사회와 단체가 특정 장소와 시간에서 공동으로 창의성을 구성하는 것은 다소 효과적이다. 예를 들어, 학교는 창의성을 야기하는 데 좋은 조건을 갖추고 있지 않으며, 다음과 같은 이유로 그러하다. 학교는 문화의 한 분야가 된 과거의 창의적 성취들의 결과로서 영역을 전달하도록 만들어진 단체다. 학교에서는 창의성을 향상하도록 가정되지는 않지만, 각 세대에게 그 문화에서 삶에 필요로 하는 정보를 소개함으로써 창의성이 발생할 수 있는 기반을 준비하도록 가정한다. 그리고 학교에서 그렇게 되기를 원한다면 변화하고 추가함으로써 창의성이 발생할 수 있다. 따라서 학교는 근본적으로 보수적이고, 또한 보수적이어야만 하므로 창의적인 많은 어린 세대를 좌절하게 하였다.

유사하게 많은 사회에서는 새로움에 대해 매우 개방적이지 않으며, 변화와 혁신을 지지하지도 않는다. 특히, 아시아 문화는 그들 자신을 이러한 시각으로 본다. 하지만 전통을 혁신보다 선호하는 사회체계가 앞서 제시한 이유로 창의성을 짓누르거나 억압한다고 하지는 않겠다. 개인의 창의성을 억압하는 것은 없다. 그러한 체계가 창의성을 북돋아 주고, 지지하며, 고무하거나 보상하지 않는다고 말하는 것이 더 적절한데, 왜냐하면 이 용어들은 모두 개인보다 오히려 사회체계에 대한 지적이기 때문이다.

Vera John-Steiner

놀이성이 풍부하고 새로운 형식의 아동 행동에 대한 사회, 특히 대부분의 학교에서 반응하는 방식은 우리의 현재 분위기에서는 심각한 주제다. 아동의 상상적이고 예술적인 시도는 강도가 다르다. 일부 종단적 연구에서, 예를 들어 Mills 종단 연구(예, Helson & Pals, 2002)에서 이러한 상상적 활동의 강도는 차후의 창의적 산출과 잘 관련된다고 제안하였다. 그러나 Feldman이 이미 지적했듯이, 창의적 산출은 지속적 동기, 인내, 거부와 실패에 직면하는 능력, 성공적 멘터링 그리고 창의적 활동을 지원하는 공동체를 필요로 한다. 그래서 비록 어린 시절의 놀이가 결정적으로 상상력의 발달과 내적 · 외적으로 동기화된 활동들의 개입을 위한 중요한 자원이지만, 그것은 Vygotsky, Csikszentmihalyi와 그 밖의 다른 사람들에 의해 개발된 것처럼 창의성의 광범위한 사회체계의 한 측면이다.

개인적 수준에서, 소설을 구성하는 과정은 상상력, 위험 감수, 영역 특수적인 상징체계와 특정 분야의 전문성에 대한 판단, 정서적 긴장, 용기를 함께 엮는 것이 요구된다. 이러한 요인들은 창의성의 사회체계에서 분리된 채로는 결코 발달하지 않는다. 여기에는 언어, 음악적 표기법, 컴퓨터, 지질학적 표기법, 과학적 장비들과 협력적 공동체, 심포니 오케스트라, 실험실 팀과 같은 활동 체계들을 포함하는 사회적으로 구성된 인공물들을 포함한다. 우리의 초점인 창의성과 발달 간의 관계에서 우리는 창의적 실행에 공헌하거나 방해하는 충분한 사회적 역할에 대한 더 많은 논의가 요구된다. 나는 사회가 개인적 창의성에 영향을 주는 최소 세 가지 방법을 생각할 수 있다.

첫째, 창의적 공헌을 형성하기 위해 요구되는 심오한 예술적 혹은 과학적 지식은 사회에서 소외된 아동과 청소년이 접근하기가 쉽지 않다. 특성화된 도시 중심 고등학교는 여러 환경의 다양성으로부터 도출된 어린 예술적 재능을 양성하는 데 지원하고 있지만, 이 영재 아동들은 사업과 과학적 노력에 가치를 두는 사회에 의해 점차 무시되고 있다. 이러한 경향과 관련하여 상상력과 환상을 확대하기보다는 협소한 검사 주도의 교육이 자리 잡고 있다. 이러한 교육에서의 강조점은 발견과 창의적인 새로운 문제들을 개발하도록 하는 가치 있는 과정들을 희생하더라도 정답을 찾는 것이다. 이러한 경향과 함께 학교에서 시인과 예술가에 관해 가르치는 것에 대한 강조가 감소했다. 그러나 여전히 이러한 인물들에 관한 학습은 어린 학생들이 자신의 창의적 관심을 믿고 기술을 연마하는 데 오랫동안 영감을 준다.

둘째, Wilson(1977)이 **커뮤니타스**(communitas)라고 기술했던 고등학교 예술 교실은 학생들이 다양한 자원(생존 모형과 예술 보급품 같은)으로 방과 후 실험을 자유롭게 할 수 있는 환경을 제공한 반면, 동시에 그들은 산출물을 내도록 어떠한 강요도 받지 않았다. 예술 교실은 창의적 실행의 발달을 위해 역사적으로 변화하는 맥락을 제공하는 영역 특수의 활동체계다. 그들의 현재는 창의적 활동 양성의 한 측면이다. 대부분의 공립학교에서 이러한 환경에 가치를 두지 않는다는 사실은 나의 근본적인 주장을 예증한다. 개인과 집단 창의성의 육성은 사회 정책과 자원에 크게 의존한다. 이 주장은 우리가 개별적으로 사회가 얼마나 새로운 생각이나 예술 활동들이 출현하도록 자극하는가를 강조한 것처럼 분야의 중요한 역할에 관한 Csikszentmihalyi(1988)의 주장과 유사하다.

특정 사회에서 높은 가치를 둔 영역에서의 투자—예를 들어, 옛 소련에서 발레와 체스, 또는 프랑스에서 시각예술—는 이동하는 역사적 환경과 함께 극적으로 변할 수 있다. 체계 관점에서 아동의 놀이적인 탐색은 단지 창의적 노력 주변에 구성된 삶의 작은 부분이다. 아동의 발달은 가족, 공동체 및 사회적 지원을 필요로 하고, 이들은 영역 특수 지식을 숙달하게 하는 기회를 제공하며, 창의적 삶을 구성하는 데 어려움을 극복하게 도와준다. 그래서 나는 사회가 창의성을 억압하거나 육성하는, 역사적으로 변화하는 맥락이라고 간주한다.

셋째, Feldman과 Csikszentmihalyi가 제안했듯이, 이 질문에 대답하기 위해서 우리는 창의성에 대한 우리의 정의와 창의적 과정의 여러 구성 성분에 대해 더 명확히 해야 할 필요가 있다. 마찬가지로 우리는 사회가 의미하는 것에 대한 더 자세한 탐구가 요구된다. 심리학자들처럼, 이는 우리가 단지 매우 제한된 방법으로 할 수 있는 과제다. 이 주제의 충분한 해결법은 예술과 과학을 연구하는 사회학자들에게 더 강하게 의지하는 것이다.

결론적으로, 이 질문에 답하기 위해서는 이론적 주제와 창의적 활동에 일생을 바치는 것을 열망하는 청년들이 직면하는 현재의 도전에 초점을 두어야 할 필요가 있다. 역사적 관점에서 이 주제를 볼 때, 우리는 미국이 이 시기에 예술적 창의성 육성에 불리한 시기에 있음을 고려할 필요가 있다. 그리고 비록 이것이 창의적인 학자들이 고려할 중요한 상황이지만, 더 큰 사회 안에서 사회적 압력을 저지하고, 창의적인 사람의 투쟁을 일부 지원할 수 있는 더 작은 사고 공동체가 있다는 것을 인식할 필요가 있다. 만약 이 공동체들이 창의적인 사람과 더 넓은 사회적 맥락 간의 관계를 유지하기 위한 생태적 안락처를 찾는다면, 광범위한 사회적 힘이 이러한 노력을 촉진하는 데 부정적이더라도 그들이 이 시기에 살아남는 것은 가능할지도 모른다.

Mike Csikzentmihalyi

나는 학교가 일반적으로 아동에게 '놀이성이 풍부하고 새로운 행동'을 자극하고 육성하는 데 더 좋은 성과를 낼 수 있다는 John-Steiner의 의견에 동의한다. 아동은 완전한 인간이고, 자신감을 발달시키며, 무엇보다도 그들의 삶을 즐기기 위해 놀이성과 자신을 표현하는 기회가 필요하다. 많은 증거가 있는데, 예를 들어 학교에서 과외활동(미술, 음악, 연극, 체육 등)의 기회가 있는 아동은 차후에 학업적으로 더 잘할 것이고, 그렇지 않다면 대처 능력을 촉진할 다양한 다른 종류의 변인들을 더 잘 통제할 것이다.

아직 나는 John-Steiner가 인용한 대부분의 이유로 학교가 창의성을 억압하는 여부에 관해서는 언급하지 않았다. 이 이유들에 나는 나의 일상의 인식론적 그리고 존재론적 경고를 덧붙인다. 왜냐하면 창의성은 문화 안에서 어떤 변화를 산출하기 전까지는 존재하지 않으므로 아동에게서 관찰되거나 측정될 수 없기 때문이다(내 지식에 따르면, 아동이 문화의 어떤 영역을 변화시키지 않는다면, 창의성은 아직 발생하지 않았다.). 나의 견해로는 이러한 구분은 너무 단순하여 99.99%의 사람들이 이해할 수 없지만, 이러한 구분은 절대적으로 근본적인 것이다.

왜 사람들은 아동의 신기성이 창의성을 대표한다는 생각을 단호하게 버리기지 못하는가? 내가 보기에 그것은 우리 문화 속에 점진적인 두드러진 변화 때문이다. 우리는 과거에 인간으로서의 각자의 자존심을 지지했던 대부분의 미덕에 대한 믿음을 잃어버렸다. 성적 순결은 Freud에 의해, 우리는 착하고 이타적인 사람이라는 확신은 Marx에 의해, 신과 같은 재료로 구성되었음은 Darwin에 의해 다시 설계되었다. 인간의 탁월성의 마지막 보루 중의 하나는 창의성에 대한 믿음이다. 우리는 너무 현실적이어서 우리 모두가 Einstein이나 Michelangelo인 척하지는 않지만, 우리 각자가 '신성한' 선천적 번득임을 가진다고 가정할 수 있다. Pareto를 비롯한 많은 사람이 이제껏 말했듯이, 믿음은 유용할 만큼 참이지 않다. 사실은, 그 반대가 종종 참이다. 그래서 나는 치료적으로 타당한 탁월한 재능으로 인간을 장식할 마지막 시도를 수용할 준비는 되어 있지만, 나의 소명이 학자라는 사실로 인해 나는 이것의 진실을 지지할 수 없다.

Seana Moran

Vygotsky 학파의 관점에서, 아동은 성인보다 다소 창의적이지 않다. 왜냐하면 그들은 스스로 기술들을 숙달하지 않았기 때문이다. 주관적 상상, 객관적 상상 그리고 개념에 대한 사고의 기능적 체계들의 통합, 이러한 체계들의 의식적 통제가 가능한 진짜 창의성을 위해 일어나야 한다. 하지만 학령기 아동은 심지어 학령전기 아동이 자신보다 더 창의적이라 생각한다. 내가 관찰했던 5학년 교실에서 한 학생이 말하기를, 유치원생들은 나뭇잎이 말을 한다는 것처럼 엉뚱한 생각을 하지만, 자신은 실재를 더 잘 알고 나뭇잎들은 말을 할 줄 모른다는 것을 알고 있다고 했다. 이 5학년들은 실재와 창의성 간에 긴장이 있다고 생각한다. 그들은 서사적 산문(논픽션)은 실재에 관한 것이므로 창의적이지 않다고 생각한다.

우리는 지금 성인의 삶을 생각하며 한숨짓는다. 우리가 어렸을 때 삶은 더 간단했다고 기억한다. 우리는 아무것도 아닌 것처럼 보이는 그림을 그리면서 재능이 있다고 여기고, 결과도 없이 산만한 혼합으로 보이는 실험을 하면서 영리하다고 여기며, 구성이 없는 이야기들을 쓰면서 창의적이라고 여겼다. 우리가 산출한 어느 것도 우리를 사랑했던 사람들로부터 칭찬을 받을 만하게 하였다. 연령이 증가할수록, 우리의 그림은 실재적으로 보여야 하고, 우리의 실험들은 작업이 요구되며, 우리의 이야기에서는 구조가 요구된다. 우리 중 일부는 이러한 규칙인 사회적으로 동의된 관습들을 수용하고 익숙해졌다. 우리 중 일부는 이러한 규칙들에 반발하여 직장을 구하거나 다른 사람과 소통하는 데 고충이 있음을 알았다. 우리는 단지 괴짜다. 그리고 우리 중 일부는 규칙을 특정한 경우에 바꿀 수 있는 일시적 영역으로 받아들이고, 아마도 창의성 연구가들이 창의적이라고 명명하는 사람이 될 수 있다. 그리고 우리는 다른 사람이 세상에 대해 지각하는 방식을 변화시켰다. 창의성은 배경으로서만이 아니라 창의성을 야기하는 통합적 방법의 부분으로서의 사회적 관습, 규칙 및 조작이 요구된다.

나는 아동기 창의성에 관한 대중적 믿음은 걱정 없는 시절에 대한 동경으로 아동기를 바라보기 때문이라고 생각한다. 문제는 어린 시절이 우리가 기억하는 것만큼 걱정이 없었던 것은 아니다. 아동은 많은 규칙과 제약을 받는다. 그리고 성인이 되면, 아동의 생성적 능력을 과소평가하여 아동이 어른이 말하는 것보다 훨씬 독창적으로 이야기할 때 더욱 놀란다.

창의성은 성인기에 갑자기 샘솟지 않으며, 그런 이유로 아동기를 조명하는 것이 유익할지도 모른다. 하지만 아동기와 성인기 간에 어느 쪽이 더 창의적이라고 범주화하는 것은 유익하다고 생각하지 않는다. 나는 Gruber(1998)가 사례 연구와 진화체계 접근법에서 언급했듯이 발달 통로가 있다고 생각한다. 그 질문은 어떻게 아동의 활동이 성인의 창의성으로 변형되어 가는가 하는 것이다.

Jeanne Nakamura

두 가지 중심적 관점에 하나의 의견을 더 첨가하고자 한다. 첫째, 창의성은 개인 내에 위치하고 있다는 전제에 대한 거부다. 큰 창의성(bic C)인 문화를 변형시키는 중요한 생산물을 연구하는 우리에게 체계 관점에서 아동기 창의성에 대한 신념, 개인의 선천적 특성으로서의 창의성 개념들은 이해되지 않는다. 비록 일부 이론가들이 이것을 일상의 창의성인 작은 창의성(small c)이라고 고려할지라도, 체계 관점에서 사회와 문화는 창의성이라고 정의된 어떤 업적의 구성적 역할을 한다. 문화가 창의성을 억제하는가의 여부를 묻기보다는 문화(또는 문화 내의 창의적 분야 중의 하나)가 기술을 유지하기 위하여 새로움을 조장하지 않으면서, 오히려 문화의 변형보다는 문화의 재생산에 대한 보상 여부와 방법에 대해 묻는 것이 더 이해가 된다. 둘째, 문화적 진단이다. 나는 논의 중인 대중적 신념과 미국 학생들의 창의성의 비개인적 관점에 대한 거의 보편적인 반발은, 첫 번째 응답에서 이미 정교화되었다고 여기는 문화적 믿음에 깊게 뿌리내리고 있다는 것에 동의한다.

동시에 우리의 개인 외적 요인에 대한 강조는 명백히 심리학 분야에 우리의 위치를 산출하고 초개인주의로 향한 심리적 경향에 대한 반응이다. 나는 어렴풋이 문화를 연구하는 사회학자들과 예술을 연구하는 역사학자들이 만약 창의성의 사회적 · 문화적 구성을 주장하고 있는 우리의 이야기를 듣는다면, 이러한 모든 논쟁을 의아해하면서 머리를 긁적거릴 것이라는 것을 안다. 그리고 사실상 개인 또한 창의성에 핵심적인 공헌을 하고 단지 여타 예술 작업을 하는 단순한 예술이 아니라고 강하게 주장하는 것처럼, 우리는 여타 심리학자들을 사회학자들로 대체했어야 한다는 소리를 종결지어야 할 것이다.

큰 창의성 그 자체는 개인적 특성이 아니다. 그러나 다른 사람들이 제안했듯이, 대중적 믿음에서의 중요한 핵심적 사실은 일부 개인적 특성은 큰 창의성에 도움이 되고 아마도 사회에 의해 억제될 것이라는 것이다(비록 큰 창의성에 도움이 되는 다른 개인적 특징들이 사회에 의해 육성될지라도). 이미 언급된 표현성, 자발적 행위, 상상력 그리고 관습에 대한 도전(혹은 무시)이다. 이 목록에 나는 세상에 대한 열정적인 호기심을 꼭 추가하고 싶다.

생애 후기의 창의성 연구에서(Csikszentmihalyi, 1996) 뛰어난 예술가와 과학자들은 주변 세상에 대한 자신의 강력한 탐구력에 대해 많은 이야기를 했다. 그래서 그들은 일생 동안 예술과 과학에 대한 추구에 공헌한 사람으로 여겨진다. 그리고 그들은 아동기의 호기심과 마음껏 즐길 수 있는 아동의 여유에 대한 현재 사회적 영향에 대해 굉장히 걱정하였다. 다음은 천문학자가 된 어느 조부모의 전형적인 의견이다.

> 나의 유년기를 생각하면 나는 엄청나게 호기심이 많았기 때문에, 우리 부부가 손자들에게 대단한 일을 하라고 하는 것은 아닌지 걱정이 된다. 즉, 나는 정말로 다음과 같은 질문을 했던 것을 기억한다. 몇 살이었는지는 기억이 잘 안 나지만 확실히 열 살은 아니었고 여섯 살쯤이었을 것이다. 내 머릿속은 우주에 관한 의문으로 가득했다. 자동차에 타고 있으면 왜 달이 우리를 따라오는 것인지와 같은 질문을 한 것을 기억한다. ……어렸을 때 나를 괴롭히던 다섯 가지의 질문을 말해 줄 수도 있다. 그리고 나는 어렸을 때의 나처럼 이 시기에 호기심을 가지게 하는 정말 궁금한 '것들'로 채워진 일상생활을 하는 아이들을 본다. 아마도 그들이 어쨌든 과학자가 되지 않을까? 그들은 대학에 가서 수학이나 물리학을 공부하고, 그들이 좋아하는 것을 결정하고, 그리고 과학자가 될 것인가?

발달심리학자들은 세상에 대한 호기심의 기원과 역동성, 창의성에 있어 호기심의 공헌, 호기심의 운명인 주어진 시공간 안에서 사회에 의해 육성 또는 억제되는 여부와 방법을 포함하여 합리적으로 연구할 수 있다. 여기에서 형식 교육의 영향에 대한 질문은 적합한 것 같다. 대중적 믿음에서 주장한 것처럼, 어떤 방식으로 형식 교육이 호기심을 억제하였는가? 그리고 인용한 천문학자의 바람처럼, 어떤 조건에서 호기심을 유발하였는가? 관련된 질문은 다음과 같다. 중요한 예술가와 과학자가 되기 위한 사람들에게 형식 교육 외에 어떤 방법으로 호기심이 촉진되었는가? 이 천문학자를 포함해서 우리가 인터뷰했던 많은 저명한 예술가와 과학자들은 학교가 그 영역이나 차후 몰입하게 하는 그들의 초기의 흥미를 유발하는 데 중요한 역할을 하였다고 기억하고 있지 않았다.

Keith Sawyer

사회가 창의성을 억제하는가? 나는 앞서 언급된 모든 것에 동의한다. 나는 Csikszentmihalyi가 아동은 정말로 창의적이지 않다는 것을 말하기를 기대했었는데, 왜냐하면 체계 모형에서 그들은 어떤 영역에서도 변화를 초래하지 않기 때문이다. 나는 Feldman이 아동은 모두 창의적이지 않다고 여기는 것은 단지 유년 시절을 낭만적으로 여기기 때문이라고 동의한 것에 더 많이 놀랐다. 나는 Feldman (1986/1991)의 아동의 경이로움에 관한 책을 바탕으로 하여, 비록 Csikszentmihalyi가 그러지 않았더라도, 그가 이러한 창의적 경이로움을 발견하였기에 놀랐다. 하지만 Feldman은 창의성은 '지속적인 초점, 고된 작업, 잘 조직화된 지식'이 요구된다고 했고, 나는 여러분이 경이로움이 어느 영역에서의 변화를 가져오지 않더라도 그러한 특성들을 가진다고 말할 수 있다고 생각한다.

Cikszentmihalyi는 아동의 독창적인 놀이 활동과 성인의 창의성의 관계성에 대한 증거는 없다고 말했다. 나는 최소한 그 증거들은 미확정적이라는 것에 동의한다. 예를 들어, 아동의 환상놀이와 추후 확산적 사고의 측정(이 책의 서문 참조) 간의 작은 상관을 확인한 연구들이 있다. 창의성에 대한 일부 정의에서 아동은 창의적이라고 한다. 그 예로, 우리는 창의성을 과제나 문제에 대한 예상치 못한 혹은 독창적인 반응으로 정의할 수 있다. 즉, 아동은 종종 기대하지 않은 무언가를 한다. 비록 Csikszentmihalyi와 John-Steiner가 지적했을지라도, 그들은 아마도 그 영역의 규칙들을 아직 내면화하지 못했기 때문일 것이다. 만약 창의성을 관념적 유창성으로 정의한다면, 학령전기 아동은 아마도 초등학교 아동들보다 점수가 높지 않을 것이다. 그러나 나는 사회가 창의성을 억제한다는 지각에 함축되었듯이 연령이 증가할수록 점진적으로 단조로운 감소를 보일 창의성의 측정에 대해 생각할 수 없다.

나의 창의성 교실의 학생들은 전형적으로 개인을 어떤 식으로 제약하는 것은 창의성을 간섭하므로 근본적으로 나쁘다고 생각한다. 학생들에게 영역(Csikszentmihalyi, 1988)에 필수적인 언어와 관습의 창의적 영역(Becker, 1982; John-Steiner, 1985)에 관해 가르칠 때, 그들은 잘 받아들였으나, 여전히 이러한 규칙과 제약들을 파괴할 수만 있다면 모두가 더 창의적일 수 있다고 생각한다. 내 생각에 이러한 자세는 우리 문화의 뿌리 깊은 개인주의에 의한 결과다. 자유롭고 구속을 벗어난 개인이 최선이며, 최선의 사회는 단지 그 방식에서 벗어난 것이다. 내가 교재로 사용하는 Becker의 『예술세계(*Art Worlds*)』(1982)에서, 그가 매우 효과적으로 언급한 규칙과 관습 없이는 누구도 더 이상 창의적일 수 없다는 것을 학생들에게 가르치는 것은 매우 어렵다.

내 생각에는 이러한 개인주의적 반관습적 태도가 아동이 아직 그 영역을 내면화하지 않았기 때문에 정확하게 창의적이지 않다는 생각을 유도한 것 같다. 이 또한 Csikszentmihalyi가 좌절에 대해 지적한 바—99.99%의 사람들이 창의성은 그 영역과 분야를 포함하는 체계에서만 정의될 수 있다는 생각을 수용할 수 없다—를 유도한다.

그런 이유로 개인과 사회의 관계에 대한 사회적-이론적 주제를 분석하는 데 많은 시간을 보냈다(내가 제1장에서 발생의 관념을 사용하여 말했던 것처럼, Sawyer, 2001, 참조). Csikszentmihalyi의 체계 이론을 내 용어로 옮긴다면, 창의성이란 개인적인 특성이라기보다는 집단, 분야 그리고 사회의 발생적 특성이라고 할 수 있다. 하지만 우리가 둘 중 하나를 선택해야 하는 것은 아니라고 생각된다. 비록 두 개념이 반드시 같지는 않지만 창의성을 집단과 개인 모두의 특성으로 정의하는 것은 가능하다고 생각한다. 예를 들어, 사회와 개인이 분석 수준에서 동일한 것으로 분명히 의미 부여할 수 없을지라도, 이들은 기능적이거나 잘 통합되었다고 말할 수 있다.

Creativity and Development

영역에서의 창의성

질 문: 영역 일반과 영역 특수 간의 갈등은 적어도 1970년대 초기부터 발달심리학과 창의성 연구 모두에서 중심 질문이었다. 그러나 이들 비교는 각 장에서 큰 관심을 받지 못했다. 이 문제에 대한 당신의 입장은 어떠한가? 당신은 연속선상에서 어디에 있는가? 나는 모두가 '가운데 어디'라고 말할 것이라고 가정하고, 당신이 그랬다면 더 구체적으로 들어가자. 정확히 가운데 어디에 있는가? 발달과 창의성 모두에서 영역 일반이란 무엇이며, 영역 특수란 무엇인가, 당신은 왜 그렇게 생각하는가?

영역 일반/영역 특수의 주제는 확실히 창의성에서 중요한 주제이지만, 이를 명확하게 개념화하려면 많은 시간이 걸린다. 우리가(개인적으로든 집단적으로든) 지난 10년간 해 왔던 대부분의 작업은 극단의 경우의 창의적 업적이다. 이러한 작업은 우리가 보편적 또는 일반적 과정 대 독특한 또는 더 특수한 과정을 사용하면서 창의성의 양과 방법에 대한 의문을 해결하는 데 적합하였다. 큰 창의성과 작은 창의성의 어느 정도의 구분이 창의성을 소수 특별한 사람들에 의해 생성된 문화인 변형 산출물(큰 창의성)로, 또는 인류가 공유하는 일상의 질(작은 창의성)로 생각될 수 있게 한다. 하나의 논쟁은 두 가지의 주장에 의해 만들어질 수 있다. 우리 모두가 똑같이 Bach의 〈마태수난곡(St. Matthew's Passion)〉을 작곡할 능력이 있거나, Frank Lloyd Wright의 〈낙수장(Falling Water)〉에 대한 계획을 구성할 수 있지는 않다. 이러한 극단의 창의성에 대한 사례에서, 독특한 소양, 능력, 재능과 아이디어들을 가정하는 요구는 압도적이다. 반면에 우리는 존재하는 것과 더불어 자유를 가질 수 있고, 우리에게 강요하는 방식으로 세상을 바꾸는 경우가 있다.

내가 창의성을 가르칠 때, 학생들은 창의성의 영역 일반의 형태에 대부분 관심을 보였고, 이러한 형태가 우리가 연구하는 위대한 창의성으로 보기보다는 자신의 삶에 더 직접적인 관련이 있다고 느끼는 것 같았다. 그들이 극단에 대해 더 많이 알면 알수록, 그들은 그들 자신을 극단으로부터 더 멀리 두고 싶어 하는 것 같다. 극단의 사례를 연구한 우리 대부분은 가까운 범위에서 볼 때 위대한 창의성은 거의 대단해 보이지 않는다는 것을 발견했다.

나는 Sternberg가 제3장에서 그 분야에 중요한 공헌을 하였다고 생각하는데, 왜냐하면 그는 창의적 공헌에 수반될 일부 형식에 대한 순서와 유형을 제공하는 것을 도왔기 때문이다. 확실히 그가 제공한 모든 예는 영역 특수이지만, 몇몇 예들은 영역 특수의 능력뿐만 아니라 영역 일반의 능력들도 활용한다. 그는 창의적 공헌의 다양성에 대한 더 구체적인 기술을 제공함으로써, 우리가 창의적 공헌의 각 종류에 관련되는 경향이 있는 개인, 집단, 조직, 분야 및 맥락의 특성의 종류를 설명할 수 있도록 도왔다. Gardner는 이 과정을 1993년 그의 놀라운 책에서 시작했고, Sternberg는 더 깊게 다루었다.

나의 저서 일부에서는 피아노 키보드 비유를 통해 다양한 창의적 과정을 구분하는 방법을 설명하였다. 모든 사람의 일상적인 능력은 왼쪽의 낮은 범위에 있다. 개인의 재능이나 전문성의 표현으로 잠재적인 능력은 가운데 음의 범위에 있다. 그리고 매우 드물게 일어나는 극한의 변형 종류들은 높은 음으로 표시된다. 키보드 비유는 창의적 활동의 넓은 범위를 특정 지점에 상대적 우위를 두지 않는 연속선상에(나의 경향) 두고자 의도되었다. 그것들은 모두 키보드의 각 위치가 있고, 위대한 음악(예, 풍부함, 생동감, 문화 보상)은 범위를 넘어서는 지속된 행동을 요구한다. 이는 단순히 큰 창의성 대 작은 창의성 또는 영역 일반 대 영역 특수를 초월하고자 하는 일련의 시도이며, 창의적 작업 그 자체를 표현하는 일부 방법에 나타난 특수함을 선호하고 연구하고자 한 것이었다.

나의 생각으로 창의성에 관한 연구가 거의 이루어지지 않은 중간 범위에 우리의 노력이 요구되는 데 초점을 둘 필요가 있다.

정확히 영역이 무엇인가? 내가 접한 어떤 정의는 상징체계, 지식 구조 및 규칙 집합을 포함한다. 그래서 영역 특수는 일부 지식 집합체인 상징적 내용, 조직화, 기능에 의해 제한된다. 영역들은 많은 사람들의 마음, 정리된 캐비닛, 컴퓨터 하드드라이브, 웹사이트, 책, 스크랩된 종이를 모아 둔 상자, 연극 또는 뮤지컬, 대화에 걸쳐 분포된다. Sawyer의 용어에서 영역은 복잡한 구조의 발생적인 특징들이다. 영역은 닫힌 체계가 아니다. 그 경계는 희미하고, 지식의 획득, 소멸, 변화처럼 시간의 흐름에 따라 내용, 구조와 기능은 바뀐다. 특정 지점에서 영역의 스냅사진에서의 의미와 기능이 이동함으로써 변하는 다른 요소들이 발견된다. 영역은 활용되지 않아 소멸될 수 있고, 그 영역의 상징이나 규칙들(예, 연금술, 골상학)은 해석되지 못한 채 남는다.

순수한 영역이 어딘가에 존재한다고 말할 수 있는가? 혹은 오직 개인에 의해 여과되거나 내면화되는 것이 영역인가? 이것은 사회적 출현에 관련된 질문이다(Sawyer, 2001). Vygotsky는 영역은 세상과의 상호작용에 의한 다양한 경험을 기초로 하여 각기 다른 여러 사람에 의해 여과되고 분포되며, 이러한 차이들이 창의적 공헌으로 나타난다고 말할 것이다. Durkheim의 사회적 사실처럼, 각자 마음에서 영역의 내면화는 단지 그 영역의 하위 집합이며 다른 사람들의 내면화와 부분적으로 중복된다. 이러한 다른 내면화들은 다른 방법으로 사람들이 그 영역들과 상호작용하도록 하고, 그 결과 영역의 다른 특성들은 다른 사람들에 의해 앞부분으로 나아가게 될지도 모른다. 이러한 잠재적 혹은 발달적 특성의 명백함은—새로운 형태를 자신과 다른 사람의 관심으로 옮겨 옴으로써—창의성이라고 불리는 것을 유도할 수 있다.

만약 Csikszentmihalyi의 모형처럼 창의성이 영역을 변형시키는 산출물로 정의된다면, 이러한 산출물은 영역 특수의 정의에 의한 것이다. 또 다른 영역에서 가져온 아이디어들은 이러한 모형들에 의해 다루어질 수 있다. 비록 빌려 온 아이디어 그 자체가 그 영역에 특징적이더라도, 빌려 오는 것에 의존하는 창의적 행위는 중다 영역 특수로 생각될 수 있으나, 여전히 필연적으로 보편적이지 않다.

만약 창의성이 개인 특성이라면—놀이성 또는 애매함의 수용처럼—나는 그것이 여전히 보편적이진 않지만 여러 영역에 걸쳐져 있다고 생각한다. 1950년대와 1960년대의 성격 연구 시기 동안, 창의성이 새로움의 생성이라고 여겨질 때, 이러한 정의들은 여전히 영역 특수인데, 왜냐하면 Amabile(1983)이 처음으로 주장한 것처럼, 새로움의 평가는 합의에 의한 것이기 때문이다. 이미 알고 있는 것과 관련하여 무엇이 새로운지를 결정하기 위해 이미 존재하고 있는 것을 알아야만 한다. 어떤 영역에서 방금 시작한 사람들은 더 나은 것을 알지 못하기 때문에 정도에서 벗어나는 반응을 생성하는 데 '창의적'일 것이다. 그러나 그들이 그 영역의 규칙과 구조를 내면화함으로써, 그들의 활동이 그 영역에 점점 적합해지는 것처럼, 그들은 더욱 엄격해질 것이다. 단지 그들이 전문가의 최상의 수준에 도달했을 때, 그 영역의 경계를 탐색하는 것처럼 다시 새로움을 생성한다.

나는 Feldman의 연속선 생각이 우리에게 이분법을 피하게 한다는 것에 동의한다. 어떤 산출물들은 영역의 수준에서 창의적이며, 아마도 새로운 예술양식, 과학적 방법론, 또는 이론의 창출에 의해 생겨났을 것이다. 다른 산출물들은 문화적 수준에서 창의적인데, 왜냐하면 그것의 영역 특수 공헌이 비유적으로 다른 영역에 확산되기 때문이다. 생물학적 혹은 유전적 비유가 당장 심리학에서 널리 퍼지는 것처럼 말이다. 마치 Einstein의 상대성 이론과 Darwin의 진화 이론이 사업에서 교육, 결혼 상담까지 일상의 활동 속에 스며들고 있는 것처럼, 결국 소수의 지식인은 보편적으로 창의적이다. 왜냐하면 그들의 아이디어는 세계관 혹은 패러다임이 되었기 때문이다.

Mike Csikszentmihalyi

[질문 5는 우리의 논의에서 명시적으로 언급되지는 않았지만 회람되었다. Csikszentmihalyi가 "Mendel은 그가 죽기 전까진 창의적이지 않았다."라고 언급한 것을 제안한다.]

아마도 나는 과거에는 이에 대해 명확하지 않았지만, 엄격히 말하면 Mendel은 사후나 생전에도 창의적이지 않았다. 그의 작업은 사후에 창의적이라고 인식되었으므로 우리는 그를 사후에 창의적이라고 생각한다. 이것은 모두에게 같다. Bach나 Van Gogh는 생전에는 창의적이지 않았는데, 왜냐하면 아무도 그렇게 생각하지 않았고, 신비하게도 무덤 속에 있을 때에도 그러하였다. 변한 것은 우리의 인식이었다.

심리학자들(그리고 민속 이론가들)처럼, 우리는 Michelangelo가 창의적이라고 생각하기 때문에 그를 창의적으로 만든 무엇이 그의 머릿속에 있었어야 한다는 신념에 집착하게 된다. 이것은 그렇게 필연적이지 않지만, 만약 당신이 중요한 방법으로 그 영역을 변화시킬 수 있는 사람들의 공통된 특성을 원한다면, 내가 생각하는 후보군은 다음과 같다.

① **인지 능력**: 최소한 여러 영역에 걸쳐서 일반적인 인지 능력은 없다. 아마도 문제 발견의 특성은 있지만, 동기 구성 요인이 더 많을 것이다.

② **동기 특성**: 호기심, 흥미, 인내력은 모두 필수적이고 모든 영역에 영향을 준다(당신이 호기심 등이 있음에도 불구하고, 매우 영역 특수의 과정에 대한). 이러한 특성들과 더불어 당신은 탐색하고 새로운 가능성을 추구하는 것을 즐길 것이다.

③ **성격 특성**: 인간행동 목록 전 범위에 대한 접근을 도와준다(예, 남성성과 여성성, 외향성과 내향성 등등). 우리 중 대부분은 이 연속선을 따라 좁은 공간에서 수행하도록 훈련되어 가능성의 전 범위를 인식하는 것을 실패한다.

④ **배경 특성**: 주변성(인종적, 사회적, 재정적 등등)은 공인된 세계적 관점을 파괴하는 것을 많이 돕는다. 일반적으로 미래의 창의자들의 초기 유년기는 매우 놀랍거나 풍성하다. 다수의 '일반적인' 사람들은 실재보다 다소 적게 표현되는 경향이 있다.

창의성에 관해 역사적으로 보편적인 특성은 앞의 네 가지 특성으로 어떤 영역에서 신기성을 갖도록 돕는 것으로 보인다. 그래서 이러한 특성들은 어떤 영역에서 창의적이라고 알려지기 위해 수반되는 후보군이고, ① 당신이 매우 호기심을 지니고 그 영역에 대해 접근하도록 하며, ② 당신이 주목하고 기억해야 할 관련된 문지기를 확신하게 하도록 한다.

사회적 맥락과 개인

질 문: 각 장에서 우리 모두는 사회적 맥락의 중요성에 대해 동의한다. 지금 이 분야에서 새로운 합의가 안전한가? 우리는 어떻게 새로운 합의와 실험심리학의 주류인 지속적인 방법론적 개인주의를 조화시킬 수 있는가? 여러분은 우리의 사회적 맥락과 개인 관계에 대한 탐색이 일반적으로 심리학 분야에 대한 폭넓은 합의를 가질 수 있다고 생각하는가?

Robert Sternberg

나는 창의성이 맥락 밖의 이해될 수 없는 분야의 많은 것 중에서 합의되는 것이 있다고 생각한다. Csikszentmihalyi는 오랫동안 어떤 수준에서 이것이 진실임에 틀림이 없다고 말하였다. 비록 어떤 사람이 Mozart 식의 고전음악의 위대한 작곡가일지라도, 우리 시대에서는 매우 창의적으로 보지는 않을 것이다.

이 주제에 대해 우리 모두가 동의한 것처럼, 나는 다른 측면을 제기하고 싶다. 1996년 Elena Grigorenko와 나는 『지능, 유전, 환경(*Intelligence, Heredity and Environment*)』이란 책을 편집했다. 이 책은 유전적 · 환경적(맥락적) 관점들 모두를 강조하는 사람들에 의해 각 장이 구성되었다. Earl Hunt는 결론을 맺는 장(그가 초안에서 너무 비판적이어서 나는 두 번째를 택했다)에서 사회적 맥락주의자들의 문제는 본질적으로 그들의 작업이 과학적으로 무의미하다고 기술했다. 그들은 맥락에 관해 이야기를 나누었으나 혼란스러운 대화였고 주목할 만한 자료도 거의 없었다.

더 일반적으로 심리학에서 직면하는 문제는 과학적으로 엄격한 방법으로 맥락에 대해 어떻게 이야기하는가다. 나는 심리측정학회, 미국심리학회 3분과 또는 실험심리학자 모임의 구성원들이 나의 공동 집필자들이 관심을 가지는 것에 대한 청중은 아닐 것이라고 깨달았다(모든 세 집단의 구성원처럼 내가 관심을 가지며, 그리고 나는 당신도 그러할 것이라고 확신하고 싶다.). 이러한 집단의 생각이 어떠하든, 만약 우리가 창의성이 수용되도록 작업하기를 원한다면, 적어도 심리학 분야에서 중요한 것은 청중이다. 만약 그 작업이 비과학적으로 여겨지면 그것은 심각하지 않게 받아들여지는 경향이 있다. 결국 나는 이 또한 거의 영향을 가지지 못한다고 생각한다. 많은 시간이 소요되지만, 과학적 심리학의 기준을 충족할 어떠한 증거도 없기 때문에 그 작업은 사라질 경향이 있다. 이것은 방법의 문제가 아니라 오히려 인식된 과학적 엄격함의 문제다. 개념들이 명확히 정의되었는가? 그들이 가설을 설정하였는가? 설정된 주장을 지지할 수렴적인 조작들이 있는가?

나는 모든 종류의 작업에 대하여 심리학에서 여지가 있다고 생각한다. 그러나 곧 그 분야의 일반적인 과학적 기준을 충족하기 위해 정밀조사를 해야 한다는 생각에 지배되거나 주변적이 될 것이다. 물론 개의치 않고 하던 것을 선택할 사람들도 있다. 예를 들어, 우리 중 누군가가 혹은 최소한 내가 Linda Gottfredson(내 작업을 빈번히 비판하였던 IQ 검사의 변론자)을 만족하게 할 어떤 작업이 있다는 것을 의심한다. 그러나 그녀는 오른쪽의 극단에 위치하고 있다. 다른 이들은 완전한 열린 마음으로 바라보고자 할 것이다.

동시에 나는 과학적 심리학의 분야가 여러 면에서 잘못된 방향으로 나아가고 있다고 생각한다. 그 예로, 많은 사람은 단순히 fMRI 작업이 제기된 질문과 어떤 이론의 여부와 관계없이 가치로운 것을 만든다는 신념을 가지는 것 같다. 맥락의 변수를 고려할 때에 종종 분야의 '생물화'는 가장 심각하다. 우리 모두는 맥락적이고 주변적이기를 원치 않는 젊은 과학자들에게 선택할 수 있는 길을 제공하는 방법으로 맥락 기반 작업이 필요하다고 지적한다. 일부가 알고 있듯이, 나는 최근에 『대중에 도전하는 심리학자(*Psychologists Defying the Crowd*)』라는 책을 편집했다. 대중은 주저하지만, 대부분의 젊은 사람들은 큰 집단에 가입하길 선호하므로 우리는 이들에게 창의성을 연구할 수 있는 수단을 제공하는 것이 필요하다. 창의성과 관련된 미국심리학회의 열 번째 분과가 미국심리학회의 가장 작은 분과라는 것이 슬프다. 그러면 우리가 어떤 것을 할 수 있는가? 우리는 대가 없이 주류가 될 수 있는가? 만약 그렇다면 대단하다. 만약 그렇지 않다면 그것은 가치가 없다.

Howard Gardner

나는 정말로 이런 대화에 경청하는 사람이지만, 나의 의견을 조금만 넣고자 한다. 나는 창의성에 대한 대화는 항상 개인과 그들이 처한 상황에서 독특한 영역, 하위 영역, 모집단, 하위 집단 등에 일반화될 수 있는 것 중에서 선택의 망설임으로 이루어진다고 믿는다. 나의 저서에서, Gruber의 개별 사례적 접근과 Simonton 식의 보편적 법칙 접근 간의 중재에 대해 이야기했다. 예를 들어, 그것은 내가 『마음 만들기(*Creating Minds*)』(1993)와 『마음 이끌기(*Leading Minds*)』(1995)에서 시도한 것이다. 다른 방식으로 창의성(큰 창의성과 함께)은 아마도 인본주의적 연구(자세한 거장들의 사례)와 과학적 연구(유형 탐색, 관찰 가능하고 적합할 때)의 혼합으로부터 참으로 유익한 주제 중의 하나일 것이다. 아마 창의성 연구는 단독의 인본주의적 접근(à la Leon Edel on Henry James, 1953~ 1972) 또는 단독의 과학적 접근(물리-중심 심리학 학술지)을 하길 원하면 수행될 수 없는 '가장자리' 연구로서의 특수한 상태를 주장할 필요가 있다. 그리고 만약 우리가 이러한 경우를 형성하는 데 성공할 수 있다면, 이는 이 두 거장들을 만족시키기 위해 논란되는 많은 다른 원칙, 영역, 문제들에서 중요해질 수 있다.

이것은 어떤 의미에서는 나와 Sternberg가 과학적 심리학에 대한 미래의 약속(Sternberg)과 제한점(Gardner)에 관해 토론한(대화가 아니라 지면으로서) 논쟁의 연속이다.

David Henry Feldman

맥락은 분명히 그 자체가 창의성의 비판적 측면으로 주장되어 왔다. 누군가가 그 분야의 최첨단 작업을 하는 것과 창의적 노력이 추구되는 맥락을 무시하는 것은 상상하기 힘들다. 여기에서 합의가 이루어지기는 어려울지도 모른다. 왜냐하면 아직도 전통적 방법으로 작업을 추구하는 학자들, 특히 심리측정 또는 임상적 경향을 추구하는 이들이 있기 때문이다.

제4장에서 나는 독특한 인간이 지능에서 새로운 관점을 구성하고 제시하는 방법을 학습하려는 개인적 접근에 대해서 논의하였다. Howard Gardner의 독특한 특성이 다중지능 이론을 만드는 데 중요한 역할을 하였다는 것은 의심할 여지가 없다. 무엇보다도 그의

1983년 작업 이전의 10년 동안 여러 차례 제안된 형식적으로 유사한 이론들이 있다. 나는 동시대의 인지발달론자로서(Burner, Piaget 등의 제자로서) Gardner의 훈련은 보스톤 VA 병원의 뇌손상 환자에 대한 그의 작업처럼, 그가 대상을 바라본 방법이 중요했다고 생각한다. Gruber(1974)는 Alfred Lord Wallace와 비교하여 Charles Darwin에 관해 유사한 주장을 했다. 자연 도태에 의한 진화 이론을 수용하고 있는 Wallace의 관점에서는 이론의 일부분이 되지 않는 일정한 독특한 특성이 있다. 그래서 이 책에서의 나의 개인 창의자(혹은 창의자들의 집단)가 세상에 던져진 무엇인가를 가지게 하는 압도적인 활발한 역할로부터의 맥락과 환경에 관한 합의를 하고자 노력하였다.

즉, 다중지능 이론이 구성되게 된 맥락, 특히 그것의 출현에 선행한 시민권리, 페미니즘, 동성애 권리 등과 연합된 광범위한 사회문화적 변화의 집합에 강한 영향을 받았다는 것은 나에게도 똑같이 명확하다. Gardner에 따르면, van Leer 프로젝트(지엽적)가 그의 자신감, 대담함, 논쟁의 주제에 직면하는 의지에 끼친 영향은 대단하였다고 한다.

보다 체계적이고 역동적으로 발생된 관점들은 Sawyer가 제1장에서 주장한 것처럼, 의미 있는 창의적 과정에서 제시되는 복잡성과 미묘함에 가장 적합해 보인다. 또한 제2장의 Vygotsky 학파의 관점은 우리가 사회적 · 문화적 맥락에서 공유된 노력, 협력, 목표나 목적의 중요성을 상기하게 하는 데 가치가 있다. Csikszentmihalyi는 아마도 만족스러운 방법으로 창의적 작업을 설명하기 위해 반드시 고려되어야 하는 개인, 영역, 분야 및 문화의 복합성에 중점을 둔 이론적 틀을 만들려고 시도한 첫 번째 사람일 것이다. Sawyer(2003)

는 상호작용의 과정 자체를 매번 놀라운 결과와 더불어 여러 요소의 상호작용으로 풀어내는 데 집중했다. 위대한 과학작가이자 내과의사인 Lewis Thomas(1975)가 쓴 『세포의 생명력(*Lives of a Cell*)』에서 다음 글을 회상해 본다.

> 그들이 등장했을 때 우리를 움찔하게 하는 정말 놀라운 일은 항상 변전이일 것이다. 우리는 혜성처럼 정기적으로 인간 사고의 분야를 압도하는 이런 것들 몇 가지를 이미 가지고 있다. 그것들은 다른 마음으로부터 쏟아진 정보를 위한 약간 다른 수용기, 그것을 처리하기 위한 약간 다른 기제를 가지고 있어 몰입하게 하여 새로운 것이 나타나고 새로운 의미로 채워진다. Bach는 이렇게 할 수 있었고, 그 당시의 음악에서는 최초였다. 이런 의미에서 〈푸가의 기법(The Art of Fugue)〉과 〈마태 수난곡〉은 인간 사고로 진화하는 유기체에게는 깃털이 달린 날개이고, 치켜세운 엄지들이며, 전두엽의 새로운 표피다(1975, p. 169).

너무나 미미한 의도성의 고려와 목적을 안내하는 것(대개는) 외에, Thomas는 역동적인 과정을 훌륭하게 잘 포착하였다. 그는 심지어 이런 모든 활동의 축적된 장점이 미래에 우리가 매우 많은 '돌연변이'를 생산하는 것에 덜 의존하게 할지도 모른다고까지 말한다. 나는 그것에 대해 그렇게 확신하지 않는다.

Seana Moran

나는 우리가 창의성 모형에서 사회적 맥락을 고려해야 한다는 데 거의 합의하고 있다고 생각하지만, 우리는 이 맥락이 배경인지 전경인지의 여부, 변화할 수 있는지의 여부, 그리고 이를 구성하는 개인에 의해 영향을 받고 영향을 주기도 하는지 등 맥락이 실제로 의미하는 것에 관해서는 거의 합의를 이루지 못했다.

창의성의 사회적 맥락은 무엇인가? 그것은 화가의 화실이나 친구들의 모임에 있는 자원이나 제약(속박)인가? 분야인가? 화가의 작업을 위한 시장인가? 그/그녀가 일하는 정치적이거나 지형학적 풍경인가? 과거, 현재 또는 미래인가? 이러한 질문들은 맥락의 중심적인 영역을 생각하도록 한다. 이러한 질문은 새로운 것이 아니다. 여전히 우리는 이런 다른 맥락 간의 상호작용 방법과 새로운 아이디어와 인공물을 생성하는 개인의 상호작용 방법에 대해 연구하기 위해 씨름하고 있다.

나는 우리가 사회와 개인 간의 경계를 해제하지 않고 어떻게 창의성을 공평하게 판단할 수 있는지 모르겠다. 창의성의 체계 모형에서 개인은 분야를 구성하고, 그 분야의 영역 안에서 그 영역의 부분은 각 개인의 마음에 있다. 나는 유용한 비유로 신진대사를 생각한다. 즉, 사람은 자원을 환경(사회적 그리고 물질적)에서 끌어오고, 사용하며, 다른 형식으로 환원한다. 새로운 형식은 생태 환경에 흡수되고, 환경 속의 다른 사람에 의해 사용되며, 다른 형식으로 환원된다. 사회가 어떤 주어진 시점에서 창의성이 무엇인가를 판단하는 것이 아니다. 사회적 관계망에 있는 다른 사람들은 창의적이기 위해, 잠정적으로 창의적인 일을 하기 위한 자원을 모으기 위해, 다른 사람의 산출을 돕기 위해, 그들의 일생 동안의 행동 과정을 결정하기 위해서 서로가 필요하다. Vygotsky가 말했듯이, 사회와 개인은 사람과 역사 발달에서 변증법적으로 엮여 있다.

그래서 우리는 생태학적 관점인 시간에 의한 변화로 돌아가 보자. 이것은 개인의 발달 통로가 아니라 분야와 영역에 관한 것이다. Feldman의 이론은 영역이 어떻게 진화하는지를 논의한다. Kuhn, Martindale을 비롯한 많은 사람은 특정한 분야가 어떻게 진화하는지 살펴보았다. 현재와 미래의 실재 간의 연결처럼, 우리가 요구하는 것은 창의성의 발달적 또는 역사적 개념인 것 같다. 나는 우리가 명확하게 충분히 설명하는 데 많은 시간을 할애하지 않았다고 생각한다. 아마도 가장 창의적인 연구들의 일부는—심리측정, 형태주의—학제 간 연구다. 단지 지난 15년 동안 개별 사례접근법, 체계 역동 이론과 접근법은 창의적 이론에서 다양한 역할을 허용해 왔다. 이것은 내가 발생을 생각한 곳이고, 시간과 맥락의 변인을 통합하므로 더욱 중요해질 것이다(제1장 참조). 강력한 컴퓨터조차도 여전히 어떤 모형 안에서 수행될 수 있는 변인의 수를 제한한다. 그래서 항상 결정해야만 한다. 어떤 변수들이 창의적 작업의 발달에서 가장 중요한가? 그것들은 개인적인가, 사회적인가 아니면 동시에 둘 다인가? 언제 그들의 영향을 느끼는가?

Vera John-Steiner

지난 30년간 우리가 학습한 것 중 가장 중요한 하나는 창의적 공헌들은 노동 집약적이고 시간 소비적이라는 것이다. 그 이유는 연구자들이 언급하는 창의적 현상은 거의 없고, 주제에 대한 그들의 흥미와 열정만 있는 것 같다. 이 책에서 공헌자들은 맥락이 포함되길 요구하는 체계 접근법에 관여하는 것을 공유한다. 체계의 개념은 더 넓은 주변의 분야로부터의 입력과 그 분야로의 출력을 포함한다. 우리는 더 큰 체계들과의 관계를 규명하기 위해 사용하는 도구들에 대해서 서로 다른 견해를 가진다. 여기에는 Csikszentmihalyi의 분야, Feldman의 문화적 유기체, Vygotsky의 문화역사적 과정이 포함된다. 비록 우리가 학자들의 공동체로서 창의성에 대해 명확하게 정의된 것을 가지고 있지 않지만, 우리는 큰 창의성과 작은 창의성을 구별하기 위해 대부분이 충분히 명확하게 정의하는 작업을 채택하고 있다. 그러나 이러한 구분들은 우리의 동료 중 일부가 요구한 조작적 정의에 충족하지 못할 수도 있다. 많은 과학(천문학, 지질학, 진화생물학 포함하는)에서 일부 가설들이 설정되지만 통제 집단은 유용하지 않다. 다른 분야(예, 약학)에서는 통제 집단의 역할이 중요하다. 보편적인 과학적 방법은 없다. 맥락이 매우 중요하다는 것이 바로 그 이유다. 한 분야에서 당신이 빠른 진보를 하기 전에, 현상에 깊숙이 친숙해지는 것이 중요하다. Sternberg는 창의성에 대한 우리의 연구에서 발달심리학에서 매우 생산적이고 내가 창의성 연구에서 필요하다고 믿는 종단적 연구 방법 없이 건너뛰기를 촉구한다. 그는 정확함과 효율성을 원하는 반면, 분야에서는 장기적이고 창의적 활동에 대한 힘들고 긴 연구들을 요구한다.

창의성 연구에 대한 효과적인 방법론은 Jonas Salk(1987)에 의해 처음으로 제안되었다. 그는 창의적 프로젝트, 개인들 그리고 발견들에 관해 공유된 자료 기록의 구성을 제시했다. 우리가 각자 수집한 자료에 접근하고, 공유된 이론적 틀로서 이를 분석한 후에, 심리학 분야에 영향을 줄 수 있는 창의적 과정에 대한 충분히 일관적인 이해를 확립하기를 바랄 수 있다.

만약 우리가 학자 집단으로서 진보를 이루어 내려면, 우선 용어의 사용에 있어서 협의가 필요하다. 나에게 맥락은 창의적 과정의 심오한 사회적 본질을 충분히 담아 내지 못한다. Vygotsky의 문화역사적 틀에서 강조점은 사회적으로 구성된 의미, 문화에 대한 창의적 산출물의 영향, 그리고 악기, 컴퓨터, 영상 기술들과 같은 인공물의 역할이다. 이러한 맥락의 측면들은 창의적 인간에 대한 직접적인 환경보다 더 광범위하다. 이러한 것의 완전한 연구는 다학문적(좁게 심리학적 접근이라기보다) 접근이다. 창의성 연구자들이 직면하는 두 번째 중요한 과업은 그 분야의 주요 개념의 검토다. 예를 들어, Sawyer는 발생이 발달과 창의성의 협력 연구를 위한 효과적인 패러다임을 제공할 수 있다고 제안했다. 비록 나는 실재의 새로운 수준의 발생, 이해 그리고 복잡한 적응체계가 창의적 현상의 중대한 측면인 것에 동의하지만, 이 공식화는 창의성에서 목적적인 인간 활동의 중심적인 역할을 무시하지 않도록 주의해야 함에 틀림없다.

개인과 사회의 관계에 대해 되풀이되는 질문들 중의 하나는 이들이 어떻게 연결되는가다. 나의 연구에서 나는 상보성, 즉 다른 기질, 작업 습관, 훈련과 더불어 개인이 서로의 자원들을 발전시키고 또한 그들의 개인적 공헌의 산술적 합을 넘어 새로운 현상을 함께 창출한다는 것을 발견하였다.

Seana Moran

궁극적으로 이 질문은 오해를 일으킨다고 생각한다. 제2장에서 인지적 과정과 사회적 과정 모두에 관해 많이 언급하고 있다. 왜냐하면 Vygotsky는 이들을 변증법적으로 보았기 때문이다. 개인이 관여하는 사회적 과정과 경험들은 그들의 정신 과정을 형성하고, 그러한 정신적 과정은 제1장에서의 예로 Sawyer의 즉흥극 또는 〈햄릿〉

공연을 본 후 관객이 공유하는 반응처럼, 특정한 사회적 과정의 발생에 공헌한다.

이러한 질문은 대상 혹은 실재 경향을 제안하는 것처럼 보인다. 과학은 실재와 실재의 안정된 속성(사람과 그들의 정신 능력과 같은)에 굉장히 초점을 두고, 관계와 상호작용(어떻게 특정한 능력이 특정한 사회환경적 조건에서만 나타나고, 특정한 사회적 맥락은 개인과 그들의 능력의 특정한 결합이 일어날 때 어떻게 발생하는가?)에는 충분히 초점을 두지 않는 것처럼 보인다. 처음 두 장에서 명백히 한 것처럼, Piaget와 Vygotsky는 모두 관계와 상호작용을 강조했다.

우리는 제2장에서 정서를 강조했는데, 이는 내부와 외부 세계, 개인과 사회의 연결인 관계 때문이다. 비록 정보처리 모형이 인지심리학에서 지배적이지만, 우리는 단지 정보를 처리하지 않고 또한 구체화된 마음으로 세계를 경험한다. 우리는 무언의 지식, 감정과 기대에 의존하여 결정하고, 사회적 상호작용에 관여한다. 창의성에서 정서의 역할은 창의성에 기여하는 사회적 · 인지적 과정 간의 새로운 연결과 새로운 통로를 만드는 주요 공간이다.

Jeanne Nakamura

창의성에 대한 체계적 관점의 적절성에 대한 진보된 합의에 있어서, 나의 견해는 그 제안자가 더 많은 방법론적 도구를 필요로 한다는 것이다. 우리는 분야에서 지식을 체계적으로 구축할 수 있게 여러 관점에서 상호 보완할 수 있는 연구 접근법을 개발할 필요가 있다. 우리는 Howard Gruber와 그의 동료들의 자아의식 발달에 대한 지속적인 노력과 개별 사례에 관한 집중적이고 맥락화된 연구접근법의 전개를 통해 도움을 받고 있다. Gardner(1993)는 그의 다중 사례의 연구에서 이러한 접근을 확장시켰다. 어떤 다른 연구 책략이 우리를 체계적 관점에서 창의성과 발달에 대한 연구를 추진하도록 하는가? 인간발달에서 다양한 체계적 관점과 사회과학에서 생애과정 접근법은 유사하다. 이러한 접근법들에서도 사람이 사회, 문화 및 역사로부터 분리되어서는 이해될 수 없다고 주장한다. 우리는 그것으로부터 배울 수 있는가? 이러한 질문에 대한 응답으로 John-Steiner는 내가 두 번째로 확신한 추천으로서, 생애과정 연구자들로부터 배울지도 모르는 분야의 예로서 종단 연구를 지지했다.

Mike Csikszentmihalyi

방법론적 개인주의는 우리가 이해하고자 하는 것이 소위 말해, 진공 상태에서의 유기체 행동이라면 잘 작동된다. 그러나 만일 우리가 그것의 본질적이고 사회적 맥락에서 (맥락을 벗어나서 생존할 수 없는) 유기체를 연구한다면, 우리는 항상 둘 간의 관련 방법을 통해 인간에 대한 의미를—개인 간의 상호작용, 사회와 문화의 상호작용—더 잘 이해할 수 있다. Magyari-Beck(예, 1999)은 때때로 창의성 연구들이 개인적 관점에 대한 지나친 의존으로 저하되었다고 주장하면서, 창의학이라고 불리는 새로운 학문이 시작되었음을 제시하였다. 나는 그렇게 적용될 것이라고 생각하지 않는다. 그렇다면 어떻게 광범위한 관점에서 심리학적 접근을 맥락화할 수 있는가? John-Steiner와 Nakamura가 제안했던 것은 이해가 된다. 나는 1~2주 후 역사학자를 포함한 다른 사회과학자들과 이 주제를 논의할 다학문적 연구 집회를 가질 생각이다. 우리는 누군가 다른 분야에 대해 재교육받기를 기대한다는 생각은 하지 않지만, 최소한 이들 주제에 내포된 것에 대한 충분한 평가를 가져야 한다. 문제는 사회학자나 역사학자가 생각하는 것처럼 생각할 수 없다는 것이 아니라, 이중의 심리적 · 사회적 관점을 기술하는 것이 매우 어렵다는 것이다. 영역에서 이제껏 엄격한 규칙이 주어진다면 때때로 체커의 규칙(체스판에서 12개의 말을 사용하여야 함)에 따라 이동하는 체스 게임처럼 위험에 처한다. 물론 이것은 창의성의 연구에서만 참인 것이 아니라 질문에서 제안되었듯이 심리학에서는 보다 일반적인 것이 참이다.

Keith Sawyer

창의성에 대한 사회적인 체계적 관점들과 다른 측면에서 발달심리학에서 사회문화적 관점들 간에는 많은 유사점이 있다. 아마도 사회문화적 심리학의 정의된 주제는 개인-사회 관계다(Sawyer, 2002 참조). 사회문화주의자들은 인간 행동과 인지에 관한 모든 연구는 사회적 맥락이 중심이 되고 탐구의 필수적인 측면으로 고려되어 수행되어야 한다고 주장한다. 그것은 전통적인 심리적 변인(Sternberg가 언급한 심리측정의 전통에서처럼)과 회귀방정식에 약간의 사회적 변인—교육 수준, 연간 수입, 인종 또는 성별—을 추가하는 것으로는 충분하지 않다. Rogoff(1998)는 이를 사회맥락적 접근이라 언급하고, 외연적으로 사회문화적 접근과 대조하였다. 왜냐하면 사회문화적 접근에서는 개인이 사회 및 문화적 맥락과 분석적으로 분리될 수 없다고 주장하기 때문이다(Sawyer, 2002에서 나는 이것을 불가분성 주장이라고 부른다.). 그리고 Moran은 비슷한 의견을 제시했다. "나는 개인과 사회 간의 경계를 분해하지 않고서는 창의성을 정당화하는 방법은 없다고 생각한다."

대부분 그러한 주장들에 동의한다. 하지만 이러한 강력한 주장에도 문제가 있다. 전통적 개인심리학이 적합한 곳이 어딘지 알기가 어렵다. 사회문화학자들 대부분은 개인심리학이 틀린 생각이고, 역사의 쓰레기통 속으로 들어가야만 한다는 것을 쉽게 인정할 것이다. 많은 동료가 개인적이라 이야기할 때, 그들은 그것이 경멸적임(나는 나 자신이 이러한 사유에 대해 죄책감을 가진다)을 의미한다. 그래서 여기에서 나타난 문제는 우리의 작업이 여타의 심리학에 대해 이야기하는 방법이라고 하는 Sternberg에 동의한다. 동일한 문제는 개인과 사회적 맥락의 불가분성을 강하게 주장하는 사회문화학자들과 사회적 · 문화적 맥락은 분석에서 결코 제거할 수 없다고 하는 창의성 연구자들 모두에게 직면하게 된다.

나는 우리 모두가 과거에 인쇄물의 형태로 이러한 언급을 하였다고 생각한다. 그러나 이런 단호한 어조의 진술과 우리가 개인에 초점을 두어 여러 시간에 걸쳐 수행한 경험적 작업은 분명하게 연결되지 않는다. Feldman은 이 책에서의 그의 공헌은 개인적이라고 정확하게 언급했다. 여기에서 Howard Gardner에 대한 독특성에 초점을 두었다. 그렇다. Feldman 역시 사회적 맥락을 논의하였지만, 그는 Gardner가 한 사람으로서 다소 독특하다고 생각했다. Feldman은 누군가가 Gardner가 했던 것을 그 장소와 그 시간에 할 수 있을 거라고 말하지 않을 것이다.

그래서 나는 우리가 오직 개인에만 초점을 둘 수 있는 질문이 있다고 생각한다. 나는 아직 심리학의 전통적 개인 분야를 완전히 버릴 준비가 되어 있지 않다. 여기에서, 우리가 주변적이고 종종 덜 과학적으로 인식된다는 Sternberg의 의견에 동의한다. 입증의 의무는 우리에게 있으며, 주류의 심리학이 우리의 연구에 관한 생각을 무시할 수는 없다. 나는 우리가 이야기를 더 창출해야 하고, 사례를 만들어야 하며, 우리의 작업이 어떻게 '분야의 일반적 과학 규준'에 일치하는가를 보여 주어야 한다는 Sternberg의 말에 동의한다. 전형적인 예로, Barbara Rogoff의 경력을 들 수 있다. 개인과 맥락의 불가분성에 대한 강한 주장과 더불어, 그녀(예, 1998)는 발달심리학자의 주류 청중에게 자신의 생각을 매우 효과적으로 소통하였다.

Rogoff에 대한 언급의 마지막 부분에서 John-Steiner는 개인과 맥락적 접근의 상보성과 다학문적 접근의 중요성을 강조했다. 나는 이러한 두 사항에 전적으로 동의한다. 우리는 다학문적 연구가 매우 필요하다. 이는 때때로 심리학자와 사회학자 양자에게 해당된다. Nakamura의 이전의 언급을 반복하면서 우리의 체계-관점 이론가들 간에 과학과 예술을 다룬 사회적 연구에 대한 참고문헌을 거의 볼 수 없다는 것에 놀랐다. Kuhn의 이론처럼 과학적 변화의 이론은 Csikszentmihalyi와 공통된 부분이 많고, 여기에는 예술에 초점을 둔 사회학의 전체적 하위 학문이 있다. Becker의 저서 『예술 세계』(1982)는 체계 접근과 완벽히 일치한다. 우리는 이러한 전통들에서 유도하고 연결하는 더 많은 다학문적 연구를 할 필요가 있을 것이다.

맺는말: Keith Sawyer

우리의 논의에서 합법적으로 주변적인 참가자인 Howard Gardner는 나의 느낌을 요약한 것 같은, 결론에 가까운 설명을 했다. "나는 이런 지속된 대화에 감사한다. 아마도 이는 '창의성 연구들'이 학문적 영역으로 되어 가는 방법 중의 하나일 것이다." 나는 우리의 논의가 창의성과 발달의 주요한 주제에 초점을 두었다고 믿는다.

사회가 아동의 천성적 창의성을 억제하는가에 대한 첫 번째 질문의 반응은 많은 중요한 정의적이고 개념적 주제를 분명하게 하였다. 우리는 창의성을 우리의 삶에 영향을 주는 중요하고 강력한 혁신이라고 정의한다면, 아동은 정말로 창의적이지 않다는 것에 의견이 일치하였다. 우리 중 일부는 새롭고 독특한 아동의 행위를 작은 창의성—우리를 웃게 하거나 삶을 용이하게 해 주는 일상의 명석함—의 한정적 개념을 유지하려고 하지만, 우리 모두는 이를 성인에게서만 발견되는 문화-변형 산출물의 생성으로 큰 창의성과 구별한다.

영역의 특정에 관한 두 번째 질문은 대략 1970년대부터 발달심리학과 창의성 연구 모두에서 중요했으며, 영역에서 발달의 개념이 신피아제학파 연구의 초점이 되는 시점부터다. Gardner의 1983년 다중지능에 관한 책은 이 새로운 접근의 틀을 충분히 제시했고, 동등하게 창의성 이론과 교육심리학(발달심리학이 적합하지 않다면)에 영향을 주었다. 이 질문에 대한 우리의 반응은 재차 창의성과 발달 연구 양자에서 공통되는 이론적 문제를 강조하였다.

사회적 맥락의 역할에 관한 세 번째 질문은 우리의 연구 분야에 대한 일부 기본적인 주제를 제기하였는데, 왜냐하면 비록 우리 모두가 심리학자로 훈련받고 심리학자로 일을 하더라도, 우리는 모두 창의성의 현상에 적합하지 않는 것으로 심리학적인 개인적 초점을 거부하였다. 그러나 Sternberg가 지적했듯이, 이것은 위험한 책략이다. 이는 우리를 주변 영역에 머물도록 위협하고 결국 아무런 과학적 영향력을 지니지 못하게 하기 때문이다. 내가 제1장에서 언급했듯이, 이러한 유사한 문제들은 사회문화적 접근을 수행하는 발달심리학자들에게 기본적이다. 따라서 창의성 연구자들과 발달심리학자들은 유사한 문제에 직면하고 있다.

이 책에서의 우리의 목표는 두 가지 전통 연구인 창의성심리학과 발달심리학의 연관성을 탐색하고자 하는 것이었다. 우리는 과정의 개념과 관련된 이론적 유사성에 초점을 두었다. 비록 두 전통을 명시적으로 통합하려는 최초의 시도였지만, 이 책의 각 장에서는 직접적이고 암묵적인 연관성이 많음을 보여 주었다. 우리는 20세기 초 창의성과 발달의 단계 모형 간의 역사적 유사성을 설명하였고, 사회문화적 발달심리학과 창의성의 사회 맥락 이론 간의 많은 유사성을 확인하였다. 20세기 초부터 지금까지 창의성과 발달은 모두 복잡한 체계로부터 발생의 과정으로서 생각되었고, 이러한 공유된 강조점들은 피아제학파의 발달 이론부터 Csikszentmihalyi의 체계 모형까지의 접근들을 폭넓게 통합한다. 최근 수십 년 동안 사회문화적 심리학과 사회적으로 방향을 갖춘 창의성 이론은 개인과 사회 모두를 분석에 통합한 체계 접근법을 개발하였다.

이러한 많은 연계성은 두 영역의 연구자들이 더 큰 상호 친숙성으로 인해 이익을 얻을 수 있다고 제안한다. 현재까지 창의성 연구자들은 발달심리학자들보다 이러한 유사성에서 이익을 얻고 있고, 창의성의 많은 접근은 발달심리학을 위해 독창적으로 고안된 이론적 틀에 토대를 두고 있다. 이에 비해, 발달 이론가들은 우리가 여기에서 밝힌 창의성과 관련된 작업에 익숙하지 않다. 창의성과 발달에서의 이론과 실제는 다학문적 접근을 수행하여야만 한다. 예를 들면, 이론들은 창의적 통찰과 발달적 단계 전환의 자료를 얼마나 잘 설명하는지에 따라 평가될 수 있을 것이고, 경험적 자료는 두 영역의 이론적 모형을 사용하여 분석될 수 있을 것이다.

참고문헌

Amabile, T. M. (1983). *The social psychology of creativity.* New York: Springer-Verlag.

Becker, H. (1982). *Art worlds.* Berkeley: University of California Press.

Csikszentmihalyi, M. (1988). Society, culture, and person: A systems view of creativity. In R. J. Sternberg (Ed.), *The nature of creativity* (pp. 325-339). New York: Cambridge University Press.

Csikszentmihalyi, M. (1996). *Creativity: Flow and the psychology of discovery and invention.* New York: HarperClollins.

Edel, L. (1953-1972). *Henry James.* 5 vols. Philadelphia: Lippincott.

Feldman, D. H. (1991). *Nature's gambit: Child prodigies and the development of human potential.* New York: Teachers College Press. (Original work published 1986)

Gardner, H. (1993). *Creating minds.* New York: Basic Books.

Gardner, H. (1995). *Leading minds: An anatomy of leadership.* New York: Basic Books.

Gruber, H. E. (1974). *Darwin on man: A psychological study of scientific creativity.* Chicago: University of Chicago.

Gruber, H. E. (1988). The evolving systems approach to creative work. *Creativity Research Journal, 1,* 27-51.

Helson, R., & Pals, J. L. (2000). Creative potential, creative achievement, and personal growth. *Journal of Personality, 68,* 1-27.

John-Steiner, V. (1985). *Notebooks of the mind: Explorations of thinking.* Albuquerque: University or New Mexico Press.

Magyari-Beck, I. (1999). Creatology. In M. A. Runco & S. R. Pritzker (Eds.), *Encyclopedia of creativity* (Vol. 1, pp. 433-441). San Diego, CA: Academic Press.

Morelock, M. J., & Feldman, D. H. (1999). Prodigies. In M. A. Runco & S. R.

Pritzker (Eds.), *Encyclopedia of creativity* (Vol. 2, pp. 449-456). Sna Diego, CA: Academic Press.

Rogoff, B. (1998). Cognition as a collaborative process. In D. Kuhn & R. S. Siegler (Eds.), *Handbook of child psychology: Volume 2. Cognition, perception, and language* (5th ed., pp. 679-744). New York: Wiley.

Salk, J. (1987). Concluding comments. Paper presented at the Invitational Conference on Creativity, Salk Institute, San Diego, CA, January 11-12.

Sawyer, R. K. (2001). Emergence in sociology: Contemporary philosophy of mind and some implications for sociological theory. *American Journal of Sociology, 107*(3), 551-585.

Sawyer, R. K. (2002). Unresolved tensions in sociocultural theory: Analogies with contemporary sociological debates. *Culture & Psychology, 8,* 283-305.

Sawyer, R. K. (2003). *Improvised dialogues: Emergence and creativity in conversation.* Westport, CT: Greenwood.

Sternberg, R. J. (Ed.). (2002). *Psychologists defying the crowd: Stories of those who battled the establishment and won.* Washington, DC: American Psychological Association.

Sternberg, R. J., & Grigorenko, E. (Eds.). (1996). *Intelligence, Heredity, and Environment.* New York: Cambridge University Press.

Thomas, L. (1975). *Lives of a cell.* New York: Viking.

Wilson, M. (1977). Passage through communitas: An interpretive analysis of enculturation. *Dissertation Abstracts International, 38*(5), 2496-A. (University Microfilm #77-23, 291).

Winner, E. (1977). Giftedness vs. creativity in the visual arts. *Poetics, 24,* 349-377.

찾아보기

인명

내용

▷ 저자 소개

R. Keith Sawyer

세인트루이스 소재 워싱턴 대학교 교육학과 조교수다. 협력집단에서의 즉흥적 창의성, 일상의 대화, 발생 등에 초점을 두고 연구하고 있다. 창의성과 발달에 관련된 30편 이상의 논문과 『즉흥극으로의 가장 놀이(*Pretend play as improvisation*)』(1977)와 『집단 창의성(*Group creativity*)』(2003)을 포함하여 4권의 책을 출판하였다.

Vera John-Steiner

뉴멕시코 대학교 교육학과 명예교수다. 발달심리학, 언어학, 창의성 분야의 학자이며, 심리학자 Lev Vygotsky와 관련한 저명한 편집자이자 해설자다. 『마음의 공책(*Notebooks of the mind*)』(1985)과 『창의적 협력(*Creative collaboration*)』(2000)의 저자다.

Seana Moran

John-Steiner 교수와 여러 해 동안 작업하였다. 현재 하버드 대학교 박사후과정 학생으로, Howard Gardner 교수와 함께 영역 변형적인 창의적 작업에서 발달의 관여에 초점을 두고 연구하고 있다.

Robert J. Sternberg

예일 대학교 심리학과 및 교육학과의 IBM 교수다. 다양한 저서를 출판하여 널리 알려진 심리학자 중 한 사람으로, 연구의 관심은 다양한 주제에 걸쳐 있으며, 특히 지능과 창의성 연구로 유명하다. 창의성에 관한 저서로 『학생들의 창의성 개발(*Developing creativity in students*)』(1996)과 『창의성 수수께끼(*Creativity conundrum*)』(2002)가 있으며, 『창의성 핸드북(*Handbook of creativity*)』(1999)의 편집자이기도 하다.

David Henry Feldman

터프츠 대학교 Eliot-Pearson 아동발달학과 교수다. 8권의 책과 많은 논문을 집필하고 편집했으며, 인지발달, 발달 이론, 창의성 분야의 전문가다. 영재에 관한 1986년의 저서 『자연의 우세(*Nature's gambit*)』(Lynn Goldsmith와 공저)로 미국천재아학회(NAGC)로부터 올해의 저명 학자로 선정되었다. 1994년에 출판된 『세상을 변하게 하는 창의성 연구의 틀(*Changing the world: A framework for the study of creativity*)』이라는 책의 공동 저자이기도 하다.

Jeanne Nakamura

클레어몬트 대학원 부설 삶의 질 연구소의 연구 책임자다. 연구와 저술에서 열중과 긍정 경험의 다른 측면, 멘터링과 도제에 초점을 둔 전문직에서 좋은 작업의 사회적 맥락을 조사하였다. 『열중하는 청년(*Engaged youth*)』(2001)의 공동 저자다.

Mihaly Csikszentmihalyi

클레어몬트 대학원 심리학과 및 경영학과의 C. S. & D. J. Davidson 교수다. 많은 책과 수백 편의 논문을 집필하고 편집했으며, 『몰입: 최적의 경험의 심리학(*Flow: The psychology of optimal experience*)』(1990)과 『창의성: 몰입과 발견 및 발명의 심리학(*Creativity: Flow and the psychology for discovery and invention*)』(1996)의 저자다. 또한 청년과 성인의 재능, 창의성, 성공에 관한 다수의 연구물을 출판하였다.

▷ 역자 소개

유연옥(劉蓮玉)

계명대학교 사범대학 유아교육과 교수다. 경북대학교 대학원 심리학과에서 석사 학위를 취득하고, 미국 뉴욕 시립대학교 심리학과에서 발달심리 전공으로 석사와 박사 학위를 취득하였다. 저서로는 『인지발달』(공저, 학지사, 2001) 등이 있으며, 역서로는 『심리학을 변화시킨 40가지 연구』(학지사, 2001)와 『놀이, 발달, 유아교육』(공역, 아카데미프레스, 2006) 등이 있다. 현재 아동발달, 인지발달, 창의성 발달과 교육에 관련된 강의를 하고 있다.

창의성과 발달

Creativity and Development

2012년 6월 20일 1판 1쇄 인쇄
2012년 6월 25일 1판 1쇄 발행

지은이 • R. K. Sawyer · V. John-Steiner · S. Moran · R. J. Sternberg · D. H. Feldman · J. Nakamura · M. Csikszentmihalyi
옮긴이 • 유연옥
펴낸이 • 김진환
펴낸곳 • (주) 학지사
121-837 서울시 마포구 서교동 352-29 마인드월드빌딩 5층
대표전화 • 02-330-5114 팩스 • 02-324-2345
등록번호 • 제313-2006-000265호

홈페이지 • http://www.hakjisa.co.kr
커뮤니티 • http://cafe.naver.com/hakjisa

ISBN 978-89-6330-944-6 93370
정가 14,000원

역자와의 협약으로 인지는 생략합니다.
파본은 구입처에서 교환해 드립니다.